■ Ingo Petzke

**Das
Experimentalfilm-
Handbuch**

Schriftenreihe des Deutschen Filmmuseums
herausgegeben von Hilmar Hoffmann und Walter Schobert

ISBN 3-88799-033-1

© 1989 bei den Autoren und dem Deutschen Filmmuseum
Frankfurt

Titelbild: Christoph Janetzko: *SN* (BRD 1984)
Gestaltung: projektdesign, Frankfurt
Lithos: Rhiel Repro, Frankfurt
Satz und Druck: Pippert+Koch, Frankfurt

Inhalt

5 **Vorwort**

Theoretischer Teil

9 Ulrich Gregor:
Der Experimentalfilm und die Filmgeschichte

19 Werner Biedermann:
**Historische Definitionen
oder „Jedes Wort ist ein Vorurteil"**

31 Birgit Hein:
Experimentalfilm und bildende Kunst

63 Marille Hahne:
**Experimentalfilm in den USA –
ein historischer Überblick**

79 Ingo Petzke:
**Bundesrepublik Deutschland –
ein historischer Überblick**

103 Helmut Herbst:
**Kopf-Werk & Hand-Zeug –
Zusammenhänge zwischen Technik und
Filmästhetik**

145 Heiko Daxl:
**Musik des Lichts –
Zur Geschichte der klingenden Bilder
im Experimentalfilm**

171 Noll Brinckmann:
Die weibliche Sicht

191 Alf Bold:
Experimentalfilm und Politik

213 Michael Kötz:
Der Experimentelle Raum

221 Dietrich Kuhlbrodt:
**Nestflüchter –
das Kino neben dem Kino**

245 Günter Minas:
**Zehn Thesen –
Zur Wahrnehmungspsychologie des
Experimentalfilms**

261 Chuck Kleinhans:
Eine Fallstudie zum Selbstmord

271 Walter Schobert/Ingo Petzke:
Bibliographie

Praktischer Teil

281 Studienmöglichkeiten
297 Förderungen
309 Spielstellen
325 Festivals
335 Verleih
357 Institutionen/Organisationen

383 Über die Autoren

■ Vorwort

Das vorliegende Buch ist aus einem Bedarf der so häufig zitierten „Praxis" heraus entstanden. Zu einem Zeitpunkt, an dem sich ganz offensichtlich mehr junge Filmemacher als jemals zuvor in der Bundesrepublik dem Experimentalfilm zugewandt haben, ist seit rund 15 Jahren das Fehlen jeder tiefergehenden Publikation zu einem zugegebenermaßen nicht immer ganz leichten Genre zu konstatieren. Der Experimentalfilm führt ein üppig wucherndes Schattendasein am Rand der öffentlichen Wahrnehmung. Doch nicht nur die Filmemacher stehen vor solchen Problemen, sondern vielleicht in noch viel stärkerem Maße die Programmacher und viel beschworenen Multiplikatoren.

Die folgenden Seiten verstehen sich nicht als Monographie, sondern als Nachschlagewerk für Organisatoren, Praktiker und Theoretiker. Im ersten, theoretischen Teil versuchen unterschiedliche Autoren, grundsätzliche, häufig wiederkehrende Aspekte und Probleme abzuhandeln. Mit einer, besonders gekennzeichneten, Ausnahme handelt es sich dabei um Originalbeiträge für dieses Buch. Bewußt sollte vermieden werden, daß sich nur ein Insider-Publikum angesprochen fühlt. Gleichzeitig wurde Wert darauf gelegt, die bisher vorherrschende USA-Lastigkeit in Publikationen zu vermeiden. Dafür gibt es eine ganze Reihe guter Gründe, von denen nicht der unwichtigste ist, daß die so häufig zitierten Undergroundfilme der heute aktiven Generation nicht mehr bekannt und zum überwältigenden Teil in Deutschland nicht mehr verfügbar sind. Der zweite, praktische Teil versucht, Informationen und Hinweise zu allem zu geben, was mit dem „Machen" von Experimentalfilmen in Zusammenhang steht.

Der gesamte Herstellungsprozeß dieses Buches war ein mühsames und langwieriges Verfahren. Alle Angaben sind nach bestem Wissen und Gewissen zusammengetragen worden. Dennoch war es wohl nicht gänzlich zu vermeiden, daß gerade im praktischen Teil sicher noch Lücken klaffen. Hierfür sei schon vorab um Verzeihung gebeten. Zu einem besseren Verständnis gehört sicher die beklagenswerte, aber unabänderliche Tatsache, daß sich die eigentliche Publikation aus organisatorischen und finanziellen Gründen erheblich verzögert hat. Redaktionsschluß für sämtliche Beiträge war der 15. März 1987. Daß sich danach aktuelle Informationen teilweise verändert haben, ist in einer so lebendigen Szene wie dem Experimentalfilm wohl verständlich. Doch damit wird man stets leben müssen, wenn man ein aktuelles Thema angeht.

Zum Schluß der obligate, aber nicht weniger herzliche Dank an alle, die zum Zustandekommen dieses Buches beigetragen haben. Dem deutschen Filmmuseum unter Walter Schobert, der keine Sekunde zögerte, die erste Idee zu diesem Handbuch sogleich in die Tat umzusetzen; den Verfassern der einzelnen Kapitel, deren Arbeitseinsatz und folgende Langmut nur mit Idealismus zur Sache verständlich ist; und den zahllosen Informanten und Gesprächspartnern, die nun nicht einmal die kleine Genugtuung erhalten, hier namentlich erwähnt zu werden.

Würzburg, den 3.5.1988

Theoretischer Teil

Ulrich Gregor
Der Experimentalfilm und die Filmgeschichte

Der Experimentalfilm (Avantgardefilm) findet in den herkömmlichen Filmgeschichten nur eine sehr beschränkte Berücksichtigung. Für viele Autoren scheint dieses Genre zum Film nicht einmal dazuzugehören. Kino beschränkt sich für sie imgrunde auf den erzählenden Spielfilm, der innerhalb des Systems der kommerziellen Filmindustrie produziert wurde, in einigen Fällen gehören auch noch einige Werke aus dem Bereich des Dokumentarfilms hinzu.

Allerdings muß man zur Verteidigung der Pioniere der Filmgeschichtsschreibung, wie z.B. Georges Sadoul, anführen, daß ihre Werke zu einer Zeit konzipiert bzw. geschrieben wurden, nämlich in den vierziger bzw. fünfziger Jahren, als die Existenz eines Genres "Experimentalfilm" noch nicht so klar erkennbar war oder aber sich auf einige Manifestationen in den zwanziger Jahren zu beschränken schien. Diese "Klassiker" des Experimentalfilms, die zwischen 1920 und 1930 entstanden, werden auch in den "herkömmlichen" Filmgeschichten verhältnismäßig genau registriert und beschrieben. Es sind die Filme von Viking Eggeling und Hans Richter, Fernand Léger, Man Ray und Marcel Duchamp, die experimentellen ersten Versuche von René Clair und Jean Vigo sowie die Anfänge von Buñuel und Cocteau. Hier ist es wieder Sadoul, der in seinen Werken die surrealistischen Filme und überhaupt die Bedeutung des Surrealismus für die Erneuerung des Kinos nicht nur erwähnt, sondern in den Mittelpunkt der Betrachtung stellt. Ein Film wie Buñuels *L'âge d'or* wird schon bei Sadoul als ein epochaler Klassiker gesehen, die Vorgänge um die Aufführung dieses Films und sein Verbot werden als Teil auch der "großen" Filmgeschichte begriffen.

Wenn diese Filme bzw. "Schulen" bei Sadoul, Rotha oder Toeplitz ins Auge gefaßt werden, so hat dies freilich auch damit zu tun, daß verschiedene der Regisseure, die in den zwanziger Jahren "Experimentalfilme" gedreht haben, später ins Lager der etablierten, "professionellen" Filmemacher übergewechselt sind –

so René Clair, Luis Buñuel, Jean Cocteau, auch Vigo mit seinem Spielfilm *L'Atalante*. Es trifft wohl auch zu, daß es in den zwanziger Jahren mehr Übergänge, mehr Vermittlung zwischen Formen des Experimentalfilms und dem etablierten Kinofilm gab. Der Film als Kunst war stärker in der Entwicklung, der Film als Industrie wiederum nicht so fest etabliert, als daß man nicht hin und wieder auch Alternativen ins Auge fassen konnte. Es gab einige Werke durchaus experimenteller Inspiration, die von weiten Kreisen gesehen und rezipiert wurden, die auch die Entwicklung des Films allgemein stark beeinflußten – etwa Walter Ruttmanns *Berlin, die Sinfonie der Großstadt* oder Dsiga Wertows *Der Mann mit der Kamera*. Der Schule des russischen Stummfilms insgesamt wohnte ein starkes experimentelles Moment inne; auch im deutschen und französischen Stummfilm gab es solche Elemente (Murnau, Abel Gance). Andererseits gab es in den zwanziger Jahren noch keine alternativen Filmformate. Auch die experimentellen und Künstler-Filme wurden notgedrungen in 35 mm gedreht und brauchten zur Aufführung im allgemeinen die Situation des Kinos. So entstanden in Paris in den zwanziger Jahren die ersten Avantgarde- und Filmkunst-Kinos, weshalb die Experimentalfilme in den Augen der damaligen Kritik und der Filmgeschichtsschreibung auch eher zum „eigentlichen" Kino hinzuzugehören schienen. Das zeigt sich z.B. bei Kracauer, der in „Von Caligari zu Hitler" Richter und Ruttmann durchaus im richtigen Kontext darstellt und in seine Geschichte des deutschen Kinos der Weimarer Republik einzuarbeiten versteht. In „Von Caligari zu Hitler" ist Kracauers Interesse, entsprechend der Perspektive seines Buches, vor allem soziologisch und ideologiekritisch. Deswegen wird der kritischen Argumentation gegen Ruttmanns Film *Berlin, die Sinfonie der Großstadt* breiter Raum eingeräumt. Kracauer bezieht eine ziemlich negative Position gegenüber dem Film, während er dessen formale Neuartigkeit nicht sehr stark betont. Genauer geht Kracauer auf den Avantgardefilm dagegen in seinem später geschriebenen Werk „Theorie des Films" ein – das nun freilich keine Filmgeschichte ist, aber immerhin, was erfreulich und selten ist, eine Perspektive erkennen läßt, die den Experimentalfilm neben allen anderen Spielarten des Kinos durchaus berücksichtigt.

In Lotte Eisners Buch „Die dämonische Leinwand" findet der Experimentalfilm allenfalls Erwähnung am Rande – für die Autorin war allerdings der künstlerisch anspruchsvolle Film der Weimarer Republik in gewissem Sinne eine einzige große Avantgardekinobewegung.

Filmhistoriker sollten, auch wenn sie sich mit möglicherweise entlegenen historischen Epochen befassen (dabei ist die Frühzeit des Kinos nicht eigentlich ‚entlegen'), aktuelle Impulse aus der filmkritischen Diskussion und der Entwicklung von Filmtheorie mit aufnehmen und verarbeiten. Man kann sagen, daß für die Filmgeschichtsschreibung die sechziger Jahre bedeutende neue Anregungen und Erweiterungen des Horizonts mit sich brachten, insbesondere, was die Entstehung neuer Bewegungen des unabhängigen Kinos, des „Autorenfilms", aber auch des Experimentalfilms, neuer Verbreitungsformen des Films usw. betraf. Es waren dies wichtige Anregungen, die allerdings nicht sofort in filmhistorische und theoretische Werke umgesetzt werden konnten (eher schon in praktische Dinge wie Filmemacher-Kooperativen und die ersten kommunalen Spielstellen mit einer neuen Spielplanpolitik). Nun kam allerdings ein anderes Moment hinzu: in zunehmendem Maße wurden unsere Kenntnisse der Welt-Kinematographie erweitert, weiße Flecken auf der Landkarte des Films schmolzen zusammen; damit aber, zugleich mit der stark zunehmenden Diversifizierung des zeitgenössischen Films, erschien es mehr und mehr problematisch, Filmgeschichte im umfassenden Sinn zu schreiben. Wer konnte noch den Mut, die Energie und die Kenntnisse aufbringen, ganz abgesehen von den damit verbundenen ökonomischen Schwierigkeiten, die Geschichte des Welt-Kinos nachzuzeichnen und zu analysieren? Das Territorium einer solchen Untersuchung war einfach zu groß geworden, zu widerspruchsvoll, als daß Einzelpersonen sich noch in der Lage wähnten, dieses Territorium insgesamt zu überschauen. So ist die Periode der „umfassenden" Filmgeschichten wahrscheinlich in den sechziger/siebziger Jahren zuendegegangen, es begann die Epoche der Spezialuntersuchungen, der Einzeldarstellungen, der Anthologien, der Querschnittsbände. Eine andere Frage stellte sich auch: soll Filmgeschichtsschreibung wissenschaftlich vorgehen, indem sie sich mit der Gesamtheit der Produktion eines jeden Landes beschäftigt, oder kann sie von Einzelnen betrieben werden, die sich dann das Recht zur Auswahl und zu einer subjektiven Darstellung nehmen, ja zwangsläufig nehmen müssen? Später, in den siebziger Jahren, entstanden nun auch Filmgeschichten, die ausschließlich dem Experimentalfilm (oder, wie es einige Zeit lang hieß, dem „Undergroundfilm") gewidmet waren; in diesen Büchern ist es wiederum das „normale" Kino, der erzählende Film, der aus dem Blickfeld entschwindet. Es erschienen Lexika und Kataloge, die Geschichte des Undergroundfilms von Birgit Hein, die Bücher von Parker Tyler und Gene Youngblood, die Geschichten des Avantgardefilms von David Curtis, Malcolm Le Grice, Stephen Dwoskin, es gab die Bücher von P. Adams Sitney. Dies waren Werke, die wiederum ihren Begriff des Experimentalfilms rigoros bestimmten – in Übereinstimmung mit dem Zeitgeist der siebziger Jahre, der den „strukturellen" Film zeitweilig zum Dogma erhob. Dabei hatte noch zuvor das Manifest des „New American Cinema", das sowohl von Peter Bogdanovich wie von Jonas Mekas unterschrieben wurde, eine gemeinsame Plattform zwischen Filmemachern durchaus unterschiedlicher ästhetischer Zielrichtungen hergestellt. Diese Gemeinsamkeit war allerdings in den folgenden Jahren mehr und mehr verloren gegangen.

Die Frage ist: in welchen Büchern, seien es nun Filmgeschichten oder mehr theoretische Werke, wird ein Ansatz formuliert, der verschiedene Filmgenres, den erzählenden oder den dokumentarischen, aber auch den formal experimentierenden, den „poetischen" oder avantgardistischen Film in einen Zusammenhang zu bringen vermag, der die Grenzen eingefahrenen Denkens und schulänlicher Vorstellungen, von Klischees und Einengungen durchbricht und möglicherweise eine eigene Sicht dessen definiert, was Film sein kann, jenseits aller Konventionen?

Nur wenige Werke sind hier zu nennen, doch es gibt einige von ihnen. In Amos Vogels Buch „Kino wider die Tabus" werden Beispiele aus allen Bereichen filmischer Tätigkeit aufgenommen und diskutiert, aus dem Hollywood-Film ebenso wie aus dem Experimentalfilm. Vogels Konzeption des Kinos ist äußerst fruchtbar, neuartig und eigenwillig, weil er nirgendwo gezogene Grenzen anerkennt, er versucht allerdings auch nicht, eine eigene Definition des Kinos aufzustellen, sondern erklärt als Gegenstand des Buches „die Subversion, Zerstörung oder Veränderung der bestehenden Werte, Institutionen, Sitten und Tabus in Ost und West, bei Linken und Rechten, durch die vielleicht einflußreichste Kunst des Jahrhunderts." Diese Perspektive steht dem Avantgardefilm nahe, ohne sich allerdings ausschließlich auf ihn zu beschränken. Und Amos Vogel zitiert in seinen Erläuterungen über die Subversion des Inhalts, über „verbotene Themen des Films" und „Zu einem neuen Bewußtsein" den Film der Dritten Welt, den europäischen Autorenfilm, das Kino von Fassbinder, das Kino der sozialistischen Länder in gleichem Maße wie die Klassiker des Avantgardekinos (gegen Schluß des Buches folgt dann auch eine Definition des Avantgardefilms); die Freiheit und Souveränität, mit der Vogel zwischen den Bereichen hin- und herwechselt, beweist nicht nur seine umfassende Kenntnis des Films, sondern ist erfrischend, unkonventionell, in seiner Weise auch wieder „subversiv", weil jeglichem Schuldenken entgegengesetzt. Die Perspektive des Buches ist auch deshalb besonders fruchtbar, weil hier die gemeinsamen Fähigkeiten des Kinos, einerlei welcher Sparte und welchen Genres, sichtbar werden, revolutionär und befreiend zu wirken im Sinne des Zitats von Artaud, das Amos Vogel (neben anderen) seinem Buch voranstellt: „Das Kino bedeutet eine totale Umkehrung von Werten, eine vollständige Umwälzung von Optik, Perspektive und Logik. Es ist erregender als Phosphor, bezaubernder als die Liebe".

Einen Versuch zur kontroversen Neudefinition von Kino, Filmrezeption und Filmgeschichte unternimmt auch Jean-Luc Godard in seiner „Introduction à une véritable histoire du cinéma", die auf seinen in Montreal gehaltenen Vorlesungen beruht. Godard führt in dieser unkonventionellen Filmgeschichte aus, daß man vor den Filmen erst einmal die Geschichte der „Vision", also der Sehweise, aber auch der „Verblendung" diskutieren müsse, die die Filme selbst erzeugt haben. Auch in Kracauers „Theorie des

Fotokopie-Modell zu *Sydney Harbour Bridge* von Paul Winkler (Australien 1977)

Toshio Matsumoto: *KI* (Japan 1980)

Films" findet man dieses fruchtbare und unkonventionelle Denken (und weit systematischer als bei Godard), das das Kino auf seine Gesetzmäßigkeiten, auf seine Grundlagen und auf die Zusammenhänge seiner Entstehung hin befragt und damit die Unterschiede und Begrenzungen der Genres und ästhetischen Standpunkte wie von selbst überwindet. Das gilt übrigens auch für manche Texte von Jonas Mekas, von Buñuel oder Bresson. Sie bewegen sich in Bereichen, wo das Kino noch seinen Urquellen nahesteht, noch nicht in Definitionen, sektiererischen oder industriellen Festlegungen erstarrt ist.

Ein 1976 in Frankreich erschienenes Buch, in dem ausschließlich vom Avantgardefilm die Rede ist, nennt sich „Une histoire du cinéma". Es erschien anläßlich einer Ausstellung und enthält neben Vorworten von Pontus Hulten (er situiert den Film im Verhältnis zur Malerei) und Peter Kubelka (einem persönlichen Glaubensbekenntnis) einen Artikel von P. Adams Sitney, der anfangs den Versuch unternimmt, den Experimentalfilm (hier „unabhängiger Film" genannt) in Bezug zur Filmgeschichtsschreibung zu setzen. „Kann es eine Geschichte des unabhängigen Kinos geben?" fragt Sitney zu Beginn. Aber auch er setzt dieses Kino in eine starre und vollkommene Opposition zu einem „anderen", nicht benannten und nicht definierten Kino, „dessen Dunkelheit dazu beiträgt, das unabhängige Kino erglänzen zu lassen" (gemeint ist das Hollywoodkino oder das Kino der „linearen Erzählweise"). In der folgenden Darstellung entwickelt Sitney die Geschichte des Avantgardefilms unter häufiger Berufung auf Kubelka von Dsiga Wertow über die Avantgarde der zwanziger Jahre bis zur amerikanischen Avantgarde der vierziger, fünfziger und sechziger Jahre. Auch hier also wieder eine strikte „Abgrenzung" von allem, was nicht Avantgarde ist. Die Seriosität der Argumentation von P. Adams Sitney steht nicht in Frage. Sehr wohl gefragt aber werden kann, ob das Bewußtsein der avantgardistischen Filmemacher so von anderen Filmströmungen abgekapselt ist wie hier praktiziert, und ob nicht auch andere Parameter und Zusammenhänge bei einer Geschichte des „unabhängigen" oder experimentellen Films angesprochen werden müßten, wie zum Beispiel solche aus Bereichen der Bildenden Kunst, des Theaters, des Tanzes, der Musik oder der Literatur.

Wie sich das Verhältnis von Experimentalfilm und Filmgeschichte gestalten wird, hängt nicht zuletzt auch von der Entwicklung des Experimentalfilms selber ab. Wird es auch in Zukunft einen „Experimentalfilm" im Sinne eines eigenen Genres mit strengen Gesetzen und Grenzziehungen geben – oder werden experimentelle Impulse mehr innerhalb anderer, schon definierter Ausdrucksformen des Kinos ihre Funktion finden (vielleicht im Bereich des Videos?). Eine Prognose ist momentan schwer aufstellbar. Es gibt aber doch einige Indizien dafür, daß die Fronten wieder näher zusammenrücken werden, daß sich vielleicht auch experimentelle Filmemacher als Teil des Kinos (im umfassenden Sinne) begreifen

Gary Beydler:
Hand Held Day (USA 1974)

Bastian Clevé:
Oscar (USA 1984)

werden, daß es mehr gegenseitige Beeinflussung zwischen den Bereichen geben wird. Eine andere heikle Frage ist auch die der Qualität von Werken des Experimentalfilms. Mit der Definition dessen, was in diesem Bereich verdient, gut oder schlecht genannt zu werden, haben sich stets alle Beteiligten besonders schwer getan. Letztlich ist es die Zeit, die hier Urteile fällt; aus der Distanz lassen sich leichter jene Werke ausmachen, über die zu sprechen sich lohnt, und jene, die man dem Vergessen überläßt – obwohl es auch hier keine gesicherten Urteile und ein für alle Mal gültigen Plattformen geben kann. Aber vielleicht sollten die zukünftigen Historiker, die sich mit dem Experimentalfilm der siebziger und achtziger Jahre beschäftigen, nicht nur Snow und Frampton, van der Keuken und Straub/Huillet, sondern auch Godard, Resnais, Bresson, Oliveira, Tarkowskij und Terayama untersuchen – zum Nutzen und Vorteil des Kinos ebenso wie des Lesers. Vielleicht werden sie damit die objektive Entwicklung des Experimentalfilms nachvollziehen.

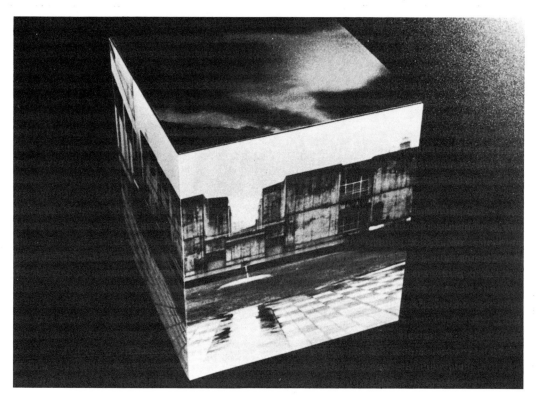

Takashi Itoh:
Box (Japan 1982)

Werner Biedermann:
Historische Definitionen
oder JEDES WORT IST EIN VORURTEIL
Friedrich Nietzsche

Alice und die Raupe sahen sich eine Zeitlang schweigend an; endlich nahm die Raupe die Wasserpfeife aus dem Mund und sprach Alice mit müder, schleppender Stimme an. „Wer bist denn du?" sagte sie.
Als Anfang für eine Unterhaltung war das nicht ermutigend.
Alice erwiderte recht zaghaft: „Ich – ich weiß es selbst kaum, nach alldem – das heißt, wer ich war, heute früh beim Aufstehen, das weiß ich schon, aber ich muß seither wohl mehrere Male vertauscht worden sein."
„Wie meinst du das?" fragte die Raupe streng. „Erkläre dich!".
„Ich fürchte, ich kann mich nicht erklären", sagte Alice, „denn ich bin gar nicht ich, sehen Sie."
„Ich sehe es nicht", sagte die Raupe.
„Leider kann ich es nicht besser ausdrücken", antwortete Alice sehr höflich, „denn erstens begreife ich es selbst nicht; und außerdem ist es sehr verwirrend, an einem Tag so viele verschiedene Größen zu haben."
„Gar nicht", sagte die Raupe.
„Nun, vielleicht haben Sie diese Erfahrung noch nicht gemacht", sagte Alice.
„Aber wenn Sie sich einmal verpuppen – und das tun Sie ja eines Tages, wie Sie wissen – und danach zu einem Schmetterling werden, das wird doch gewiß auch für Sie etwas sonderbar sein, oder nicht?"
„Keineswegs", sagte die Raupe.
„Nun, vielleicht empfinden Sie da anders", sagte Alice; „ich weiß nur: für mich wäre das sehr sonderbar."
„Für dich!" sagte die Raupe. „Wer bist denn du?"
(Carroll, Lewis, Alice im Wunderland, in der Übersetzung von Christian Enzensberger, Frankfurt 1973)
Ähnlich dem Dialog zwischen Alice und der Raupe, stellt sich das Problem Begriffe wie: E-Film, Undergroundfilm, Avantgardefilm etc. definieren zu wollen. Zeitgeschichte, soziokulturelle Entwick-

lung, Nationalität und Stand der Semantik führten – zumindest in der Mikrostruktur – zur unterschiedlichen Benennung von ähnlichen Filmformen. „Aktuelle Begriffe wie ‚Undergroundfilm‘, ‚Das andere Kino‘ oder ‚Unabhängiger Film‘ geben kaum Auskunft über künstlerische Richtungen, sondern signalisieren eher die Haltung von in einem spezifischen Bereich tätigen Individuen gegenüber der Gesellschaft. Künstler gehen in den ‚Untergrund‘, um die eigene ‚Menschlichkeit‘ angesichts einer autoritären Herrschaft, deren Verwaltungsapparate den Kunstraum ebenso wie andere Kommunikationsbereiche kontrollieren, zu erhalten." (Schlemmer, Gottfried, Anmerkungen zum Undergroundfilm, Wien 1970)
Film ist ein Medium von hoher Komplexität, so daß es nicht verwunderlich ist, wenn hier Grenzen der sprachlich genauen Vermittlung erreicht werden. Besonders deutlich wird dies, wenn wir es mit abstrakten oder nichtgegenständlichen (Film-)Kunstwerken zu tun haben. „Im Film arbeitet man der bekannten Realität entgegen und verändert sie dem eigenen Ermessen entsprechend. Diese Veränderungen beschränken sich nicht nur auf das Bild, den Bildausschnitt... sondern auch auf den Film in seiner Gesamtheit, in der Art der Beziehungen und Verbindungsweisen der einzelnen Elemente untereinander." (Deren, Maya, Planning by eye, in „Film Culture" Nr. 39, New York 1965). Auf Grund des Warencharakters und der kapitalistischen Produktionsmethoden ist der Film seit seinem Bestehen hauptsächlich ein narrativ orientiertes Medium. Eine Story im literarischen Sinn ist für die ebenfalls kapitalistischen Verwertungszusammenhänge ein wesentlicher Faktor. Verkannt wird hierbei allerdings ein wichtiges gestalterisches Kriterium: Film vermittelt seine sinnlichen Inhalte in bewegten Bildern (und Tönen), die eben auch nicht unbedingt gegenständlich sein müssen. Solche Bilder entziehen sich manchmal der Möglichkeit einer sprachlichen Beschreibung. Da es allerdings ein menschliches Grundbedürfnis ist zu kommunizieren, zeigt sich hier ein Problem der Verwertung von experimentellen Filmen im allgemeinen und der Definition der verschiedenen Erscheinungsformen im besonderen. Über narrative Filme kann man relativ einfach sprechen (auch wenn man sich dann oftmals nur über die literarische Ebene unterhält); Film und insbesondere der experimentelle Film hat aber eine eigene Sprache. Statt linearer Handlung und psychologischer Begründung, wie sie in Spiel- oder Dokumentarfilmen vorherrscht, bemüht sich der experimentelle Film, Dimensionen jenseits dieser Konventionen zu erschließen.

Da das in der Regel keine Möglichkeiten einer kommerziellen oder politischen Verwertbarkeit bietet, führte und führt der experimentelle Film ein Orchideendasein. „Für die ersten Versuche zwischen 1920 und 1930, das Industrieprodukt Film künstlerischen Interessen gefügig zu machen, wurde der Begriff ‚Avantgarde‘ aus der bildenden Kunst übernommen. Werke wie *Diagonal Symphonie* (Viking Eggeling), *Rhythmus 21* (Hans Richter), *La Retour à la Raison* (Man Ray), *Ballet Mécanique* (Fernand Léger), *Jeux des reflets et de la vitesse* (Henri Chomette), *Anemic Cinema* (Marcel Duchamp), *Un Chien Andalou* (Luis Buñuel und Salvador Dali) etc., die der gebildete Zeitgenosse als exzentrische Versuche am Rande des kommerziellen Filmbetriebs registrierte, gelten heute als Klassiker und Vorläufer des ‚Undergroundfilms'". (Schlemmer, Gottfried, Avantgardistischer Film 1951–1971: Theorie, München 1973)

Avantgarde- und Undergroundfilm ein Synonym? Im folgenden wird versucht, die verschiedenen Begriffe dieses „Genres", teilweise in konträren Zitaten, zu definieren. Ein Anspruch auf Vollständigkeit wird auf Grund der Fülle von Begriffen nicht erhoben. Gar zu exotische Termini wurden von vornherein außer acht gelassen. Ordnungsprinzip ist nicht ein alphabetisches oder historisches, sondern soweit möglich ein sich logisch bedingendes.

„AVANTGARDE bedeutet Vorhut. Sie soll einer in Bewegung befindlichen Truppe vorausmarschieren, unter fortgesetzter Aufklärung die Ruhe und Gleichmäßigkeit im Fortschreiten des Ganzen gewährleisten, sowie beim Eintritt in das Gefecht den nachfolgenden Abteilungen Zeit und Raum für den Aufmarsch sichern." (Wörterbuch der Deutschen Sprache, München 1950)

Das Wort Avantgarde hat also zunächst eine militärische Bedeutung. Im, auf den Film, übertragenen Sinne gibt es also eine Vorhut, die der gleichmäßig fortschreitenden Gruppe von Filmern voraneilt. Ob die Avantgarde je in der Lage war (oder es ist) „die Ruhe und Gleichmäßigkeit im Fortschreiten des Ganzen" zu sichern, wage ich zu bezweifeln. Zum Einen ist die „in Bewegung befindliche Truppe" nie eine disziplinierte Einheit (wie etwa ein Heer), da die künstlerischen Ziele unterschiedlich sind, zum Anderen hat die Avantgarde immer den Charakter des Ausprobierens und Experimentierens. Einher geht damit, daß, sobald ein Experiment übernommen wurde, es nicht mehr zur Avantgarde gezählt werden kann, denn die Avantgarde ist einem ständigen Innovationszwang unterworfen.

So bezeichnet Georges Sadoul den Avantgardefilm logischerweise als eine immer vorübergehende Mode. Siegfried Kracauer sieht in den Avantgardefilmern die wahren Filmkünstler: „Indem die den Film von der Tyrannei der Story befreien, unterwerfen sie ihn der traditionellen Kunst. In der Tat, sie ziehen die Kunst ins Kino hinein." (Kracauer, Siegfried, Theorie des Films, Frankfurt 1964). Dies impliziert allerdings einen Kunstbegriff, wie ihn schon Wsewolod Pudowkin im Hinblick auf den Film erläuterte: „Das, was schon ein Kunstwerk ist, ehe es vor die Kamera kommt, wie Schauspielkunst, Inszenierung, Romane oder Theaterstücke, kann nicht ein Kunstwerk auf der Filmleinwand sein." (Dart, Peter, Pudovkin's Films and Film Theory, New York 1974). Andererseits bezeichnet Kracauer den Avantgardefilm auch als „wesensfremd", denn künstlerischen Zielen zu folgen, beinhaltet ein Ignorieren der Realität. „Er (der Avantgardefilmer) wollte lieber Formen erfinden als bestehende Formen registrieren oder entdecken." (Kracauer, Siegfried, Theorie des Films, Frankfurt 1964). Hier schließt sich nun wieder ein Kreis, denn gerade im Ignorieren der Realität und dem Erfinden neuer Formen liegen avantgardistische Momente.

EXPERIMENTALFILM ist ein Oberbegriff, der zahlreiche Ausformungen dieses „Genres" umfaßt. Experimente (= Versuche) können vor (z.B. Aktionen der Darsteller) oder mit der Kamera (z.B. Veränderung der Bildfrequenz, Filterung der Kameraoptik) sowie in der Nachbereitung (z.B. Montage, Kopiertechnik) durchgeführt werden. Ein Experimentalfilm ist in der Regel auch ein ökonomisches Experiment, da diese Filme nicht in den üblichen Produktions- und Verwertungszusammenhängen erstellt und ausgewertet werden. Die fehlende ökonomische Basis ist aber gleichzeitig Zwang/Anreiz zu einer kreativen Kompensation. Oftmals haben spätere Spielfilmregisseure mit Experimentalfilmen ihre ersten Filmewerke geschaffen (z.B. Curtis Harrington, Adolf Winkelmann). Ab Mitte der 60er Jahre wurde, wohl einhergehend mit einer politischen, gesellschaftlichen und kulturellen Innovation, der Experimentalfilm immer mehr als eigenständiges Werk und weniger als Versuchsfeld angesehen. Gleichzeitig wurden neue Oberbegriffe eingeführt: Unabhängiger Film, Undergroundfilm, das Andere Kino und ab Anfang der 80er Jahre E-Film.

Absolut, ein aus dem lateinischen kommender Begriff, bedeutet „losgelöst". Diese Loslösung bezieht sich auf eine Verantwortung anderen oder bestehenden Konventionen gegenüber. Ein absoluter Monarch übt eine Willkürherrschaft aus. Ein absoluter Filmemacher nutzt die uneingeschränkten Möglichkeiten, die ihm das Medium bietet. „DER ABSOLUTE FILM, das ist der Einbruch der künstlerisch fruchtbaren Subjektivität in die Blickperspektive, das ist die Wirklichkeit, gesehen mit den Augen eines Mannes, in dessen ‚Seele sich die Dinge spiegeln' (Béla Balász). Ruttmann drehte im Jahre 1927 seinen Film ‚Berlin'. Das Ergebnis war eine erregende ‚Bildsymphonie', die zu der gegenständlichen, von jedem erfahrbaren Realität ‚Berlin' keine deutliche Beziehung mehr hatte. Das Erlebnis der Großstadt, dieses ungeheuerlichen, bedrohlichen Gebildes, wurde indessen optisch reflektiert, die Kamera war das gestaltende Mittel und sie stellte die Dinge in eine Perspektive, die nicht mehr das Objekt in seinen realen Maßstäbe, sondern ausschließlich eine sehr subjektive Reaktion auf das Objekt faßte. Gestaltung ist ein subjektiver Vorgang. Wird er allein durch die Filmkamera ermöglicht, dann treten wir in den Bereich des absoluten Films, der nicht mehr Wirklichkeit reproduziert, sondern sie deutet. Mit dem Material der Wirklichkeit kann er Unwirkliches, beispielsweise Traumvorstellungen, suggestiv verwirklichen. Entscheidend ist, daß die Objekte, die der Film abbildet, nicht außerhalb dieser Abbildung denkbar sind, daß keine Erlebnisse möglich erscheinen, die außerhalb der durch die Kamera geformten Bilderlebnisse liegen." (Fürstenau, Theo, Absoluter Film, in „Film Forum" Nr. 1, Münster 1951). Die Souveränität des absoluten Films liegt also in der Gestaltung eigener Gesetzmäßigkeiten, wobei lediglich die technischen Möglichkeiten Grenzen bilden können.

„In den Lichtorgeln sowie den abstrakten bewegten Bildern des Eidoskops, des Chromatrops und besonders des Kaleidoskops hatte der ‚abstrakte Film' bereits im 18. bzw. 19. Jahrhundert bekannte Vorläufer. Das Kaleidoskop wurde sehr populär; sein Einfluß findet sich selbst im Spielfilm (in den Musical-Choreographien von Busby Berkeley in den dreißiger Jahren) und in neuerer Zeit im psychedelischen Film". (Scheugel, Hans/Schmidt jr., Ernst, Eine Subgeschichte des Films, Frankfurt 1974). Auch Ken Russel (*The boy friend*) oder Stanley Kubrick (*2001: A space odyssey*) beispielsweise bedienen sich noch heute abstrakter Gestaltungen in ihren Spielfilmen. Theo Fürstenau meint dagegen 1951 in seinem „Wörterbuch für Filmfreunde": „Der abstrakte Film, für die psychologische Begründung des Spielfilms völlig wertlos, führte seit je ein Außenseiterdasein." Diese unterschiedlichen Einschätzungen zeigen, daß der abstrakte Film, ähnlich den abstrakten oder nichtgegenständlichen Richtungen der bildenden Kunst, kontrovers bewertet wurden. Die oftmals synonym verwandten Begriffe „Abstrakter Film", „Cinéma pur" oder „Absoluter Film" wie die deutschen Avantgardisten Hans Richter, Walter Ruttmann oder Oskar Fischinger ihre abstrakten Filme bezeichneten, verdeutlicht die schon traditionelle ungenaue Verwendung eines Begriffs. Abstrakt bedeutet, daß man von etwas Gegenständlichem abstrahiert hat. Das trifft für die genannten Filmer nicht oder nur partiell zu. Auch der schwedische Maler Viking Eggeling, der in diesem Zusammenhang genannt werden muß, ordnet sich dem abstrakten Film zu. Da beim abstrakten Film von jeder Naturbeziehung gelöste Formen entstehen, ist die Bezeichnung abstrakt (denn es wird ja nicht abstrahiert) unkorrekt. Treffender wäre hier der Terminus „nichtgegenständlicher Film". Während die genannten Regisseure noch eine Kamera benutzten, fertigten Len Lye oder Norman Mclaren ihre „Hand made films" ohne Kamera. Hierbei wird Blank- oder Schwarzfilm direkt bemalt oder zerkratzt. Völlig künstliche Bilder entstehen erst durch die Projektion auf der Leinwand. Insbesondere McLaren arbeitete aber auch gegenständlich mit dem Hand made film und näherte sich so dem Animations-respektive Zeichentrickfilm. Ausgehend von den Arbeiten der amerikanischen Brüder James und John Whitney zog der Computer in den Bereich des abstrakten Films ein. Hier konnte durch aleatorische Bedingungen ein hohes Maß an Abstraktion/Nichtgegenständlichkeit erreicht werden.

Beim COMPUTERFILM ist ein Computer direkt mit einem Videorecorder oder über eine Bildröhre mit einer Filmkamera verbunden. Durch die elektronische Auflösung setzt sich das Filmbild immer aus Rasterpunkten/Zeilen zusammen. Bei der heutigen

großen Zeilendichte sind dieselben bei einer Filmprojektion kaum noch zu erkennen. Im Gegensatz zu den Dreharbeiten anderer Filme kann ein Computerfilm solitär erstellt werden. Die wesentliche Arbeit beschränkt sich auf das Programmieren des Computers. Hier können sowohl narrative, als auch aleatorische Strukturen (oder eine Mischung aus beiden) vorgegeben werden. So kann z.B. eine Zeichnung oder ein Musikstück vorgegeben und durch den Computer variiert oder verfremdet werden. Erste Computerfilme wurden Anfang der 60er Jahre von James und John Whitney, Marc Adrian und Stan VanDerBeek erstellt.
EXPANDED CINEMA (= erweitertes Kino) beinhaltet alles, was über übliche Filmprojektionen im Kino hinausgeht. Die Spannweite reicht vom Mixed Media/Mehrfachprojektionen (auch mit Dias), Filmenvironments (bei denen der Film in einen bestehenden Aktionsraum einbezogen wird), mediale Happenings (mit Life-Aktionen) bis zum Tast-Kino (bei Valie Export's ,,Tapp und Tast Film", 1968 war ein mobiles Kino vor die Brüste der Filmemacherin geschnallt, in das der ,,Zuschauer" hineingreifen konnte). ,,Expanded Cinema ist der Versuch, die Grenzen der Filmleinwand zu sprengen und Film wieder auf seinen Wert als Medium zurückzuführen, befreit von jenem Sprachcharakter, den er im Lauf seiner Entwicklung angenommen hat. ... Um die etablierte Syntax des Films zu überwinden, müssen heutige Aktionen zur Abstraktion greifen." (Scheugel, Hans/Schmidt jr., Ernst, Eine Subgeschichte des Films, Frankfurt 1974)
,,Im großen und ganzen kann man sagen, daß FLUXUS gegen seriöse Kunst oder Kultur und ihre Institutionen opponiert, gegen den Europäismus. Auch gegen den Kunstprofessionalismus, gegen Kunst als kommerzieller Artikel oder Weg zum Lebensunterhalt. Auch gegen jede Form der Kunst, die das Künstler-Ego fördert. Fluxus neigt dazu, Oper und Theater (Kaprow, Stockhausen etc.), die die Institutionalisierung der seriösen Kunst repräsentieren, abzulehnen, und ist statt dessen für Vaudeville oder Zirkus, die mehr die populäre Kunst oder gar nicht-künstlerisches Amüsement repräsentieten (und von ,,kultivierten" Intellektuellen schief angesehen werden). Fluxus-Konzerte tendieren also dazu, Vaudevilles oder manchmal Satiren seriöser Konzerte zu sein..." (Maciunuas, George in Happening, Hrsg. Becker, Jürgen und Vostell, Wolf, Reinbek 1965). Erste Fluxus-Veranstaltungen fanden Anfang der 60er Jahre statt. Mit Filmen beteiligten sich an diesen Arrangements verschieden künstlerisch orientierte Filmemacher wie: Stan VanDerBeek, Yoko Ono, Nam June Paik, Joe Jones, Clas Oldenburg, Wolf Vostell, Paul Sharits. Die in der Regel kurzen Filme waren auf einen minimalen ,,Inhalt" ausgerichtet. In *Sears Catalogue* von Paul Sharits werden ausschließlich verschiedene Seiten eines Kaufhauskatalogs gezeigt. Mit diesem reduzierten ,,Inhalt" sind die Fluxus-Filme der Minimal-Art sehr nahe, gleichzeitig ironisieren sie durch die Reduktion das Medium Film.
,,Die Filme, von denen ich spreche, sind extensiv statt kompri-

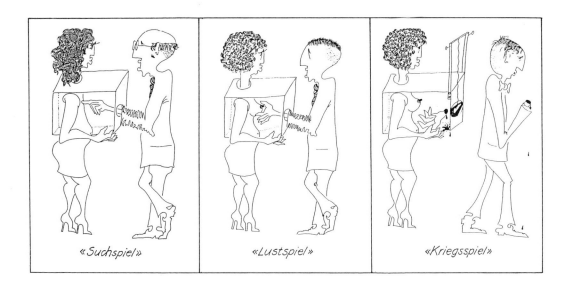

Karikaturen auf den ersten *Tapp- und Tastfilm* von Valie Export

miert, statisch statt rhythmisch... Die Informationen kommen so schnell, daß die Zeit kondensiert, wenn nicht gar ausgelöscht ist... Hauptmerkmale des STRUKTURELLEN FILMS sind: 1. starre Kameraeinstellungen, 2. Flicker-Effekt, 3. Filme, die aus Schleifen bestehen (Endlosschleifen), 4. Wiederfilmen eines projizierten Films." (Sitney, P. Adams, Structural Film, in Film Culture Reader, New York/Washington 1970). Zu Vertretern des strukturellen Films gehören zum Beispiel: Andy Warhol, Kurt Kren, Ken Jacobs, Paul Sharits, Werner Nekes, Malcolm LeGrice, Michael Snow.

Der MATERIALFILM reduziert seine Gestaltungsmöglichkeiten auf den Filmträger (Zelluloid, Polyester) selbst und seine Montage. Erster Materialfilm war Hans Stoltenbergs *Buntfilm*, 1911. Stoltenberg monierte hier verschieden farbig colorierte Blankfilme zu einem optischen Rhythmus. Besonders in den 60er Jahren wurde wieder vielfach vorgefundenes Material (Schnittreste, Negative) zu Materialfilmen verarbeitet. Durch teilweise aleatorisches Zusammenmontieren versuchte man, der projizierten Narration entgegenzuwirken. Auch hier war sicherlich die ökonomische Situation der Filmemacher Ausgangspunkt für eine bestimmte kreative Umsetzung des Filmemachens.

PSYCHEDELISCHE FILME, wie auch die psychedelishe Kunst, resultieren aus den Drogenerfahrungen zu Beginn der 60er Jahre. Vor dem Hintergrund dieser Erfahrungen mit „Trips", insbesondere LSD, begann auch die Wirklichkeit drogenähnlicher Gestalt anzunehmen. Beispiele aus jener Zeit sind in der bildenden Kunst, der Werbung, der Gestaltung von Diskotheken (mit stroboskopischen Lichteffekten) und eben im Film zu finden.

„Es gibt Augenblicke im ‚Dom' und im Riverside Museum, da fühle ich mich als Zeuge des Entstehens neuer Religionen, da befinde ich mich in religiösen, mythischen Welten, in denen die

Zeremonien, die Musik und die Körperbewegungen, die Symbolwerte der Lichter und Farben entdeckt und erforscht werden." (Mekas, Jonas, Movie Journal, in: Village Voice, 26.5.1966). So beschreibt der amerikanische Filmemacher Jonas Mekas (s)eine psychedelische Erfahrung in New Yorker Diskotheken. Das Standardwerk „Psychedelische Kunst" von Robert Masters und Jean Houston (München/Zürich 1969) beschreibt Mixed-Media-Aufführungen und Light-Shows in Diskotheken wie folgt: „In einigen Fällen ist es die erklärte Absicht solcher Veranstaltungen, den Geist aus der Verfassung zu bringen, die Kategorien des Denkens zu durchbrechen, die Konstanten des Wahrnehmungsvermögens in Frage zu stellen. (...) Die Hirnrinde ermüdet und gibt auf, und das Bewußtsein wird nun von der Formatio reticularis des Stammhirns gesteuert, wie es im LSD-Rausch der Fall ist." Vornehmlich diesen Effekt versuchten psychedelische Filme nachzuvollziehen. „Eines ist allen psychedelischen Filmen der sechziger Jahre gemeinsam: in dem Bestreben, das erweiterte Bewußtsein auszudrücken, wird eine neue optische Formenwelt erfunden (in der psychedelischen Musik ist es eine neue Klangwelt). Die im ‚New American Cinema' häufigen farbigen Doppelbelichtungen, der Kurzschnitt und die fließenden, sich rasch verändernden Farbornamente der ‚rein' psychedelischen Filme lassen ganz zweifellos das ‚Realbild' (also die Realität) verschwinden. Die Droge stellt die Realität in Frage, aber in den Filmen der Amerikaner wird die Realität gleich ganz beiseite geschoben – es kommt zur Flucht in eine abstrakte Formenwelt. Eine Auseinandersetzung mit der Realität findet nicht statt. Die Erfahrung der Droge lehrt nicht, eine Symbolsprache neben der bestehenden Sprache zu erfinden, sondern die bestehende Sprache und den Wirklichkeitsbegriff, den uns unsere Sinne vermitteln, in Frage zu stellen. (Scheugl, Hans/ Schmidt jr., Ernst, Eine Subgeschichte des Films, Frankfurt 1974).

„Niemand verkündet heute mehr etwas Neues, wenn er auf das Paradox hinweist, daß es mit der Objektivität des Objektives nicht allzu weit her ist. Technisch, dramaturgisch und inhaltlich hat der Film selten den Boden der Wirklichkeit nicht verlassen: der Film ist wirklicher als die Wirklichkeit selbst. (...) Es bleibt noch zu untersuchen, wie die Filmwirkung vom Grad der Entwicklung des Gezeigten abhängig ist. Träume, Phantasie und Wunder sind schon zum Requisit abgedroschene Stilmittel, es sei denn, ein Regisseur macht sich über den überwirklichen Bezug und die Freilegung der Wurzeln des Unterbewußten zum Programm. In seinem ‚Ersten surrealistischen Manifest' (1924) definiert André Breton: ‚Der Surrealismus beruht auf dem Glauben an die höhere Wahrheit gewisser, bisher nicht beachteter Assoziationsformen, an die Allmacht des Traums, an das absichtslose Spiel der Gedanken'. Die Wurzeln des SURRELISTISCHEN FILMS sind nun weniger in den Produkten der sogenannten ‚Avant-Garde' (cinéma pur, c. absolut, c. abstrait, c. intégral, c. expérimental) zu suchen, die sich mit unterschiedlichen Mitteln gegen den Klischeefilm des gängigen Angebots richteten und deren Hersteller versuchten, mit neuen Ideen in die Bereiche des Gebrauchsfilms einzudringen; vielmehr gehen deutliche Verbindungslinien zu Filmen, in denen sich die Absichten vor allem künstlerischer Bewegungen niederschlugen, in den Filmen des Kubismus, des Futurismus und vor allem des Dadaimus." (Lerg, Winfried, Vivisektion des Auges, in „Filmforum" Nr. 9, Emstetten 1960)

Unter den Regisseuren war Luis Buñuel sicherlich derjenige, der sich mit den praktischen Erscheinungsformen des surrealistischen Films am nachhaltigsten beschäftigte. Knapp fünfzig Jahre drehte er Filme und auch in seinen kommerziellsten Streifen war der Surrealismus ein entscheidender Faktor. In einer fünfteiligen Erklärung definiert Buñuel die für ihn wesentlichen (auch surrealistischen) Momente des Films:

„1. In keiner der traditionellen Künste gibt es eine solche tiefe Kluft zwischen Möglichkeit und Wirklichkeit wie beim Film. Der Film wirkt unmittelbar auf den Zuschauer; er bietet ihm konkrete Personen und Dinge; durch Stille und Dunkelheit isoliert er ihn von der herkömmlichen psychologischen Atmosphäre. Aus allen diesen Gründen kann der Film den Zuschauer aufrütteln wie vielleicht keine andere Kunstform. Aber er kann ihn auch – wie keine andere Kunstform – verwirren. Unglücklicherweise scheinen die weitaus meisten der heutigen Filme genau diesen Zweck zu verfolgen; sie glorifizieren in einem geistigen und moralischen Vakuum. In diesem Vakuum scheint es dem Film gut zu gehen.

2. Ein Grundelement aller Kunstwerke ist das Geheimnisvolle. Im allgemeinen fehlt dieses Element auf der Leinwand. Autoren, Regisseure und Produzenten sorgen stets dafür, daß alles vermieden wird, was uns aus der Fassung bringen könnte. Sie hatten das wunderbare Fenster zur befreienden Welt der Dichtung geschlossen. Sie geben den Themen den Vorzug, die unseren Alltag fortzusetzen scheinen, die zum hundertsten Mal das gleiche Spiel wiederholen, die uns die schweren Stunden unseres Tageswerks vergessen helfen. Über all dies wacht natürlich die herkömmliche Moral, die Regierung und internationale Zensur, die Religion, der gute Geschmack, der unschuldige Humor und andere nüchterne Gebote der Wirklichkeit.

3. Bedient sich ein freier Geist des Films, so ist er ein gefährliches und ein wunderbares Instrument. Er bietet die beste Möglichkeit, der Welt des Traumes, der Gefühle und der Triebe Ausdruck zu verleihen. Der Film scheint zum Ausdruck des Unterbewußten geschaffen zu sein, so tief wurzelt es in der Dichtung. Dennoch kommt er dieser Aufgabe fast nie nach.

4. Selten sehen wir in den Mammutproduktionen oder in den Werken, die das Lob der Kritiker und des Publikums ernteten,

einen guten Film. Die ureigene Geschichte, das Privatschicksal eines Einzelnen, interessiert – glaube ich – niemanden, der in unserer Zeit zu leben würdig ist. Wenn irgend jemand aus dem Publikum Freuden und Leiden einer auf der Leinwand gezeigten Person teilt, so sollte er dies nur dann, wenn dies Person die Freuden und Leiden der gesamten Gesellschaft widerspiegelt und damit die persönlichen Gefühle des Zuschauers im Publikum. Arbeitslosigkeit, Unsicherheit, Kriegsfurcht, soziale Ungerechtigkeit usw. berühren alle Menschen unserer Zeit und darum bemühen sie auch den einzelnen Zuschauer. Wenn mir aber von der Leinwand herab erzählt wird, daß Herr X zuhause nicht zurechtkommt und Trost bei einer Freundin sucht, die er aber am Ende jedoch verläßt, um sich wieder mit seiner treuen Gemahlin zu vereinen, so finde ich das zwar alles sehr moralisch und erbaulich, aber im Grunde läßt es mich völlig kalt.

5. Octavio Paz sagte: „Eher würde die Welt zerspringen, als ein Mensch in Ketten seine Augen schließt". Und ich möchte sagen: Eher würde das Universum in Flammen aufgehen, als das weiße Augenlid der Leinwand ihr rechtes Licht reflektiert. Aber im Augenblick können wir noch ruhig schlafen: das Licht des Films wird bequem dosiert und gebändigt."

(In Deutschland erschienen in der Zeitschrift „Filmforum" Nr. 9, Emstetten 1960)

UNDERGROUNDFILM ist ein Oberbegriff für die Filme der amerikanischen Subkultur zu Beginn der 60er Jahre. In verschiedenen, teilweise eingedeutschten Schreibweisen (Untergrundfilm) wurde dieser Terminus auch für vergleichbare Produkte europäischer Filmemacher übernommen. „Der Undergroundfilm ist die neueste, am wenigsten etablierte Kunstform unserer Zeit. Da er sich kommerziell schlecht auswerten läßt, hat er noch keinen Markt (wie etwa der Buch- oder Kunstmarkt) hinter sich, der für eine sichere Stellung im offiziellen Kulturbetrieb sorgen könnte. Er wird nicht wie alle anderen Kunstformen durch eine etablierte Kritik getragen. Die Kategorien zu seiner Beurteilung fehlen, denn die Filmkritik ist mit ihren am kommerziellen Film ausgebildeten Kriterien dem Undergroundfilm gegenüber völlig hilflos und von den wenigsten wird er überhaupt als Kunstwerk ernstgenommen.

(...) Der Begriff Underground ist heute zum Werbeslogan zur kommerziellen Auswertung von Subkultur geworden. Der Undergroundfilm hat den Untergrund in den 60er Jahren verlassen, er dringt mehr und mehr in die Öffentlichkeit mit dem Ziel, eine völlig neue Vorstellung von Film, von visuellem Denken ins allgemeine Bewußtsein zu bringen. Unter dieser neuen Art von Film ist weit mehr zu verstehen als der Begriff Underground in seiner heutigen und ursprünglichen Bedeutung umfaßt.", schreibt Birgit Hein in der Einführung zu ihrem 1971 erschienenen Buch „Film im Underground". An der Auswertung von Undergroundfilmen hat sich bis heute (1989) kaum etwas geändert. Noch immer findet man ihn (wenn überhaupt) im kommunalen oder Filmkunstkinos oder vornehmlich auf Festivals wie dem Europäischen Medienkunst-Festival in Osnabrück. Auch an der Kritik dieses „Genres" hat sich nichts wesentliches geändert, da jeder Film auf Grund seiner Innovationen sich den Ritualen einer üblichen Kritik entzieht. Wenn überhaupt, kann er nur an den Ansprüchen, die er sich selbst stellt, gemessen werden. Eine Anpassung der bürgerlichen Kunst zu diesem Bereich ist allerdings zu verzeichnen. Immer mehr bedienen sich Musik-Video-Clips oder die Werbefilmästhetik auch stilistischer Elemente, die aus dem Undergroundfilm stammen.

Einen Bogen schlagend vom Überbegriff Avantgardefilm zum Überbegriff Undergroundfilm, kann man sich die Gretchenfrage „Was wollen/sollen diese Filme denn nun eigentlich?" stellen. Zwei weitere Zitate versuchen darauf eine Antwort zu geben.

„Ich möchte weder belehren noch unterhalten, sondern einen Film schaffen, der Lyrik ist. Diese Erfahrung mag zufälligerweise auch bildend wirken. Erfahrung ist die einzige Bildung. Ein Mensch kommt herein, erlebt etwas und geht verändert fort. Kunst ist das einzige bildende Medium. Sie verändert den Organismus, der etwas erlebt. Sie fügt nichts hinzu und nimmt nichts weg, sondern sie bewirkt eine qualitative Veränderung im Organismus."
(Deren, Maya, A lecture given at the Cleveland Museum of Art on April 6th, 1951, in Film Culture Nr. 29, New York 1963)

„Der Protest der ‚Avantgarde' bürgerlicher Kunst gegen die Kapitalisierung aller Lebensbereiche mit der daraus resultierenden Entfremdung und Verdinglichung der zwischenmenschlichen Beziehungen verinnerlichte das Problem, die Produktionsverhältnisse (die auch die des Künstlers sind) blieben unreflektiert: die Abstrakten huldigen der ‚reinen Form', Dada propagierte die Zerstörung der Tradition, der Surrealismus zog sich ins Reich der Träume zurück. Mit dem von der Gesellschaft ‚erzwungenen' und vom Künstler stattgegebenen Rückzug aus der ‚wirklichen' Welt nimmt auch die Esoterik seines Werkes zu. Eine Unmenge von Manifesten, die neue Heilslehren, neue philosophische und ästhetische Theorien etc. verkünden, werden der unverbindlich gewordenen Wertskala einer in unauflösbaren ethischen und moralischen Widersprüchen befangenen Gesellschaft entgegengehalten."
(Schlemmer, Gottfried, Anmerkungen zum Undergroundfilm, Wien 1970)

Birgit Hein:
Experimentalfilm und bildende Kunst

> But don't you understand?
> These movies are art!
> Andy Warhol

Seit seinen Anfängen ist der Experimentalfilm eng mit der bildenden Kunst verbunden, denn die ersten Experimentalfilme werden in der Zeit von 1910–1920 von bildenden Künstlern gemacht. Das ist inzwischen eine allgemein bekannte Tatsache, dennoch wird der Experimentalfilm von Kunsthistorikern und Kunstvermittlern immer noch kaum beachtet und ernst genommen.
„Die tiefgreifenden Veränderungen der ‚Mediengewohnheiten' bzw. der ‚visuellen Kultur' seit den 50er Jahren (z.B. die Veränderungen im Bereich Film – Fernsehen/Video) sowie etwa die aktuellen Probleme des Kabelfernsehens haben nicht zu der erforderlichen Nachdenklichkeit über die Konkurrenzsituation von bildender Kunst und elektronischen Medien bzw. Film sowie über die spezifischen Rezeptionsprobleme bildender Kunst angesichts der heutigen Medientechnologie geführt. Vielmehr kann man sich des Gefühls nicht erwehren, als würde vielerorts in geschützten Erkern und zugfreien Räumen in den Hochschulen die ‚Geschichte der bildenden Künste' gelehrt, als sei nichts geschehen. Demgegenüber ist zumindest zu fragen: Wann endlich werden – um nur einen Punkt herauszugreifen – Studierende der Kunstgeschichte in ihrem Studium gesagt (und gezeigt) bekommen, daß es z.B. zwischen dem Ende des 1. Weltkrieges und 1933 in Deutschland nicht nur den (Spät-)Expressionismus und die ‚Neue Sachlichkeit' in der Malerei gegeben hat, sondern auch (stilistisch durchaus parallel) eine großartige Filmkultur, die im Ausland berühmt und vielzitiert ist? Wir begeben uns eines nicht unwichtigen Teils unserer kulturellen Identität, wenn es bei der bisherigen Praxis bleibt, von historischen Fehleinschätzungen ganz abgesehen.
Während ‚Pop Art' und ‚Photorealismus' inzwischen im allgemeinen ganz selbstverständlich als zum kunsthistorischen Gegenstandsbereich gehörig betrachtet werden, läßt man den Film außen vor – weil zu wenig reflektiert wird, daß die traditionellen Kunstbegriffe angesichts der zeitgenössischen Kunst wie der vielfältigen

Bildmedien der Gegenwart obsolet geworden sind, ganz abgesehen davon, daß diese Medien unser aller Sehen und Wahrnehmen viel mehr verändert haben und konditionieren, als es uns gewöhnlich bewußt ist."[1]

Dieser Artikel ist 1983 erschienen. Leider hat er bis heute nicht an Aktualität verloren.

Ich habe selbst Kunstgeschichte studiert. Wie Kuhlbrodt es so treffend sagt: „Mit dem Wissen, was die Avantgardegeschichte und -theorie für die bildende Kunst bedeutet, kommen sie zum Film und damit zu einem Medium, das sich, jedenfalls im Nachkriegsdeutschland (fast) gar nicht die Mühe gemacht hatte, über seine eigenen Grenzen hinauszugucken."[2]

Seit 1970 habe ich immer wieder versucht, die Beziehung von Experimentalfilm und bildender Kunst darzustellen. Das größte Unternehmen war die Ausstellung ‚Film als Film' 1977, die Wilhelm und ich zusammen mit Wulf Herzogenrath durchgeführt haben. Wir wollten die direkte Verbindung von abtraktem/nicht erzählerischem Film und der Kunst nachweisen. Es sollten Kategorien zur Beurteilung der Filme klar werden. Deshalb beschränkten wir uns auch auf den abstrakten Film.

Im ersten Teil des Buches zur Ausstellung wird das ganze Umfeld, aus dem die abstrakten Filme entstanden sind, dargestellt: die Auseinandersetzung mit der Bewegungsdarstellung in der bildenden Kunst seit dem Futurismus und Konstruktivismus, die ihren vielfältigen Ausdruck in Phasenbildern, Lichtorgeln, mechanischen Bühnen und kinetischen Objekten fand.[3]

Die Arbeit sollte beispielhaft für weitere Untersuchungen werden, aber bisher ist wenig mehr geschehen. Es ist kein Bewußtsein für historische Zusammenhänge entstanden. Die Video-Kunst, die heute alleine als Kunst akzeptiert wird, wird völlig isoliert, ohne den Zusammenhang zum Film betrachtet. Dabei sagt selbst ein Experte: „Video schafft den Film ab, wenngleich nur das Zelluloid. Denn die elektronische Dominanz bleibt eine Verfahrensfrage; die Ästhetik der laufenden Bilder ist und bleibt die des Films."[4]

Am Schlimmsten ist die Unterscheidung in ‚Künstlerfilm', d.h. ein Film, der von einem Künstler gemacht ist, und ‚Kunstfilm', das heißt Experimental- oder Avantgardefilm, an der die Kunsthistoriker und Kunstvermittler bis heute festhalten.

Ein Film, der von einem Künstler gemacht ist, gehört zur Kunst, egal um welche Art Film es sich handelt. Manchmal werden auch Experimentalfilmer zu Künstlern gemacht, und das geschieht völlig willkürlich.

Nur bei den 20er Jahren gibt es noch keine Probleme, denn nachweislich sind alle die ersten Filmmacher auch bildende Künstler. Problematisch wird es erst ab den 30er Jahren, wo eine von der Kunst unabhängige Filmentwicklung beginnt. Aber natürlich gibt es immer wieder Berührungspunkte. Ich will versuchen, verschiedene Gesichtspunkte, unter denen Experimentalfilme und bildende

Kunst zusammenhängen, aufzuzeigen. Eine durchgängige historische Darstellung ist allerdings nicht möglich. Das würde mehr als ein Buch ergeben, auch wenn ein weiter Bereich in ‚Film als Film' schon abgedeckt ist. Außerdem ist noch längst nicht alles aufgearbeitet.

Gerade habe ich zum Beispiel eine Einladung zu einer Ausstellung über Bauhausfotografie bekommen. Eine der Abbildungen, die ich nie vorher gesehen habe, zeigt eine Collage von Kurt Kranz von 1930/31: ein Selbstporträt aus 15 verschiedenen Fotos seines Gesichts. Die Ähnlichkeit zu Kurt Krens Film *48 Köpfe aus dem Szondi-Test*, 1960 ist unübersehbar. Es geht hier nicht um die Frage, wer was zuerst gemacht hat, sondern um prinzipielle Zusammenhänge visueller Ausdrucksmöglichkeiten, die hier deutlich werden und über die nachzuforschen sehr wichtig wäre. Bei dem folgenden Text setze ich die Kenntnis der Geschichte des Experimentalfilms, wie sie in den bekanntesten deutschen und englischen Publikationen dargestellt ist, voraus. Es geht hier im wesentlichen um Ergänzungen aus dem Zusammenhang der bildenden Kunst. Auf die von mir schon so häufig beschriebenen strukturellen Filme werde ich deshalb nicht im Einzelnen eingehen.

Die zwanziger Jahre

In der Ausstellung ‚Film als Film' wurden einige Originale gezeigt, die seitdem in Deutschland nicht mehr zu sehen sind. So zum Beispiel die farbigen Phasenzeichnungen von Léopold Survage, die er 1913 für einen Animationsfilm *Rhythme Coloré* anfertigte.[5] Sie kamen aus einem Magazin des Museum of Modern Art in New York und sich auch wieder dahin zurückgekehrt.
Oder das einzige gesicherte Originalrollenbild zu *Diagonalsymphonie* von Viking Eggeling. Es wurde aus Stockholm mit persönlicher Begleitung gebracht und abgeholt. Und das letzte Gemälde ‚Ohne Titel' von Walter Ruttmann 1918, das sich in Privatbesitz befindet und seither nicht mehr ausgeliehen wird. Dieses Bild, das ich in der Ausstellung zum ersten Mal gesehen habe, hat mich damals besonders beeindruckt. Es zeigt, was für ein hervorragender futuristischer Maler Ruttmann war. Sein Film *Opus I* ist ja der erste noch erhaltene Film, in dem die Bewegung abstrakter Formen realisiert wurde.
Aber es ging Ruttmann und auch Eggeling, der zur gleichen Zeit an seinen Filmversuchen arbeitete, um weit mehr als nur um die Bewegungsdarstellung, sie wollten mit dem Film eine ganz neue Kunst entwickeln, die in der Lage sein sollte, ‚Die neue Geistigkeit' der Zeit auszudrücken. ,,Nicht etwa ein neuer Stil oder dergleichen. Sondern eine allen bekannten Künsten verschiedene Ausdrucksmöglichkeit, eine ganz neue Art Lebensgefühl in künst-

lerische Form zu bringen „Malerei mit Zeit"..."[6]
Der Konstruktivist Laszlo Moholy-Nagy sieht im Film schon die Überwindung der Malerei durch die direkte Lichtprojektion. Er entwickelt die Vorstellung von einem ‚Simultan- oder Polikino', das Raum-, Zeit- und Bewegungsdarstellung ermöglicht.[7] Der Maler und Kunstkritiker Theo van Doesburg sieht die reine Filmgestaltung in ‚Licht-Bewegung-Raum-Zeit-Schatten'. Er ist der einzige Theoretiker dieser Zeit, der so weit gekommen ist, Film auch außerhalb seiner Abbildfunktion zu sehen.[8] Eine Verwirklichung solcher Vorstellungen ist eigentlich erst im Expanded Cinema Anfang der 70er Jahre erfolgt. Auf jeden Fall war in den 20er Jahren die Theorie weiter als die realisierten Werke.
Nach der Meinung von van Doesburg sind die ersten abstrakten Filmexperimente in ‚bewegter Grafik' steckengeblieben[9]. Trotz aller Ehrfurcht vor den Pionierwerken, muß man ihm Recht geben. Heute fällt auf, wie schwerfällig die ersten Animationsversuche sind. Auch Ruttmanns *Opus I* reicht nicht an die Qualität seines letzten Gemäldes heran. Wie mühsam und zittrig bewegen sich die Rechtecke in *Rhythmus 21* von Hans Richter. Solange die Filme bewegte Malerei sind, wirken sie äußerst unbefriedigend. Erst als die Loslösung von der Malerei vollzogen ist, bekommen sie eine eigene Qualität. Ruttmann ist mit *Opus IV* 1923 soweit und Hans Richter mit *Filmstudie* 1926. Hier geht es nicht mehr um Nachahmung realer Bewegung mit Hilfe der Animation, sondern um rein filmische Bewegung, die aus dem Wechsel von positiven und negativen Bildern, von schwarzen und weißen Kadern (Flicker) und durch Kurzmontage entsteht.
Mit der Loslösung von der Malerei lösen sich Richter und Ruttmann auch vom abstrakten Film. Sie beginnen nun mit realen Abbildungen zu arbeiten und entdecken neue filmische Techniken wie u.a. die Mehrfachbelichtung, Überblendung und Stopptricks, die Hans Richter in Filmen wie *Inflation, Rennsymphonie* und *Vormittagsspuk* voll auskostet.
Die Arbeit mit dem realen Bild führt auch zur Auseinandersetzung mit der Realität. In *Berlin, die Sinfonie der Großstadt* schildert Ruttmann Glanz und Elend der Weltstadt im Ablauf eines Tages. Die Bewegung wird nicht abstrakt, sondern inhaltlich eingesetzt: lange statische Einstellungen am Anfang zeigen die noch schlafende Stadt. Dann steigert sich das Schnittempo im Lauf des Tages bis zu einem hektischen Höhepunkt der Betriebsamkeit und wird allmählich zur Nacht wieder langsamer. Was diese Filme von Richter und Ruttmann für die Entwicklung des Experimentalfilms wichtig macht, ist, daß sie ihre Inhalte ausschließlich über das Bild und die Montage vermitteln.
Fernand Légers Auseinandersetzung mit dem Film ist von Anfang an losgelöst von seiner Malerei. Ihn begeisterte die Großaufnahme und die Möglichkeit, mit der Montage künstliche Bewegung herzustellen. Für ihn sind „alle negativen Werte, die das gegenwär-

Hans Richter:
Filmstudie (Deutschland 1926)

tige Kino belasten, wie Sujet, Literatur, Sentimentalität, Wettbewerb mit dem Theater. Das echte Kino ist das Bild des unserem Auge gänzlich unbekannten Gegenstandes."[10] Besser kann man das Wesen des Experimentalfilms kaum ausdrücken: neue, bisher nicht dagewesene Bilder herzustellen. *Ballet Mécanique* 1924 hat uns alle, als wir ihn Ende der 60er Jahre zum ersten Mal sahen, ungeheuer durch seine moderne Einstellung beeindruckt. Die Waschfrau, die immer wieder die Treppe hochsteigt, ist offensichtlich die erste ‚Schleife' der Filmgeschichte. Seine Art der rhythmischen Montage von realen Bildern nimmt schon Entwicklungen der späten 50er Jahre vorweg. Lucy R. Lippard sieht in *Ballet Mécanique* auch eine Beziehung zur Pop-Art und zwar in dem Prinzip des Überdimensionalen Vergrößerns alltäglicher Gegenstände. Léger hatte ganz zweifellos ein positives Verhältnis zur Populärkultur. Er plante sogar einen Zeichentrickfilm *Charlot Cubiste* als Huldigung an Charlie Chaplin. Am Anfang und Ende von *Ballet Mécanique* sehen wir die Fragmente der nicht fertiggestellten Arbeit.

Wenn man von der Gegenwart ausgeht, kommt auch Man Rays *Retour à la Raison* 1923 eine besondere Bedeutung zu. Er hat große Ähnlichkeit mit Materialfilmen der 70er Jahre wie *4X Attack* 1973 und *Boiled Shadow* 1974 von Tony Conrad, die ebenso durch die direkte Bearbeitung des Filmstreifens, ohne fotografischen Aufnahmeprozeß entstanden sind. Auch die Art und Weise, wie er die realen Aufnahmen verwendet, nicht inhaltlich, sondern ästhetisch – die Lichter der fahrenden Autos setzen die abstrakten Lichtpunkte fort – erinnern an die späten 60er Jahre.

Man kann sich vorstellen, daß der Film in der Dada-Veranstaltung, für die er hergestellt war, genauso provozierend wirkte wie *Rohfilm* Ende der 60er Jahre, wo das Publikum mit Empörung auf die Zerstörung des Bildes reagierte.

Retour à la Raison stand noch in direkter Beziehung zu Man Rays übriger künstlerischer Arbeit wie zum Beispiel den Fotogrammen, deren Technik er ja auch auf den Film übertrug. Seine weitere Arbeit mit Film nimmt einen vergleichbaren Verlauf wie bei Ruttmann und Richter. Von einer eher abstrakten Grundhaltung kommt er zu erzählerischen Formen. *L'Etoile de Mer* nach einem Gedicht von Robert Desnos 1927 gilt als surrealistischer Film, ebenso *Emak Bakia* 1926. In *Les Mystères du château des dés* 1928 vermischt er dokumentarisches und inszeniertes Material. „Der improvisierte und amateurhafte Duktus des Films weist bereits auf einen Avantgardefilm, der auch ohne Inszene (Drehbuch etc.) auskommen kann und das Medium Film selbst reflektiert; erst im neueren unabhängigen Film sollte sich diese Erkenntnis durchsetzen."[11]

In der Ausstellung ‚Film als Film' ist der surrealistische Film nicht berücksichtigt worden, weil es, wie ich ja schon erwähnte, darum ging, die Entwicklung des abstrakten Films in den Zusammenhang mit der bildenden Kunst zu stellen. Wir wollten zeigen, daß auch der strukturelle Film der 60er und 70er Jahre, der mit realen Abbildern arbeitet, abstrakt in dem Sinne ist, daß er sich vorwiegend mit formalen Problemen befaßt und nicht mit erzählerischen Inhalten. Und daß an vergleichbaren Problemen wie in der bildenden Kunst gearbeitet wird, zum Beispiel an der Auseinandersetzung mit Wahrnehmungsproblemen. Wir wollten dies erst einmal deutlich machen, in der Abgrenzung von der erzählerischen Richtung. Es war geplant, eine zweite Ausstellung über die Entwicklung des surrealistischen/erzählerischen Films zusammenzustellen. Erst 1982 kam ich dazu, dieses Problem in Angriff zu nehmen, aber es wurde sehr bald klar, daß es eine vergleichbare Ausstellung wie ‚Film als Film' mit Gemälden, Zeichnungen, Filmtafeln und Installationen nicht geben würde, denn es gibt keine direkte Verbindung, also eine visuelle Übereinstimmung, zwischen dem surrealistischen Film und der Malerei.

Trotzdem besteht auch vom surrealistischen Film eine Beziehung zur bildenden Kunst allein durch die Autorenschaft: die Filmmacher Man Ray und Jean Cocteau sind bildende Künstler. Bunuel arbeitete mit Dali zusammen. Artaud schrieb das Drehbuch zu *Die Muschel und der Kleriker* von Germaine Dulac. Entscheidend ist der inhaltliche Zusammenhang mit der surrealistischen Bewegung. Die Surrealisten wollten die Grenze zwischen Traum und Wirklichkeit aufheben. „Der manifeste Inhalt des

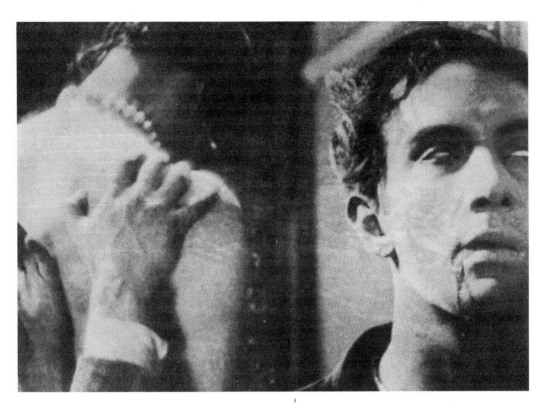

Luis Buñuel:
Un chien andalou (Frankreich 1928)

Lebens wird zum ersten Mal auf die gleiche Ebene wie der latente Inhalt gestellt und das Resultat ist die ‚Surréalité', an die die Öffentlichkeit nur im Kino glaubt."[12]

Statt Traum und Wirklichkeit könnten wir auch sagen: Bewußtes und Unbewußtes. Das ins Unbewußte verdrängte sind die verbotenen sexuellen Wünsche. Und gerade um das Tabu der Sexualität ging es den Surrealisten. Die Befreiung der Erotik ist ein Hauptziel der surrealistischen Revolution. Die Ansätze zur Durchbrechung dieser Tabus finden die Surrealisten aber nicht in der bildenden Kunst, sondern im Trivialfilm. Die primitiven Serien, die slap-stic-Komödien wurden als neue, allen anderen überlegene Kunst proklamiert. Zum ersten Mal wird hier die Populärkultur als Herausforderung für die Kunst erkannt.

Kyrou erwähnt in seinem Buch ‚Le Surrealisme au Cinéma' einige von den Surrealisten besonders beachtete Filme. Bunuels Lieblingsfilm war *White Shadows of the South Seas*. Bisher ist es uns nicht gelungen, diesen Film zu sehen. Dafür aber einen anderen beliebten Klassiker in der Durchbrechung von sexuellen Tabus *The Most Dangerous Game*, wo Graf Zaroff nur lieben kann, wenn er vorher einen Menschen gejagt und getötet hat.

In *Chien Andalou* und *L'age d'or* werden in jeder Richtung Tabus durchbrochen, unter anderem finden wir die erste weibliche Onaniszene des Kinos in *L'age d'or*. Als surrealistische Filme gelten sie allerdings vorwiegend wegen ihrer Darstellungsweise, wegen

37

den traumähnlichen symbolischen Bildern und Assoziationsketten. Sie täuschen mit den traditionellen erzählerischen Mitteln eine Kontinuität vor, die wie im Traum völlig unterschiedliche Orte und Zeiten zu einer überrealen Handlung verbinden, in der es ganz selbstverständlich ist, daß die Kuh auf dem Bett der Tochter liegt und der Spiegel im Schlafzimmer ziehende Wolken reflektiert.
Laut Kyrou haben die Surrealisten nur *L'age d'or* als surrealistischen Film anerkannt. Die traumähnliche Darstellungsweise paßt aber auch auf Filme, die von ihnen strikt abgelehnt wurden wie *Die Muschel und der Kleriker* von Germaine Dulac und *Blut eines Dichters* von Jean Cocteau.
Cocteau ist ja auch Maler und Bildhauer. Bei ihm zeigt sich eine problematische Beziehung zwischen Kunst und Film. Im ersten Teil von *Blut eines Dichters* bringt er seine Skulpturen ein: eine Maske, einen Gipsabguß seines Kopfes, sich drehende Drahtskulpturen, die jedes Mal, wenn sie eingeschnitten sind, unheimlich stören, obwohl sie eine inhaltliche Funktion haben. Sie wirken im Vergleich zu der übrigen Bildwelt des Films heute völlig altmodisch. Manchmal gerät Cocteau an den Rand des Kitsches, aber einige Szenen, vor allem die Schneeballschlacht der Schuljungen, gehören für mich zu den Höhepunkten des Kinos.
Für die Geschichte des Experimentalfilms ist entscheidend, daß mit *Chien andalou*, *L'age d'or* und *Blut eines Dichters* die ersten persönlichen Filme entstanden sind, Psychodramen, wie P.A. Sitney sie nennt, die Gefühle und Vorstellungen ausdrücken, für die sich der Kommerzfilm nicht interessiert und nicht interessieren darf.
Diese Tradition der surrealistischen Filme wird in den 40er Jahren durch eine neue Generation von Filmmachern weitergeführt, die gar nicht direkt mit der bildenden Kunst zu tun haben, sondern von Anfang an mit Film arbeiten.
Die wichtigsten sind Mava Deren, Kenneth Anger und Gregory Markopoulos. In den 50er Jahren kommt Stan Brakhage hinzu, der die persönlichen Themen noch durch die Darstellung des inneren Sehens bereichert.
Anger, Brakhage und Markopoulos entwickeln in den 50 Jahren die bildlichen Ausdrucksmittel des Films, um nahezu rauschhafte Visionen zu schaffen wie in *Inauguration of the Pleasure Dome* 1954–66 vom Kenneth Anger, *Dog Star Man* 1959–64 von Stan Brakhage und *Twice a Man* von Gregory Markopoulos 1963.
Eine Auseinandersetzung mit diesen Werken von der Seite der bildenden Kunst her hat bisher kaum stattgefunden. Dafür werden ihre Bilderfindungen heute durch die Musikvideos popularisiert. Dies ist meiner Meinung nach allerdings kein Drama, sondern sogar eher ein Vorteil: der Abnutzungsprozeß geht immer schneller und die Qualität wird deutlicher sichtbar. 1985 in Berlin lief Brakhages *Prelude* stumm vor etwa 400 Zuschauern, die Spannung war so, daß man eine Stecknadel hätte fallen hören können'.

Rose Hobart

Seit der Arbeit an ‚Film als Film' 1977 haben wir wenige, bis dahin unbekannte Filme entdeckt, die eine neue Perspektive gezeigt hätten.

Als uns Alf Bold im April 1986 im Arsenal *Rose Hobart* 1936 von Joseph Cornell zeigte, war uns allerdings sofort klar, daß wir ein sehr wichtiges Werk der Filmgeschichte nicht gekannt hatten. Joseph Cornell ist ein amerikanischer surrealistischer Künstler, der hier bei uns erst in den letzten Jahren in seiner Bedeutung herausgestellt worden ist[13].

Rose Hobart ist der erste Film, den ich kenne, der nur aus gefundenem Material hergestellt worden ist. Zumindest ist er ein sehr frühes Beispiel für die Gattung der Found- und Collage-Filme, die im Experimentalfilm eine wesentliche Rolle spielen. Rose Hobart ist der Name der Hauptdarstellerin des B-Picture *East of Borneo* Universal Pictures 1931.

Cornell hat diesen Film neu zusammengeschnitten, viele Teile weggelassen und den Originalton durch brasilianische Musik ersetzt. Früher ließ er ihn durch ein tiefblaues Glas projizieren, heute gibt es eine Farbkopie in Purpurtönung.

„*Rose Hobart* verwandelt den banalen Plot von *East of Borneo* absichtlich in ein Labyrinth. Indem er die dramatisch richtige Abfolge von psychologischem Entschluß und Naturkatastrophen umkehrt, löst er einen Schub bestürzender Gefühle aus. Das wichtigste, den Höhepunkt markierende Naturereignis in *Rose Hobart* ist eine Sonnenfinsternis, die Cornell anderem Material entnommen hat. Um diese Einstellung herum ist der ganze Film montiert..."[14]. Für mich ist es vor allem ein Film über Film geworden. Aus dem ursprünglichen Ablauf herausgenommen wirken die dramatischen Szenen völlig künstlich. Der Inhalt der Geschichte ist nicht mehr so wichtig, dafür gewinnt die Art der Darstellung an Bedeutung. Der im Studio aufgebaute, feuerspeiende Vulkan sieht aus wie ein Traumbild. Cornell war von der Schönheit dieser Bilder fasziniert. Ken Jacobs erzählt, daß Jack Smith als erster in den 50er Jahren die Bildqualität bestimmter B-Pictures erkannt habe[15]. Ich weiß nicht, ob Jack Smith *Rose Hobart* gekannt hat, auf jeden Fall besteht hier ein enger geistiger Zusammenhang. Ken Jacobs berichtet auch, daß er mit Jack Smith häufig von Kino zu Kino ging, daß sie sich die Filme nur bruchstückhaft ansahen, weil sie als ganze zu schlecht waren. Ähnliches wird von Breton berichtet und dies führt wieder zu dem Interesse der Surrealisten am Trivialfilm.

In seinen Assemblage Kästen und in seinen Collagen verwendet Cornell häufig Bildmaterial der Populärkultur, z.B. Glanzbilder oder Zeitschriftenillustrationen des 19. Jh. Dies erinnert einerseits an Max Ernst, andererseits an Filme von Harry Smith, der zum Beispiel in *Heaven and Earth Magic* ganz ähnliches Bildmaterial verwendet.

Ohne Zweifel hat Cornell mit *Rose Hobart* entscheidenden Einfluß auf die amerikanischen strukturellen Filme gehabt, zum Beispiel auf *Tom, Tom the Piper's son* 1969 und *The Doctor's Dream* 1978 von Ken Jacobs. Beides sind Found-Filme, in denen Ken Jacobs auf unterschiedliche Weise versucht, die Fassade der Realitätsillusion zu druchdringen und in diesem Prozeß ein neues visuelles Erlebnis zu vermitteln. Er bezeichnet diese Art von Arbeit mit dem Material als Träumen.

Ein reiner Found Film, der so gezeigt wird, wie er gefunden wurde, ohne daß er irgendwie bearbeitet wurde, ist *Perfect Film* 1966/1986 von Ken Jacobs. Es sind Dokumentaraufnahmen für's Fernsehen, die kurz nach der Ermordung von Malcolm X gemacht wurden. Ken Jacobs hat sie ‚aus dem Mülleimer gezogen'. In wirklich dramatischer Weise wird hier Wahrheit vermittelt: die Eitelkeit und verlogene Bescheidenheit eines Zeugen, das Desinteresse eines Polizeibeamten, die teilnahmslose Neugier der Menge, Journalismus als Geschäft. Es sind die mißlungenen takes, die weggeworfen wurden, weil sie die Subjektivität des Mediums offenbaren.

In unserer eigenen Arbeit hat die Verarbeitung von vorgefundenem Material von *Rohfilm* bis zu den Materialfilmen jahrelang im Vordergrund gestanden.

Die Schönheit des reproduzierten Bildes, der Reproduktionsprozeß als künstlerischer Prozeß, das war es auch, was uns sofort begeisterte, als wir 1967 in Köln zum ersten Mal Warhols *Most Wanted Men* von 1963 sahen. Wenn wir von hier wieder den Zusammenhang zu Cornell herstellen, wird deutlich, daß die Anfänge der Pop Art tatsächlich bis in die zwanziger Jahre zurückreichen.

Eng in Zusammenhang mit dem Found-Film steht der Collage-Film, in dem vorgefundenes Material verarbeitet wird. Der Montagerhythmus hat hier aber eine entscheidende Bedeutung. Im Prinzip hat Léger den Collage-Film schon vorweggenommen, auch wenn er selbstgefilmtes Material montiert.

1939 montiert Len Lye *Swinging the Lambeth Walk* aus Aufnahmen aus *Triumph des Willens* von Leni Riefenstahl. Er läßt die vorbeimarschierenden Truppen ‚Tanzen', indem er kurze Sequenzen vor- und zurücklaufen läßt. Diese Methode wird seit neuestem zu einem Stilmerkmal der ‚Scratch-Videos', die eine ganz neue Form des politischen Kurzfilms darstellen. Auch in der Video-Kunst spielt die Bildcollage eine große Rolle: die elektronische Bildaufzeichnung ermöglicht die grenzenlose Verfügbarkeit von fremdem Bildmaterial.

In den 50er Jahren kommen mit dem Collage-Film die bildende Kunst und der Experimentalfilm wieder eng zusammen. Die Materialien der Massenmedien werden auch in der Kunst zum Ausgangsmaterial der künstlerischen Verarbeitung. „Irgendwie schien es nicht notwendig zu sein, die alte Tradition des direkten Kontakts mit der Welt aufrecht zu erhalten, Illustrierte oder alle möglichen visuellen Vermittler konnten ebensogut Anregungen liefern. Es ist eine Sache der Blickerweiterung – der Ausdehnung seiner Landschaft – die den Künstler veranlaßt, Massenmedien als Quellenmaterial anzusehen. Die Kubisten hatten einen mehrfachen Gesichtspunkt ihrer Sujets angenommen, indem sie sich drumherum bewegt haben. In den fünfziger Jahren sind wir uns mehr der Möglichkeit bewußt geworden, die ganze Welt auf einmal durch die große, uns umgebende Materie zu sehen, ein synthetischer ‚Augenblick'. Kino, Fernsehen, Illustrierte, Zeitungen überfluten den Künstler mit einer Totallandschaft, und diese neue Umgebung war fotografisch, in der Hauptsache eher Reportage als Kunstfotografie..."[16].

Kubelkas erster Film *Mosaik im Vertrauen* 1955 besteht aus einer Collage von selbstinszeniertem und dokumentarischem (gefundenem) Material.

Einer der populärsten Collage-Filme wird *A Movie* von Bruce Connor 1958, der Fragmente von Spielfilmen, Titel, Vorspannzahlen und Wochenschaumaterial zu einer Art Weltuntergang zusammengefügt. Connor ist auch bildender Künstler. Mit seinen Assemblage Objekten gehört er in den Zusammenhang der Pop-Art.

Peter Weibel hat in seinem Artikel über den Wiener Formalfilm auch den Zusammenhang zwischen der Entwicklung der modernen Musik und den Filmen von Kren und Kubelka hergestellt. Mir scheint aber auch ein Zusammenhang zu den Montageprinzipien der Collage-Filme zu bestehen. Krens *48 Köpfe aus dem Szondi Test* ist im Grunde sogar ein Collagefilm, er montiert Fremdmaterial beim Abfilmen. Und hier könnte man wieder neue Vergleiche ziehen: Die grobgerasterten Fotos aus dem Szondi Test und Warhols *Most Wanted Men*.

Rainbow Dance und *Allegretto*

Ausgehend von *Rose Hobart* sind wir von den dreißiger Jahren mühelos in die 70er Jahre gekommen.

Wenn ich Nam June Paiks Video-Kunst-Band *Global Grove* von 1974 sehe, finde ich die Bildästhetik der Filme wieder, die in den 30er und 40er Jahren mit dem optischen Printer hergestellt wurden. Zwei Filme sind in diesem Zusammenhang von ganz besonderer Bedeutung. Sie sind beide 1936 entstanden (wie *Rose Hobart*!): *Rainbow Dance* von Len Lye und *Allegretto* (Radio Dynamics) von Oskar Fischinger.

Len Lye entwickelt am optischen Printer alle ‚Tricks', die später am Videosynthesizer auf Knopfdruck zu haben sind: das Einfrieren von Bewegungsphasen, die Vervielfältigung derselben Form in einem Bild, die Farbentrennung, die Verbindung von realem und gemaltem Bild. Er erreicht auch blue-screen ähnliche Effekte von Figur und Grund.

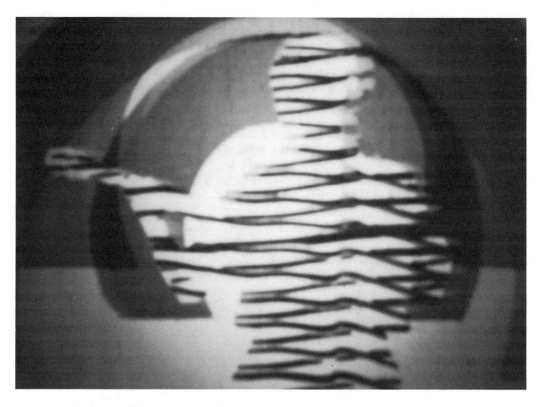

Len Lye:
Rainbow Dance (GB 1936)

Oskar Fischinger führt den unendlichen Raum ein, in dem sich verschiedene Formen wie Planeten im ‚All' bewegen. Er arbeitet auch mit psychedelischen Farbflickern.
Bei beiden Filmen werden die ‚Effekte' äußerst differenziert in einem genau geplanten inhaltlichen Zusammenhang eingesetzt. Bei vielen Videobändern, auch bei *Global Grove*, erstaunt einen die Naivität, mit der so ein Trick, wie zum Beispiel die vervielfältigte Tänzerin, schon als bedeutende Tat angeboten wird.
Der Einfluß, den Len Lye und vor allem Oskar Fischinger auf die Künstler der ‚West-Coast' wie zum Beispiel auf die Whitneys ausübten, ist bekannt[17]. Der Maler Jordan Belson zum Beispiel beschloß 1947 nur noch Filme zu machen, nachdem er eine Retrospektive von Oskar Fischinger gesehen hatte. Die Serie seiner ‚kosmischen' Filme, die 1961 mit *Allures* beginnt, bereiten Bildwelten wie den Stargate Corridor aus *2001* und die in diesen Zusammenhang gehörenden Videos wie etwa *Prelude* und *Liebestod* von Ron Hays 1975 vor.
Man braucht Gene Youngbloods Buch ‚Expanded Cinema'[18] nur durchzublättern und die Abbildungen allein ergeben schon eine perfekte Entwicklungsfolge von den 40er Jahren bis heute, von den Printer- und Computerfilmen der Whitneys, von Pat O-Neill, Scott Bartlett u.a. zur heutigen Video-Computergrafik.
Für Youngblood ist klar, daß Paik mit seinen Bändern in diesen Zusammenhang gehört. Das ist auch nicht das Problem. Pro-

blematisch ist die herausragende Stellung, die diesen Bändern gegenüber anderen Werken, wie auch den erwähnten Filmen, eingeräumt wird.
Youngblood läßt erstaunlicherweise auch Ed Emshwillers Film *Relativity* von 1963/64 gelten, in dem er all das schon ausprobiert, was er später in seinem Video-Band *Crossings and Meetings* nahezu endlos 1974 ausführt. Dieses Band steht ästhetisch und inhaltlich ganz eindeutig im Zusammenhang der Filmentwicklung, in der auch *Relativity* entstanden ist. Aber entsprechend der derzeitigen Kategorisierung ist das Video-Band Kunst, der Experimentalfilm nicht.

Happening und Fluxus

Happening und Fluxus entwickeln sich parallel zur Pop-Art und zum Nouveau-Realisme.
Die Einbeziehung der alltäglichen Objekte und der Bildwelt der Massenmedien in die Kunst einerseits und die Anerkennung der zufälligen Geste im ‚Action-Painting' andererseits haben die herkömmlichen Vorstellungen von Kunst um die Mitte der 50er Jahre in Frage gestellt.
Happening und Fluxus gehen in dieser Richtung noch einen Schritt weiter. Elemente von Dada leben wieder auf.
Im Happening wird der künstlerische Gestaltungsakt zur einmaligen Aktion, die nur während ihrer Dauer existiert und nichts hinterläßt. Das Happening versucht Kunst und Leben zu verbinden: es existiert nur im Erleben des mitbeteiligten Zuschauers. Der Film, der das Happening dokumentiert, ist eigentlich eine Inkonsequenz, er führt die Trennung wieder ein.
Fluxus stellt den künstlerischen Gestaltungsakt grundsätzlich in Frage, er wird praktisch bis auf die Geste oder den Gedanken reduziert.
Die Loslösung von traditionellen Kunstmedien und Gestaltungsprinzipien macht nun jedes Medium als Kunstwerk akzeptierbar, also auch den Film.
Eigentlich sind schon die Konzerte im Black Mountain College, die Cage 1951/52 veranstaltete, grundlegend für die neue Kunstauffassung gewesen: er kombinierte Malerei, Tanz, Filme, Dias, Tonbandaufnahmen, Radios, Poesie, Klavier und eine Lecture mit Publikum. Teilnehmer waren u.a. Merce Cunningham, Charles Olson, Robert Rauschenberg und David Tudor.
Um 1960 sind es auch wieder Konzerte, in denen Künstler verschiedener Bereiche zusammen agieren[19].
George Maciunas verweist auf die wichtige Rolle, die Cage und La Monte Young als Vorläufer von Fluxus spielen. Er beschreibt die Fluxuskünstler als Konkretisten: „Die Konkretisten sind im Unterschied zu den Illusionisten Verfechter der Einheit von Form

und Inhalt... So faßt zum Beispiel ein Plastiker, der ein Konkretist ist, eine verfaulte Tomate eben als verfaulte Tomate auf und stellt sie auch so dar, ohne daß er die Realität ihrer Erscheinungsform einer Veränderung unterwirft. Am Ende bleibt der formale Ausdruck ununterschieden vom Inhalt der Sache und der Wahrnehmung durch den Künstler, nämlich die verfaulte Tomate anstelle einer künstlich und illusionistisch ausgeführten Symboldarstellung."[20]

Nam June Paiks *Zen for Film* 1962/64 ist ein typisches Fluxus-Werk. Er besteht allein aus Klarfilm: Abbild und Objekt sind identisch. Auch der Staub und die Kratzer, die während der Projektion entstehen, bilden sich selbst ab. Diesen Film kann sich jeder besorgen. Man braucht nur Klarfilm zu kaufen. Die Beziehung zu der Theorie des strukturellen Films ist deutlich. Ein wesentliches Thema ist die Auseinandersetzung mit dem Illusionscharakter des Films, mit der Funktionsweise des Films und mit der Wahrnehmung[21]. Aber auch die Concept-Art ist hier mitbegründet. Bei Fluxus wird zum ersten Mal auch eine Idee oder eine Handlungsanweisung zum künstlerischen Akt, der Ausführende zum Künstler. Paiks *Filmszenario* 1962/67[22] oder Yoko Onos Filmentwürfe von 1964[23] kann jeder ausführen. Zum Beispiel Szenario Nr. 10 von Paik: „Projiziere mit dem Projektor ohne Film und du kannst in der Mitte vor der weißen Leinwand sitzen, ohne etwas zu sagen, oder du kannst dir sehr langsam dein Haar schneiden..."

Yoko Ono, Film Script 5: „Fordere das Publikum auf, 1. nicht auf Rock Hudson zu schauen, sondern nur auf Doris Day..." Die Fluxus-Filme, die Maciunas 1966 zusammenstellt, sind in der schon zitierten Literatur beschrieben.

Mitte der 60er Jahre erreicht die Verbindung zwischen der bildenden Kunst und den Medien ihren Höhepunkt. Auf dem ‚New Cinema Festival' in New York 1965 werden Multiprojektionen, Aktionen und Installationen durchgeführt von Künstlers wie Claes Oldenburg, Robert Rauschenberg und Robert Whitman und von Filmmachern wie Ken Jacobs und Stan Vanderbeek. 1966 folgen Warhols ‚Exploding Plastic Inevitable Show' und die ‚Armory Show', in der es auch schon eine Videoprojektion gibt[24]. Um 1968 finden auch in Europa Multimedia-Veranstaltungen statt. In den 70er Jahren sind die einzelnen Künste dann wieder unter sich.

Andy Warhol

„Nichts erschien mir faszinierender", sagt Andre Breton, „als die Serie von Fotografien, die einige der Haltungen in ihrer Folge zeigten, wie sie der Schlafende in einer Nacht einnimmt. Man hätte sich gewünscht, daß diese Bewegungen des Schlafenden ohne Unterbrechung gefilmt und dann in stark beschleunigtem Rhythmus projiziert worden wären."[25] Dieses Zitat von Breton

Andy Warhol:
Objekt *Kiss* (USA 1966)

läßt sofort an Andy Warhols Film *Sleep* 1963 denken. Hat Warhol etwas mit dem Surrealismus zu tun? Es gibt einen gedanklichen Zusammenhang: Warhol hat mit der Begeisterung für die Populärkultur Ernst gemacht. Er hat sie wirklich zur Kunst erklärt. Seine Auseinandersetzung mit den Medien ist umfassend und nicht nur Beiprodukt neben der Malerei. 1965 erklärt er in Paris, daß er nur noch Filme machen will und daß er die Malerei aufgibt. 1966 hört er tatsächlich mit der Malerei auf. Er engagiert sich bei der Rockgruppe ‚Velvet Underground' und inszeniert die berühmten Multi-Media-Veranstaltungen im DOM, East Village, wo auch seine Filme als Teil der Show zur Musik projiziert werden. Es scheint so, als ob in seinem Engagement für die Populärkultur auch der Wunsch steckt, ein Pop-Star zu werden. Aber 1968 bereits hat der Kunstmarkt gewonnen und Warhol kehrt wieder zu seinen Bildern zurück. Seine Filme werden so gut wie völlig übersehen, obwohl sie im Bereich des Experimentalfilms immer wieder als Meisterwerke herausgestellt werden. Bis heute hat es noch keine Retrospektive seiner Filme in einem Museum gegeben.

1980 bekommen Wilhelm und ich den Auftrag, einen Filmbeitrag über Pop-Art für die Ausstellung ‚Westkunst' zu machen. Da sich herausstellt, daß die Medien nicht vertreten sein werden, beschließen wir, uns in dem Filmbeitrag hauptsächlich auf Warhols Medienarbeit zu konzentrieren. Wir führen ein Interview mit Warhols engstem Freund, Henry Geldzahler, und legen dies unter die Bilder mit einigen Kommentarblöcken. Da der Text nie über die Fernsehausstrahlung hinaus veröffentlicht wurde, möchte ich hier aus dem Interview zitieren:

Andys drittes Studio, ab Mitte 63, war auf der 47. Straße gegenüber dem Eisenbahn YMCA. Das Haus steht heute nicht mehr, aber das YMCA ist noch da, und so kann man noch ausmachen, wo es stand.

Dieses Studio war die ‚Factory'. Eine ganze Etage eines Fabrikgebäudes. Man fuhr in einem primitiven Fahrstuhl hoch, und plötzlich war man in diesem riesigen Raum, so groß wie Andy vorher nie einen hatte.

Das Spritzenhaus war ziemlich klein, sein Wohnzimmer in der 89. Straße noch kleiner.

Hier konnte Andy mehrere Sachen zu gleicher Zeit machen. Wenn ich jetzt daran zurückdenke, sind die Filme – das wird mir eigentlich jetzt erst klar – aus der Unfähigkeit enstanden, den Raum mit Bildern zu füllen. Aber er wollte die neuen Möglichkeiten unbedingt voll ausnützen und sich die ungewohnte Umgebung zu eigen machen. Dazu bot sich ein Teil der Leute an, mit denen er täglich zusammen war und die amphetaminsüchtig waren. Sie spritzten sich speed. Einige von ihnen leben noch, andere nicht mehr.

Bridget Polk, Rotten Rita, Birmington Biddie waren Namen, die sie sich gaben. Ondine natürlich, berühmt durch seine enorm

unterhaltsame und verzweifelte Rolle in dem Film *Chelsea Girls*.
Billy Linnick wurde Billy Name, dessen Fotos die Zeit so großartig wiedergeben. Sie waren 24 Stunden wach wegen ihrer schrecklichen Drogen. Eine ihrer Tätigkeiten war, alle Flächen in dem riesigen Studio mit Silberfolie zu verkleiden, und wenn das Licht anging, war man plötzlich in einer Art Inszenierung.
Ein anderer Grund, warum Andy und ich so gut zusammen auskamen, war unser beider voyeuristischer Geschmack für Leute.
Mein Appartment wurde zu einem Teil der Factory.
Mein Dienstmädchen für 2 Jahre war Billy Linnick.
Die Filme, die in der Factory anfingen, wurden manchmal in meinem Appartment beendet.
Ich kam unerwartet von Cape Cod zurück und fand Bridget Polk nackt auf meinem Mies van der Rohe Tisch, die sich Vitamine in den Hintern spritzte, weil sie zuviel speed genommen hatte.
Ich hatte da schnell erstaunlich viel zu lernen. ...
Die Situationen in den Filmen entstanden immer aus dem Leben, das sich in der Factory abspielte. Es gab auch Erfindungen, Schnitte und Montage. Aber im wesentlichen beobachtete Andy.
...
Die Filme drangen niemals weit genug in das Bewußtsein der Kunst- oder Medienwelt ein. Ich fand sie brilliant und hoffe nur, daß man sie gut verwahrt. Ganz sicher wird das Interesse wieder erwachen, und ich möchte nicht eine Dose öffnen und Staub darin finden. Andy machte einen 1 1/2 Stunden Film mit mir, wie ich eine Zigarre rauche und ich erinnere mich gut daran.
Es war 63, ich kam Sonntag Abend in die Factory nach einem langen Wochenende auf dem Land mit Jasper Johns, das sehr anstrengend und intellektuell gewesen war. Zurück in der Stadt rief ich Andy an und fragte: ‚Kann ich für eine Stunde rüberkommen, ich bin erschöpft.'
Ich setzte mich auf die berühmte Couch und rauchte einige Marihuana Joints, die fertig gerollt waren.
Andy sagte: ‚Ich habe eine neue Ausrüstung.' Er hatte jetzt eine 16 mm Kassette, die 45 Minuten durchgehend lief.
Andy wollte sie ausprobieren. Er baute sie auf und sagte: ‚Bleib da sitzen'.
Er fing an und ging weg, telefonierte, malte ...
Ich sagte: ‚Andy, komm zurück, bleib hier!' Er sagte: ‚Nein, nein, ich hab zu tun, ich hab zu tun.'
Er wollte mich allein lassen, lange genug, daß ich mein natürliches Verhalten zeigen mußte, was völlig selbstentlarvend war.
Man kann nicht eineinhalb Stunden vor der Kamera sitzen, ohne sein gesamtes gestisches Vokabular freizugeben. Für 10 Minuten schafft man es vielleicht, jemand anderes zu sein. Aber wenn die Kamera alleine da steht ohne jemanden dahinter, wird man schließlich zu dem, der man wirklich ist. ...
1966 bat man mich von einem Tag zum anderen, die Biennale in Venedig auszurichten, weil Lawrence Alloway die Aufgabe nicht

so schnell erfüllen konnte, wie sie wollten. ...
Ich bat um den Plan. Es gab vier Räume, das bedeutete vier Künstler.
Ich sagte: Roy Lichtenstein, Elsworth Kelly, wegen der Farbe. Trotz der Unterschiede von abstrakter und realer Bildwelt ist es derselbe Form- und Gefühlsbereich.
Und dann: Jules Olitzki und Helen Frankenthaler. Auch wieder sehr unterschiedlich, aber beide kommen aus der Tradition des amerikanischen Aquarells.
Ich plante 1, 2, 3, 4. So käme man von Kelly zu Olitzky, dann zu Lichtenstein, dann zu Frankenthaler, also hart, weich, hart, weich.
Mir war sofort klar, daß ich nicht Andy, sondern Roy wählte. Andy machte zu der Zeit hauptsächlich schwarz-weiße Bilder. Er paßte nicht in mein Schema. Aber ich muß auch zugeben, daß 1966 mein Chef im Metropolitan Museum pensioniert wurde und die Gremien versuchten, über den neuen Direktor für die Abteilung des 20. Jahrhunderts zu entscheiden.
Ich wußte, wenn ich Andy nach Venedig nähme, würde er die Velvet Underground mitbringen und es gäbe einen wunderbaren Presseskandal mit mir als Hauptperson. Und ich würde den Posten nicht kriegen. Das war aber nicht der Hauptgrund; vor allem paßte Andy nicht in meinen formalen Aufbau für die vier Räume.
Mein großer Fehler war jedoch, daß ich nach Ägypten flog, ohne ihm zu sagen, daß ich die Biennale ohne ihn machte.
Am nächsten Tag – ich war in Ägypten und erfuhr es erst 2 Monate später – war ein Artikel in der Zeitung: Geldzahler wählt die Biennale in Venedig aus und Bla, Bla, Bla. Jemand rief Andy an und fragte: ‚Hast Du Henry gesehen?'
Und Andy sagte: ‚Welchen Henry?'
Das dauerte vier Jahre. Er war tief verletzt.
Ich kann mich nicht oft genug dafür entschuldigen. Es ging nicht um mangelnden Mut, sondern um die Höflichkeit.
Jetzt kann ich ehrlich die Gründe nennen. Es ging nicht nur um formale Probleme, sondern auch um die Karriere,
Ich glaube, Andy versteht das. ...
Er macht immer noch Filme, aber jetzt fürs Kabelfernsehen. Mit Vincent Fremont hat er Interview-Shows gemacht. Ich machte eins mit Diana Vreeland und werde eins mit Paloma Picasso machen. Er machte welche mit Rock'n'Roll Stars und hat schon immer von einer Nachmittagsshow im Fernsehen geträumt. Es scheint auch ganz logisch, daß bei so vielen Programmen, die täglich bis zu 24 Stunden laufen, Material gebraucht wird. Warum soll man nicht in einer Ecke der Factory was aufbauen und Andy Tag für Tag dort arbeiten lassen?
Er muß schon irgendwie unkommerziell oder seiner Zeit voraus sein, denn obwohl es heißt, Andy verschleißt sich, hat er bisher niemanden vom kommerziellen Fernsehen für seine Arbeit interes-

sieren können. Vielleicht ist er trotz allem zu sehr Künstler. ...
Ich fand es schon immer leichter, Andy am Telefon als persönlich
zu sprechen. Er fühlt sich wohler, wenn er ein Tonbandgerät bei
sich hat, und immer trägt er eine Kamera mit, aber nicht, um
Leute aufzunehmen, sondern um sie auf Distanz zu halten.
Alles Mechanische, eine Zeitschrift, ein Tonband, ein Telefon,
eine Kamera dient ihm als Mittel, sich abzuschirmen[26].

Otto Muehl

Als ‚Ausstieg aus dem Bild' bezeichnet Laszlo Glozer die Strömungen der Assemblage- und Aktionskunst um 1960. Otto Muehl beschreibt, wie dieser ‚Ausstieg' buchstäblich stattgefunden, und ihn zur Aktionskunst geführt hat.
„1961, es war im Frühjahr, draußen schien die Sonne, an diesem Tag merkte ich, so gegen 14 Uhr, ich hatte vergeblich auf einer aufgespannten Leinwand herumgepinselt, daß da irgend etwas nicht stimmte. Entweder war ich ein untalentierter Maler, oder das Herumpinseln auf einer Leinwand ist überhaupt eine Trottelei. Ich entschied mich für das letztere. Ich holte das Küchenmesser, schlitzte die Leinwand auf, riß sie mit den Händern herunter. Folgerichtig konnte ich auch vor dem Rahmen des Bildes nicht Halt machen. Ich nahm eine Hacke, zerschlug ihn in Stücke, warf das ganze zu Boden, trampelte darauf herum, schüttete Farbe darüber, umwickelte den entstandenen Knäul mit Draht und hängte ihn wieder an die Wand. Ich war unversehens „Bildhauer" geworden. Wegen des Bilderaufschlitzens bekam ich eines Morgens Besuch, zwei unauffällige Herren standen vor meiner Tür: Kriminalpolizei, ich wurde verdächtigt, in der Wiener Staatsoper eine Tänzerin gelustmordet zu haben. Zum Glück hatte ich ein einwandfreies Alibi: Ich war damals als Zeichentherapeut in einem Heim für Schwererziehbare beschäftigt.
Heute weiß ich, daß die Bildfläche ein Reservat ist, auf dem der Staat gewissen Personen unter bestimmten Bedingungen Narrenfreiheit gewährt, denn schließlich kann man· nicht alle in Heilanstalten und Gefängnisse verfrachten.
Bald suchte sich meine Destruktionslust neue lohnende Objekte: Töpfe, Ofenröhren, Fahrräder, Kinderwagen, Radioapparate, Eiskästen, Sessel, Tische, Schränke, mein Ziel war, eine ganze Wohnungseinrichtung aufzukaufen und sie öffentlich zu vernichten, aber dazu kam es nicht mehr, als ich eine Küchenkredenz, gefüllt mit Marmelade aus dem 4. Stock auf die Straße stürzen wollte, um sie unten mit der Hacke ganz zu vernichten, wanderte ich für 14 Tage ins Gefängnis. Nach diesem Ereignis, ich war der „Bildhauerei" inzwischen überdrüssig geworden, nahm ich mir den menschlichen Körper vor und ich merkte, daß es jetzt erst richtig begann (1963). In meiner 1. Materialaktion versumpf-

te ich einen weiblichen Körper in Schlamm, Farbe, Abfall, Kleister und fesselte ihn mit alten in Schlamm getauchten Fetzen und Stricken. In den nächsten Aktionen verwendete ich Nahrungsmittel: Hühnereier, Semmelbrösel, Mehl, Marmelade usw. Als ich meine erste öffentliche Materialaktion in einem Nachtlokal durchführte, wurde das Lokal geschlossen und der Besitzer mit einer empfindlichen Geldstrafe bedacht. Der Stadthauptmann des ersten Bezirkes: eine Schande für eine Kulturstadt wie Wien. Daß aber auf der Straße seines Bezirkes allabendlich der große Hurenauftrieb stattfindet, und zur gleichen Zeit in einem Nachtlokal eine Tänzerin den langen Zigarettenspitz in ihre Vagina einführte und Besucher daran riechen ließ, war für den guten Mann mit der spanischen Hofreitschule durchaus vereinbar..."[27]

Muehl kam zum Film, weil die öffentlichen Aufführungen der Materialaktionen ihm Geld- und Gefängnisstrafen einbrachten. Es ging also zunächst um die reine Dokumentation der Aktionen. 1964/65 verfilmte Kurt Kren verschiedene Materialaktionen. Aber sie wurden zu sehr seine eigenen Kunstwerke.

1966 beginnt Muehl selbst zu filmen. Das Entscheidende ist: die Aktionen werden nun für den Film geplant. „1. wie Grimuid und Wehrertüchtigung. Durch die Kamera werden nur Aktionselemente aufgezeichnet, die Aktion entsteht erst durch Zusammenfügen im Film durch Schnitt und Montage. 2. wie Zock-Exercises. Die Kamera ist starr fixiert, die Aktion ereignet sich bei durchlaufender Kamera. Die Zeit im Film ist mit der Zeit des Aktionsgeschehens vollkommen identisch. Das Geschehen ist so geplant, daß es ohne Unterbrechung durchgefilmt werden kann. Die Aktion wird total, ohne Zeitverlust gefilmt. Der Schnitt, die Gestaltung ist in die Aktion verlegt."[28] Damit wird der Film zum eigentlichen künstlerischen Produkt. Die Kamera sieht anders als das Auge: die schockierende Nähe, die schon Léger begeisterte, führt den Betrachter direkt ans Geschehen, er kann sich nicht wie in einer live Situation entziehen.

Nach über 10 Jahren haben wir jetzt die frühen Muehl Filme wiedergesehen. Es war ein völlig neues Erlebnis, in einem entspannten Publikum zu sitzen und nicht ständig, aus Angst vor der Staatsanwaltschaft, die Türen zu bewachen. *Fountain* und *Satisfaction*, die damals so große Empörung hervorriefen, liefen seit der Beschlagnahme 1968 zum ersten Mal wieder in Köln. Dieses Mal wurde der Humor, der in den Filmen steckt, voll verstanden. Bei den Filmen wurde früher sowieso nur über den Inhalt gesprochen und kaum je über die Form. Damals erschienen sie mir auch kaum gestaltet. Heute vermittelt sich gerade durch die Rohheit und Spontanität der Montage die Vitalität der Aktionen. Aus der Distanz haben die Filme ihren scheinbar dokumentarischen Charakter völlig verloren. Erst jetzt wird für mich deutlich, wie sehr die Bilder gestaltet sind. Seine symbolischen Bilderfindungen, die er als reales Geschehen inszeniert, führen ihn tatsächlich in die Nähe des Surrealismus.

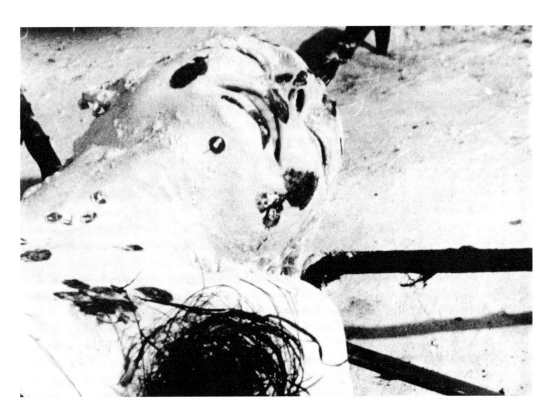

Kurt Kren:
Selbstverstümmelung (Österreich 1965)

Die Befreiung der Erotik, die ein Hauptziel der Surrealisten war, ist hier durch die direkte Darstellung einen großen Schritt vorangetrieben worden.
Während Bunuel in *Chien Andalou* ein Loch in der Hand, schwarze Achselhaare einer Frau und einen Seeigel in einer Assoziationskette zusammenfügt, um auf die Vagina zu verweisen, bringt Muehl dieselbe Aussage in einem direkten Bild: er zeigt eine Vagina, in der ein Bündel Stricknadel wie ein Blumenstrauß steckt.

Künstlerfilm

Seit Mitte der 60er Jahre kommen immer mehr bildende Künstler aus der Notwendigkeit ihrer eigenen Arbeit dazu, Filme zu machen.
Die Happenings konnten nur noch mit dem Film überliefert werden. Muehl, wie schon erwähnt, mußte die Materialaktionen filmen, da er sie nicht in der Öffentlichkeit zeigen konnte.
Nun kommt die Land-Art hinzu, die die Ausstellungsräume verläßt und große, nicht von einem Standpunkt aus überschaubare Gebiete bearbeitet. In die Concept-Art wird der Film wie bei Fluxus einbezogen, jedes Medium kann Träger der Ideen sein.

Natürlich hat der Film hier vorrangig dokumentarische Funktion, aber auch dabei spielen die Mittel des Films eine entscheidende Rolle. Wie eng die Verbindung zwischen Film und Werk sein kann, zeigt Richard Longs Film *Eine grade 10 Meilen lange Linie hin- und zurücklaufend und jede halbe Meile filmend*, den er 1969 für Gerry Schums Land-Art Projekt herstellt: hier existiert das Kunstwerk nur noch als Film. Er filmte jede halbe Meile sechs Sekunden lang die Landschaft, in die er ging. „Ebenso ist die Bewegung der Kamera in Longs Stück – in diesem Fall wird die Kamera selbst bewegt – eine strukturelle Komponente der Arbeit... Bei jeder Aufnahme zoomt die Kamera, wodurch die Bewegung des Gehens durch die Eigenbewegung des Zooms übernommen wird."[29]

Es gibt Kunstprojekte, wie zum Beispiel Christos *Running Fence* von 1974, die nur in der Dokumentation überleben und wo der Film von vornherein in das Konzept der Arbeit einbezogen ist. Richard Serra und Bruce Naumann kommen als Bildhauer zum Film. Beide entwickeln Aktionen, in denen sie grade von den filmischen Mitteln ausgehen. Bruce Naumann arbeitet in seinen slow-motion Filmen 1969 mit der Super-Zeitlupe der Highspeed Kameras. Richard Serra setzt sich intensiv mit der Veränderung der Realität durch die zweidimensionale Abbildung auseinander. Die Frage nach Identität von Abbild und Objekt wird in *Color Aid* und *Frame* 1969 wieder aufgegriffen. Serra geht davon aus, daß Film und Fotografie fundamental der Wahrnehmung des Gegenstandes, auf den sie sich beziehen, widersprechen. „In *Frame* werden vier verschiedene Messungen mit einem 15 cm langen Lineal vorgenommen. In der ersten wird das Rechteck des Kamerabildes gemessen und vom Kamerablickwinkel aus falsch wahrgenommen. In der zweiten wird die Kamera in einem Winkel aufgestellt und das gemessene Trapez wird als Rechteck wahrgenommen. (Obwohl man das Messen eines total weißen Bildes sieht, ist es in Wirklichkeit der Kamerawinkel zur Wand, der gemessen wird. So bringen am Ende der Sequenz die Messungen ein Trapez hervor.) In der dritten wird ein rechtwinkliger Fensterrahmen als Rechteck gemessen, aber als Trapez wahrgenommen. In der Vierten wird das Filmbild des Fensters als Trapez gemessen, aber als Rechteck wahrgenommen (das Umgekehrte des zweiten Bildes)."[30] Serras Filme wurden häufig in Programmen mit strukturellen Filmen gezeigt.

Seit 1970 in der Ausstellung ‚Information' des Museum of Modern Art ein umfassendes Künstlerfilmprogramm gezeigt wurde, sind viele große Ausstellungen diesem Beispiel gefolgt. 1971 wird in Düsseldorf die Ausstellung ‚Prospect 71 Projection' durchgeführt, die, so weit ich weiß, die einzige Ausstellung ist, die nur Filme zeigt. Es sind 75 international bekannte Künstler vertreten. Nur zwei davon kommen vom Experimentalfilm: Hollis Frampton und Michael Snow. Muehl ist nicht dabei. Im Vorwort des Kataloges wird den ausgestellten Filmen ein gemeinsamer Stil zugeschrieben, der sie alle in einen Zusammenhang bringen soll:

„Demgegenüber erscheint der neue Film – das gleiche gilt für Foto, Dia und Video – amorph, individuell kaum differenzierbar. Das reproduzierende Medium wird eingesetzt, um eine Idee zu veranschaulichen. Auf technische Qualität, Beherrschung des Handwerks wird kein Wert gelegt und Virtuosität dadurch natürlich vermieden. Man will keinen „Kunstfilm" und kein „Kunstfoto". Aus solcher Sicht müßten die meisten der in PROSPECT 71 gezeigten Arbeiten armselig wirken. Die Künstler, die hier – in der Ausstellung wie im Buch – vertreten sind, kommen zumeist aus den mit „Process Art" und „Concept Art" etikettierten Richtungen und deren Umkreisen. Sie machen Konzepte und Prozesse ihres Denkens und Erfahrens sichtbar. Die Kamera ist lediglich Mittel der Aufzeichnung, Skizzierung, Dokumentation. Die heute jedermann erreichbaren fotografischen Techniken haben hier im allgemeinen die gleiche untergeordnete Bedeutung wie für Millionen und Abermillionen Foto- und Filmkameras. Die von der Pop Art eingeführte Idee der „Kunstlosigkeit" und der „Banalität" wirkt hier fort: die direkte Verbindung geht über Andy Warhol, dessen Filme aus der Mitte der sechziger Jahre Prototypen für den Gebrauch der Kamera von Künstlern der Gegenwart darstellen..."[31]

Diese Erklärung ist reine Ideologie, die dazu dienen soll, den Künstlerfilm von Kunstfilm (Experimental- und Avantgardefilm) zu trennen. Außerdem widersprechen viele der in der Ausstellung gezeigten Filme diesem Schema. Ironischerweise ist grade von Warhol ein Spielfilm vertreten: *Nude Restaurant*, bei dem die Filmtechnik, die Lichtblitze und Zischgeräusche der Auricon bewußt gestalterisch eingesetzt werden. Grade Warhol hat ja in allen seinen Filmen auf den fundamentalen Umsetzungsprozeß hingewiesen, der schon allein durch die unmanipulierte Reproduktion mit der Kamera geschieht. Aber in der Ausstellung sind noch eine Reihe anderer Filme, die das Medium sehr künstlerisch einsetzen. Zum Beispiel John Chamberlains Spielfilm *The Secret Life of Hernando Cortez* von 1968 oder Michael Snows *Back and Forth* 1969, die Filme von Richard Serra und Hollis Frampton. Auch die strengen Land-Art-Filme sind nicht ‚kunstlos' dokumentiert. Gerry Schum nimmt für sich einen kreativen Anteil an der Arbeit in Anspruch: „Das Kunstwerk selbst ist der Film. Der Film ist das Ergebnis der Ideen und Ausführungen des Künstlers und meiner Arbeit als Regisseur und Kameramann. In der Praxis hat der Künstler eine Idee, die schon mehr oder minder die Tatsache beinhaltet, daß ihre Reproduktion durch das Medium Film oder das Fernsehen Teil der Ausführung der Arbeit selbst ist. Die Arbeit als Symbiose zwischen der künstlerischen Idee und dem Medium Film."[32]

Erst als die Auseinandersetzung mit der Realitätsillusion auch die Malerei erfaßt, zum Beispiel im Fotorealismus, beginnt man in der bildenden Kunst über Medien differenzierter zu denken. „Dem Betrachter klarzumachen, wie Wahrnehmung unserer Wirklichkeit konstituiert wird, daß die subjektive unmittelbare Wahrnehmung nicht mehr leistet als die Bildmedien, ja daß jene durch die Perspektive der bilderzeugenden Apparate, d.h. die Technik total beherrscht ist, war scheinbar paradoxerweise grade nur in einem Medium wie der Malerei möglich, das noch immer als Refugium der Subjektivität gilt."[33]

Als erste große Ausstellung bezieht ‚Projekt 74' in Köln die visuellen und audiovisuellen Medien mit ein. In seinem Katalogbeitrag ‚Kunst in der reproduzierten Welt' steckt Manfred Schneckenburger den weiten Bereich ab, in dem die Auseinandersetzung mit der Wahrnehmung in der zeitgenössischen bildenden Kunst erfolgt. Dieser Bereich umfaßt die Untersuchung der Wahrnehmung als primäre Erfahrung (Bruce Naumann), die Arbeit mit den medieneigenen Mitteln der Fotgtafie (Dibbets), die Konfrontation von Abbild und Objekt (Favro) und die Auseinandersetzung mit der reproduzierten Realität (Fotorealisten).

„Wahrnehmung ist nicht nur eine selbstverständliche Prämisse, sondern ein Thema der Kunst." Den strukturellen Film zieht Schneckenburger allerdings in seinen Überblick nicht mit ein, obwohl doch grade hier schon seit Ende der 60er Jahre eine intensive Auseinandersetzung mit allen angeführten Problembereichen stattgefunden hat. Dabei sind die meisten strukturellen Filmmacher von der bildenden Kunst zum Film gekommen, wie zum Beispiel Paul Sharits, Ken Jacbos, Malcolm Legrice, Michael Snow, Heinz Emigholz, wir selber, Werner Nekes und Dore O. Aber da sie erst als Filmmacher bekannt wurden, gelten sie nicht als Künstler und ihre Filme nicht als Kunst. Das heißt, daß selbst die intensive Beschäftigung mit den Medien zu Anfang der 70er Jahre in der bildenden Kunst nicht dazu geführt hat, Filme nach formalen und inhaltlichen Kategorien zu beurteilen. Es bleibt bei der unsinnigen Gattung Künstlerfilm, die sich eben nicht auf eine bestimmte Richtung wie die Concept-Art oder Land-Art, sondern einfach auf den Künstler als Autor bezieht, egal welche Ziele er mit dem Film verfolgt. Entsprechend pauschal ist die Gattung Kunstfilm, die nicht einmal zwischen den beiden groben Kategorien struktureller und poetischer Film unterscheidet.

Aber der ‚Kunstfilm' wird jetzt wenigstens so ernst genommen, daß man ihn in der Ausstellung ‚Projekt 74' präsentiert. In dieser Ausstellung wird auch zum ersten Mal in Europa Video umfassend vorgestellt.

Viele bildende Künstler, die Ende der 60er Jahre mit Film gearbeitet haben, gehen Anfang der 70er Jahre zu Video über. Die Verbindung von Künstlerfilm und Video-Kunst ist ja bereits in Gerry Schums Land-Art Film von 1969 vorhanden, der gleichzeitig als Pionierwerk der Video-Kunst gilt.

Da ich immer wieder auf die Beziehung und den Entwicklungszusammenhang von Video und Film hingewiesen habe, wäre es nun ganz selbstverständlich, die neuere Entwicklung der Video-Kunst im Zusammenhang mit dem Experimentalfilm zu betrachten, wobei es darum ginge, grade die Werke herauszustellen, die mit den Mitteln des Mediums (Video) zu neuen Formulierungen kommen. Das würde aber den Rahmen dieses Aufsatzes sprengen. Ich möchte hier trotzdem wenigstens auf die Bänder und Installationen von Peter Campus verweisen, der sich ebenfalls mit Wahrnehmung und Wirklichkeit auseinandersetzt und zu ganz großartigen Bildformulierungen kommt, wie zum Beispiel in *Three Transitions* 1973, wo er durch seinen eigenen Rücken hindurchkriecht oder sein eigenes Spiegelbild verbrennt.

Ein weiteres Gebiet, was ich hier auslassen muß, ist die Performance, obwohl sie ebenfalls direkt mit Video und Film zusammenhängt. Nur Jack Smith kann einfach nicht unerwähnt bleiben. Zu ‚Projekt 74' wurde er nicht als Filmemacher, sondern als Performance-Künstler eingeladen.

Wie Ken Jacobs berichtet, waren die ersten Performances Ende der 50er Jahre eher eine Art Straßentheater, das sie beide für Filmaufnahmen inszenierten. *Flaming Creatures* 1962 ist im Grunde auch eine für den Film geplante Performance, ebenso *Blonde Cobra*. Über seine Performances seit Mitte der 60er Jahre schreibt Jim Hoberman, daß sie die Arbeit von so verschiedenen Theaterleuten wie Ronald Tavel, John Vaccaro, Richard Foreman und Robert Wilson beeinflußten[34]. Schon Warhol hat in einem Interview zugegeben, von Jack Smith beeinflußt worden zu sein, und heute ist Jack Smith zweifelsohne der Guru für die jungen Super 8-Filmer in New York. Damit kämen wir zu der neuen Filmentwicklung in den 80er Jahren. Aber ich muß vorher auf die ganz spezielle Form der Film-Performance, auf das Expanded Cinema, das in den Zusammenhang des strukturellen Films gehört und damit auch in den Problemzusammenhang der bildenden Kunst bis Mitte der 70er Jahre, wenigstens noch hinweisen und auf die entsprechende Literatur[35].

Die achtziger Jahre

Bis zum Ende der 70er Jahre sind Film und Video in Ausstellungen und Galerien vertreten. In den 80er Jahren tritt eine Wende ein, die sich zuerst in der großen Ausstellung ‚Westkunst' 1981 in Köln manifestiert: nur die traditionellen bildenden Künste sind vertreten, weder Film noch Video werden einbezogen.

Ab jetzt fehlt der ‚Kunstfilm' völlig in den großen Ausstellungen. Video überlebt zwar, aber nur am Rande des Geschehens: in der Ausstellung ‚Von hier aus' in Düsseldorf 1984 gibt es 5 Video-Künstler und 68 Künstler der traditionellen Kunstmedien. Im neuen Ludwig-Museum steht ein einziges Video-Objekt von Paik, ein Buddha mit drei kleinen Monitoren. Außerdem gibt es noch einen größeren Monitor, auf dem Bänder abgespielt werden kön-

nen. Da ist der gesamte Anteil der Medien an der Abteilung zur zeitgenössischen Kunst,
Es scheint, daß der marktfeindliche Charakter der Medien-Kunst (es gibt ja nicht nur ein Original) zugleich politisch begründet war. „Alle diese gesellschaftspolitischen Gedanken über die Demokratisierung von Kunst, die Fragen nach den politischen Veränderungsmöglichkeiten durch Kunst, die Hoffnung, durch Kunst die Gesellschaft zu wandeln, durch Provokationen Fragen aufzureißen und Probleme neu zu durchdenken, scheinen heute so unendlich weit weg, obwohl kaum 20 Jahre vergangen sind."[36]
Im neuen Museum Ludwig, das als beispielhafter Ausstellungsbau für die zeitgenössische Kunst gefeiert wird, gibt es nicht mal ein richtiges Kino. Ein holzgetäfelter Vortragssaal, der an einen evangelischen Gemeindesaal der 50er Jahre erinnert, kann als Kino genutzt werden, wenn von der viel zu niedrigen Decke eine Leinwand heruntergelassen wird und man einen schwarzen Vorhang vor die Rückwand zieht, die nämlich ganz aus Glas ist! In diesem Vortragssaal zeigt die Kölner Cinemathek ihr Programm, das grundsätzlich aus Spielfilmen besteht. Der Experimentalfilm kommt weder hier, noch in der übrigen Kunstöffentlichkeit vor. Wie absurd das ist, wird erst deutlich, wenn man dagegen hält, daß seit Ende der 70er Jahre an immer mehr Kunsthochschulen Film- und Videoklassen eingerichtet werden. An einigen Hochschulen, wie an der HBK in Braunschweig, kann Film sogar als freie Kunst studiert werden.
An den Kunstschulen wird inzwischen die Tradition des Experimentalfilms weitergeführt. Hier wird die internationale historische und zeitgenössische Entwicklung vermittelt. So kommt der Nachwuchs im Experimentalfilm auch nahezu ausschließlich von den Kunstschulen: Klaus Telscher und Claudia Schillinger aus Bremen, Rotraut Pape aus Hamburg, Christoph Janetzko und Uli Versum aus Braunschweig, Wolfgang Müller (Tödliche Doris) aus Berlin, Christoph Schlingensief aus Offenbach und Mara Mattuschka aus Wien, um nur einige Namen und Orte zu nennen. Dabei ist der inhaltliche und ästhetische Abstand zu den anderen künstlerischen Bereichen groß. Die Hochschulen spiegeln intern die allgemeine Kunstsituation wieder: die völlige Trennung des Films von den traditionellen Künsten.
Es gibt keine gemeinsamen Probleme, keine gemeinsame gesellschaftliche Auseinandersetzung.
Vorstellungen von der Verbindung der verschiedenen Künste existieren nur außerhalb der offiziellen Institutionen in den Szenen der Subkultur, die sich periodisch immer wieder neu bilden. Die Situation, die Scott und Beth B schildern, die auch von der Kunst zum Film kommen, ist typisch. Sie bezieht sich auf die Zeit um 1980 in New York:
„Wir hatten gemalt, Skulpturen, Video-Bänder, Performance und Design gemacht und sogar ein Haus gebaut. Wir konzentrierten uns vor allem deshalb auf Film, weil wir auf mehr Kommuni-

Mara Mattuschka:
Kugelkopf (Österreich 1985)

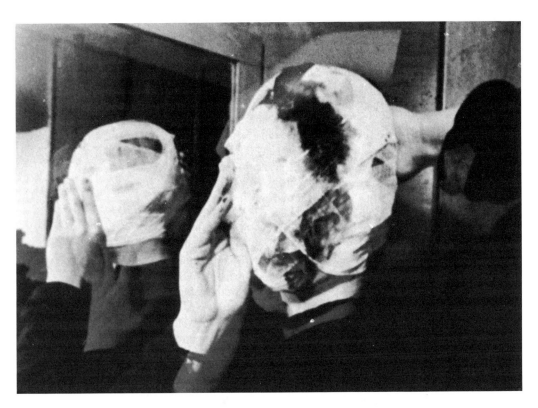

kation hofften. Wir sahen neue Möglichkeiten in Beziehung auf Zuschauer und Vorführsituationen.
Außerdem waren wir stark in der Musik-Szene engagiert. Die Künste begannen sich zu verbinden, im Sinne von gemeinsamen Ideen. Es gab eine breite Hinwendung zu inhaltlicher Arbeit. Es war nicht so wichtig, in welchem Medium man arbeitete. Wichtig war die Idee und was man zu sagen hatte und daß man es so direkt wie möglich rüberbringen konnte.
Wir fingen mit Film an, weil wir hier mit Ton, mit Bildern, mit Darstellern, mit Aspekten der Gesellschaft arbeiten konnten. Wir wollten weg aus dem formalen Zusammenhang der Kunst in eine entspanntere Atmosphäre. Deshalb führten wir in kabarettähnlichen Situationen oder in Clubs vor.
‚Club 57' ist der Ort, wo wir immer noch unsere Sachen zeigen. In der letzten Zeit hat sich die Club-Szene in New York nämlich sehr verändert. Die ganze Stadt hat sich verändert. Eine bestimmte Energie, die vor 2–3 Jahren da war, ist weg. Damals war alles unheimlich konzentriert.
Jetzt ist der große Einfluß von Mode und Geld da und die Presse hat sich der Sache bemächtigt. Es herrscht Verwirrung. Die größte Verwirrung besteht aber darin, daß Bilder und Skulpturen nicht die vitalen Kommunikationsmittel unserer Gesellschaft sind. Heute sind es Film und Video, die unsere Mythen und kulturellen Ideen verwirklichen. Sie sind zwar nicht die einzigen, aber die wichtigsten Medien. Also früher malten die Leute die Mythen des Christentums, sie erzogen die Leute, mit ihren Bildern, informierten sie über ihr kulturelles Erbe und was geschehen war. Heute berichten Film und Video den Leuten über ihre Welt.
Als wir die große Times-Square Ausstellung machten, verkauften wir auch Bier. Der Raum war offen für jeden, für Bilder, Skulpturen, Film, Video und Theater.
Wenn wir in Galerien Filme zeigen, ist die Situation immer die gleiche. Da ist eine bestimmte Ruhe, man darf nicht rauchen und nicht trinken, man muß still sitzen. Es ist eher wie in einer Kirche. Wir halten uns von akademischen Strukturen lieber so gut wie möglich fern.
Es hat aber auch damit zu tun, daß Malerei auf Leinwand gemacht wird, wodurch ein Verkaufsobjekt entsteht, das nicht für die Öffentlichkeit, sondern für Individuen gemacht wird. Aber unsere Gesellschaft ist nicht mehr eine von Individuen, die ihre Sachen mit nach Hause nehmen, sondern eine von Massenkonsumenten, Fernsehen und riesigen Kommunikationssystemen. Das Wesen von Bildern und Skulpturen liegt in ihrer Einzigartigkeit. Sie tragen das Zeichen des Handwerkers, die Signatur des Künstlers. So wenig, wie wir uns auch für Warhols Inhalte interessieren, ihm war aber immerhin bewußt, daß Massenproduktion Kommunikation ist."[37]
Auch im deutschen Experimentalfilm zeigt sich Ende der 70er Jahre eine neue Tendenz zum Erzählen. Heinz Emigholz ist mit

Heinz Emigholz:
Demon (BRD 1977)

Demon 1977 einer der ersten, der hier ansetzt.
In der jungen Super-8 Bewegung wird auf breiter Ebene der Trivialfilm verarbeitet.
Außerdem wird die Pop-Musik in die Avantgardeszene miteinbezogen. Gruppen wie die ‚Tödliche Doris' und ‚Notorische Reflexe' verbinden Film, Musik und Performance und wagen sich trotz ihres Avantgardismus aus dem Ausstellungs- in den Pop-Bereich. Mit unserer Performance treffen wir einmal mit der ‚Tödlichen Doris' sogar in einem Zirkuszelt zusammen.
Und dann bringt die Kunstszene tatsächlich einen Pop-Star hervor: Laurie Anderson.
Über ihre Arbeit will ich hier nicht sprechen, aber ich weiß, wie viele Künstler am liebsten auf die gleiche Weise wie sie aus der Kunstszene aussteigen würden.
Die Kluft zwischen der zeitgenössischen Kunst und dem Experimentalfilm ist zur Zeit so groß wie kaum vorher. Während in der Malerei die angepaßte Dekoration vorherrscht, werden im Experimentalfilm wieder persönliche Filme, Psychodramen, realisiert.
Dabei spielt die Auseinandersetzung mit der Sexualität wieder eine große Rolle. Nicht zufällig sind Kenneth Anger und Derek Jarman (der übrigens auch Maler ist) Kultfiguren für die jungen Filmer. Aber auch die primitiven Horrorfilme werden verarbeitet, wie zum Beispiel in den ‚blutigen' Underground-Filmen von Nick Zedd und Richard Kern.

Einen Überblick über die deutsche Super-8/alternative Kunstszene um 1985 gibt Michael Brinntrup in seinem ‚Monumentalfilm über den Lebens- und Leidensweg unseres Herrn Jesus Christus, kurz: *Jesusfilm* 1986.
Der Film enthält Beiträge von Anarchistische Gummizelle, Jörg Butgereit, Die Tödliche Dosis, Birgit und Wilhelm Hein, intershop gemeinschaft wiggert, Konrad Kaufmann, Dietrich Kuhlbrodt, Georg Ladanyi, Merve-Verlag, Giovanni Mimmo, Padeluun, Robert Paris & Andreas Hentschel, Schmelzdahin, Sputnik Kino/Michael Wehmeyer, Stiletto, Teufelsberg Produktion die 2, Lisan Tibodo, VEB Brigade Zeitgewinn, Werkstattkino/Doris Kuhn, Andreas Wildfang, sowie drei Vorfilme von Almut Iser, Michael Krause und Lisan Tibodo.
In den allgemein bekannten biblischen Geschichten wird das Kino in seinen ebenso vertrauten Klischees reflektiert. Vom Horrorfilm bis zu Fluxus sind alle Genres und Stilmittel vertreten. Das Drama und das Pathos ist allerdings auch ernst gemeint. Hier deuten sich Beziehungen zu einer ganz anderen Epoche der bildenden Kunst an – Bei *Caravaggio* von Derek Jarman wurde das schon deutlich – nämlich zur Malerei des frühen 19. Jahrhunderts: ‚Das Floß der Medusa' 1819 von Theodore Géricault erscheint auf einmal als ganz modernes Gemälde[38].
Vielleicht bewirkt die kurz bevorstehende Neuentdeckung dieser Malerei auch ein Umdenken in Beziehung auf den Film. Zur Zeit hat der Experimental – Avantgarde-Kunstfilm im Museum keine Chance. Natürlich auch nicht in den Kino-Centern und Programmkinos. Dafür überlebt er in den alternativen off-off Kinos wie Eiszeit, Sputnik, Werkstattkino und Lichtwerk und in einigen Kommunalen Kinos wie Düsseldorf, Frankfurt, Hannover und München und natürlich im Arsenal.

W+B Hein:
Lightshow (BRD 1986)

Anmerkungen

1. Karl Stamm, Kunsthistoriker und Film, Bemerkungen zu einem Un-Verhältnis, in: Roter Rembrandt, Zeitung der Fachschaft Kunstgeschichte Bonn Nr. 14, 1983, S. 9
2. Dietrich Kuhlbrodt, Wilhelm und Birgit Hein, in: epd Film 1, 1987, S. 12
3. Birgit Hein und Wulf Herzogenrath, Film als Film, 1910 bis heute. Stuttgart 1977. Weitere Arbeiten zum Thema Film und bildende Kunst:
   Birgit Hein, Underground Film in: Magazin Kunst 41, Mainz 1971
   Künstlerfilme I 45 Min., Künstlerfilme II 45 Min. (P.: WDR) 1974,
   Birgit Hein, Katalogteil Film in: Kunst bleibt Kunst, Projekt '74, Ausst. Kat. Köln 1974
   Birgit Hein, Kunst als Aufklärung von Wirklichkeit, in: Ausgabe 1, A. Hundertmark (Hrsg.), Berlin 1976
   Birgit Hein, Film als Kunst. 1. Teil in: Heute Kunst 13, 2. Teil in Heute Kunst 14–15, 1976
   Birgit Hein, Film über Film, in: Documenta 6, Kassel 1977, Bd. 2
   Birgit Hein, Expanded Cinema, in: Kunstmagazin 4, 1977
   Birgit Hein, Öffentlichkeit im Zusammenhang mit Film und bildender Kunst. in: Kunst und Öffentlichkeit, Stuttgart 1979
4. Peter Moritz Pickshaus, Kleiner Unterschied, großes Mißverständnis. Zum Verhältnis Film/Video/Fernsehen, in: Videokunst in Deutschland 1963–1982, Ars Viva 82/83 Stuttgart s.d., S. 68/69
5. ‚Film als Film', a.a.O. S. 39–41
6. ‚Film als Film', a.a.O. S. 63
7. Laszlo Moholy-Nagy, Vision in Motion, 1965, und ‚Probleme des neuen Films', in: Die Form, Zeitschr. f. gestaltende Arbeit 7, 1932
8+9. Theo van Doesburg, Film als reine Gestaltung, in: Die Form, Zeitschr. f. gestaltende Arbeit 4, 1929
10. B. Hein, Film im Underground, Berlin 1971, S. 34, 35
11. Hans Scheugl/Ernst Schmitt jr., Eine Subgeschichte des Films, Lexikon des Avantgarde-, Experimental- und Undergroundfilms, Frankfurt/M. 1974, 2 Bde. S. 733
12. Ado Kyrou, Le surréalisme au cinéma, s.l. S. 13
13. Laszlo Glozer, Westkunst, Zeitgenössische Kunst seit 1939, Köln 1981
14. P. Adams Sitney, The Cinematic Gaze of Joseph Cornell. In: Joseph Cornell, New York 1982, teilweise Übersetzung von Sitneys Text im Forumsblatt ROSE HOBART 13. Int. Forum des Jungen Films Berlin 1983
15. W+B Hein, Interview mit Ken Jacobs, in: Ken Jacobs, Kinematik 70, Jg. 22, November 1986, Hrsg.: Freunde der Deutschen Kinemathek e.V.
16. Westkunst, a.a.O. S. 239
17. William E. Moritz, Der abstrakte Film seit 1930 – Tendenzen der West Coast, in: ‚Film als Film', a.a.O. S. 128 ff.
18. Gene Youngblood, Expanded Cinema, New York 1970
19. Wulf Herzogenrath, Die Geburt der Kunstmetropole Köln, in: Die 60er Jahre. Kölns Weg zur Kunstmetropole. Vom Happening zum Kunstmarkt. Köln 1986, S. 15: Frühe Höhepunkte...
20. zitiert in ‚Film als Film', a.a.O. Kapitel: Fluxus, S. 166
21. ‚Film als Film', Kapitel: Fluxus, Der strukturelle Film, Expanded Cinema
22. Film als Film, a.a.Ö., S. 168
23. Schmidt/Scheugl, a.a.O., S. 708
24. Expanded Cinema in: Film im Underground, a.a.O., S. 98 ff.
25. A. Kyrou, Le surréalisme au cinéma, a.a.O., S. 9
26. Henry Geldzahler in: WESTKUNST 6. Die Medien und das Bild, Ein Film von W+B Hein, WDR Fernsehen Redaktion Kunst, Dr. Wibke von Bonin 1981
27. Otto Muehl in: P.A.P. Kunstagentur, Lagerkatalog München, 1975
28. Otto Muehl in: Film im Underground, a.a.O., S. 171
29. Videokunst in Deutschland, a.a.O., S. 50

30 In: Castelli/Sonnabend, Videotapes and Films, New York 1974. Zu dieser Zeit waren Galerien ernsthaft daran interessiert, Filme und Videobänder zu vertreiben.
31 Hans Strelow, Text im Katalog ‚Prospect 71 Projection‘, Kunsthalle Düsseldorf 1971
32 Gerry Schum in: Videokunst in Deutschland, a.a.O., S. 59
33 Jutta Held, Visualisierter Agnostizismus. Zum amerikanischen Fotorealismus der Gegenwart, in: Kritische Berichte Heft 5/6 1975 S. 76
34 J. Hoberman, The Theatre of Jack Smith, in: The Drama Review, Autoperformance Issue, New York University 1981
35 Film als Film a.a.O., Schmidt/Scheugl a.a.O., Kunstmagazin 4, 1977, Katalogteil ‚Film‘, Dokumenta 6 Kassel 1977, Bd. 2
36 Wulf Herzogenrath in: Die 60er Jahre, a.a.O., S. 22
37 Scott und Beth B in einem Interview mit W+B Hein 1981, Kölner Stadtrevue
38 Natürlich ist ‚Caravaggio‘ kein Maler des 19. Jahrhunderts. Der Film steht aber in der Stimmung der Malerei des 19. Jh. näher als der des Hochbarock.

Marille Hahne
Experimentalfilm in den USA
— ein geschichtlicher Überblick

„Experimentalfilm" oder „Avantgardefilm" oder „Unabhängiger Film" oder „Undergroundfilm" sind für viele austauschbare Begriffe. Sie stehen heute in der Öffentlichkeit für eine vage Vorstellung von Filmkunst oder vom Kunstfilm wie ein altes Buch im Regal. Die meisten Kinointeressierten haben von der Filmkategorie Experimentalfilm gehört, wenige davon gelesen, wenige davon gesehen – aber es gibt ihn: gebunden, geheftet und katalogisiert sind die Anfänge des Experimentalfilms in die Filmgeschichte eingegangen.

Natürlich gibt es seit den 60er und 70er Jahren immer mehr Filmemacher und Filmemacherinnen, die sich der Methoden und Ideen des Experimentalfilms bedienen. Aber dieser Artikel will sich hauptsächlich mit dem amerikanischen Experimentalfilm beschäftigen, so wie er filmgeschichtlich in den USA an Museen und Kunsthochschulen festgehalten und dokumentiert worden ist. Jede Art von Geschichtsschreibung ist natürlich in irgendeiner Weise gefärbt oder gefiltert überliefert. Dies gilt selbstverständlich auch für die Geschichte des Experimentalfilms. Sie ist ein Konsens aus dem Lager der bürgerlichen Feuilletonschreiber mit individuellen Varianten. Letzten Endes aber orientiert sie sich doch an „Meisterwerken" und „genialen Filmemachern" (und leider zu selten an den Meisterwerken von genialen Filmemacherinnen, wenn schon diese Art von Personenkult betrieben wird!)

Definitionen

Avantgardefilm:

Vom Wort her definiert sich der Avantgardefilm als vorderste Gruppe in einem bestimmten Bereich. Ursprünglich gehört der Terminus in die Militärsprache und bezeichnet die Vorhut, die

Kontakt mit dem Feind aufnehmen soll. Im künstlerischen, literarischen oder musikalischen Bereich wendet sich die Avantgarde gegen das Gros der künstlerischen Produktion. Deshalb wurde auch der Begriff „Avantgardefilm" zum ersten Mal in den 20er Jahren in Europa aus den bildenden Künsten auf die Filme übertragen, die in Opposition zu kommerziellen Produktionssystemen standen, die sich bemühten, mit Hilfe des Mediums Film neue Seherfahrungen zu machen. Der Anspruch, daß Film Kunst sei, definierte den Begriff „Avantgarde".
Vertreter/innen des Avantgardefilms der 20er Jahre sind unter anderen: Germaine Dulac, Marcel Duchamp, René Clair, Oskar Fischinger, Hans Richter, Viking Eggeling, Lotte Reiniger, Fernand Léger. Sie bildeten einen ideologischen und künstlerischen Grundstock für die sich später in Amerika entwickelnde Avantgarde im Film. Der Zeitpunkt für die Anfänge dieser Entwicklung sind die späten 40er Jahre.

Experimentalfilm:

In der Zeit nach dem 2. Weltkrieg stand dieser Begriff zunächst für alle künstlerischen Filme, die außerhalb der kommerziellen Filmindustrie lagen. Damals betrachteten manche Filmemacher ihre Experimente als Sprungbrett ins kommerzielle Geschäft. Anfang der 60er Jahre trat ein Bewußtseinswandel ein. Mit Gründung der New American Cinema Group (1960) begriffen sich die Filmer des Experimentalfilms als eigenständige, nicht-kommerzielle Subkultur mit neuen Forderungen an den Film. Der Experimentalfilm ging in den Untergrund.

Untergrundfilm:

Parallel zur Hippie-Generation entwickelte sich eine neue amerikanische Linke. Sexualität und Sensibilität zum Teil durch bewußte Tabuverletzungen auf der einen und politisches Engagement auf der anderen Seite sind die Pole des mehr oder minder freiwilligen Untergrunds. Eine gemeinsame Front gibt es während der Studentenunruhen 1967 und 68. In den USA ist der Untergrundfilm Teil einer alternativen Lebensweise.

Unabhängiger Film:

(independent filmmaking): Das New American Cinema war die erste nicht-kommerzielle Bewegung im Film, die über unabhängige Produktionsformen hinaus sich ein eigenes Organisations- und Distributionssystem schuf. Die New Yorker Filmmakers Cooperative fand Ende der 60er Jahre in Europa viele Nachahmer, nachdem die relativen Erfolge in den USA zu Tage traten. Aus dieser Erkenntnis entwickelte sich der Begriff des „unabhängigen Films", die wohl umfassendste und allgemeinste Bezeichnung überhaupt.

Experimentalfilm und die Filmindustrie:

Ende der 20er Jahre schritt die technische Vervollkommnung von 16 mm Film rapide voran. 1929 z.B. gab es schon den ersten Kodacolor 16 mm-Umkehrfilm. Im Zuge der Vervollkommnung des 16 mm Materials geriet das neue Format aus dem Ruf des Abenteuerbestimmten heraus. Der endgültige Durchbruch für die 16 mm Technik gelang durch den massenhaften Einsatz in der Kriegsberichterstattung. Auf diesen technischen Voraussetzungen fußend entstand während der späten 40er Jahre eine neue Generation von Filmern, für die es zum ersten Mal in der Geschichte des Kinos möglich war, wirklich unabhängig zu produzieren. Wie auch heute in Amerika gab es auch damals absolut keine Verbindung zum kommerziellen Kino, im Gegenteil, die Beziehung zwischen den unabhängigen Filmemachern und der Filmindustrie ist radikale Andersartigkeit. Es sind zwei völlig voneinander getrennte Welten, die sich auch nicht gegenseitig beeinflußten. P. Adams Sitney, bekannt durch seine filmtheoretischen Ansätze in seinem Buch „Visionary Film – The American Avant-Garde" sieht folgenden Zusammenhang: „Die frühen amerikanischen Filme wurden Filmgedichte (Film poems) oder Experimentalfilme genannt, als sie zuerst in der Öffentlichkeit gesehen wurden. Beide Termini sind ungenau und eingeschränkt, jedoch ist der Begriff „Film poem" von Vorteil, weil er eine brauchbare Analogie unterstützt. Die Beziehung zwischen Experimentalfilm und dem gewöhnlichen Kommerzfilm, der eine Handlung erzählt, ist in vieler Hinsicht vergleichbar mit dem Unterschied zwischen Lyrik (Poesie) und Epik (Prosa) in der Literatur."[1] Oft wird den experimentellen Filmern ihr hartnäckiges Argumentieren gegen den „Konsumfilm" angekreidet. Bei genauem Hinsehen offenbart sich jedoch, auf welcher Seite Intoleranz und Exklusivität wirklich liegen. In der „Subgeschichte des Films" schreiben Hans Scheugl und Ernst Schmidt: „50 Jahre hat Hollywood tagaus tagein den gleichen Film gedreht und damit gigantische Profite eingestrichen."[2] Sowohl ökonomisch als auch historisch und psychologisch hat der industrielle Film immer den Alleinvertretungsanspruch, ein Monopol deklariert. Aber Freiheit erringt der Film nur durch einen Kampf gegen diesen Anspruch.

Die 40er Jahre:

Zuerst sollen exemplarisch die Richtungen des Experimentalfilms behandelt werden, die sich eine Projektion der künstlerischen Innenwelt nach außen zum Ziel gesetzt haben, die den Film als Mittel zur Darstellung der Suche nach Identität benutzen, die Eindrücke der Außenwelt und des Alltagslebens verarbeiten und darauf mit den Möglichkeiten des Experimentalfilms antworten, wobei die künstlerische Subjektivität in den Mittelpunkt gestellt wird. Hier kann eine Linie gezogen werden von den Surrealisten wie Luis Buñuel und Jean Cocteau zu der ersten bedeutenden Theoretikerin und Praktikerin der amerikanischen Avant-Garde: Maya Deren (1917–61). Der Film *Meshes of the Afternoon* (1943, S/W, 12 Min.) ist ihr Ausgangspunkt. Wirklichkeit und Traum sind in diesem Film gleichzeitige Erfahrung. Maya Deren, selbst Hauptdarstellerin des Films, schläft, während sie sich gleichzeitig an einem Tisch gegenüber sitzt. Durch ein Fenster sieht sie sich selbst einer schwarzen Gestalt nachlaufen, die hinter einer Wegbiegung verschwindet. Als sie später dergleichen nonnenhaften Gestalt folgt, dreht diese sich um. Ihr Gesicht ist ein Spiegel, ein Reflektor des eigenen Ichs, der später im Film zerbrochen wird.

Der Film fasziniert durch die Kraft des visuellen Bildes, durch seine Symbolsprache und durch die Schilderung des Gespaltenseins in der mehrfachen Personifizierung. *Meshes of the Afternoon* enthält Kamera- und Schnittechniken, die im konventionellen narrativen Film als „special effects" bezeichnet werden. Marcia Bronstein und Silke Grossmann schreiben in der deutschen Filmzeitschrift „Frauen und Film" zu Maya Derens Arbeit: Es muß betont werden, „daß ihre Filme keineswegs ein pures technisches Interesse sind, daß aber die Erforschung und der bewußte Gebrauch filmischer Mittel die materielle Grundlage bilden, auf der sich neue Erfahrungen konstituieren konnten."[3]

Das Konzept, Zeitstrukturen so zu verarbeiten, daß getrennte vollkommen verschiedene Räume durch die ununterbrochene Bewegung im Film flüssig zusammengesetzt werden können, wird in ihrem Film *At Land* (1944, S/W, 15 Min) fortgeführt. Es ist vordergründig die Geschichte einer Frau, die aus dem Meer kommt und zum Meer wieder zurückkehrt. Als zentrales Thema zeigt der Film eine Welt, wo die Einheit der Bewegung Zeit und Raum überwindet. Durch Schnitt an der Bewegung zeigt Maya Deren zum Beispiel die kontinuierlich erscheinende Laufbewegung der Frau, während die Umgebung, in der sie sich befindet, ständig wechselt vom Strand zum Wald zum Zimmer. So erhält sich die Kontinuität in einem unbeständigen und sprunghaften Universum.

Filmgeschichtlich ist Maya Deren zu verdanken, daß sie als formale Charakterisierung den Begriff „vertikale Montage" einführte, die die normale Raum- und Zeitkontinuität der horizontalen Montage, etwa einer linearen Erzählung, aufhebt. Die

Maya Deren:
Ritual in Transfigured Time
(USA 1946)

einzelnen Sequenzen erhalten ihre Logik nicht aus dem Nacheinander, sondern aus dem Nebeneinander. Maya Derens Schriften sind nicht nur Selbstreflexionen ihrer eigenen Filmarbeit, ihre Überlegungen zum Medium Film bilden Anfang und Grundlage einer theoretischen Auseinandersetzung innerhalb der amerikanischen Avantgarde.

Maya Derens Interesse für Bewegung, Tanz und Rituale als Übergang von einem Zustand in einen anderen, und der Hang zum Okkulten schlägt sich in ihrer weiteren Filmarbeit nieder. Mit ihren Filmen *A study in Choreography for the Camera* (1945), *Ritual in Transfigured Time* (1946), *Meditation on Violence* (1948) und *The very Eye of Night* (1959) verbinden sich Surrealismus und der Hang zu fernöstlichen Philosophien, die zur theoretischen Basis für viele der Beatnik-Bewegung und des sogenannten Untergrunds werden. Ein Teil des New American Cinema ist bis heute einer mystischen Richtung verhaftet geblieben.

Kenneth Anger ist wie kein anderer Experimentalfilmer der Schöpfer seines eigenen Mythos. Er ist auch der Autor des Buches „Hollywood-Babylon", einer Sammlung der Mythen von Skandalen in Hollywood.

Er lebte mit Gregory Markopoulos in Los Angeles in nächster Nachbarschaft. Beide drehten ihre ersten Filme bereits als Kinder: bei beiden taucht das Thema „Homosexualität" immer wieder

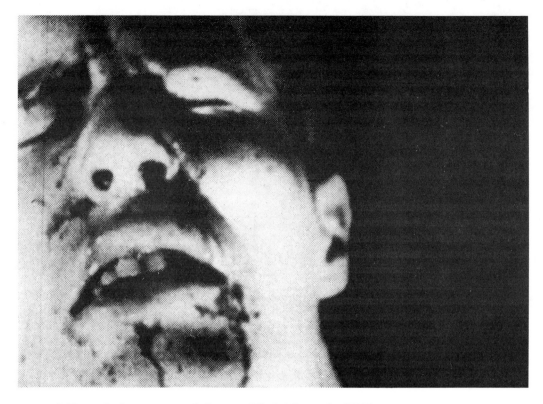

Kenneth Anger: *Fireworks* (USA 1947)

auf. Kenneth Angers erstes bekanntes Werk *Fireworks* (1947, S/W, 15 Min, Ton) ist mit Rohmaterial der US-Navy entstanden. Als 17-jähriger bringt er schon die grundsätzlichen Merkmale seiner späteren Arbeiten wie Sexualität, Gewalt und magische Elemente ein. Anger ist selbst Protagonist seines Films „Fireworks". In dem Film werden die traumhaft ineinander verwobenen Wunschphantasien eines homosexuellen jungen Mannes dargestellt. Teil der Geschichte ist die Begegnung eines Träumers mit Matrosen, die ihn mit Gewalt bedrohen. Der Film ist beladen mit Symbolen und kritischem Humor, wie die Erektion unter der Bettdecke, der Feuerwerkskörper (daher der Titel *Fireworks*) an Stelle eines Penis, ein flammenbesetzter Christbaum auf dem Kopf des Opfers. Konsequent setzt Kenneth Anger seinen Symbolismus in seinem Film *Scorpio Rising* (1963, 29 Min, Farbe, Ton) fort.
In *Scorpio Rising* konfrontiert Anger durch Kontrastmontage Jesus und seine Jünger mit dem Rocker „Scorpio" und seiner Motorrad-Gang. Dokumentarische Aufnahmen sind gemischt mit gespielten und mit Ausschnitten aus Spielfilmen und TV-Sendungen und stehen in ironischer Beziehung zu 13 populären Popliedern auf der Tonspur. Eberhard Wilke schreibt in seiner Magisterarbeit zur „Geschichte des Experimentalfilms": „Angers mystischem Verständnis entsprechend sind diese Motorradbanden gleichzeitig Untergang der alten Zeit (nach 2000 Jahren ging 1962

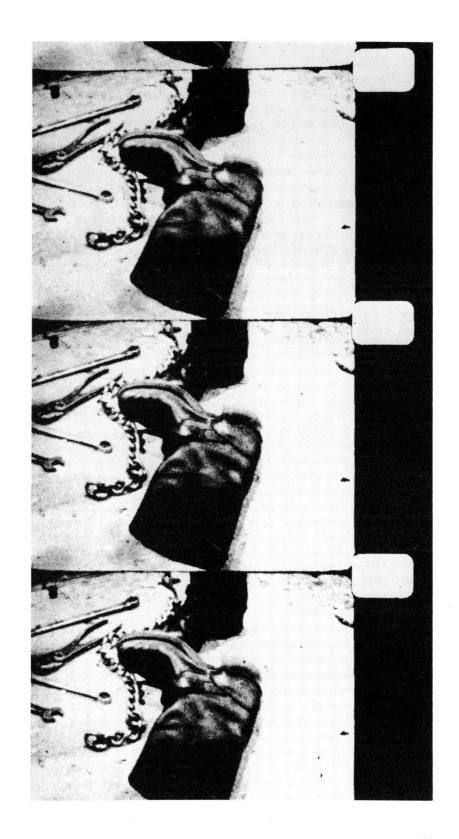

Kenneth Anger:
Scorpio Rising
(USA 1963)

das Fischzeitalter zu Ende) und Aufgang der neuen Zeit, des aquarischen Zeitalters, dessen Beginn im Zeichen des Skorpions (vergleiche den Namen der Hauptperson) steht, ein Zeichen, das in der Astrologie Sexualität und Gewalt symbolisiert."[4]
Gleichartige Mystizismen beherrschen seine weiteren Werke *Inauguration of the Pleasure Dome* (1954–66), *Invocation of my Demon Brother* (1969), *Luzifer Rising* (1966–77).
Gregory Markopoulos legt seinen mythopoetischen Filmen antike griechische Sagen zu Grunde. Seine Leistungen liegen vordringlich in seiner Suche nach völlig neuen narrativen Strukturen und auf der gestalterischen Ebene, durch äußerste technische Perfektion und Brillianz. Seine Filme sind bereits in der Kamera montiert auf Grund eines zuvor streng vorgenommenen Konzepts. Markopoulos erzählt seine Geschichten auf mehreren Ebenen, in diversen Überblendungsschichten, die den kontinuierlichen Handlungsablauf brechen. Oft sind nur sehr kurze, meist statische Bilder in einem bestimmten Rhythmus übereinandergeblendet, sozusagen kurze Gedankenbilder, die zu einer harmonischen Einheit wie in musikalischen Kompositionen zusammengefügt sind. Auf der Tonspur verfährt Markopoulos analog zum Bild, kaum gesprochene Sprache, Geräusche oder klassische Melodien sind kontrapunktisch zum Bild gesetzt.
Markopoulos interessierte sich für Wortrhythmik und poetische Gedichte, die er zum Teil auch selbst schrieb, wie in seinem Gedichtband „Poems", der 1964 erschien und ähnlich wie seine Filme Strukturen mit mystischem Gehalt beinhaltet.
Weniger der Tradition der surrealistischen Ideenwelt folgend als vielmehr post-dadaistisch können die Filme des Poeten James Broughton und des Künstlers Sidney Peterson bezeichnet werden.
Nach anfänglicher Kollaboration im Film *The Potted Psalm* (1946) wird Sidney Peterson vom Direktor der California School of Fine Art angeworben, Filmworkshops mit Studenten und aus dem 2. Weltkrieg zurückgekehrten Veteranen zu gestalten. Seine Filme sind im Gegensatz zu den meisten Experimentalfilmen der 40er Jahre eine Kollektivarbeit. Sidney Petersons Stärke liegt in der Synthese vieler verschiedener Quellen. Der erste Film eines solchen Workshops ist *The Cage* (1947), die Geschichte um einen verrückten Künstler, dessen Auge von ihm geflüchtet ist und das er zurückhaben will. Sidney Peterson arbeitet mit Verzerrlinsen, Zeitlupen, rückwärtsgefilmten Szenen und assoziativer Montage. *Mr. Frenhofer and the Minotaur* (1948), *Lead Shoes* (1948) und *The Petrified Dog* (1949) sind weitere Filme dieser Workshops. Danach hört Peterson mit seiner Filmarbeit auf und schreibt die Novelle „The Fly in the Pigment", eine Fortsetzung des Themas um das verlorengegangene Auge.

Die 50er Jahre:

In den 50er Jahren wurden die Aktivitäten der amerikanischen Experimentalfilmemacher weniger, die enthusiastische Suche nach neuem Ausdruck im Film hatte ein vorläufiges Ende gefunden. Peterson hatte aufgehört, Filme zu machen, Broughton hatte sich zurückgezogen, Maya Deren produzierte nur noch einen Film und Anger und Markopoulos waren die meiste Zeit dieses Jahrzehnts in frustrierende Projekte verstrickt. Deshalb sticht der in Colorado lebende Filmemacher Stan Brakhage mit einem Output von bis zu fünf Filmen im Jahr zwischen 1952 und 58 besonders hervor.
Mit seiner Suche nach einer völlig neuen Bedeutung des Mediums Film dominiert er die Geschichte des Experimentalfilms nicht nur während dieser Zeit. Brakhages Besessenheit ist das Sehen. Er interessiert sich nicht nur für die Flut der Eindrücke, die ständig bei geöffneten Augen wahrgenommen wird. Sein Forschen gilt dem „inneren Kino" des Gehirns, also den Erinnerungen und Phantasien, die in visueller Form an die Oberfläche des Bewußtseins dringen. Birgit Hein schreibt in ihrem Buch „Film im Underground": Sein Thema ist „das Sehen, das Sehen mit offenen und geschlossenen Augen, das Sehen von Erinnerungsbildern, das Sehen in den ersten Anfängen als Kind. Sehen bedeutet für ihn Denken. Es ist der wichtigste Weg, seine Umwelt zu erfassen."[5]
Außer seinen Erstlingswerken sind alle Brakhagefilme selbstverständlich stumm. Töne würden den visuellen Rhythmus zerstören. Der Film *The Way to the Shadow Garden* (1955, 10 Min, Farbe, stumm) ist eines von so vielen Beispielen, in dem Brakhage wirkliche Seherfahrungen auszudrücken sucht. Der Akteur des Films, in seinen Phantasievorstellungen verfangen, blendet sich selbst. Von diesem Zeitpunkt an erscheint im Film alles in Negativ. Der Film stellt also die subjektive Wahrnehmung des Akteurs dar.
In seinen Aufzeichnungen zum Film *Metaphors on Vision*, die zum Teil in der amerikanischen Zeitschrift „film culture" Nr. 30, New York 83 abgedruckt sind, ruft Brakhage auf: „Erlaubt der sogenannten Halluzination das Reich der Wahrnehmung zu betreten und zieht in Betracht, daß die Menschheit immer herabsetzende Worte finden wird für das, was ihr nicht wirklich nützlich erscheint! Erlaubt Euch Traumvisionen, Tagträume oder Nachtträume, wie Ihr sogenannte reale Vorgänge anerkennt, so erlaubt Euch diese Abstraktionen, die so lebhaft kommen, wenn die geschlossenen Augenlider fest zusammengepreßt sind! Nehmt sie wirklich wahr! Werdet Euch der Tatsache bewußt, daß nicht nur visuelle Phänomene die auf Euch gerichtet sind, auf Euch einwirken, und versucht, die Tiefen jeder Einwirkung auszuloten."[6]
Brakhage möchte in seinen Filmen Gefühle, Visionen, Offenbarungen nicht symbolisieren, sondern sie direkt vermitteln. Ein Beispiel von vielen dafür ist sein Werk *Scenes from under childhood* (1967–70, Farbe, stumm; Teil 1, 24 Min; Teil 2, 40 Min;

Teil 3, 28 Min; Teil 4, 46 Min). Es zeigt das Begreifen der Umwelt durch das Sehen von den ersten Wahrnehmungen eines Babies bis zu den visuellen Eindrücken eines Erwachsenen. Im ersten Teil, der den Erfahrungen eines Kleinkindes entspricht, werden Gegenstände nur wie durch einen Schleier verschwommen wahrgenommen. Allmählich erkennt man Menschen und Mobiliar aus der Kinderperspektive riesenhaft und überdimensional groß. Danach beginnt ein Herantasten an die nähere Umwelt, Details von Zahnpastatuben und einem Waschbecken werden erkennbar. Brakhages Hauptwerk ist *The Art of Vision*, ein 4 1/2-stündiges Epos über Leben und Tod. Seine Filmsprache benützt die Bilder einer völlig befreiten Kamera, schnelle Schnitte und Bewegungen, Verschmelzung von Farbe und Schwarz/Weiß, Unschärfen, Doppelbelichtungen, Über- und Unterbelichtungen, Verzerrungen und Malen direkt auf den Film. Dieses Mittel setzt er in seinen über 50 Filmen immer in Relation zum abgebildeten Sachverhalt ein. Er schöpft aus dem vollen Bereich der visuellen Sprache, und das macht ihn zu einer zentralen Figur des amerikanischen Experimentalfilms.

1960: Die Gründung der New American Cinema Group

Ein wichtiger Zeitpunkt für die amerikanische Avantgarde ist die Gründungsversammlung der New American Cinema Group (NAC) 1960. Zum Sprecher wählten die Filmemacher Jonas Mekas, den Herausgeber der Filmzeitschrift „Film Culture". Der Zusammenschluß fand in erster Linie statt, um sich als einzelner Filmemacher des New American Cinema zu organisieren. In den folgenden Jahren drängten sich immer mehr formal experimentierende Filmemacher von der Ostküste in die einzige ihnen offenstehende Organisation, da es ihnen fast gänzlich unmöglich war, mit ihren Werken in den öffentlichen Kinos zur Vorführung zu kommen. Ihre Arbeiten gingen weit über das hinaus, was man sich bisher unter Film vorstellen konnte, für die es weder ein Publikum noch eine Organisation gab. Im Zusammenschluß in der NAC sah man die einzige Möglichkeit, aus dieser ziemlich unfreiwilligen Untergrundsituation herauszukommen. Drei bis vier Jahre nach ihrer Gründung war die NAC Group fest in der Hand der Formalisten. Inzwischen gab es auch seit 1962 die New Yorker Filmmakers' Coop, einen Verleih zur Verbreitung der eigenen Filme, dem später sogar einige Kinos angeschlossen waren. Dem Beispiel der Ostküste folgend gründete Bruce Baillie in San Francisco die Canyon Cinema Group 1961. Dieser Gruppe gehörte auch Bruce Conner an, ein Künstler, der bevor er mit dem Filmemachen 1958 begann, Plastikcollagen herstellte. In seinen Filmcollagen gibt er gefundenem Material aus Wochenschauen und Spielfilmresten neue, oft ironisierende Realitäten.

Die Canyon Cinema Group führte jedoch in ihrer Gesamtwirkung gegenüber der NAC stets ein Schattendasein.

Der strukturelle Film ab Mitte der 60er Jahre

Bereits in den 40er Jahren entwickelte sich in der Tradition des sogenannten absoluten Films der Avantgarde der 20er Jahre eine formalistisch orientierte Bewegung. Natürlich übten auch manche inzwischen im Exil in den USA lebende europäische Filmemacher der 20er Jahre, wie z.B. Hans Richter oder Oskar Fischinger, einen Einfluß auf die amerikanische Filmkultur aus.
Michael und James Whitney, Söhne des Komponisten John Whitney, können als erste Initiatoren dieser abstrakten Filmrichtung angesehen werden. Sie arbeiteten mit Farbfiltern, Zeichnungen, ausgeschnittenen Papierrechtecken und anderen geometrischen Formen, die sie nach Musik ordnen.
Ab 1945 trennen sich die Brüder in ihrer Arbeit. Während Michael Whitney sein Interesse für die Ästhetik von Abstraktionen ausbaut (er erhält in den späten 60er Jahren ein IBM-Studium zur Erforschung von Computergraphiken), wird James Whitney ein Vertreter des psychedelischen Films. Er betreibt intensive Studien der Hindu-Philosophie und beginnt 1950 in *Yantra* Bilder und Yoga-Erfahrungen in Beziehung zu setzen.
Auch in seinem Film *Lapis* (1963–66) erscheinen sich ständig verändernde Kreisflächen, die aus Punkten zusammengesetzt explodieren und neue Zentren bilden, wie ein sich dauernd wandelndes Universum.
Jordan Belson, von Haus aus Maler, wird durch diese Filme inspiriert. Für ihn ist kein Film eine kosmische Erfahrung. Seinen ersten, durch Einzelbildanimation entstandenen Film *Allures* (1961) beschreibt er als Kombination molekularer Strukturen mit astronomischen Ereignissen in Verbindung mit dem Unterbewußtsein und subjektiven Phänomenen.
Mit *Samadhi* (1967) setzt er seine Allegorien mit dem Raumflug und seine buddhistischen Erforschungen fort, in seinem Film *Monumentum* (1969) arbeitet er mit real gefilmtem Material, das aber genauso abstrakt erscheint wie die Bilder seiner früheren Filme.
Auch der Maler Harry Smith, der später die „Art in Cinema"-Programme des „Museum of Art" in San Francisco organisierte, experimentiert während der 40er und 50er Jahre, indem er direkt auf klares Vorspannmaterial zeichnete. Seine bunten „handmade films" stellte er also ohne Kamera her.
Ab Mitte der 60er Jahre gibt es immer mehr Filmemacher, die sich rein formalistisch mit dem Medium Film beschäftigen. P. Adams Sitney benennt die Filme, die mit diesem Interesse produziert werden, strukturelle Filme. Die größtmögliche Reduzierung

narrativer Elemente ist nötig, um zur Arbeit mit dem Film als Film zu kommen. Zum eigentlichen Inhalt wird das Formale. Es entstehen Filme, zu deren Merkmalen oft die fixierte Kameraposition, Flickereffekte und Filmschleifen gehören. Es sind Filme, die sich mit einer formalen Änderung oder Manipulation beschäftigen, während z.B. alle anderen Komponenten, wie etwa die Aufnahmesituation etc. unverändert bleiben.

Michael Snows erstes bekanntes Werk ist *Wavelength* (1967, 45 Min, Farbe, Ton). Der Film besteht aus einem 45-minütigen Zoom, der mit fester Kameraposition in einer großen Studiowohnung gedreht, den Raum durchmißt, hin auf die gegenüberliegende Wand mit Fenstern, an der die Fotografie einer Welle hängt. Der Raum wird allmählich enger mit fortschreitendem Zoomen auf das Foto hin. Während dieser Bewegung des Zoomens ereignen sich vier Geschehnisse. In diesen Momenten verfällt der Zuschauer der narrativen Illusion, die im folgenden vor allem durch Filter und Überblendungen wieder abgebaut wird. So leitet Snow praktisch Kritik am Illusionismus des narrativen Kinos, indem er ihn durch strukturelle Strategien de- und rekonstruiert.

Für seinen Film *La Region Centrale* (1970/71, 190 Min, Farbe, Ton) läßt Snow eine Maschine konstruieren, mit der sich die Kamera um 360° drehend auf einer horizontalen und vertikalen sphärischen Bahn bewegen kann. Diese Maschine stellt er in eine menschenleere, felsige Umgebung und bewegt die Kamera ferngesteuert. Es entsteht ein Film, in dem der Zuschauer die Welt durch Einstellungen wahrnimmt, die nicht den alltäglichen Sehgewohnheiten entsprechen, der in seiner Radikalität der Anwendung von Kameraschwenks mit keinen bis dahin erstellten Aufnahmen vergleichbar ist.

Manche Filmemacher des strukturellen Films beschäftigen sich auch mit pulsierendem Flickerlicht, mit Hell/Dunkel-Frequenzen, die Eigenschaft jeder Filmprojektion sind. Film bedeutet bekanntlich in Wirklichkeit eine schnelle Diashow von Einzelbildern und Dunkelpausen, in denen das nächste zu projizierende Bild in das Bildfenster gezogen wird. Dies geschieht normalerweise 24 mal in der Sekunde bei jeder Filmprojektion.

1966 schafft Tony Conrad einen Klassiker des Experimentalfilms, *The Flicker* (1966, 30 Min, stumm). Schwarz- und Weißkader wechseln in einem bestimmten Rhythmus. Es entsteht ein Lichtflackern, wie es auch als Diagnose für Epilepsie verwendet wird. Epileptiker reagieren bei Betrachten von kurzen Lichtimpulsen bestimmter Frequenz mit einem epileptischen Anfall. Deshalb ist dem Film auch eine Warnung vor den möglichen Folgen vorangestellt. Auch Paul Sharits experimentiert mit den Wahrnehmungen von Flickerlicht. Allein die Projektion von weißen Lichtimpulsen einer bestimmten Frequenz, selbst auf geschlossene Augen, ruft LSD-rauschähnliche Farbvisionen hervor. Ein Film entsteht quasi erst im Zuschauer. Ein Beispiel der Arbeit von Paul Sharits ist der Film *Apparent Motion* (1975, 36 Min, Farbe, stumm), der die Körnigkeit von Filmmaterial vergrößert, mit Farbfilter manipuliert und die Bewegung des Korns zum Teil einfriert. Der Film macht deutlich, daß Bewegung im Film auf einer Wahrnehmungsillusion beruht. Paul Sharits untersucht auch Bild-Ton Analogien und die Wahrnehmung von Farben bei der Projektion von verschiedenen Farbmustern.

In den späten 60er Jahren werden noch weitere Filmmacher bekannt, die sich mit struktureller Filmarbeit beschäftigen, darunter George Landow, Robert Beer, Ken Jacobs, Ernie Gehr, Joyce Wieland, Hollis Frampton. Sie alle isolieren eine Idee, eine Theorie, ein Konzept, die meist einen bestimmten Aspekt der Kinoerfahrung betreffen und sie kreieren eine Struktur, die diesen Aspekt demonstriert und erhellt.

Hollis Framptons Film *Zorns Lemma* (1970, Farbe, 60 Min, Ton) ist ein Versuch, die Autorität der Sprache zu brechen. Der Film zeigt in alphabetischer Reihenfolge jeweils eine Sekunde lang ein Wort mit dem der Reihenfolge entsprechenden Anfangsbuchstaben. Das Alphabet wird wiederholt, doch beim zweiten Durchlauf wird ein Buchstabe mit einem visuellen Symbol ersetzt, z.B. wird das X durch brennendes Feuer ersetzt. Weitere 20 Durchläufe folgen solange, bis alle Buchstaben ersetzt sind. Der Zuschauer erkennt schnell die Gesetzmäßigkeiten des Films und beschäftigt sich deshalb mehr und mehr mit dem Ersatz von verbalisierter Materie durch die Spiritualität von Existierendem.

Die 70er Jahre

Am Anfang der 70er Jahre wird eine klare Wende im gesellschaftlichen Leben Amerikas sichtbar, was auch veränderte Bedingungen für den Experimentalfilm schafft. Gesetzesänderungen, der sogenannten sexuellen Befreiung folgend, erlauben die Verbreitung von Bildern, die Sexualität darstellen. Somit verflüchtigte sich der Reiz des Unerlaubten bei einem bestimmten Teil der Anhängerschaft des Experimentalfilms. Zum anderen entwickelten viele am Experimentalfilm Interessierte ein größeres Interesse für politisches Engagement. Sie hatten Probleme mit dem vor allem in Museen und Kunstgalerien vorrangigen Stellenwert von struktureller, meist unpolitischer Filmarbeit.

Nicht zuletzt auch durch die Etablierung von Medienkunst in der National Endowment of Art, der amerikanischen Förderinstitution für Kunst, die Filme mit rein formalem Interesse förderungswürdiger hielt, diente die strukturelle – minimalistische Kunstrichtung einer formell konstituierten Kunstwelt am besten. Dadurch bauten Künstler und Kritiker vor allem diese Kunstrichtung aus. Viele Filmemacherinnen, z.B. Yvonne Rainer, aber auch Zuschauer/innen hatten Abneigung gegen dieses künstleri-

sche Konzept: dem Verzicht auf Emotion und psychologischer Einfühlung, der Abwesenheit von Menschen und der „Reinheit des Ausdrucks, komme, was wolle, der Betonung der Materialität der Leinwand, des Einzelkaders, der Körnung, der Schnittstelle, des Flickers."[7]
Ein weiterer Anlaß für verminderte Zuschauerzahlen des Experimentalfilms wurde die regelrechte Verachtung der Wichtigkeit von Filmkritik und journalistischer Pressearbeit durch die Filmemacher. Selbst die Zeitschrift „Film Culture", die ein lebendiges Forum in den 60er Jahren war, beschränkte sich in den 70er Jahren auf Publikationen alter Korrespondenzen. Es fehlte an Filmtheoretikern und -theoretikerinnen, die Diskussionen nach Filmvorführungen wurden oft von inkompetenten Personen geführt und das Interesse für Experimentalfilme schwand.
Auch war „die Szene typischerweise von neurotischen, egoistischen, weißen Männern dominiert. Viele kreative Frauen und Minderheiten suchten woanders den Raum für Entfaltung und Publikum."[8] In der amerikanischen Lesbenbewegung wird z.B. Jan Oxenberg mit ihrem Film *A Comedy in six natural acts* (1976, S/W, 26 Min, Ton) bekannt, einer Satire auf stereotype Bilder von Lesbierinnen. Auch Barbara Hammer findet mit ihren *Goddess* – Filmen ihr Publikum.
Während der 70er Jahre kommt es zu einem vitalen Aufschwung in der Frauenbewegung. Yvonne Rainer, die zu Beginn der 70er Jahre bereits eine etablierte und gefeierte Performance-Künstlerin, Tänzerin und Choreographien ist, wird mit ihren Filmen *Lives of Performances* (1971, S/W, 90 Min, Ton), *Film about a woman who* (1974, 105 min, S/W, Ton), *Kristina talking pictures* (1976, 90 Min, Farbe u. S/W, Ton) und *Journeys from Berlin/1971* (1980, 125 Min, Farbe u. S/W, Ton) bekannt.
Yvonne Rainer Filme beschäftigen sich mit den Widersprüchen im Gefühlsleben. In *Film about a woman who* spielen zwei Frauen und zwei Männer in verschiedenen Kombinationen und wechselnden Dekors, ihre gegenseitigen Abhängigkeiten in Worten und Gesten, Blicken und schweigenden Momenten, die noch weiter zersplittert werden durch Verzerrungen der Zeit und Geschwindigkeit. In *Journeys from Berlin/1971* geht es um die Kluft zwischen dem öffentlichen Tun und dem persönlichen Geschick, ein zentrales Thema in allen Arbeiten von Yvonne Rainer. In diesem Film ist es die kontrapunktische Gegenüberstellung einer Therapiesitzung und einem Küchengespräch über den Terrorismus. Disjunktive Methoden und formale Brüche von szenischer Kontinuität und Einstellungen tragen dazu bei, zu verhindern, daß man sich mit der Protagonistin identifiziert, und zu erreichen, daß die Brüche zwischen privatem und öffentlichem Handeln gegenübergestellt werden.
Auch Sharon Couzin, spätere Gründerin der Chicagoer Experimental Film Coalition, beginnt mit ihrer Filmarbeit um 1970. Gina Marchetti und Carol Slingo schreiben in der Filmzeitschrift

Sharon Couzin:
Deutschlandspiegel (USA 1980)

„Jump-Cut": Sharon Couzins Arbeit ist für die Diskussion über die Ästhetik, die aus der Erfahrung einer Frau in unserer Kultur erwachsen, unerläßlich."[9] Die ästhetischen Besonderheiten und weiblichen Gestaltungstendenzen ihrer Filme *A Trojan House* (1977–81) und *Deutschlandspiegel* (1980), wie die zirkuläre Montage, die Beachtung von Textur und Detail sowie die Dichte der Bildkompositionen unterstreichen die Suche nach einem persönlich-politischen Standpunkt.

Heide Schlüppmann schreibt in der deutschen Filmzeitschrift „Frauen und Film": „Avantgarde läßt sich als Korrektiv des herrschenden Kinos begreifen: sie befreit die filmischen Mittel aus ihrem entfremdeten Gebrauch und nimmt die wirklichen Interessen der Zuschauer und Zuschauerinnen wahr."[10]

Auch die seit 1976 erscheinende amerikanische Zeitschrift „Camera Obscura" stellt einen Zusammenhang zwischen Feminismus und Avantgarde her.

Es ist die Meinung der Verfasserin dieses Beitrags, daß der amerikanische Experimentalfilm und somit das Medium Film in Amerika überhaupt nur dann eine vitale Zukunft anstrebt, wenn er sich ein Publikum erzieht, das bereit ist, nicht nur formale Barrieren, sondern auch die jahrzehnte alten Seh- und Darstellungsgewohnheiten einer spezifisch patriarchalen Kultur zu brechen, und anfängt, sich für weibliche Positionen und Gestaltungsweisen zu interessieren.

Anmerkungen

1 P. Adams Sitney, „Visionary Film – The American Avantgarde", New York 1974, Preface
2 Hans Scheugl/Ernst Schmidt jr., „Eine Subgeschichte des Films. Lexikon des Avantgarde-, Experimental- und Undergroundfilms", 2 Bde., Frankfurt/Main 1974, S. 21
3 Marcia Bronstein/Silke Grossmann, zu Maya Derens Filmarbeit, in : „Frauen und Film" Nr. 10, Berlin (West) 1976, S. 14
4 Eberhard Wilke, „Die Geschichte des Experimentalfilms" oder „Über die Weiterentwicklung der visuellen Technik im Film", Magisterarbeit an der Universität Osnabrück im Fachbereich Kommunikation und Ästhetik, Osnabrück 1977, S. 84
5 Birgit Hein, „Film im Underground", Frankfurt/Main 1971, S. 73
6 Stan Brakhage, „Metaphors on Vision", New York 1963, in deutsch: „Filmkritik", Nr. 4, 1968, München, S. 262
7 Ruby Rich in „The Filmmakers' Filming" – Reihe, Walker Art Center, Minneapolis, 1981, in deutsch: in „Frauen und Film" Nr. 37, Frankfurt/Main 1984, S. 8
8 Chuck Kleinhans in „Spiral" Nr. 9, Chicago 1986
9 Gina Marchetti und Carol Slingo in „Jump-Cut" No. 28 Berkeley, Californien, 1982
10 Heide Schlüppmann in „Frauen und Film" Nr. 37, Frankfurt/Main 1984, S. 38

Ingo Petzke
Bundesrepublik Deutschland
— ein historischer Überblick

Die kräftige Avantgarde-Bewegung der 20er Jahre war bereits kurz nach 1930 zerfallen. Zum Teil hatte sie sich nach der berühmten Brüsseler Konferenz 1930 dem politischen Film zugewandt, als man feststellte, daß die allgemeine wirtschaftliche und politische Situation anderes erforderte als die Beschäftigung mit formalen und ästhetischen Problemen des Films; zum Teil verließen ihre Vertreter als Repräsentanten von „entarteter Kunst" das Land; und zum Teil wurden sie von der Filmmaschinerie des Propagandaministeriums aufgesaugt. Wie auch immer: die braunen Jahre wurden zu einer entscheidenden Zäsur. Für „private" Avantgardefilmer gab es in einer nationalen Industrie kein Betätigungsfeld. Film war propagandistische, jedoch keine bildende Kunst mehr.

Nach dem Zusammenbruch gab es zunächst wichtigere Probleme als die Beschäftigung mit dem unabhängigen Film. Augenfällig ist jedoch, daß zumindest während der nächsten 20 Jahre nicht versucht wurde, an die Traditionen der Weimarer Zeit anzuknüpfen: der Bruch mit dem Avantgarde-Film scheint total gewesen zu sein. Man darf vermuten, daß dies eher an Unkenntnis als an freiem Willen lag. Die Auswirkungen der Nazi-Zeit waren selbst auf diesem Nebenschauplatz verheerend.

Es darf auch nicht verwundern, daß in einem von Historikern als „restaurativ" bezeichneten politischen Klima keine größeren Anstrengungen unternommen wurden, den fehlenden Wissensstand aufzuarbeiten. Birgit Hein berichtet in ihrem Noch-immer-Standard-Werk „Film im Underground" nur von zwei größeren Versuchen: 1953 auf den Deutschen Filmtagen in Göttingen (damals eine Filmhochburg) und 1958 auf der internationalen Filmkunstausstellung im Haus der Kunst in München[1]. Danach sollte es noch einmal fast 20 Jahre dauern, bis die Avantgarde der 20er Jahre ins Bewußtsein zumindest eines Teils der Cineasten trat.

Dennoch scheint es eine Handvoll Filmemacher gegeben zu

haben, die mit ihren Filmen experimentierten. Es waren isolierte und vereinzelte Versuche mit dem Medium oder seiner Techniken. Als Namen sind aus den 50er Jahren Hubert Segelke, Haro Senft, Ottmar Domnick, Wolf Hart, Alfred Seidel und Peter Fleischmann überliefert, wobei die meisten Filme abstrakter Natur gewesen zu sein scheinen. Ein Bild kann man sich von ihnen kaum noch machen: die Kopien sind nicht mehr greifbar, und kaum jemand kann sich noch an sie erinnern. Selbst die Literaturlage ist desolat. Die spätere Filmgeschichtsschreibung huscht über diese obskure Zeit hinweg, zeitgenössisch sind nur zwei Artikel bekannt[2]. Gäbe es nicht die Kataloge des Festivals von Knokke/Belgien, so schiene diese Zeit fast spurlos verschwunden. Wären da nicht der seinerzeit stark beachtete, in Deutschland arbeitende Österreicher Herbert Vesely mit *Nicht mehr fliehen* 1955 sowie der in Schweden lebende Peter Weiss, der sich erst der Literatur zuwandte, als seine Experimental-Filme[3] nicht die erhoffte Beachtung fanden.

Etwas übersichtlicher wird die Situation zu Beginn der 60er Jahre, obwohl das Verständnis vom Experimentellen gleich konfus erscheint. Die Filme waren individuelle Versuche, sich vom formalen und inhaltlichen Einheitsbrei der im Niedergang befindlichen deutschen Filmlandschaft abzuheben. Sie waren in aller Regel als Vorfilme fürs Kino konzipiert und stellten damit nur im weiteren Sinne des Wortes ein „Experimentierfeld" für den Nachwuchs dar, der zu höheren Weihen im Spielfilm strebte. Weder gab es ein Gruppenbewußtsein, noch wurde eine eigene Theorie entwickelt. Gemeinsam war nur das Selbstverständnis des jeweiligen Filmemachers, daß es sich bei seinem Film um ein Experiment handelt – auch wenn dies heute oft nicht mehr nachvollziehbar ist.

Beredtes Beispiel dafür ist *Madeleine – Madeleine* von Vlado Kristl. Ein vergnüglicher, frischer Kurzspielfilm, vom Regisseur jedoch als „Experimentalfilm" klassifiziert und 1964 auf dem Oberhausener Festival entsprechend aufgenommen: vom Publikum ausgebuht, von den Kritikern als „unglückliches Opus", „wirres Experiment (ohne) positive Seiten", „abstrus" und „schlechtester Film" niedergemacht[4]. Die politische Parole „Keine Experimente!" scheint tief im Bewußtsein verankert gewesen zu sein. Auffällig ist in der Rückschau, daß viele der damaligen Experimentalfilmer schon bald im Jungen Deutschen Film aufgehen, etwa Edgar Reitz (*Kino 1 – Geschwindigkeit* 1962), Franz-Josef Spieker (*Süden im Schatten* 1962) und mit Einschränkungen auch Jean-Marie Straub (*Machorka-Muff* 1962).

Wirklich unabhängig wird nur selten gearbeitet. Hier fallen die Produktionen des Literarischen Colloquiums Berlin auf, auch wenn dessen Möglichkeiten nur wenigen Filmemachern zugänglich gewesen zu sein scheinen[5]. Erwähnenswert *Die Schleuse* 1961 von Wolfgang Ramsbott oder *Inside Out* 1965 von George Moorse, der als erster Film in der BRD Vietnamkrieg, Drogenerfahrungen und östliche Philosophien im Anklang an das New American Cinema aufgreift.

Völlig aus dem zeitgenössischen Rahmen der BRD fällt *Film 1 – Logische Bildreihe* 1964 von Ulrich Herzog, der durch Schnitt und Materialcharakter an den strukturellen Film gemahnt.

Historische Zäsuren sind kaum einmal punktuell zu fassen. Doch ab etwa 1965 sind radikale filmische Veränderungen zu konstatieren, die eng mit politischen und kulturellen Strömungen zusammenhängen. Die späten 60er Jahre in der Bundesrepublik sind geprägt von fast überbordender Aktivität. Studentenunruhungen, außerparlamentarische Opposition, antiautoritäre Bewegung, Counterculture, Popmusik und bewußtseinserweiternde Drogen – Altes scheint zu zerbrechen, Neues entsteht. Und all das spiegelt sich in experimentellen Kurzfilmen wieder, die plötzlich überall wie aus dem Nichts auftauchen.

Das Zuschauerinteresse war gewaltig – weder früher noch später hat es so etwas noch einmal in Deutschland gegeben. Doch muß kritisch zugestanden weden, daß es häufig primär am Happening-Charakter solcher Veranstaltungen lag. Tabus wurden häufig gebrochen, mit einem lustigen Polizeieinsatz war also zu rechnen. Man war auch unter sich mit der Begeisterung für Drogen und Popmusik (Videoclips im Fernsehen gab es ja noch nicht).

Die neu auftauchenden Filme werden in der Bundesrepublik unter der Kategorie „das Andere Kino" geführt. Die Filmemacher entwickeln wieder ein Gruppenbewußtsein, doch ist wichtig festzuhalten, daß man sich als Teil einer allgemeinen politisch/kulturellen Bewegung der Zeit versteht. Man macht andere, unabhängige Filme.

Genau in dieser Bandbreite, zwischen kulturellem Pop und politischem Underground, liegen auch die mcisten Filme, die mit erfrischender Energie, aber oft recht naiv ans Werk gehen. Direkt formal bewußt sind zunächst nur wenige, etwa *Jüm-jüm* 1967 von Werner Nekes und Dore O. oder *Rohfilm* 1968 von Birgit und Wilhelm Hein, in beiden Fällen Filmemachern, die bis heute nichts von ihrer künstlerischen Energie und Kreativität verloren haben und noch immer in vorderster Linie Einfluß auf den deutschen Experimentalfilm ausüben.

Allerdings würde man sich täuschen, ließe man es bei der oft vordergründig-gaghaften Botschaft mancher Filme bewenden. Die damals vielbeschworenen „neuen Sehgewohnheiten", also das Brechen mit tradierten, erstarrten Filmstandards, zwingt allemal auch zu formalen Auseinandersetzungen. Vor allem mit dem großen „Rivalen" Hollywood. Hierher gehören *Warum hast Du mich wachgeküßt?* 1967 von Helmuth Costard (wo nach einem bombastischen Surf-Titel und einer nackten Frau die laufende Kamera in einer Schublade verschwindet). *Selbstschüsse* 1967 von Lutz Mommartz (wo die Kamera Beobachter und Akteur gleichzeitig ist) und *Adolf Winkelmann, Kassel, 9.12.1967, 11.54 Uhr* von eben Adolf Winkelmann (der Akteur und Geschehen hinter

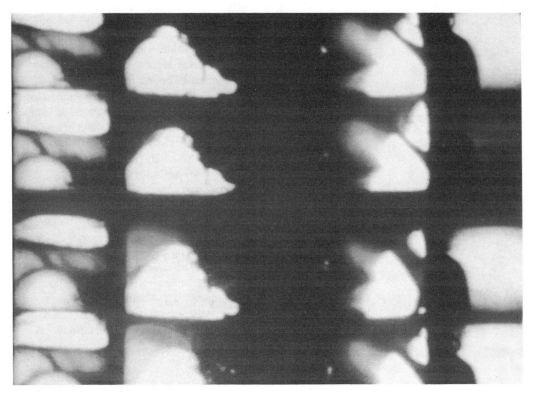

Rolf Wiest:
Polly (BRD 1969)

der Kamera gleichzeitig abbildet). Manchmal gar führt der bewußte Verstoß gegen Publikumserwartungen in einem Kreisschluß wieder zur Erneuerung filmischer Sprache zurück. Wenn Rolf Wiest seinen *Polly* 1969 als experimentellen Sexfilm ankündigt, dann erwartet das Publikum, einen der damals gängigen dreisterotischen Tabubrecher zu sehen (Sex und Porno gab es ja noch kaum im Kino), wird jedoch durch die allmähliche Entwicklung des Films zu einem zarten, formal spielerischen, ästhetischen Experiment überrascht.

Einen umgekehrten Einfluß hat Hollywood auf Wim Wenders ausgeübt. *Same Player Shoots Again* 1968 hat die Klischees des Gangsterfilms durch Herauslösung aus dem Zusammenhang ins Überdimensionale verzerrt und bricht durch Überbetonung und Überverdeutlichung mit der Sprache Hollywoods. Auch so ist eingefahrene Filmsprache zu knacken, aus sich selbst heraus. Dies macht den Film zwar experimentell, weist Wenders jedoch auch als jemanden aus, der den Genrefilm ausführlich und eingehend studiert hat. Vielleicht hat er deshalb später als einer der wenigen deutschen Regisseure Genrefilme, sogar in Hollywood selbst, drehen können.

Selbst im Nachhinein ist es schwierig, bei der damaligen Filmschwemme Spreu von Weizen oder besser: Anspruch und Wirklichkeit voneinander zu trennen. Technische Mängel wie fehlerhafte Belichtung, verwackelte Kamera, Unschärfen: wann wurden sie bewußt konzeptionell eingesetzt, wann waren sie Ausdruck handwerklicher Unvollkommenheit? Zu willig wurde das allgegenwärtige Argument akzeptiert, experimentelle Filme müßten so sein. Wer einen konventionellen Film technisch verpfuscht hatte, konnte ihn noch immer als „experimentell" auf sein Publikum loslassen.

Viele noch heute vorhandene Vorurteile stammen aus jener Zeit. Die häufige Unvollkommenheit resultierte auch daraus, daß die Filmemacher das 16 mm-Format für sich entdeckten. War bisher fast ausschließlich auf 35 mm gearbeitet worden (Stichwort: Sprungbrett zum Spielfilmregisseur), so wurde der Film nun im weiteren Sinne demokratisiert. Man wollte nur Filmemacher von Experimentalfilmen sein, und sonst gar nichts. Zum Spielfilm gingen so auch später die wenigsten (neben Wenders etwa Winkelmann, dieser allerdings auf dem Umweg über heute oft fast peinlich wirkende, romantische politische Dokumentationen). Die Nonchalance im Umgang mit Form und Technik brachte jedenfalls die vergnüglichsten und leichtesten Experimente der Filmgeschichte hervor. Die Zeiten, sie waren halt so.

Es ist erstaunlich, welch geringen Einfluß das New American Cinema auf die deutschen Filme ausübte. Obwohl es sowohl 1964 als auch 1967 auf den Festivals von Knokke/Belgien im Überfluß vertreten war, obwohl es in beiden Jahren europäische Tourneen mit einem entsprechenden Programm gab, obwohl, was heute oft vergessen wird, die America Houses in der Bundesrepublik diese Filme freigiebig anboten (wohl als kultureller goodwill wegen des schlechten Vietnam-Gewissens), obwohl obwohl obwohl. Die Entwicklung in der Bundesrepublik verlief eindeutig unabhängig von ausländischen Einflüssen, zumindest in dieser Phase.

Ganz anders im organisatorischen Bereich, wo es deutliche Gemeinsamkeiten gab. Primär ist hier die Bildung von Verleih-Cooperativen zu sehen, die als bewußt unabhängige Alternativen zur Filmindustrie gesehen wurden und prinzipiell allen Filmemachern offenstanden. 1967 entstand die Filmmacher Cooperative Hamburg um Nekes, Herbst, Wintzensen, Costard, Struck, Wyborny und Dore O., die sich 1968 für alle deutschen Filmemacher öffnete. Ebenfalls 1968 wurde die Südcoop Stuttgart von Besrodinoff und Sommer gegründet. Schon im selben Jahr allerdings deutet sich der spätere Zerfall der bisher einheitlichen Phalanx der unabhängigen Filmemacher in einen experimentellen und einen politischen Flügel an, als in Köln und Berlin politische Coops entstehen.

Fast genau so wichtig waren jedoch neue, unabhängige Spielstellen. Das Kölner XSCREEN um Wiest, die Heins, Michelis und Kochenrath hat dabei filmhistorische Verdienste erworben, ebenso wie das Undependent Film Center in München[6]. Daneben gab es vereinzelt kleinere oder heute zu Unrecht vergessene Spielstellen wie den Studienkreis Film an der Uni Bochum unter Sebastian Feldmann, der regelmäßig Experimentalfilme zeigte und

1968 kurzfristig zum Nabel der internationalen Filmwelt wurde, als nach dem Oberhausener Eklat um *Besonders wertvoll* von Costard hier das zurückgezogene deutsche Programm in Permanenz vor den in Bussen herbeigekarrten Festivalbesuchern lief (übrigens gedeckt und vor dem Zugriff der Polizei weitgehend bewahrt durch den damaligen Rektor Kurt Biedenkopf). Am schwersten taten sich die Filmemacher mit ihrer Festival-Politik. Langer Marsch durch die Institutionen oder Neues gegen Altes setzen war auch hier die Frage. Man versuchte beides, mit letztlich gleicher Unentschiedenheit. Einzig die Hamburger Filmschau war dank ihrer großen Resonanz zumindest vorübergehend mehr als nur ein einmaliges Ereignis. Von den etablierten Festivals fiel Mannheim wegen seiner (auch heute noch) verkrusteten Struktur aus. Blieb nur Oberhausen, damals noch wirklich das „Mekka des Kurzfilms", auf dessen Leinwand man sich oft nur zu gerne den Augen der Film-Weltöffentlichkeit präsentieren wollte. Oberhausen ist oft für seine Haltung gegenüber dem Experimentalfilm geschmäht worden. Tatsächlich wurden 1967 die Filme von Nekes abgelehnt, kam es 1968 zum Eklat über *Besonders wertvoll*, worauf alle deutschen Filmemacher mit Ausnahme von Werner Herzog ihre Filme zurückzogen, wurde 1969 die unsägliche, aber im Zeitgeist liegende Publikumsabstimmung eingeführt, woraufhin Stimmvieh mit Bussen herangekarrt wurde. Doch muß der Fairness halber auch zugestanden werden, daß die Kurzfilmtage unter der Leitung von Hilmar Hoffmann die einzige etablierte Institution war, die sich zumindest in Maßen den in- und ausländischen Experimenten öffnete. Dies wird besonders deutlich, wenn man die Programme mit denen seines Nachfolgers Will Wehling vergleicht, der entweder den Experimentalfilm als kurzlebige Moderscheinung ad acta legte oder ganz offen nur noch politische Filme akzeptierte.

Ab etwa 1970 beruhigte sich die turbulente Situation zumindest äußerlich, nicht gerade zum Vorteil des Experimentalfilms. „Spaß" war nicht mehr gefragt, jetzt ging es um ernsthafte politische Fragen, zumindest im orthodoxen linken Sinne. Die kurzfristige unabhängige Front von Filmemachern zerbrach in einen politischen und einen ästhetischen Flügel, zwischen denen Welten zu stehen schienen. Bei den allmählich immer weniger werdenden Veranstaltungen, auf denen beide aufeinandertrafen, kam es zu unsäglichen gegenseitigen Anwürfen. Die Frage nach der politischen Relevanz mit dem anschließenden Prädikat „ästhetische Onanie" kam von der einen Seite, während die andere immer wieder wissen wollte, warum die Filme nicht gleich nur mit dem Tonbandgerät gedreht worden seien, visuell vielleicht durch ein, zwei Dias aufgepeppt.

Tatsächlich machte die Situation solche Aggressionen nur zu leicht. Auf der einen Seite missionarische, von Zweifeln völlig unbeleckte politische Filme mit starken Titeln wie *Einen Finger kann man brechen, fünf Finger sind eine Faust* oder *Für Frauen – 1. Kapitel* (um wahllos die ersten zwei Filme des deutschen Länderprogramms in Oberhausen 1972 herauszugreifen). Die weitaus meisten waren filmisch vollständig uninteressant, benutzten ihr Medium rein als Transportmittel für Ideen, Meinungen, Fakten. Gerade aus dem Umkreis der erst ein paar Jahre alten DFFB kamen solche Werke. Von der alten marxistischen Erkenntnis, daß progressive Inhalte auch neue Formen brauchen, war meist wenig zu spüren.

Auf der anderen Seite entstanden ästhetische, eher meditative Filme im Anklang an das New American Cinema. Statt Wahrheiten vorzusetzen, wurde innere Auseinandersetzung oder ein Einlassen gefordert. Das mag zwar heute so wie eine vorweggenommene Wendung zur „neuen Innerlichkeit" erscheinen, verlangte jedoch unzweifelhaft Erkenntnisanstrengungen vom Zuschauer. Wer sich nur bestätigt wissen wollte, kam kaum auf seine Kosten. Im Trend lagen die Filmemacher damit jedenfalls ganz eindeutig nicht. Der Experimentalfilm tauchte für lange Zeit aus dem öffentlichen Bewußtsein ab, wenn auch nicht gerade freiwillig. Das Zuschauerinteresse versiegte, die eigenen Festivals wurden eingestellt. Journalisten, die sich nicht nur am Inhalt festklammerten, sondern auch fundiert über Form und Filmsprache nachdenken konnten, gab es noch weniger als heute. Und mit der Abschottung des Oberhausener Festivals gegen alles Nichtpolitische entfiel das letzte, halbwegs akzeptable Forum. Ebi Wilke folgert daraus vielleicht nicht zu Unrecht ein bewußtes Abdrängen des Experimentalfilms ins öffentliche Abseits[7].

Trotz aller bereits vorgebrachten Bedenken bieten die Oberhausener Jahresdokumentationen einen erhellenden, wenn auch eng begrenzten Einblick. Nicht in den Internationalen Wettbewerb gelangten 1971 Rüdiger Neumann mit *Caspar David Friedrich* und Klaus Wyborny mit *Percy McPhee – Agent des Grauens*, 1972 Klaus Wyborny mit *Chimney Piece* und *Dallas Texas – After the Goldrush*, 1974 Dore O. mit *Blonde Barbarei* und Werner Nekes mit *Moto* sowie 1975 Dore O. mit *Kaskara*, um nur wenige krasse Beispiele aufzuführen. Glück hatten dagegen 1971 Werner Nekes mit *Abbandono* und Klaus Wyborny mit *Das abenteuerliche aber glücklose Leben des William Parmagino* sowie 1974 Werner Nekes mit *Hynningen*. Andere wichtige Filmemacher, wie etwa die Heins, haben nie nach Oberhausen eingereicht. An neuen Namen tauchen in dieser Zeit der rührige Bastian Clevé auf, der 1974 mit *Götterdämmerung* erstmals im Internationalen Wettbewerb vertreten ist, aber sonst regelmäßig mit seinen stärkeren Filmen scheitert, und Ingo Petzke, der ebenfalls nicht über die Infotage hinauskommt.

Auch wenn sich Oberhausen nur mit den kurzen Filmformen befaßt, ist dieses Bild vernichtend. Vier Filme in fünf Jahren sollen den deutschen Experimentalfilm repräsentieren, noch dazu die Hälfte im letzten Jahr der Ägide Hilmar Hoffmann, ein absurdes

Werner Nekes: *Sun-a-mul* (1. Teil von *Diwan*), BRD 1973

Bild. Doch den langen Formaten ergeht es auf den Festivals von Mannheim und Berlin nicht viel besser. Den bundesrepublikanischen Experimentalfilm, gibt es den eigentlich um diese Zeit noch in der Öffentlichkeit, abgesehen von ein paar unverbesserlichen „alten Kämpfern" und zahlenmäßig kaum in Erscheinung tretenden, unerschrockenen „Neulingen"? Es darf gezweifelt werden. Zwar entsteht nach Frankfurter Vorbild mit rasanter Dynamik ein Netz von kommunalen Spielstellen, die mit dem markigen Motto antreten, andere Filme anders zeigen zu wollen. Doch scheinen experimentelle Filme nicht unter die Kategorie „andere Filme" zu fallen, anders ist ihr Versagen kaum zu deuten. Auch wenn rühmliche Ausnahmen wie Hannover, Frankfurt oder Duisburg diese Regel bestätigen. Die Südcoop Stuttgart stellt ihren Verleihbetrieb sehr rasch ein, die Hamburger Coop versinkt mehr und mehr in Tiefschlaf, bis sie 1975 ihre Tätigkeit ebenfalls aufgibt. Zumindest ein Teil ihres Verleihstocks landet jedoch bei den immer rühriger werdenden Freunden der Deutschen Kinemathek in Berlin und geht damit nicht verloren. Obwohl sie kaum einmal ihr Publikum finden (zumindest nicht im Inland, das Ausland ist da wesentlich aufnahmebereiter), entstehen in dieser Zeit zahlreiche unvergängliche Meisterwerke. Dabei ist eine allmähliche Verschiebung, wenn auch überlappend, von kontemplativen zu strukturellen Arbeiten festzustellen, von der Auseinandersetzung mit Impulsen der bildenden Kunst zur rigorosen

Werner Nekes: *Geflecht* (4. Teil aus *Amalgam*), BRD 1976

Erforschung der Eigensprachlichkeit des Mediums, von erstarrten Rezeptionsformen zur Erweiterung im Anklang an das Expanded Cinema.

Werner Nekes realisiert das wohl überzeugendste Oeuvre. Nach der kontemplativen Auseinandersetzung mit seiner Umwelt 1970 in *Abbandono* versucht er 1971 mit *Spacecut* im Kopf des Zuschauers eine Raum-Zeit-Skulptur aus Himmel und Erde zu schaffen, um schon ein Jahr später in *T-Wo-Men* erstmals seine Kinefeldtheorie umzusetzen. Wenn tatsächlich zwei Bilder im Kopf des Zuschauers zu etwas Neuem verschmelzen, dann ist sein Sujet, leicht erotisierte Bilder von zwei Frauen, mehr als angemessen. War schon dieser Film formal eine Anthologie aus fünf Teilen, so führt er das Verfahren 1973 mit *Diwan* fort, sicherlich nicht ganz unbeeinflußt von der deutschen Filmförderungspraxis, die Kurzfilme in gewisser Weise bevorzugt. Da ist es nur folgerichtig, daß der fünfte Teil dieses Films, *Hynningen*, für sich allein Nekes größter Erfolg wurde. Er besticht vor allem durch seine ruhigen, stark an Magritte erinnernden sparsamen Bilder. Trotz formaler Unterschiede sind alle Teile eine Art Liebeserklärung an Ferien- und Arbeitsorte. Das gilt auch für *Makimono* 1974, einer Art filmisches Rollbild à la Japan über seine zweite Heimat in Schweden. Dort ist auch *Amalgam* 1976 entstanden, wieder eine Anthologie, in der sich Nekes an der Umsetzung von Stilen der bildenden Kunst versucht, etwa dem Pointilismus oder

Dore O.: *Alaska* (BRD 1968)

den Mehrfachbelichtungen von Duchamp. *Photophtalmia* 1976 schließlich untersucht den Nachbildeffekt auf der Retina im Gewand einer Reise zu den Eskimo in Alaska. Was diese Filme trotz aller Unterschiedlichkeit und formalen und konzeptionellen Stringenz auszeichnet, ist ihre leichte Zugänglichkeit für den Zuschauer. Gegen das Publikum hat Nekes nicht gearbeitet, anders als viele seiner damaligen Kollegen.

Auch bei Klaus Wyborny, dem großen Einzelgänger des deutschen Avantgardefilms, scheinen in seinen bedeutendsten Werken Landschaften bzw. Menschen in Landschaften im Vordergrund zu stehen. Doch er benutzt diese Bilder, um Geschichten zu erzählen, die nicht nacherzählbar sind, weil ihnen die Narrativität fehlt. Stattdessen verwendet er zur Montage eher musikalische Prinzipien, wozu besonders Wiederholungen und der Aufbau eines eigenen Stimmungsgefüges zählen. Die Wiederholungen sind jedoch stets anders, unterschiedlich montiert, unterschiedlich technisch verarbeitet, so daß schließlich die ursprünglichen Filmpartikel eine ganz eigenständige Atmosphäre und visionäre Bilderwelt erschaffen haben. „Wyborny bemüht sich um eine Dialektik zwischen Bild und Ton, zwischen Erzählung und Darstellung, zwischen Dargestelltem und technischer Produktion der Bilder."[8]

Am beeindruckendsten ist ihm das bei *Die Geburt der Nation* 1973 und *Bilder vom verlorenen Wort* 1975 gelungen.

Noch anders benutzt Dore O. Landschaften, die für sie etwas

Mystisch-Sehnsüchtiges darstellen, was sich schon an den Titeln ablesen läßt. Konstruierte sie in *Alaska* 1967 noch eine Fiktion, die Sehnsucht inmitten des Alltags, so hat sich diese in *Kaldalon* 1971 erfüllt. Dieser vielleicht schönste ihrer Filme zeigt Bilder einer Reise nach Island. Doch diese sind gebrochen, technisch verfremdet: zurückhaltend. So enthüllen sich persönliche, total subjektive Erfahrungen und Erinnerungen an Erfahrungen. Sie sind nicht nachvollziehbar, nur nachfühlbar, von der „Sprache noch nicht zivilisiert"[9]. In *Kaskara* 1974 ist Landschaft nur noch durch Fenster und Türrahmen spürbar, doch nicht als Kulisse, sondern als integraler Bestandteil eines (Lebens)Raumes. Wie bereits in den vorausgegangenen Filmen steht nicht der Landschaftsraum, sondern das persönliche Verhältnis dazu im Mittelpunkt. Als „Balance des Eingeschlossenseins im zerbrochenen Raum"[10] hat sie diesen Film selbst gesehen. Er erhielt auf dem Festival von Knokke/Belgien 1974/75 den Hauptpreis, die bis dato höchste Auszeichnung für einen Experimentalfilm überhaupt – von der deutschen Fachöffentlichkeit völlig übersehen oder totgeschwiegen.

Bastian Clevés Filme dieser Zeit sind von erfrischender Kürze. Er walzt eine Idee nicht aus, er handelt sie ab. Und schleift lieber mehrere funkelnde Juwelen, als seine Einfälle pädagogisch durch Länge totzureiten. Dies läßt sich besonders an *Nachtwache, Schauinsland* und *Lichtblick* (alle 1976) ablesen, die jeweils mit dem Sujet „Fenster" arbeiten und dennoch nur ansatzweise miteinander unvergleichbar sind. Die größte Gemeinsamkeit besteht noch darin, daß sie als Studentenarbeiten an der HfbK Hamburg entstanden, völlig isoliert von Dozenten und Kommilitonen, die sich damals nur für Politisches interessierten. Clevé ist sicher kein Avantgardist im strengen Sinne, doch er verwendet von anderen bereits „Erfundenes", um ihm visuelle Attraktion zu verleihen. Neu jedoch ist sein Gebrauch des optischen Printers, mit dem er wahrnehmungsphysiologische Gesetze untersucht (*Empor* 1977) oder aus den konventionellen Mustern des Dokumentarfilms ausbricht (*Nach Bluff* 1977).

Wilhelm und vor allem Birgit Hein sind hauptsächlich durch ihre unschätzbaren Verdienste um Publizität und Organisation des Avantgardefilms in der Bundesrepublik bekannt geworden. Ihre künstlerischen Werke, im Bereich des strukturellen Films angesiedelt und allmählich zu Expanded Cinema-Formen und Performances übergehend, stießen eher im Bereich der bildenden Kunst als dem des Films auf Anerkennung – ein international verzeichenbares Phänomen. In *Materialfilme* 1976 geht es um die Reflektion grundlegender Probleme der ästhetischen Wahrnehmung. Allongen und Zahlenvorspanne werden gegen manipulierten Klarfilm montiert. Das Bild „entsteht erst durch die Manipulation, die sich damit zugleich selbst darstellt".[11] Die Heins betrachten viele ihrer Filme weniger als abgeschlossene Werke denn als permanentes „work in progress". Deutlich wird

Bastian Clevé:
Lichtblick (BRD 1976)

dies etwa bei den *Portraits*, die zwischen 1970 und 1975 in immer neuen Versionen entstehen. Kader und Einstellung sind dabei identisch und werden in unterschiedlichen Abfolgen und unterschiedlichen technischen Veränderungen aneinandergereiht. Zwar bemängeln Scheugl/Schmidt, daß diese Filme „ziemlich eintönig wirken (denn das Auge kann auf Kader reduzierte Formalismen nicht erfassen)"[12]. Doch ergeben sich durch diese formale Technik auch spannende Wahrnehmungsveränderungen, wie etwa die liebevolle Geste des Streichelns über einen Kinderkopf, die in der raschen Wiederholung etwas Bedrohliches, Besitzergreifendes erhält.
Auch Heinz Emigholz arbeitet im streng formalisierten Rahmen des strukturellen Films. In *Hotel* 1976 wird in der ersten Hälfte des Films lineares, d.h. zeitlich nacheinander aufgenommenes Material in teilweise extremer Zeitlupe präsentiert, das dann im zweiten Teil simultan in räumlicher und zeitlicher Hinsicht mit Hilfe teilweise extrem kurzer Montage verarbeitet ist. Die Serie *Schenec-Tady I-III* (1972–75) wirkt wie eine Anthologie grund-

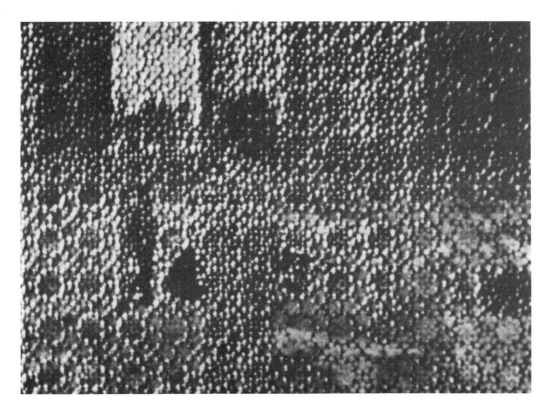

Bastian Clevé:
Fatehpur Sikri (BRD 1980)

legender filmischer Techniken, die in ihrer Kombination die Wahrnehmung verändern: Positiv, Negativ, Schwenk, Fahrt, Zoom, jeweils vorwärts und rückwärts, links und rechts, und teilweise auch gleichzeitig.

Vor diesem imposanten künstlerischen Hintergrund erstaunt die öffentliche Geringschätzung Mitte der 70er Jahre umso mehr. Es mangelte an Foren wie Festivals oder Publikationen, an Organisation und konsequenter Medienarbeit. Es gab zu wenig Filmemacher und vor allem fehlte ein aufnahmewilliges Publikum. Zwar trat der Avantgardefilm allmählich ins Bewußtsein der Kunstwelt (Höhepunkte dabei waren sicherlich die überfällige „Film als Film"-Ausstellung von Birgit Hein und Wulf Herzogenrath 1977 für den Kölnischen Kunstverein und im selben Jahr die Film-Sektion auf der Documenta VI in Kassel), doch führte dieser Ausflug wohl eher in eine Sackgasse, da die Filme zwar auf höfliches Interesse stießen, durch die Sprödigkeit der modernen Kunst jedoch beim Kitzel gewohnten Filmpublikum noch mehr in Mißkredit gerieten.

Dennoch bildeten sich damals neue Ansätze, die einige Jahre später vehement an die Oberfläche drängen sollten. An den Hochschulen entstanden immer neue Filmklassen, die, wie etwa an der HBK Braunschweig, den experimentellen Bereich bevorzugten. An den Universitäten wuchs die Beschäftigung mit Film in Seminaren, wo auch der Avantgardefilm nicht ausgeklammert werden

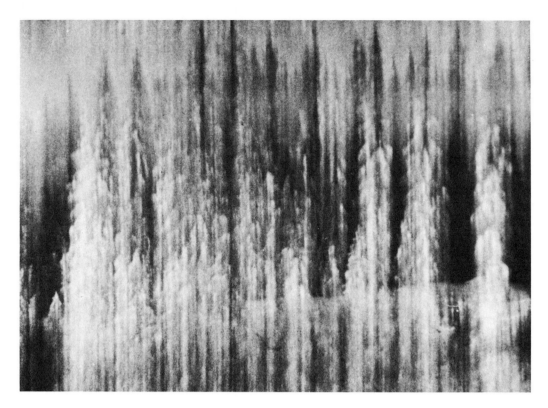

Ingo Petzke:
Albedo 0.97 (BRD 1978)

konnte (wahrscheinlich gehörten die Lehraufträge für Eva M.J. Schmid und Ingo Petzke 1973/74 an der Ruhr-Universität Bochum zu den allerersten überhaupt). Selbst in der Erwachsenenbildung und im Bereich der kommunalen Filmarbeit setzte sich allmählich die Erkenntnis vom Stellenwert des Experimentalfilms für die Filmgeschichte durch.

Vor diesem Hintergrund nahm 1977 der kleine Spezialverleih CINE PRO seine Arbeit auf, von der Form her wie eine Cooperative arbeitend, vom Selbstverständnis her jedoch eher ein Archiv: für die wachsende Medienarbeit zentral zumindest einige filmhistorisch wichtige, bis dato jedoch in der BRD nicht vorhandene Kopien zur Verfügung zu stellen. Daneben wurden zeitweilig Tourneen durch Spielstellen organisiert, bei denen die Filmemacher mitreisten, etwa Bastian Clevé oder der Deutschaustralier Paul Winkler. Gabor Body kam auf diese Weise erstmals mit eigenen Filmen und solchen des Bela-Balasz-Studios nach Deutschland, und Elfriede Fischinger konnte in breiterem Rahmen die Werke ihres Mannes Oskar vorstellen.

Unter Wolfgang Ruf begann sich das Oberhausener Festival wieder dem Experimentalfilm zu öffnen. Doch nur partiell und in der Rückschau streng portioniert: pro Jahr „durfte" ein Film im internationalen Wettbewerb laufen. 1976 war es *Geflecht* von Werner Nekes (ein Teil aus *Amalgam*), 1977 *Unendlichkeit Nr 1* von Andreas Strach, 1978 *Albedo 0.97* von Ingo Petzke,

Ingo Petzke:
Hong Kong Topography (Hongkong 1984)

1979 *Frozen Flashes* von Dore O. Ohne damit jemandem nahetreten zu wollen: eine nicht unbedingt mutige Auswahl. Und trotz teilweise bis zu 10 verschiedener Juries gab es natürlich keine Chancen auf Preise oder Anerkennungen. Doch schon 1980 wurde das Festival von einer Anmeldungswoge experimenteller Arbeiten überflutet. Mit *Dom* von Bernd Upnmoor und *Raga* von Bastian Clevé gelangten gleich zwei Filme in den Wettbewerb, während prominente Namen wie Werner Nekes oder damals noch unbekannte wie Christoph Janetzko auf der Strecke blieben. Die bis dato eher desinteressierte AG der Filmjournalisten bekannte endlich (wie auch künftig) Farbe, wohl nicht zuletzt aufgrund der treibenden Kraft von Alf Bold, und vergab ihren „Preis der Filmkritik für Kurzfilm" an *Dom* von Bernd Upnmoor. CINE PRO vergab den Spezialpreis für einen „Nachwuchs-Experimentalfilm" durch eine unabhängige Jury an *Fenster* von Janetzko.

Mehrere Jahre lang hatte es am Kommunalen Kino Hannover unter Sigurd Hermes Pläne gegeben, ein eigenes, internationales Experimentalfilmfestival zu etablieren, das an das eingestellte Festival von Knokké/Belgien anknüpfen sollte. Gleiche Pläne, wenn auch in wesentlich bescheidenerem Umfang, wurden in Osnabrück gewälzt, wo sich in einem langjährigen Lehrauftrag von Ingo Petzke an der Universität eine fähige Gruppe von Studenten herauskristallisierte, die sich mit E-Film nicht nur theoretisch und praktisch beschäftigt hatte, sondern auch bereit

war, in die organisatorische Knochenarbeit einzusteigen. Nachdem die hannoveraner Pläne um keinen Zentimeter voran kamen, wurde einvernehmlich beschlossen, der kleineren Osnabrücker Lösung den Vorrang zu lassen.

So rollte in den ersten Januartagen 1981 der 1. Osnabrücker E-Film-Workshop ab, dessen Bedeutung für die folgenden Jahre überhaupt nicht genug gewürdigt werden kann. Er verstand sich bewußt nicht als Festival, sondern als Arbeits- und Informationstreff. Einerseits, um nicht in den üblichen Wahnsinn zu verfallen, daß Filme nach nur einmaligem Festivallauf in der Versenkung verschwinden müssen, andererseits, um auch solche Filmemacher anzusprechen, die wie die Heins oder die starke Hamburger Gruppe konsequent auf Festivals verzichteten, weil sie sich eher der bildenden Kunst zugehörig fühlten.

Wichtiger noch waren jedoch zwei völlig neuartige filmpolitische Stoßrichtungen. Zum einen die praktische Umsetzung der Tatsache, daß Filme heute unabhängig produziert werden, Festivals also eine finanzielle Belastung für den Filmemacher darstellen, die keine finanzstarke Firma abfängt. Zahlung von Leihmieten, Übernahme der Frachtkosten sowie kostenlose Unterkunft war das Osnabrücker Angebot an die Filmemacher, das inzwischen immer häufiger auch von anderen kleinen Festivals gemacht wird. Zum anderen Konsequenzen aus der Tatsache, daß Film nur noch *ein* Medium im experimentellen Bereich darstellt. So wurden auch Videos und ab dem zweiten Jahr Super-8-Filme angenommen, und Performances und Installationen natürlich integriert, ein geradezu revolutionäres Unterfangen.

76 Filme waren angemeldet, die quantitativ umfangreichste Manifestation seit Jahren. Neben einigen der großen Namen waren auch solche vertreten, die bisher kaum in der Öffentlichkeit bekannt waren wie Rainer Hoeft, Werner Gorrissen und Alf Olbrisch sowie Jonny Döbele und Hannelore Kober. Daneben präsentierten sich erstmals auch Noll Brinckmann und Klaus Telscher, deren Stern hier aufging. Die Veranstaltung lief in einem kreativen Chaos ab, doch in der lockeren Atmosphäre des Kommunikationszentrums Lagerhalle deutlich besser aufgehoben als die „normalen" Festivals in ihren verknöcherten Kinos und Stadthallen. Wermutstropfen war die abwartende Haltung einiger bekannterer und wichtiger Filmemacher sowie der meisten Hamburger, die nur angereist waren, um unter Protest wieder abzureisen, weil ihre Werke unterschiedslos mit denen von Amateuren gemischt waren. Ihre Filme zählten damals zum qualitativ Besten in der BRD überhaupt, wobei besonders auf *Souterrain* 1980 von Rotraud Pape verwiesen werden muß.

Knapp vier Monate später beherrschte der E-Film in Oberhausen das Bild total. Nicht nur auf den deutschen Infotagen, sondern auch im internationalen Wettbewerb, wo, unerhörter Vorgang, gleich vier Filme liefen: *Change* von Christoph Janetzko (der

Christoph Janetzko:
Fenster (BRD 1979)

Jürgen Salk:
Die Straßen sind voll von großartigen Technikern, doch es fehlen die praktischen Träumer
(BRD 1980)

haarscharf an einem Hauptpreis der Internationalen Jury vorbeisegelte), *Beuys* von Werner Nekes, *Die Straßen sind voll von großartigen Technikern, doch es fehlen die praktischen Träumer* von Jürgen Salk und *Zum Greifen nah* von Jaschi Klein. Es darf spekuliert werden, weshalb sich plötzlich die Tore dieses Festivals öffneten.

Der CINE PRO-Preis ging an Ute Aurand für *Schweigend ins Gespräch vertieft*. Die AG kreierte ihren neugeschaffenen Experimentalfilmpreis mit der Auszeichnung von Klaus Wyborny für *Das szenische Opfer* und hatte gleichzeitig den Mut, ihren Kurzfilmpreis ex aequo für *Beuys* von Nekes und *Mama Hemmers geht mit ihrem Pastor über'n Heinrichsplatz – Kreuzberg Adjö* von Rosi S.M. zu vergeben.

Diese Preise stellen sowohl eine Anerkennung der langjährigen Leistungen von zwei „Altmeistern" dar, als auch eine Verbeugung vor den plötzlich zahlreichen Filmemacherinnen, die in einem bisher fast ausschließlich von Männern beherrschten Feld frischen Wind und unverkrampfte persönliche Sichtweisen einbrachten. Neben den bereits angeführten müssen auch Pola Reuth und Alexandra Königsmann erwähnt werden sowie aus dem besonders stark vertretenen Berlin Ulrike Pfeiffer, Ilona Baltrusch und Monika Funke-Stern. Noch im selben Herbst organisierten CINE PRO und die Stiftung Deutsche Kinemathek gemeinsam

Rosi S.M.:
Mama Hemmers geht mit ihrem Pastor zum letzten Mal übern Heinrichplatz: Kreuzberg adiö
(BRD 1980)

eine bundesweite Tournee durch Spielstellen, um diesem „Phänomen" Rechnung zu tragen.

Aufbruchstimmung allenthalben. Die einst als politische Hochburg angesehene DFFB trat plötzlich in ungewohntem experimentellem Glanz an die Öffentlichkeit (woran die bereits erwähnten Filmemacherinnen besonders Anteil hatten). Mischformen zwischen den Genres wurden zunehmend beliebter, wovon vor allem der Dokumentarfilm profitierte, dessen mediale Seite häufig äußerst reizvoll wurde. Bei Festivalanmeldungen auf die alten, starren Kategorien angewiesen, machten viele Filmemacher im Zweifelsfall bei solchen Genreüberschneidungen ihr Kreuz bei „Experimentalfilm", was zur Verwirrung der Gemüter beitrug und den ohnehin unübersehbaren Boom beim E-Film noch weiter aufblähte. Zunehmend wurde auch das technische Format interessanter. Nicht im Videobereich, wo die etablierte „Video-Art" nach wie vor zum Großteil mit Arbeiten langweilte, deren Konzepte oder Form oft bereits vom Avantgardefilm früher und besser umgesetzt worden war. Werner Nekes startete seinen etwas naiven Versuch, mit langen 35 mm-Filmen in die Kinos zu kommen, mit der Serie „Trilogie des Sehens" (*Lagado* 1977, *Mirador* 1978, *Hurrycan* 1979). Doch erst mit *Uliisses* 1982 war ihm Erfolg beschieden, zumindest im Rahmen des für einen Experimentalfilm möglichen. Eindeutig am spannendsten wurde jedoch ganz plötzlich der Super-8-Film. Zu einer Zeit, als Kodak bereits weltweit begann,

Produktion und Entwicklung dieses „Amateur-Formates" zugunsten von Video einzuschränken und teilweise sogar völlig einzustellen, erlebte er eine neue, vielleicht seine letzte Blüte. So unterschiedlich er sich im Einzelnen darbot, so muß doch seine Abkehr von akademisch trockenen Avantgarde-Positionen hin zu pfiffig-aggressiven kleinen „Machwerken" konstatiert werden, wie sie vor allem in Berlin um die Hausbesetzer-Szene herum auftauchten. Knut Hoffmeister mit *Deutschland* 1981 oder *Berlin-Alamo* 1983 ist ein herausragendes Beispiel dafür, ebenso wie die Filme der Anarchistischen Gummizelle um Uli Sappok. Unbekümmert von ihrer technischen Unzulänglichkeit, aber strotzend von Vitalität kamen sie daher, darin an die wilden späten 60er Jahre erinnernd, doch noch stärker ein Lebensgefühl oder Situationskomik spiegelnd. So gesehen scheint der häufig auf diese Filme angewendete Begriff des „genialen Dilettantismus" sehr treffend. Doch als Experimentalfilme begriffen sie sich nur selten. Folglich mieden sie die etablierten Filmkreise und bauten ein eigenes Distributionsnetz, eigene Spielstellen und eigene Präsentationsforen auf.

Dem Osnabrücker E-Film-Workshop gelang 1982 der endgültige Durchbruch, er ist seitdem unangefochten die wichtigste deutsche Veranstaltung. Herausragende Filme waren neben dem technisch und ästhetisch faszinierenden *Change* von Christoph Janetzko vor allem *Kool Killer* von Pola Reuth, der vier Monate später in Oberhausen den Experimentalfilmpreis der AG der Filmjournalisten erhielt, und *Eastmans Reisen* von Klaus Telscher, mit dem der Filmemacher eine Reihe ironischer Auseinandersetzungen mit deutschem Gemüt und deutschem Kitsch startete, unterbrochen nur von *American Hotel*, der ihm 1983 den Experimentalfilmpreis einbringt.

Die Osnabrücker Veranstalter bemühten sich von Anfang an, über das Wochenende hinaus zu wirken. Folgerichtig gibt es seit 1982 anschließende Tourneen mit einem Auswahlprogramm, das bei den mittlerweile zahllosen Spielstellen auf breite Resonanz stößt, wohl nicht zuletzt, weil die Tournee subventioniert wird. Doch auch das allgemein wieder stärkere Interesse an experimentellen Arbeiten kann nicht übersehen werden. Die ausführlichen Dokumentationen der jeweiligen Workshops sind eine wahre Fundgrube; nicht nur als Bestandsaufnahme der Produktion, sondern auch wegen der Transkripte der Podiumsdiskussionen, Seminare und Arbeitskreise; und auch als Spiegelbild des Standes der Filmkritik, die sich in den letzten Jahren merklich verbessert hat.

1983 brachte die ersten Begegnungen mit Walter Hettich (*Robert in seinem Zimmer*), Thomas Feldmann (*Start*) und Stefan Sachs (*Fa(h)r (weit)*); die Heins präsentierten ihren ersten Film seit langem, den heftig diskutierten und umstrittenen *Love Stinks*. Bleibenden Eindruck hinterließ Kurt Johnens Installation *Irrlichter*, Birger Bustorffs Performance *Kochen für*

Werner Nekes:
Beuys (BRD 1981)

Kineasten und vor allem der Auftritt der Notorischen Reflexe mit ihrem Multimediaspektakel, das ihnen international den Weg ebnete.

Allein schon diese kurze Aufzählung läßt die ungeheure Vielfalt der Formen und Themen im zeitgenössischen bundesdeutschen E-Film anklingen, der mit jährlich weit über 200 Produktionen den Löwenanteil zumindest des Kurzfilmschaffens ausmacht. „Die Filmemacher verbinden unterschiedlichste Sprachformen, Techniken, Sujets und Problemlösungen, die in vorhergegangenen ‚Avantgardefilmepochen' gefunden wurden, und versuchen, durch die Kombination scheinbarer Widersprüche, Neues zu erfahren, Neues zu vermitteln. Die oftmals puristische Reflektion über die Eigengesetzlichkeiten des Mediums, einer der bestimmendsten Züge des Avantgardefilms, wird nunmehr auf eine andere Ebene gebracht, oder zumindest mit anderen Mitteln erreicht: durch Vermischung unterschiedlicher Stile, Formen und Sprachen kann durchaus Neues entstehen, Kritik geübt werden, die Filmsprache hinterfragt und erneuert werden ... Der Bruch mit den ‚spröden' Theorien des Strukturellen Films brachte Anfang der 80er Jahre eine neue Narrativität in den Experimentalfilm. Humor, Geschichten, Absurdität, außerfilmische Diskurse wie Feminismus, Ökologie, Psychoanalyse u.ä. waren nunmehr Themen des neuen Experimentalfilms. Die reine Analyse mit filmischen Mitteln wich einer neuen Narrativität und neuen Inhalten. Das eigentlich Neue und somit wiederum Avantgardistische besteht nun aber nicht einzig darin, daß das Genre sich einer breiteren Themenvielfalt öffnet, sondern liegt vielmehr in der Art und Weise, wie mit der eigenen Geschichte umgegangen wird und wie die reine Filmarbeit für den Umgang mit anderen medialen Ausdrucksformen erweitert wird."[13] Oder mit anderen Worten: auch im E-Film hat die Postmoderne Einzug gehalten.

Die wichtigeren Preise der letzten Jahre spiegeln diese Vielfalt nur zu deutlich wieder. Der Experimentalfilmpreis ging 1984 an *Zitrusfrüchte* von Hiltrud Köhne, 1985 ex-aequo an S1 von Christoph Janetzko und *Aus der Neuen Welt* von Klaus Telscher, 1986 an Live-Musik und Film *Lulu* von Zoltan Spirandelli und Gabor Csaszari. Den Preis für den besten Kurzfilm des Jahres verlieh die AG der Filmjournalisten 1984 an *Ein halbes Leben* von Noll Brinkmann, 1985 an *Percussion Movie* von Heinz Pramann und 1986 an *Le Dauphin* von Stefan Sachs. Daneben wurde noch ein spezieller Förderpreis an *Negative Man* von Cathy Joritz vergeben, der bereits im Vorjahr mit dem Preis der Zeitschrift „Frauen und Film" ausgezeichnet worden war. 1984 war dieser Preis an Cynthia Beatt gegangen für *Böse zu sein ist auch ein Beweis von Gefühl*. Aus dem Rahmen fallen die AG-Preise für den besten Spielfilm, die 1983 an *Normalsatz* von Heinz Emigholz und 1984 an *Uliisses* von Werner Nekes gehen und damit zwei „alten Kämpfern" des E-Films zugesprochen werden. Dennoch ist die Auszeichnung in der Sparte Spielfilm an

Hiltrud Köhne:
Zitrusfrüchte (BRD 1983)

sich schon erstaunlich genug. Mit dem nur zweimal vergebenen Ottomar Domnick Film Stipendium wurden 1984 ex aequo Heinz Emigholz für *The Basis of Make Up* und Rotraud Pape für *Flieger dürfen keine Angst haben* ausgezeichnet, 1985 Klaus Telscher für *Great Kendo Commercial*.

Strukturell hat sich in den letzten Jahren wenig verändert. Immer mehr praktizierende oder in den „Ruhestand" getretene Filmemacher unterrichten an den mittlerweile rund 40 Film- und Videoklassen der deutschen Hochschulen. Und natürlich entwickelt sich der Osnabrücker Workshop weiter.

Seit 1985 werden dort die Experimentalfilmpreise der AG der Filmjournalisten vergeben. Und bereits seit 1984 hat er sich schrittweise für ausländische Beiträge geöffnet, ist damit zum „Internationalen Experimentalfilm Workshop" geworden. Diese Entwicklung soll verstärkt werden. Nach dem nunmehr schon 14jährigen Schlummern des einst legendären Festivals von Knokke und dem Abwürgen des Cinema Different von Hyères/Frankreich unter Marcel Mazé steht der Workshop in Europa einzigartig da. Selbst weltweit ist kein eigentlicher „Konkurrent" in Sicht. Er spiegelt damit getreulich die Bedeutung des E-Films in der Bundesrepublik wieder und seine Sonderstellung in der Welt, die eigentlich nur noch mit der Situation in den 20er Jahren zu vergleichen ist. Obwohl nicht alles nur Gold ist, was glänzt.

2.4.1987

Anmerkungen BRD-Kapitel

1   Birgit Hein. Film im Underground. Frankfurt 1971, S. 112
2   Birgit Hein, a.a.O., S. 113 f
3   Studie I 1952
Studie II 1952
Studie III 1953
Studie IV (Frigörelse) (Relief) 1954
Studie V (Växelspel) (Wechselspiel) 1955
Ateljéinteriör (The Studio of Dr. Faust) 1956
4   X. Westdeutsche Kurzfilmtage Oberhausen. Bericht 1964. S. 77 ff
5   Birgit Hein, a.a.O., S. 125
6   Birgit Hein, a.a.O., S. 141 ff
und
W. & B. Hein, Ch. Michelis, Rolf Wiest. XScreen. Materialien über den Underground-Film. Köln 1971
7   Ebi Wilke. Die Geschichte des Experimentalfilms oder Über die Weiterentwicklung der visuellen Techniken im Film. Unveröffentlichte Magister-Arbeit an der Universität Osnabrück 1977. S. 157
8   Ebi Wilke, a.a.O., S. 158
9   Dietrich Kuhlbrodt. Filme von Dore O. In: Filmkritik 12/1969. München 1969, S. 747
10   EXPRMNTL 5. Katalog Knokke/Belgien 1974, S. 26
11   Birgit Hein, Wulf Herzogenrath. Film als Film – 1910 bis heute. Stuttgart 1977, S. 206
12   Hans Scheugl/Ernst Schmidt jr. Eine Subgeschichte des Films. Lexikon des Avantgarde-, Experimental- und Undergroundfilms. Frankfurt 1974, S. 360
13   Jochen Coldewey. Aspekte experimenteller Filmarbeit der 80er Jahre in der Bundesrepublik Deutschland. Unveröffentlichte Magister-Arbeit an der Universität Osnabrück 1986. S. 132 f

Helmut Herbst
Kopf-Werk & Hand-Zeug —
Zusammenhänge zwischen Technik und Filmästhetik

So habe ich 1984 einmal ein Seminar benannt, das vom Osnabrücker Experimentalfilmworkshop veranstaltet wurde und sich mit der gegenseitigen Beeinflussung von ästhetischen und technischen Entwicklungen in der Geschichte des Films beschäftigte. „Kopf-Werk & Hand-Zeug", darin steckt für mich die einfache Beobachtung, daß es gerade im experimentellen Film keine Trennung von Hand- und Kopfarbeit gibt. Ein Film-Konzept, das wissen alle Filmemacher, die einen persönlichen Weg mit ihrer Arbeit gehen, ist immer auch ein technisches Konzept. Auf der anderen Seite definiert sich das kommerzielle Kino durch seinen arbeitsteiligen Herstellungsprozeß. In der Gagen-Tabelle der Gewerkschaft RFFU werden 25 Berufe aufgezählt, die allein schon beim Drehen eines Films in Erscheinung treten – nicht gerechnet alle jene Berufe, die in den Ateliers, Filmkopieranstalten, Verleihfirmen etc. aufzulisten wären. Ich möchte hier nicht von den mannigfachen Mischformen reden, die in der Praxis, besonders in der Bundesrepublik, diese beiden grundsätzlichen Standpunkte dem Filmmachen gegenüber zu verwischen scheinen. Die Filme der Unabhängigen und Experimentierenden lassen sich als eine Art ständig erneuerten Rückgriffs auf die Arbeit der frühen Film-Pioniere beschreiben, die in den Kindertagen des Kinos ihre Filme in einer Person als Unternehmer, Erfinder, Techniker, Kameramann, Beleuchter, Dekorateur, Schauspieler, Kopiermeister, Cutter, Projektionist und Kassierer herstellten und auswerteten. In nahezu allen Experimental- und Avantgardefilmen wird bewußt oder unbewußt immer wieder neu die Behauptung aufgestellt, der Film befinde sich noch – wie zu den Zeiten von Méliès – im Stadium der Unschuld, im Stadium seiner Erfindung. Diese schöne, demonstrativ naive Geste ist geradezu eine Arbeitshypothese dieser Filmarbeit. Fatal ist nur, daß diese Geste oft wirklich naiv ist, das heißt: Bei vielen, die mit dem Film zu experimentieren beginnen, ist die Kenntnis der frühen Arbeitstechniken und Erfindungen nur bruchstückhaft vorhanden.

Geschult an den Erfindungen der Filmpioniere und an der Geschichte des unabhängigen Films könnte eine neue Generation von unabhängigen Filmmachern und Filmstudenten sehr viel präziser den Ort ihrer persönlichen Filmarbeit bestimmen als die Aufbruchsgeneration der sechziger Jahre, für die diese Kenntnisse schwierig zu beschaffen waren. Für jeden Filmmacher, der in seinem Medium zu experimentieren beginnt, ist die Kenntnis der kinematographischen Techniken, die er in seiner persönlichen Versuchsanordnung benutzen will, von inhaltlicher Bedeutung; auch für die Analyse der Fehler, die sich in sein Experiment eingeschlichen haben und die vielleicht den Blick auf eine neue, dahinter verborgene Bildwelt freigeben.
Ich möchte meinen kurzen Abriß einiger technischer Entwicklungen im experimentellen Film in 4 Kapitel gliedern, die sich – zugegeben nur fragmentarisch – der Arbeit mit der Kamera, dem Ton, der Montage und den Labortechniken widmen und an einige Aspekte der Geschichte des experimentellen Films anknüpfen. Das Kapitel „Animation, Tricktechnik, optische Bearbeitung" fehlt, weil es den Rahmen dieser Arbeit sprengen würde[1].

Die Kamera und die Unabhängigkeit

Der BELL&HOWELL ist ein metallenes Gehirn.
Standardisiert, in einigen tausend Exemplaren
hergestellt, verwandelt er in sich
die äußere Welt in Kunst.
Der BELL&HOWELL ist ein Künstler,
hinter ihm stehen deren noch andere:
der Regisseur, und der Operateur.
Endlich ist Sensibilität zu kaufen,
sie ist ins Geschäft gekommen
und bezahlt Zoll
wie der Kaffee und die Orientteppiche.
Jean Epstein in „Bonjour Cinéma" 1921[2]

Die Kamera, die hier von dem französischen Avantgardefilmer Jean Epstein in den Rang eines künstlerischen Subjekts erhoben wird, ist die amerikanische Bell&Howell Standard. Sie wurde ab 1912 in die amerikanische Filmindustrie eingeführt und war berühmt für die Präzision ihres Filmtransportsystems, das heute noch in optischen Kopiermaschinen zu finden ist. Unübertroffen in der Präzision ihrer Mechanik ist auch bis heute die europäische Konkurrentin der Bell&Howell geblieben: Die französische Debrie-Parvo, deren erste Modelle bereits 1908 auf dem Markt waren. Sie wurde bis in die 50er Jahre gebaut. Dziga Vertov machte die PARVO zur Hauptdarstellerin seines Films *Der*

1
Bell & Howell-Kamera

2
Die Debrie-Parvo
Mit dieser Einstellung beginnt
Vertovs Film *Der Mann mit der Kamera* (1929)

3

4
Vertovs Bruder Michail
Kaufmann, der Mann mit der
Debrie-Kamera

Mann mit der Kamera (1929). Auch er sang im Kinoki-Manifest v. 10.4.1923 das Loblied der Kamera, des Kinoauges, das dem menschlichen Auge überlegen ist: ICH BIN KINOGLAZ. ICH BIN EIN MECHANISCHES AUGE. ICH, DIE MASCHINE, ZEIGE EUCH DIE WELT SO, WIE NUR ICH SIE SEHEN KANN.[3] Hinter diesen auf den ersten Blick naiver Faszination durch die Maschine entsprungenen Statements von Epstein und Vertov – die Beispiele ließen sich, beginnend mit den italienischen Futuristen, beliebig vermehren – steht das Erkenntnisinteresse des Filmmachers. Für ihn ist die Kamera so etwas wie ein zusätzliches Sinnesorgan, das dem Künstler vollkommen neue Ansichten der Welt ermöglicht: „SO DECHIFFRIERE ICH AUFS NEUE DIE EUCH UNBEKANNTE WELT". (Vertov) Über die Maschinenbegeisterung der zwanziger Jahre hinaus ist dies Verständnis der Kameraarbeit als „Dechiffrierung der Welt" in die persönliche Sprache des Filmmachers – die doch wohl eine neue „Chiffrierung" meint – ein zentrales Thema experimenteller Filmarbeit. Die Kamera in der Hand eines experimentellen Filmmachers ist ein völlig anderes Instrument als in der Hand eines z.B. eine kommerzielle TV-Serie filmenden Kameramannes. Der Experimentierende dringt mit diesem Instrument, wie Walter Benjamin Mitte der dreißiger Jahre in seinem Aufsatz „Das Kunstwerk im Zeitalter seiner technischen Reproduzierbarkeit" schreibt ...", tief in das Gewebe der Gegebenheiten ein." Das heißt: Der Mann mit der Kamera dringt wie ein Chirurg „operativ" ein. Im Gegensatz dazu vergleicht Benjamin den Maler einem Magier, der einen Kranken durch das Auflegen der Hand heilt. „MAGIER UND CHIRURG VERHALTEN SICH WIE MALER UND KAMERAMANN"[4] Benjamin dachte bei dieser oft zitierten Gleichung vielleicht an Filme von Vertov und Ivens (*Drei Lieder über Lenin/Borinage*), er erwähnt sie in seinem Aufsatz einige Seiten vorher. In der linken Filmkritik der sechziger und siebziger Jahre ist sein Begriff des „Operativen" ganz und gar auf den sogenannten „gesellschaftlich relevanten" Film verkürzt worden. Benjamins Beschreibung der Arbeit des Operateurs an der Kamera, der „tief in das Gewebe der Gegebenheiten" eindringt, der es ablehnt, die bekannten Muster der Oberfläche abzubilden, trifft in hohem Maße auf experimentelle Filmarbeit zu. Vertov und Ivens waren dem Sozialismus verpflichtet und in Personalunion Experimentalfilmer und Dokumentaristen, das hatte Benjamin vor Augen. Und es wäre eine sehr interessante Aufgabe, einmal Benjamins These auf die Arbeit z.B. von Stan Brakhage, dem Avantgarde-Klassiker der fünfziger und sechziger Jahre zu verlängern (*Art of Vision* 61–65), der mit seiner Kamera tief aus dem Gewebe der Gegebenheiten Bilderfolgen hervorholt, die er in der Art eines Schamanen zu rituellen Beschwörungsformeln montiert. Hier scheint der Film zur magischen Beschwörung der Malerei zurückzukehren, die Benjamin dem Film qua technischem Medium abspricht.

5
Cinématographe Lumière

5 a
Lumière-Cinématographe als Projektor

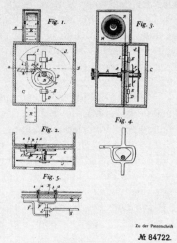

Das erste funktionierende kinematographische System, das sich weltweit durchsetzte, war der Apparat der Gebrüder Lumière. Er setzt den Schlußpunkt unter die Jahre des Experimentierens und die Ära der kinematographischen Spielzeuge und Schaubudenattraktionen. Der ab 11. April 1895 auch in Deutschland patentierte Apparat (s. Abb.) mit dem von Lumière und Carpentier entwickelten Schaltmechanismus (Greifersystem) war allen anderen Systemen überlegen (dieses System findet sich in abgewandelter Form z.B. noch in der heutigen 35 mm Arriflex CII). Die Lumière-Kamera diente sowohl als Aufnahmekamera wie auch als Kopiermaschine und – mit einem zusätzlichen Lampenhaus ausgerüstet – als Projektor[5]. Als die Gebrüder Lumière am 28. Dezember 1895 im Grand Café ihre Erfindung zum ersten Mal öffentlich vorführten, war auch Georges Méliès, der Direktor des Zaubertheaters „Robert Houdin", im Saal anwesend und versuchte sofort, den neuen Apparat zu kaufen. Er wurde – wie andere auch – abgewiesen und ging sogleich daran, seine eigene Kamera zu entwerfen. Umstritten ist, ob er die Rechte an dem Isolagraph der Brüder Isola kaufte oder auf der Grundlage des Edisonschen Kinetoscopes einen eigenen Apparat baute. Jedenfalls tat er etwas, das bei den Filmpionieren vor der Jahrhundertwende gang und gäbe war, er entwarf seinen ersten Kamera-Projektor-Kopierapparat selbst. Der deutsche Optiker und Feinmechaniker Oskar Meßter baute 1896 seinen ersten Kinoprojektor, der bereits in

Serie hergestellt wurde. Meßter gelang es, die schon vorher bekannte Malteserkreuzschaltung so zu verbessern, daß sie seither in kaum veränderter Form im Kinoprojektorenbau verwendet wird. Auch seine erste Kamera hatte eine Malteserkreuzschaltung, erst 1910 ersetzte er sie durch Greifer.[6] Meßter wurde zum Begründer der deutschen Kinoindustrie. In einem Zeitraum von einem guten Dutzend Jahre hatten die Filmpioniere in Europa und den USA nicht nur die technischen Grundlagen der neuen Filmkunst so weit entwickelt, daß große Industrien daraus hervorgehen konnten, auch die filmsprachlichen Grundlagen waren zusammen mit den technischen Erfindungen bis 1908 bereitgestellt: Der Stoptrick (Méliès), die Einzelbildaufnahme (seit 1907 vor allem durch Blackton bekannt), die Blende als Auf- und Abblende und Überblendung, die Mehrfachbelichtung, die Mehrfachbelichtung mit der Hilfe von Masken, das Raffen und Dehnen der Zeit, sowie die Zeitumkehrung. Die Filme wurden bereits einstellungsmäßig montiert, die Bewegungen der Kamera wie Schwenk, Fahrt etc. wurden angewandt, und die Kamera selbst hatte z.B. in der Debrie-Parvo eine Präzision erreicht, die bis heute nicht mehr wesentlich gesteigert werden konnte. Es gab bereits hochspezialisierte Projektoren und Kopiermaschinen und mit dem Kohlebogenlicht ein sehr wirkungsvolles Beleuchtungs- und Projektionslicht. Auch der Tonfilm war mit den Systemen von Edison, Gaumont und Meßter (Biophon) ab 1903 in vielen Kinos Standard. Das erste funktionierende Naturfarbensystem, das auch

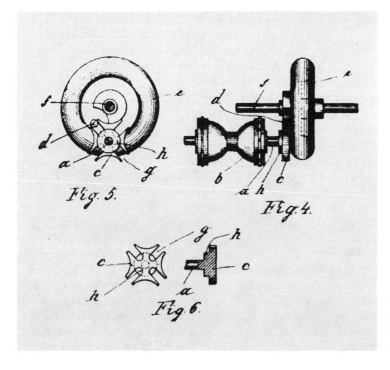

6 a
Aus Meßters Patentanmeldung 127913/1900
Vierfaches Malteserkreuzschaltwerk mit tangentialem Eingriff

kommerziell erfolgreiche „Kinemacolor", erschien nach einigen weniger erfolgreichen Anläufen 1909 auf dem Markt. In der vor dem I. Weltkrieg mit Macht einsetzenden Industrialisierung des Films konnten sich nur einige der Filmpioniere wirtschaftlich behaupten. 1913 machte Méliès in Paris bankrott. Von nun an waren Spezialisten gefragt, nicht mehr unabhängig herumforschende und herumfilmende Universal-Genies; die Arbeitsteilung verlangte von den neuen Technikern Effektivität und Berechenbarkeit, nicht mehr das Experiment. Im Laufe der Jahre wurde das Experiment zunehmend zur Sache von Außenseitern und Unabhängigen, die nur sporadisch mit der Industrie zusammenarbeiteten.

Neben Oskar Meßter, dem der Sprung vom Handwerker zum Filmindustriellen gelang, ist unter den deutschen Filmpionieren der bekannte Stummfilmkameramann Guido Seeber für den deutschen Film der zwanziger Jahre von Bedeutung gewesen[7]. Der 18jährige Seeber begann seine Filmarbeit 1897 in Chemnitz als Kameramann, Erfinder, Entwickler, Vorführer. 1909 wird er, dreißigjährig, Betriebsleiter bei der Deutschen Bioscop in Berlin. Innerhalb von 5 Jahren vergrößert er die Belegschaft von 6 auf 150 Techniker. Später arbeitet er wieder als Kameramann. Er war ein wichtiges Bindeglied zwischen den Kindertagen der Kinematographie und den Filmavantgardisten der zwanziger Jahre, die den „absoluten Film" schufen. Mitbegründer der Deutschen Kinotechnischen Gesellschaft, geachteter Fachschriftsteller, Erfinder, und selber mit seinem Kipho-Film (1925) Schöpfer eines „absoluten Films", hat sich Seeber immer dafür eingesetzt, das Experiment mit der Industrie zu verbinden. Immer wieder hat er darauf hingewiesen, daß die junge Geschichte der Kinematographie auch eine Geschichte ihrer Technik ist, daß ästhetische und technische Erfindungen zusammengehören. So hat er dazu beigetragen, daß im Berlin der zwanziger Jahre ein Film-Klima herrschte, in dem es unabhängigen Malern und Avantgardisten wie Ruttmann, Richter, Fischinger und Eggeling gelang, als „Filmforscher" oder „Erfinder" mit der Filmindustrie zusammenzuarbeiten.

Die deutschen Kameraleute der zwanziger Jahre wurden meist zusammen mit ihrer Ausrüstung von den Filmfirmen engagiert. Eine komplette Kameraausrüstung mit sämtlichen Objektiven, Stativen, Zubehör, war damals etwa so viel wert wie eine Villa im Grunewald, und jeder Kameramann war stolz auf die technischen Spezialitäten und besonderen Kunstfertigkeiten, die er in die Produktion einbrachte. Kaum eine Kamera glich der anderen, sie wurden durch Um- und Anbauten zum ganz persönlichen Handwerkszeug des Kameramannes, das er blindlings bedienen konnte. Die technischen Erfindungen und Kniffe wurden vor der Konkurrenz geheim gehalten oder zum Patent angemeldet. Auch von Seeber gibt es eine ganze Reihe von Patenten auf Verbesserungen der Kamera und besondere Aufnahmeverfahren. Später hat er aber ganz auf Patentanmeldungen verzichtet und seine Kenntnisse und

Erfindungen in der Zeitschrift „Kinotechnik" unter der Rubrik „Eine gute Idee" oder in seinen Fachbüchern über die Arbeit des Kameramannes und den Trickfilm veröffentlicht[8]. Die „absoluten Filme" der Berliner Avantgarde wurden wie die besonderen Aufnahmeverfahren der Kameraleute von der Filmindustrie – wo es sich anbot – integriert. So schuf Walter Ruttmann 1923 die Falkentraum-Episode für Fritz Langs *Nibelungen*, 1924 abstrakte Sequenzen für den verschollenen Wegener-Film *Lebende Buddhas* und mehrere Werbefilme für das Pinschewer-Studio, Oskar Fischinger Spezialeffekte für mehrere UFA-Filme, u.a. 1929 für Fritz Langs *Die Frau im Mond* und mehrere Werbefilme, Hans Richter Werbefilme und Teile für Kinofilme etc. p.p. Die filmenden Berliner Maler haben von Beginn an den Anschluß an die Kinoindustrie gesucht und kaum Kontakt mit der starken Amateurfilmbewegung gehabt. Die um 1925 neu eingeführten Schmalfilmformate 9,5 mm (Pathé) und 16 mm (Cine-Kodak) wurden von ihnen nicht genutzt. Michael Kuball hat die Geschichte des „Familienkinos" 1980 in seiner Abhängigkeit von der technischen Entwicklung der Aufnahme- und Wiedergabeapparate beschrieben[9] und gezeigt, wie gerade die Filmamateure bis heute an einer eingeschliffenen, „sauberen" Vorstellung vom Film festhalten, die der Haltung des experimentierenden Filmmachers entgegengesetzt ist. Nur auf dem Gebiet des Dokumentarfilms, wo es sich nicht ausschließlich darum handelt, eine private Vorstellung von Glück im Film festzuhalten, finden wir bei ihnen einen anderen Ansatz. Als 1968 die beiden Experimentalfilmer Hellmuth Costard und Werner Nekes bei einer Verbandstagung der Filmamateure erschienen, um dort um Bundesgenossen für ein neues freies Kino gegen die Hierarchien zu werben, wurden ihre Filme mit dem Ruf „So etwas tut ein Amateur nicht!" ausgebuht.

Die Standards der Kinoindustrie finden ihre devotesten Verteidiger in den Amateuren. Angeleitet werden sie dabei von einer wohlfeilen Amateurfilm-Literatur. Diese Trivial- oder Wundertüten-Literatur hat durch ihre massenhafte Verbreitung in den optischen Künsten Verwüstungen angerichtet, die die Wirkung aller Kunsttheorien und -strömungen um ein Vielfaches übertreffen. Es gibt einen engen Zusammenhang zwischen dem Kamera-Fetischismus vieler Amateure und dieser Wundertüten-Literatur, die nicht Arbeitsprinzipien, sondern „Tricks und Kniffe" vermittelt. Stand hinter der Kamerabegeisterung von Epstein und Vertov noch das Erkenntnisinteresse des Filmmachers, so dient der Kamera-Fetisch nur noch als Statussymbol und exquisites Spielzeug.

Anfang der zwanziger Jahre war ein neuer Kameratyp auf dem Markt erschienen, die von einem Federwerk angetriebene 35 mm-Handkamera. Nicht viel größer als moderne Superachtkameras, und ursprünglich für den Amateurfilm konzipiert, eroberten sich diese neuen leichten Kameras sehr schnell einen Platz an der Seite der großen stativgebundenen Systemkameras im professionellen

7

Film: 1921 die Cine-Sept von Debrie in Paris, Fassungsvermögen: 5 m, 1923 die Kinamo der ICA AG, Dresden, Fassungsvermögen: 25 m, 1926 die Eyemo von Bell&Howell, Fassungsvermögen: 30 m, um nur einige Typen zu nennen. Auf einem Arbeitsphoto zu dem Pabst-Film *Die freudlose Gasse* (1925) (Abb. 7) ist die Cine-Sept in der Hand von Seebers Assistent Curt Oertel zu sehen, den Altmeister selbst sehen wir an der Kurbel seiner Debrie Kamera, zwischen beiden der Regisseur Pabst. Seeber und seine Kollegen wurden durch die automatischen Kameras, die man nicht mehr mit der Hand kurbeln mußte, vom Stativ befreit, sie konnten die Kamera für kurze Schnittsequenzen „entfesseln" wie Seeber in dem Film *Dirnentragödie* (1927). Die von den Dresdner ICA Werken konstruierte Kinamo war als automatische Kamera in Europa führend. Der holländische Fotografensohn Joris Ivens drehte 1927/28 in Rotterdam mit der Kinamo seinen ersten Film *Die Brücke*. Er berichtet:
„Die Kinamo ist eine automatische Handkamera mit einem Magazin von 25 m 35 mm-Film. Ich hatte in der Konstruktionsabteilung der ICA-Werke an diesem Modell gearbeitet, und von Prof. Goldberg, dem Erfinder dieses praktischen kleinen Instruments, hatte ich all seine Fehler und Schwächen gelernt, so daß, als ich die Kinamo mit mir zur Brücke nahm, sie bereits ein alter Freund von mir war ... Nachts entwickelte ich die Negative selbst in einem 100-Fuß-Rahmen."[10] Joris Ivens, der in dem zitierten Auf-

8
Die Bell & Howell Eyemo (1926)

9
ICA Kinamo (1923)

10
Der Mann mit der Kamera
(1929) Die Kinamo im Einsatz

11
Ella Bergmann-Michel mit ihrer Kinamo

satz aus dem Jahre 1946 schrieb: „Viele künstlerische Probleme waren in Wirklichkeit technische Probleme und umgekehrt", hat immer den materialistischen Zusammenhang zwischen seiner Filmarbeit und den Kameras, die er benutzte, gesehen. So schreibt er 1963 über die neue „Eclair-Kamera" von Coutant: „Der Apparat Coutant-Mathot-Eclair ist ein wirkliches Kamera-Auge. Er erfüllt einen alten Traum, den alle Dokumentarfilmschaffenden geträumt haben ... Der Kameramann trägt die neue Kamera auf der Schulter wie der Jäger im Mittelalter seinen Falken. Die Kamera ist kein starker, mechanischer Apparat mehr, der viel wiegt und Geräusch macht. Das Mikrophon kann hinfort wandern wie das Ohr eines Neugierigen."[11] Auch der Sowjetrusse Dziga Vertov benutzt in seinem 1929 fertiggestellten Film *Der Mann mit der Kamera* die Kinamo. Wir sehen den Kameramann des Filmes, Vertovs Bruder Michael Kaufmann, in einigen Einstellungen mit der Kinamo in extremen Arbeitssituationen. Eine junge Frankfurter Malerin, Ella Bergmann-Michel, Mitglied der Filmgruppe im „Bund das neue Frankfurt", filmte mit der Kinamo, die ihr Joris Ivens empfohlen hatte, zwischen 1929 und 1933 soziale Dokumentationen. Diese Filme, vor allem *Fliegende Händler*, gehören zum Besten, was der deutsche Dokumentarfilm bis zur Machtergreifung Hitlers geschaffen hat.

Die Berliner Avantgarde der zwanziger Jahre war zunächst ausschließlich von den Ideen einer synthetischen Filmarbeit fasziniert, sie schuf ihre neuartigen „abstrakten" Filme vor allem mit den Mitteln des Animationsfilmes und benötigte dazu mehr oder weniger „professionelle" Kameras. So gelang es Eggeling, die Berliner Askania-Werke für seine abstrakten Zeichenfilme zu interessieren, sie stellten ihm kostenlos jeweils die neuesten Modelle ihrer Askania-Kameras zur Verfügung" und verfolgten mit Interesse die Versuche, um, wenn möglich, technische Mängel der Apparatur zu beheben."[12] Die Askania war eine ziemlich getreue Kopie der französischen Debrie und besaß wie diese alle Möglichkeiten für „In-der-Kamera-Tricks", wie sie Seeber in seinem Trickfilmbuch[13] beschrieben und selbst im Film demonstriert hat. Im Gegensatz zu den übrigen Berliner Avantgardisten war Eggeling kein Techniker." Er beschäftigte einen Trickfilmoperateur, der stundenweise bezahlt werden mußte."[14] Als Eggeling den Operateur nicht mehr bezahlen konnte, trat eine junge Bauhausschülerin, Ré. Soupault, an dessen Stelle und fotografierte die *Diagonalsymphonie*. Hans Richter bediente seine Ernemann-Kamera selbst und erfand einen einfachen „Kunstgriff", um die Einergang-Kurbel, die er an dieser Kamera noch von Hand bedienen mußte, einigermaßen gleichmäßig drehen zu können: Er befestigte eine Fahrradluftpumpe an der Kurbel.

Ruttmann und Fischinger waren hoch begabte Techniker und Konstrukteure, auf ihre Namen lauten Patente für filmsynthetische Aufnahmeapparate. Viele ihrer filmischen Innovationen waren nur durch eigene technische Erfindungen zu realisieren. Ruttmann

12
Askania-Kamera

forderte daher 1930 in einem Aufsatz[15] ein Laboratorium, in dem Filmkünstler und Filmtechniker zusammenarbeiten." So überrascht vor allen Dingen an dieser Industrie (gemeint ist die Filmindustrie) bei einem Vergleich mit anderen Industrien und Fabrikationszweigen das vollkommene Fehlen des Laboratoriums ... Es wäre nicht etwa Aufgabe dieses Laboratoriums, die Verbesserung und Erweiterung der Apparaturen zu studieren. Das ist eine Angelegenheit der technischen Industrien, mit der sich der Film nicht zu beschweren braucht. Wohl aber müßte hier eine Versuchs- und Untersuchungswerkstätte geschaffen werden, in der das Ausdrucksmittel „Film" von allen Seiten her und nach allen Seiten hin auf seine Entwicklungsmöglichkeiten geprüft wird. Ein Treffpunkt sollte entstehen, an dem sich die Wünsche der produktiv Filmschaffenden mit den Vorschlägen der Technik begegnen, etwa in der Weise, daß der schöpferische Künstler der Technik sagen kann: dies und dies schwebt mir vor, ich kann es mit dem vorhandenen Handwerkszeug nicht ausführen – kannst du mir das dazu notwendige Mittel bauen – und daß umgekehrt die Technik dem Künstler sagt: dies und das könnte ich konstruieren – hast du Verwendung dafür? Ein solches aktives Sammelbecken der künstlerischen Wünsche und der technischen Vorschläge müßte aber vor allen Dingen das enorm wichtige positive Resultat einer Sichtbarmachung der Begabungen haben." Der Forderung nach einem solchen Laboratorium hat sich die Filmindustrie immer entzogen, gab es doch Filmforscher und Experimentalfilmer, die genau diese Arbeit viel billiger anboten als ein offizielles Laboratorium im Sinne Ruttmanns das je hätte tun können. Die Verbindung von ästhetischer und technischer Innovation war in der Berliner Avantgarde programmatisch verankert, von diesen meist außerhalb der Studios unabhängig arbeitenden Filmschaffenden bezog der deutsche Film in den sogenannten goldenen zwanziger Jahren einen wesentlichen Anteil seiner formalen Neuerungen. Wahrscheinlich kann man den Erfolg des deutschen Films in diesen Jahren auf seine Offenheit für neue technisch-ästhetisch Lösungen in der Filmindustrie bis hin zur Ufa (*Metropolis*, Fritz Lang) zurückzuführen. An dieser Innovationsarbeit waren an hervorragender Stelle auch die großen Stummfilmkameramänner wie Carl Freund, Carl Hoffmann, Fritz Arno Wagner, Eugen Schüfftan, Guido Seeber beteiligt. An die hat sich neben einigen Regisseuren dann auch Hollywood gehalten, als es den deutschen Licht- und Kamerastil importierte und integrierte. Die Verzahnung der Avantgarde mit der Filmindustrie, die für Berlin typisch war, ist außer in den ersten revolutionären Jahren der sowjetrussischen Kinematographie immer die Ausnahme geblieben. Der französische Avantgardefilm war mit den Filmen von Picabia, Clair, Man Ray, Bunuel, Cocteau von vermögenden Mäzenen abhängig. In England und später dann in Canada entstanden unter der Leitung von John Grierson 1933 das G.P.O. (die Filmgruppe des General Post Office) und 1939 das National Film Board of Canada, die als staatliche Institutionen auch experimentelle Arbeiten wie die von Len Leye oder Norman McLaren produzierten. In diesem Zusammenhang ist auch das Béla-Balázs-Studio in Budapest zu nennen, das in den sechziger und siebziger Jahren experimentelle Arbeiten z.B. von Gábor Bódy produzierte. „Ein solches aktives Sammelbecken der künstlerischen Wünsche und der technischen Vorschläge" wie es Ruttmann in seinem Aufsatz 1930 forderte, das der „Sichtbarmachung der Begabungen" dienen soll, könnten die seit den sechziger Jahren auch bei uns installierten Film-Akademien bieten. Leider wird diese Arbeit von den Akademien nur selten geleistet. Dort fühlt man sich in erster Linie den technischen Standards und inhaltlichen Konventionen der Film- und Fernsehproduktion verpflichtet. Die Sichtbarmachung dieser Begabungen geschieht bei uns mehr in den ungleich schlechter ausgestatteten Filmklassen der Kunst- und Fachhochschulen mit der Hilfe einer sehr reduzierten Filmtechnik, die aber den Vorteil hat, daß sie sich besser in experimentelle Versuchsanordnungen um- und einbauen läßt als eine standardisierte Film- und Fernsehtechnik. Cooperation und Austausch von Technik und Ideen, Verhaltensweisen also, die dem unabhängig von der Industrie Schaffenden das Überleben erleichtern, wurden auch von der Berliner und Pariser Avantgarde praktiziert. Bekannt ist die Zusammenarbeit von Fischinger, Ruttmann, Lotte Reiniger und von Eggeling, Soupault, Richter; die Presse würdigte ihre „originellen Erfindungen". (Abb. 13/14) Im Berlin der zwanziger

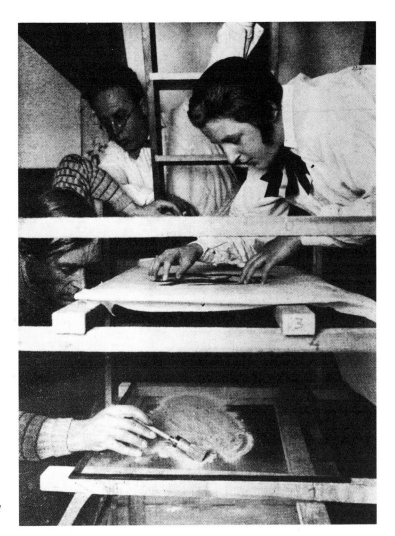

13
Walter Ruttmann, Carl Koch und Lotte Reiniger bei der Arbeit am selbstgebauten Multiplane-Tricktisch für *Die Geschichte des Prinzen Achmed* (1926)

Jahre war der Gebrauch der Begriffe „Erfindung" und „Forschung" für ihre Arbeit durchaus üblich. (Siehe auch Abb. 22) Nach dem Zweiten Weltkrieg formierte sich Ende der fünfziger Jahre in New York das New American Cinema. Jonas Mekas, der bei Hans Richter am N.Y. City College studiert hatte, gab ihm nicht nur den Namen, sondern auch ein ideologisches Konzept. Seit 1960 vertrat Mekas in seiner Zeitschrift „Film Culture" die Idee eines radikalen Kinos, das sowohl in seiner Produktion wie in seiner Distribution strikt nichtkommerziell war. In diesen Jahren trennte sich die Avantgarde endgültig von der Filmindustrie. Die Nichtkommerzialität wurde zum ersten Gebot und moralischen Dogma, das sich auch Ende der sechziger Jahre, als das New American Cinema in Europa eine neue Avantgarde beeinflußte, in den Londoner und Hamburger Filmmachercooperativen, in der Austria Filmakers Cooperative und bei den vielen Unab-

14
Berthold Bartosch und Lotte Reiniger bei der Arbeit am „Seesturm" (*Die Geschichte des Prinzen Achmed*)

hängigen, die sich der Idee eines „Anderen Kinos" verpflichtet fühlten, vollkommen durchsetzte. Es gab heftige Ab- und Ausgrenzungsauseinandersetzungen um dieses moralische Dogma, in denen die unterlagen, die keine Berührungsängste vor der Filmindustrie und dem Fernsehen hatten. Möglich geworden war dieses strikt nichtkommerzielle Kino durch die Verbreitung des 16 mm-Formates und einer Reihe preiswerter und qualitativ durchaus mit professionellen 35 mm-Kameras vergleichbarer 16 mm-Aufnahme-Apparate. Vor allem die seit 1929 immer mehr verbesserte Bolex, die nach dem Kriege große Verbreitung fand, ermöglichte ein synthetisches Kino ohne die teuren hochkomplizierten Nachbearbeitungsverfahren mit der Hilfe von Optischen Kopiermaschinen, die sich seit ca. 1930 im kommerziellen Film durchgesetzt hatten. Die Bolex und die hier an zweiter Stelle zu nennende Beaulieu erlaubten dem Underground-Filmmacher all jene In-der-Kamera-Techniken, die in den zwanziger Jahren noch zum Standardrepertoire der Stummfilmkameraleute gehörten.
Wie wir gesehen haben, waren etwa seit 1908 die Arbeitsprinzipien des synthetischen Kinos bekannt. Sie sind bis heute – technisch mannigfaltig variiert und verfeinert – in der Filmtechnik durch kein neues Verfahren ergänzt oder außer Kraft gesetzt wor-

15
Die berühmte optische Kopiermaschine „truca" von Debrie in Paris nach einem Prospekt aus der Zeit vor dem II. Weltkrieg und etwa maßstabsgerecht: Die Bolex

den. Diese 6 Arbeitsprinzipien vom Stoptrick bis zur Manipulation der Zeit, ließen sich in der Bolex wie in der Debrie-Parvo ohne Hilfe der „Departments for Special Effects" realisieren. Der Experimentalfilm der sechziger und siebziger Jahre hat die schöne naive Geste sehr kultiviert, mit der er auf die Techniken der Pionierzeit zurückgriff und gleichzeitig behauptete, der Film befinde sich wieder im Stadium der Unschuld. Vor allem der „strukturelle Film" hat einzelne der oben genannten 6 Arbeitsprinzipien mit der Hilfe einfacher In-der-Kamera-Techniken in ausgeklügelten Versuchsanordnungen immer wieder aufgegriffen und zum Inhalt der Filmarbeit gemacht. In den letzten Jahren ist der formale und moralische Rigorismus des strukturellen Experimentalfilms einer thematischen und technischen Verbreiterung gewichen, in der auch Berührungen mit dem Fernsehen und dem Kinofilm möglich sind. In dieser verbreiteten experimentellen Arbeit werden systematisch Mischformen der Kinematographie untersucht. Dort, im Bereich ausfransender Randgebiete, ist technisch und ästhetisch immer noch Neuland zu entdecken: Raffinierte optische Nachbearbeitung, Mischformen zwischen Video und Film, Ausweitung des Experiments auf Mischformen zwischen Dokumentar- und Spielfilm. Die „nichtkommerziellen" Innovationen der sechziger und siebziger Jahre sind von smarten Video-Unternehmern längst zum Steinbruch für die kommerziellen Video-Clips umfunktioniert worden. Auch die heutigen Experimentalfilmer, die sich durch das harte Gestein der kinematographischen Randzonen arbeiten, bereiten damit einer kommerziellen Anwendung den Weg. Der 16 mm-Film und die Bolex sind heute dabei, ihre Vormachtstellung zu verlieren. Es gibt Experimentalfilmer, die sich selbstverständlich wieder des 35 mm-Films und einer professionellen Technik bedienen, andere arbeiten auf Superacht und zeigen ihre Ergebnisse als 16 mm-Blow-Up, Video-Produktionen werden ihrer besseren Verbreitungsmöglichkeiten wegen auf 16 mm-Film übertragen und umgekehrt. Das heißt: Die Suche nach der Unschuld der Kinematographie vollzieht sich mit der Hilfe immer raffinierterer Techniken. Computergesteuerte 35 mm Arriflex-Kameras werden da ebenso eingesetzt wie computergesteuerte Superachtkameras.

Der Ton und die Optische Musik der Bilder:

DIE ERSTE EXPERIMENTELLE ARBEIT MIT DEM TON MUSS AUF SEINE DEUTLICHE ASYNCHRONISATION MIT DEN VISUELLEN BILDERN AUSGERICHTET WERDEN.
Nur eine solche Operation kann die notwendige Konkretheit herbeiführen, die später zur Schaffung eines
ORCHESTRALEN KONTRAPUNKTS
visueller und akustischer Bilder führen wird.
Eisenstein, Pudowkin, Alexandrow aus dem Manifest zum Tonfilm 1928[16]

„Es scheint eine große Begierde der unabhängigen Filmmacher gewesen zu sein, Filme mit sprechenden Menschen zu machen. Ich weiß nicht, ob das das Bestreben war, Hollywood nachzuäffen, oder ob Hollywood und die unabhängigen Filmmacher der gleichen Versuchung erlegen sind: talkies zu machen. Klar ist auch, daß die gesamte Entwicklung des nichtkommerziellen Kinos von den technischen Schwierigkeiten, den Ton synchron zum Bild aufzuzeichnen, bestimmt ist und von daher einen starken kreativen Impuls erhielt. ... Weil ihnen die entsprechende technische Ausrüstung fehlte, mußten diese Filmmacher die Verbindung von Bild und Ton ohne die platte Verbindung von Lippenbewegung und

Sprache untersuchen und schufen so eine Menge schöner Filme"[17].

Mit Blick auf die Filme des New American Cinema schrieb Lenny Lipton diese Zeilen in dem wohl besten Buch über die Technik des Unabhängigen Films. (Lenny Lipton: Independent Filmmaking. With an introduction by Stan Brakhage 1972). Er geht dabei von dem Gebot der Nichtkommerzialität dieser Filmarbeit aus und beschreibt neben filmischen Grundkenntnissen vor allem einfache technische Verfahren, die es den außerhalb der Filmindustrie Stehenden erlauben, unter Umgebung der teuren professionellen Standard-Verfahren, persönliche Lösungen für technische Probleme zu finden. Die für Fernsehreportagen übliche Standardausrüstung mit geblimpter (schallgeschützter) 16 mm-Kamera, quarzgesteuertem Motor, und ebenfalls gequarzter Nagra für die synchrone Tonaufzeichnung, ist für viele Experimentalfilmer, auch wenn sie die Geräte nur mieten, viel zu teuer. Er ist z.B. nur auf seine Bolex und einen Kassettenrecorder angewiesen und kann allenfalls beim Schnitt des Films bestimmte Musiken, synthetische Töne, off-Sprache etc. hinzufügen. Wenn Lipton dazu auffordert, nicht die talking heads des Fernsehens zu imitieren, sondern sich z.B. auf die Möglichkeiten des synthetischen Tons zu konzentrieren, dann ist das mehr als eine ästhetische Tugend, die aus einer technischen Not geboren wurde, hier spiegelt sich eine Grundüberzeugung des New American Cinema und des Experimentalfilms der sechziger und siebziger Jahre wider. Die synthetischen visuellen Bilder werden in vielen Filmen ohne Tonspur, als Stummfilm, präsentiert.

Wenn später bei der Montage Filmen eine Tonspur hinzugefügt wurde, achteten die meisten Experimentalfilmer streng darauf, daß diese Tonspur sich nicht illustrativ zum Bildgeschehen verhielt, sondern ihre eigene Logik kontrapunktisch dazu entwickelte. Dieses Bestreben, der Tonspur eine eigene Qualität zu geben, führt in der experimentellen Filmarbeit zu Tonmontagen, die aus Bruchstücken von Geräuschen und Musikfetzen mit der Hilfe von kurzen Tonschleifen übereinanderkopiert werden; die strukturelle Montage des Bildes findet ihre strukturelle Antwort auf der Tonspur. Musik und Geräuschton werden gleichwertig behandelt, ganz im Gegensatz zum Spielfilm, wo Sprache, Geräusch und Musik getrennte Aufgaben verrichten. So wird von Spielfilmregisseuren immer wieder behauptet, die beste Filmmusik sei die, die der Zuschauer nicht wahrnimmt – weil sie nur einen emotionalen Hintergrund liefert. Mit der Verwendung von Schleifen-Tönen und der Verkettung gering variierter Tonfolgen, die oft bis zur Unkenntlichkeit zusammengeschnitten, klassischem Repertoire entnommen sind, geriet der Experimentalfilm in die Nähe zeitgenössischer Musik, besonders der Minimal Art (Steve Reich). Die vor allem im Experimentalfilm kultivierte kontrapunktische Auseinandersetzung von Bild und Tonspur ist so eine direkte Antwort auf die von Eisenstein, Pudowkin und Alexandrow im

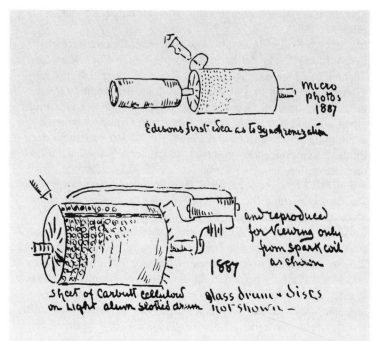

16
Edisons erste Skizze von 1887
und eine Variation aus dem
gleichen Jahr

Tonfilmmanifest von 1928 erhobene Forderung eines ORCHE-
STRALEN KONTRAPUNKTS visueller und akustischer Bilder.
Eisenstein selbst hat die hier von ihm an der Schwelle zur Ton-
filmära geforderte optisch-akustische Kontrapunktik als Tonfilmregisseur nicht mehr verwirklicht." Der Tonfilmregisseur von
1938 (*Alexander Newski*) scheint den Verfasser des Tonfilmmanifests von 1928 vergessen zu haben."[18] Eingelöst hat von den
russischen Filmmachern neben Pudowkin mit seinem Film
Der Deserteur diese Forderung des Tonfilmmanifests vor allem
Vertov in seinem Dokumentarfilm *Die Donbaß-Sinfonie/
Enthusiasmus* 1930.

1887, also 8 Jahre vor der ersten öffentlichen Vorführung des
Lumièrschen Kinematographen, skizzierte Thomas A. Edison in
seinem Laboratorium in Newark einen Apparat, der für kurze
kinematographische Aufnahmereihen mit der Hilfe der Edisonschen Phongraphen-Walze synchron den Ton aufzeichnen konnte[19].

Edison verlängerte die Achse der Phonographenwalze und befestigte auf ihr einen zweiten Zylinder, der einen lichtempfind-
lichen Film trug. Während der Phonograph die Tonschwingungen
in den Phonographen ritzte, belichtete die Aufnahmekamera mit
der Hilfe einer noch sehr einfachen Malteserkreuzschaltung die
auf dem Zylinder spiralförmig angeordneten mikroskopisch
kleinen Bildchen.

Diese kinematographischen Bildreihen konnten noch nicht projiziert werden, sie mußten mit der Hilfe einer Geißlerschen Röhre,

17
Synchrontonaufnahme in Edisons erstem Filmstudio, der „Black Maria"

die man mit unseren heutigen Stroboskop-Lampen vergleichen kann, in einem Guckkasten sichtbar gemacht werden. Am Beginn der kinematographischen Aufnahmeapparaturen steht also bereits eine Tonfilmkamera, und seitdem ist die Geschichte der Kinematographie auch immer eine Geschichte des Tonfilms gewesen. Viele dieser Ton-Film-Systeme kamen nicht über ein Versuchsstadium hinaus. Es würde hier zu weit führen, alle Varianten, den Phonographen und später die Schallplatte mit dem Kinematographen zu kombinieren, aufzuzählen. Man muß jedoch davon ausgehen, daß dem Kinopublikum in den Jahren zwischen 1900 und dem Ausbruch des I. Weltkrieges die bildsynchrone Vorführung von sogenannten „Tonbildern" als Teil eines normalen Kinoprogramms durchaus geläufig war. So verfügte allein in Deutschland 1913 Oskar Meßter für seine Biophon-Tonbilder über 500 Kinos, die seine Abspielvorrichtungen benutzten. Leider sind nur ganz wenige dieser alten Tonbilder erhalten, da die dazu gehörigen Schellack-Platten nicht mehr aufzufinden sind. Als ab 1910 die Filme immer länger werden und Kinoprogramme nicht mehr aus einer losen Folge von einem Dutzend oder mehr kurzen

18
Schematische Skizze Seebers
für eine Tonbild-Projektion

19
Plakat für eine Tonbild-
Aufführung aus dem Jahre 1904
mit Seebers „Seeberophon"

„Bildern" bestehen, wird die Schallplatten-Synchronisation zu kostspielig und technisch immer schwerer zu beherrschen, da der Schalldruck der Grammophone für die vergrößerten Kinos nicht mehr ausreichte. Viele der frühen „Tonbilder" waren im Play-Back-Verfahren hergestellt. Man benutzte dazu eine bereits existierende Schallplatte z.B. von einem bekannten Operetten-Schlager und trieb das Grammophon während der Filmaufnahme von der Handkurbel der Kamera aus über eine flexible Welle o.ä. an. Die Darsteller hatten während der Aufnahme lediglich die Mundbewegungen der Sängerin oder des Sängers zu „synchronisieren". Der Filmpionier Guido Seeber benutzte 1904 für die mechanische Koppelung von Projektor und Grammophon eine lange Filmschleife, die bei Projektor und Grammophon über Zahntrommeln geführt wurde. Mit dieser einfachen Konstruktion konnten auch größere Entfernungen zwischen Projektor und Grammophon überbrückt werden.

Daß Stummfilme selten „stumm" vorgeführt wurden, daß von der Begleitung durch eine Orgel oder ein Orchestrion bis zu ganzen Sinfonieorchestern jeder Kinosaal musikalische Untermalung bot, muß hier nicht weiter erörtert werden. In den letzten Jahren hat sich die Musikgeschichte verstärkt mit der Geschichte der Filmmusik beschäftigt. Klassiker der Stummfilmgeschichte wie z.B. *Napoleon* von Abel Gance wurden in konzertanten Aufführungen mit großem Orchester wiederaufgeführt, Originalpartituren in den Archiven ausgegraben oder rekonstruiert, und Kongresse zum Thema Stummfilmmusik abgehalten. Auch viele Avantgardefilme der zwanziger Jahre wurden mit eigens dafür komponierten Musiken aufgeführt. Soweit diese Partituren noch erhalten oder zu rekonstruieren waren, hat man sie konzertant wiederaufgeführt: z.B. *Ballet Méchanique* (Léger/Musik: George Antheil), *Regen* (Ivens/vertont von Lou Lichtenfeld und Hanns Eisler) *Opus III* (Ruttmann/Musik: Hanns Eisler) u.s.w. Zuweilen wurden Schallplatten mit moderner Tanzmusik (z.B. Tangos) und klassischen Werken (z.B. Wagner in Bunuels *Chien Andalou*) als Begleitmusik verwandt, eine Praxis, die sich bis heute bei vielen unabhängigen Filmmachern wegen des technisch unkomplizierten Verfahrens erhalten hat und oft leider die eigene Einfallslosigkeit kaschieren muß. Ausnahmen – wie z.B. Kenneth Anger's *Scorpio Rising* von 1963, den er mit aktuellen Hits aus der Musikbox vertonte – bestätigen diese Regel. Die den Film in eine zusätzliche Aura tauchende Tonspur aus dem Schallplattenarchiv ist dem dialektisch aufklärerischen „ORCHESTRALEN KONTRAPUNKT visueller und akustischer Bilder" des Tonfilmmanifestes von 1928 genau entgegengesetzt. Die aktuelle Praxis der Video-Clips dreht die Praxis der Unterlegung von Filmbildern mit Musik einfach um und verschafft so durch Unterlegung der vorgegebenen Musikstücke mit Bildern aus dem Arsenal der Experimentalfilme der 60er und 70er Jahre dem jeweiligen Hit seine maßgeschneiderte Aura.

20
Lauste's Tonfilmprojektor, wie er ihn 1913 zur Vorführung von Tonfilmen nach seinem Verfahren benutzte

Daß die Schwingungen des Tons sich photographisch festhalten lassen, war bereits gegen Ende des 19. Jahrhunderts bekannt. Vor allem in Amerika widmeten sich Wissenschaftler diesem Verfahren. Man befestigte an der Membran eines Schalltrichters einen Spiegel, der vom Druck der Schallwellen auf die Membran in Schwingungen versetzt wurde. Ein Lichtstrahl, der über diesen Spiegel geführt wurde, schrieb die Schallwellen auf eine photographische Schicht. Doch vor 1900 war niemand von den zahlreichen Erfindern und Wissenschaftlern, denen es gelang, die Schallschwingungen photographisch festzuhalten, in der Lage, diesen Ton auch wieder hörbar zu machen. In diesem Jahr 1900 veröffentlichte der Berliner Physiker Ernst Ruhmer sein „Photógraphon", mit dem es ihm gelang, photographischen Ton auf Kinofilm aufzuzeichnen und ihn über eine Selenzelle wieder in elektrische Impulse zurückzuverwandeln, die in einem Telefonhörer hörbar waren. Da aber erst 1916 die ersten Verstärkerröhren gebaut wurden, blieb seinem System der Erfolg versagt.
Der Franzose Eugène Lauste, der in Amerika in den Edison-Laboratories gearbeitet hatte, besuchte Ruhmer 1908 in Berlin und kaufte von ihm ein Photógraphon und Selenzellen. Zwischen 1910 und 1913 gelangen ihm einige wesentliche Verbesserungen und Erfindungen, die zu einer kombinierten Ton-Film-Kamera führten. In ihr wurde die eine Hälfte des 35 mm-Films für die optische Tonspur, die andere für die Bildaufzeichnung genutzt[20].

Während des I. Weltkrieges war die elektrische Verstärkertechnik entwickelt worden. 1918 konzipierten Dr. Engl und Hans Vogt, zu denen der Techniker Josef Massolle stößt, ein Tonfilmsystem mit der Hilfe von Verstärkern und Lautsprechern: Das Tri-Ergon-System. Am 24. März 1921 wurde es in Berlin-Wilmersdorf öffentlich vorgeführt. Auch in den USA entwickelten Lee de Forest und Theodore Case Tonfilmsysteme. Die Tri-Ergon-Leute fanden in Deutschland kein Kapital für ihre Erfindung und verkauften schließlich ihre Patente über die Schweiz nach Amerika an William Fox. Es ist hier nicht der Ort, den internationalen Wirtschaftskrimi wiederzugeben, der mit der Erfindung und der Einführung des Tonfilms zusammenhängt. Die Auswirkungen dieses in großem Maßstab vom internationalen Kapital betriebenen Umschwungs schufen eine neue Industrie, zerstörte Existenzen, stürzten Sterne vom Filmhimmel und gaben auch dem Experimentalfilm eine neue Richtung.

Als der Lichtton um 1930 die Kinos vollständig erobert, ist er das bei weitem fortgeschrittenste Reproduktionsverfahren für den Ton, schon in den zwanziger Jahren hatte sich die Schallplattenindustrie des Tri-Ergon-Verfahrens bedient, um die Aufnahmequalität zu verbessern. Die Lichttonfilme dienten als Ausgangsmaterial für die Übertragung auf die Platte. Die Berliner Avantgarde, vor allem der Ingenieur Oskar Fischinger, war fasziniert von der schmalen, neben den Bildern auf dem Filmstreifen aufgezeichneten Lichttonspur, auf der sich mit einiger Übung nicht nur die Dynamik, sondern auch einzelne Klangfarben, d.h. Instrumente und Sprachvokale „lesen" ließen. Hier tat sich für die experimentelle Filmarbeit ein neues Arbeitsfeld auf, konnte man doch gezeichnete „abstrakte" Filme bis auf den hundertsten Teil einer Sekunde genau (wenn man die 4 Perforationslöcher beim 35 mm-Film berücksichtigt) mit einem vorher auf Lichtton aufgezeichneten Ton synchronisieren. Man mußte nur die leeren Bildfelder neben der Lichttonspur fortlaufend numerieren, um einen perfekten Fahrplan für die Trickaufnahmen zu erhalten. Die Strukturen der Musik ließen sich jetzt sehr genau untersuchen, man konnte sogar einen vollkommen synthetischen Ton auf die Lichttonspur übertragen, was bereits 1929 der Münchner Trickfilmzeichner Rudolf Pfenninger mit seiner *Tönenden Handschrift* bewiesen hatte. Mit der Einführung des Tonfilms endete der „absolute Film" der Berliner Avantgarde, dessen Hauptziel sich mit dem magischen Wort „Optische Musik"[21] beschreiben läßt, das damals wie auch heute oft noch bei der Präsentation von experimentellen Filmen die Diskussion beherrschte. Egglings zentrale Idee eines „Optischen Kontrapunkts" in dem Sinne einer visuellen Kompositionslehre, die seinen Freund Hans Richter stark beeinflußte, wurde von Arbeiten Ruttmanns (*Opus I–IV*) und Fischingers ergänzt, die mehr improvisierten und in ihrem visuellen Material nicht so eingeschränkt waren. Mitte der zwanziger Jahre bereits verließen Ruttmann und Richter diese

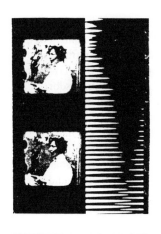

21
Kombinierte Lichttonkopie von
Eugène Lauste ca. 1913

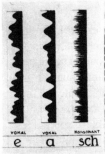  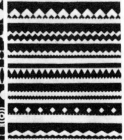 

ten zeichnen. Vielleicht Rede hören können, die wurde.

Diese Ornamente ergeben ganz eigenartige Klangeffekte, die vollkommen von denen der bisher verwendeten Musikinstrumente abweichen.

Der Forscher Fischinger komponiert neuartige Melodien, indem er Ornamente auf langen Papierrollen aneinander zeichnet.

t auf
eines
Er-
orher
okale
aute)
merk-
ein-
zu-
önnte
nden.
laute.
ahme
durch
man
ieder-
; ver-
Stör-

chne-
, be-
nder-
f die

Oben: Der Erfinder Pfenninger spannt die Tonschablonen auf den Aufnahmetisch und macht die Aufnahmen mit einer gewöhnlichen Kinokamera.

Mittels einer punktförmigen Lichtquelle von gleichbleibender Helligkeit wird ein Lichtstreifen von 1/1000stel Zentimeter Breite auf die Tonspur geworfen. Im Rhythmus des Aufeinanderfolgens von Tonwellen-Berg und -Tal schwankt die Höhe des Lichtstreifens, wodurch die Photozelle im gleichen Rhythmus Lichtschwingungen in elektrische Schwingungen umwandelt. Diese gelangen über einen Verstärker zum Lautsprecher, wo sie als akustische Wellen

abstrakte Arbeit zugunsten von dokumentarischen Montagefilmen, Eggeling war bereits 1925 in Berlin gestorben. 1929 schuf Walter Ruttmann im Auftrag der Hamburg-Amerika-Linie einen der ersten langen Tonfilme. Hier schlägt Ruttmanns ursprünglich streng puristisches Konzept eines abstrakten Films – er verbat sich zu Beginn der zwanziger noch jede inhaltliche Deutung seiner Filme – vollends in den sauren deutschen Kulturfilm um. Er verfiel nicht, wie Scheugl/Schmidt schreiben, „den Klischees des deutschen Kulturfilms", er ist für sie verantwortlich[22]. Vor allem die effektvolle Verbindung von Bild- und Tonmontagen setzt die in seinem Film *Berlin, die Sinfonie der Großstadt* begonnene, oft kopierte, „sinfonische" Montagearbeit wenig glücklich fort. Waren in seinem Berlin-Film 1925 noch Ansätze zu einer dialektisch reflektierenden Montage enthalten, so liegen in der *Melodie der Welt* die Kniffe und Montageregeln offen zutage, mit denen man die ganze Welt sinfonisch verwursten kann. Es führt ein ziemlich geradliniger Weg von *Berlin, die Sinfonie der Großstadt* über *Die Melodie der Welt* und Ruttmanns Mitarbeit an Leni-Riefenstahl-Filmen zu seinen Industrie-Filmen *Mannesmann, Henkel..., Deutsche Panzer* (1940). Der deutsche Industriefilm setzte nach dem II. Weltkrieg bruchlos diese Tradition fort und beeinflußte seinerseits das Fernsehfeature. Hans Richter emigrierte 1933, Fischinger 1936. Im Gegensatz zu Ruttmann ist Oskar Fischinger der Balanceakt zwischen notwendiger Kommerzialität und künstlerischer Unabhängigkeit zunächst über die zwanziger Jahre hinaus geglückt. Nach anfänglichen Erfolgen in den USA litt Fischinger dann zunehmend unter dem kommerziellen Druck der Studios, der es ihm unmöglich machte, als Grenzgänger zwischen Unabhängigkeit und angewandter Arbeit zu wechseln, wie es ihm zusammen mit seinen Freunden im Berlin der zwanziger und frühen dreißiger Jahre noch möglich gewesen war. In der AIZ (Arbeiter-Illustrierten-Zeitung) vom 29.1.1933 findet sich unter dem Titel „Tönende Handschrift" ein Artikel über die Arbeit des „Forschers Fischinger" und des „Erfinders Pfenninger". Dort heißt es: „Der Zweck der graphischen (zeichnerischen) Methode der Klangerzeugung ist nicht die bloße Nachahmung der Töne bekannter Musikinstrumente, etwa der Violine oder des Klaviers. Das Ziel ist vielmehr, völlig neue Klangfarben zu konstruieren, was auch schon gelungen ist."
Oskar Fischinger hat noch nach 1930 an den „absoluten Film" der zwanziger Jahre geglaubt, 1933 veröffentlicht er Zeitungsartikel unter der Überschrift: „Der absolute Tonfilm: Neue Möglichkeiten für den bildenden Künstler."[23] Auf der Grundlage des ausgezählten und in einen Trickaufnahmefahrplan übertragenen Lichttonstreifens von klassischer und populärer Musik gelingen Fischinger in den dreißiger Jahren seine schönsten Filme: z.B. *Kreise* (1933), *Komposition in Blau* (1934/35) und *Allegretto* (1936 bereits in den USA). Diese Filme sind bereits subtraktive 3-Farben-Filme, die er nach dem von ihm verbesserten Gaspar-

22
Der Forscher Fischinger und der Erfinder Pfenniger in einem Beitrag der AIZ v. 29.1.33

color-Verfahren mit seiner Trickkamera aufnimmt – sie haben bei Publikum und Presse großen Erfolg. Der oft zu diesen Filmen vorgebrachte Einwand, sie seien lediglich Ton-Illustrationen, hält einer genauen Sicht auf die Arbeit Fischingers nicht Stand. In den besten Passagen der Filme dient die Synchrontechnik als kinematographische Versuchsanordnung, die, über die Choreographie abstrakter Elemente hinausgehend, ein Beziehungssystem schafft, in dem visuelle wie akustische Bilder sich gegenseitig steigern und erhellen.

Oskar Fischinger und seine Filme wurden in den vierziger Jahren zum wichtigsten Bindeglied zwischen der Berliner Avantgarde und dem damals entstehenden Amerikanischen Experimentalfilmkino der Westküste. Sein Einfluß auf die Gebrüder Whitney (*Exercises* 1941–44), auf Jordan Belson und viele andere, führte zu dem für dieses Kino typischen synästhetischen Bestreben, Farben, Formen und Musik „kosmisch" zu verbinden und bis hin zu dessen Auswirkungen in Kubricks *2001, A Space Odyssee* (1965–68).

Die Untersuchung der Beziehungen zwischen optischer und akustischer Musik ist auch heute wieder ein Thema des Experimentalfilms. Klaus Wybornys Filme aus den letzten Jahren beruhen auf einer rhythmisch-musikalischen Organisation von sehr kurzen, einzelbildweise aufgenommenen Bildfolgen. Die Struktur dieser Sequenzen wird von einer Klavierkomposition Wybornys vorgegeben, die auf Magnetton übertragen, in Bezug auf Dynamik und Tonhöhe von einem Computer ausgewertet und in eine Aufnahmepartitur für die Kamera verwandelt wird. Die Kamera wird von einer einfachen Elektronik einzelbildweise nach dieser Partitur programmiert und erlaubt dem Filmmacher innerhalb dieser vorgegebenen Struktur bestimmte Improvisationen. Die Tonhöhen sind mit Einfärbungen durch Farbfilter wiedergegeben. Schließlich werden die meist einzeln aufgenommen „Stimmen" auf einer optischen Bank zusammenkopiert.

Die Montage und die Ungenauigkeit des Gefühls:

Das ist kein einfacher Stoff,
sondern so ziemlich das Herzstück des Filmemachens.
(Stan Brakhage in seinem Vorwort zu Lenny Liptons
„Independent Filmmaking"[24]

An keinem anderen technisch-ästhetischen Prozeß haben sich im Laufe der Filmgeschichte so viele theoretische Konzepte festgemacht wie an der Montage. Die Montage-Konzepte des klassischen amerikanischen Spielfilms, Eisensteins, der strukturellen Filmmacher und so weiter, sind zentrale Inhalte jeder Filmausbildung und müssen hier nicht aufgezählt werden. Darum – und weil ich mich zu diesem Thema bereits mehrmals geäußert habe[25] – verkürze ich dieses Kapitel auf die Frage, wie Montagetheorien mit bestimmten Techniken verknüpft sind. Es existieren heute nebeneinander zwei grundverschiedene Methoden der Montage, die ich als die „empirische" und die „synthetische" bezeichnen will. Beide sind auch abhängig von dem Handwerkszeug, mit dem sie ausgeführt werden. Die heute durchweg an einem modernen Filmschneidetisch (Steenbeck/Moviola) ausgeführte Montage von z.B. dokumentarischem Material macht es möglich, das Material so lange zu arrangieren, bis es gefällt und endgültig montiert werden kann. Die Montage-Anordnung wird während der Arbeit empirisch entwickelt und folgt im besten Falle bestimmten Entdeckungen, die man im Material macht. Im schlimmsten Fall klebt man die Stücke, die man in einer gewissen Reihenfolge arrangieren möchte, unter Berücksichtigung bekannter Montageregeln zusammen, die in den 20er und 30er Jahren entdeckt wurden, heute aber – z.B. im Falle des sogenannten „Abdeckschnitts" – nur noch Rezepte, Tricks und Kniffe sind, die den Zusammenstoß von 2 Einstellungen so abfedern müssen, daß für den Zuschauer keine Irritation eintritt. Jean-Marie Straub spricht von der Verführung, sich bei dieser Arbeitsweise auf das Gefühl zu verlassen[26], und stellt dem die Präzision des Denkens gegenüber, mit der z.B. John Ford seine Einstellungen so ökonomisch drehte, daß für die Montage kaum eine Eingriffsmöglichkeit blieb. Theoretisch könnte man einen solchen Film nach der Ausmusterung im Projektor ohne Betrachtungsgerät an einem einfachen Umroller schneiden. Und dies war bis in die zwanziger Jahre hinein, als die ersten Filmbetrachtungsgeräte und -tische eingeführt wurden, allgemeine Praxis. Außerdem wurden die Klebestellen „naß", d.h. mit der Hilfe eines Schabemessers, einer einfachen Klebelade und eines Fläschchens Filmkitt (Abb.) dauerhaft zusammengeklebt. Jede nachträgliche Änderung, für die man eine solche Klebestelle wieder aufmachen mußte, kostete mindestens ein Film-Kader, das mit Roh- oder Schwarzfilm in der

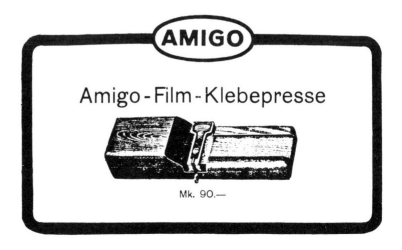

Das Lyta-Kinoskop dient dazu, den Film in kürzester Zeit betrachten bzw. prüfen zu können, ohne daß die Vorführungsmaschine in Tätigkeit zu setzen ist. Wie aus der beigegebenen Abbildung ersichtlich, ist der Apparat selbst von geringen Dimensionen und wird zwischen eine Horizontalumrollvorrichtung gesetzt. Nachdem der Film in den Bildkanal eingeschoben ist, wird

24
Das 1924 eingeführte Kinoskop der Fa. Apparatebau Freiburg GmbH

Arbeitskopie aufgefüllt werden mußte. Das Naß-Klebeverfahren wurde erst nach 1960 durch die moderne „Stumpf-Klebe-Technik" mit durchsichtigen Klebebändern ersetzt, die die probeweise Montage erst richtig ermöglichte. Der Montageprozeß war also bis in die 20er Jahre ein synthetischer Prozeß, das Ergebnis ließ sich erst bei einer Vorführung auf der Leinwand beurteilen. Da man die Filme „in der Hand" an einem einfachen Umroller montierte, ließen sich Bewegungen von Autos oder Gesten nur anhand der Anzahl der Bildfelder, die dafür benötigt wurden, in ihrem Tempo abschätzen. Diese synthetische Arbeitsweise forderte bestimmte strukturelle Montagekonzepte, wie sie sich z.B. in Vertovs *Mann mit der Kamera* ablesen lassen, geradezu heraus. Es besteht z.B. auch ein enger Zusammenhang zwischen dieser Arbeitsweise und den von Film zu Film sich verändernden Montage-Konzepten Eisensteins. Helen van Dongen, die viele Filme von Joris Ivens schnitt, schilderte 1963 anschaulich die Praxis in Ivens Schneideraum: „Letzteres (das Zusammenkleben) erfolgte in der Form, daß man das Filmende mit der Zunge naß machte, die Filmschicht mit einem Stück Glas abkratzte, etwas Filmkitt auftrug und dann so schnell wie möglich das andere Ende mit der blanken Seite nach unten auf das erste Stück drüberlegte, wobei man mit dem Daumen beide Enden fest aufeinanderdrückte. Nach 30 Sekunden hörte man mit dem Drücken an der geklebten Stelle auf und begann vorsichtig, daran zu ziehen. Wenn es nicht hielt, mußte man wieder von vorne anfangen. Auf der dem Tisch gegenüberliegenden Seite hingen lange waagerechte Stäbe, an denen im Abstand von etwa 3 cm Drahtstifte angebracht waren. Das war unser Montageraum..."[27]

25 a
Die Hand der Swilowa aus dem Film *Der Mann mit der Kamera*

Es ist hinzuzufügen, daß sich mit dem deutschen „Lyta-Kinoskop" um 1924 ein einfaches Filmbetrachtungsgerät mit optischem Ausgleich durchsetzte, das die Arbeit im Schneideraum sehr vereinfachte. (Abb.) Auch Ivens verfügte schon bald über ein solches Gerät. Noch 1921 hatte der Regisseur Urban Gad über die Arbeit im Schneideraum geschrieben: „Die folgenden Tage verbringt man damit, die ganz kleinen Bilder des Films, die man gegen das Licht hält, genau zu betrachten. Danach wird der ganze Film wieder auseinandergenommen, damit er beschnitten werden kann. ... Diese Arbeit erfordert eine gewisse Übung; denn für

25 b
Die Swilowa bei der Montage des Vertov-Films *Der Mann mit der Kamera*

Laien ist es keine ganz leichte Sache, in den außerordentlich kleinen Filmbildern die Einzelheiten zu unterscheiden und den kaum sichtbaren Veränderungen in den Stellungen der Figuren zu folgen. Erst durch Übung erwirbt man sich die notwendige Geschicklichkeit, die darin besteht, den Film ruckweise durch die Hände gleiten zu lassen. Geschieht dies ungefähr mit der Schnelligkeit, wie sie bei der Vorführung aufgewandt wird, dann bekommt man einen Eindruck von der Bewegung des Bildes."[28] Aus Kostengründen benutzen in den sechziger Jahren und später noch viele unabhängige Filmmacher das 16 mm-Umkehrformat, vorzugsweise den sehr scharfen Eastman-Commercial-Film, der leider nicht mehr hergestellt wird. Sie schnitten dieses Umkehroriginal ohne Ton an einem einfachen Laufbildbetrachter (z.B. Moviscop) und klebten es mit der Hilfe eines Splicers (z.B. Bolex-Splicer) naß. Damit sparten sie die Kosten für den Negativschnitt und konnten die von der Kopieranstalt mit einer Magnettonrandspur versehenen Kopien mit der Hilfe eines Projektors (z.B. Siemens) selbst vertonen. In Schnitt-Handarbeit entstanden viele bedeutende Experimentalfilme und konsequenterweise auch rigorose synthetische Schnitt-Konzepte wie die von Kubelka (*Adebar* 35 mm/1957) und Nekes (*Schnitte für ABABA* und *Jüm-jüm* 16 mm/1967).

26
Das Labor des Filmpioniers Guido Seeber 1897 (Langzeitbelichtung)

Das Labor und die Erstürmung der letzten Reservate des Professionalismus.

Einige Filmmacher begehen einen schweren Fehler, indem sie ihre Energie darauf verwenden, Film selbst zu entwickeln und zu kopieren. Dies ist eine unschöpferische Anstrengung und für gewöhnlich all den Ärger nicht wert.
(Lenny Lipton in der 2. Auflage von „Independent Filmmaking")[29]

Im Zuge der in den letzten Jahren zu beobachtenden Tendenz, experimentelle Filmarbeit über die klassische Kombination „der Filmmacher, seine Bolex, sein Projektor und sein Moviscop" hinaus zu erweitern und in bisher dem Profikino vorbehaltene technisch komplizierte Zonen vorzustoßen, bemächtigen sich Filmmacher wie z.B. die Bonner Gruppe „Schmelzdahin" mit ihren Superachtfilmen oder der Filmmacher Klaus Telscher zunehmend auch der Labortechniken, entwickeln ihre Filme selbst und beziehen aus den oft überraschenden Ergebnissen neue Arbeitsprinzipien. Auch in diesem Rückgriff auf eine Arbeitsweise aus den Kindertagen des Films steckt die trotzige Behauptung, mit der eigenen Filmarbeit ins Stadium der Unschuld zurückzukehren. In den Pionier-Zeiten des Kinos war die Entwicklung und Kopierung der Filme selbstverständlich Teil der kinematographischen Arbeit; später dann dem Kameramann zugeteilt, wird sie etwa ab 1905 den darauf spezialisierten Film-

27
Die von Seeber eingerichtete Filmentwicklung der Bioskop-Gesellschaft in Babelsberg 1912. Mit Rahmenentwicklung war eine Tagesleistung von 15000 Metern möglich

Kopieranstalten in den Film-Gesellschaften überantwortet. Kameramänner wie z.B. Robert Flaherty (*Moana* 1926/*Man of Aran* 1934), die außerhalb der Studios und auf Reisen drehen, entwickeln zumindest die Negative bis in die dreißiger Jahre am Drehort. Das dafür benötigte Handwerkszeug war denkbar einfach: der Film wurde in etwa 30 m langen Stücken auf Holzrahmen gewickelt und nacheinander in Trögen entwickelt, gewässert und fixiert. Um 1930 wurde diese „Hand-Entwicklung nach Sicht" von Durchlaufentwicklungsmaschinen übernommen, die den Film nach einem standardisierten Gamma entwickelten[30]. Viele Kameramänner konnten sich mit dieser Standardentwicklung nicht abfinden und blieben weiter bei ihrer Rahmenentwicklung. Noch nach dem II. Weltkrieg war eine solche Rahmenentwicklung in Berlin bei der AFIFA in Betrieb. Aus der Lumière-Kamera, die Kamera, Kopiermaschine und Projektor in einem war, entwickelten sich sehr bald spezialisierte Maschinen, u.a. zwei Typen von Kopiermaschinen, die bis heute nebeneinander existieren: die Schlitzkopiermaschine, bei der der Film kontinuierlich über eine große Zahntrommel und einen variablen Schlitz geführt wird, und die Greiferkopiermaschine, die im Prinzip wie eine Kamera oder ein Greiferprojektor arbeitet. Mit dem Aufkommen des Tonfilms und der standardisierten Farbentwicklungsprozesse wurde die Handentwicklung nur noch von Filmamateuren und von den Kameraleuten zur Entwicklung von Probestreifen benutzt. Zur Handentwicklung von kurzen 35 mm-Probestreifen dient seit den zwanziger Jahren das „Correxband", ein an den Rändern mit Noppen versehenes starkes Zelluloidband, in das man den Film hineindrehen und in Schüsseln o.ä. entwickeln kann. Für die Schmalfilmamateure des 16- und 9,5 mm-Formats war in den dreißiger Jahren die Selbstentwicklung – auch von schwarzweißen Umkehrfilmen – mit der Hilfe des Rahmensystems oder von Metalltrommeln durchaus üblich. Nach dem Krieg kamen z.B. mit dem amerikanischen Morse-Tank und dem deutschen Jobo-System Amateurentwicklungsgeräte auf den Markt, die auch von unabhängig arbeitenden Filmmachern genutzt wurden. Der Engländer David Larcher hat seine mehrstündigen Filme *Mares Tale* (1969) und *Monkey's Birthday* (1975) selbst entwickelt und auf der optischen Kopiermaschine des Ende der 60er Jahre von der London-Filmmakers-Cooperative gegründeten „ARTS LAB" bearbeitet. Für David Larcher, der, wenig beeinflußt von den Moden des Undergroundkinos, seine sehr persönlichen Filme vollkommen handwerklich schuf, ist das Entwickeln selbstverständlicher Teil der Arbeit. So parkte er den ehemaligen Kühlwagen, in dem er in Europa und Asien unterwegs war, zuweilen an einem Bach, um dort seine frisch entwickelten Filme zu wässern und anschließend in den Ästen eines Baumes zum Trocknen aufzuhängen. Inzwischen scheint sich bei vielen unabhängigen Filmmachern die Auffassung durchzusetzen, daß so, wie der Fotograf seine Handabzüge selbst herstellt, auch der Filmmacher wenigstens im Schwarz-Weiß-Positiv-Negativ-Prozeß Entwicklung und Kopierung selbst ausführen sollte. Einige bauen ihre Entwicklungsmaschinen selbst, andere erwerben Maschinen aus den Beständen des Fernsehens, das auf Video setzt und seine 16 mm-Ausrüstungen billig abstößt. Betreiben könnten diese Anlagen cooperative Zusammenschlüsse von Filmmachergruppen. Die materielle Basis solcher Absichten bildet die einfache Rechnung, daß bei einem unabhängig hergestellten Film die Material- und Entwicklungskosten den größten Teil des Geldes verschlingen. Von diesen Kosten können durch ein einfaches eigenes Labor etwa drei Viertel eingespart werden. Außerdem wird es immer schwieriger, Sonderwünsche und nicht-standardisierte Prozesse bei den Kopieranstalten durchzusetzen. Billige kleine Kopieranstalten, die mit viel Enthusiasmus unabhängige Filmmacher bedienten[31], mußten schließen. Schwarz-Weiß-Entwicklung wird inzwischen wie Farbentwicklung berechnet und zudem immer seltener angeboten. Die heute mit der fünffachen Kamerageschwindigkeit laufenden modernen Schlitzkopiermaschinen erlauben bestimmte Kopiertechniken, die mit der gemütlichen Debrie und der Arri möglich waren, nicht mehr. Zudem sind sie in puncto Schärfe und Bildstand den alten, langsamen Greiferkopiermaschinen unterlegen.

An einer solchen alten Maschine kopierte Stan Brakhage 1963 in einem kleinen Kopierwerk in Denver seinen Film *Mothlight*. Dieser Film bestand aus zwei Streifen von perforiertem „Mylar-Tape", zwischen die er Blumenteile, Mottenflügel und so weiter gepackt hatte. Er schreibt in einem Brief v. 22. August 63: „Die Kopiermaschine sah aus, als ob sie einem deutschen Science-Fiction-Film der zwanziger Jahre entsprungen sei, mit ihren präzisen Zahntrommeln und Greifern, die nur geringe Abweichungen in der Film-Dicke und -Breite tolerieren würden etc. So blieb mir endlich nichts weiter übrig, als zu beten; ich meine nicht, die Maschine anzubeten, sondern schlicht zu beten. Während wir im Dunkeln saßen, produzierte sie eine unglaubliche, nervtötende Atmosphäre, spuckte und klickte und brach schließlich in einen Warnton höchster Intensität aus ..., der nur dann endete, wenn eines der drei Fuß langen normalen Filmzwischenstücke durchlief. ... Erstaunlich, nach all diesen Jahren der Suche stößt man darauf: die prima materia des Films, das Visuelle, schafft seine eigene ‚story'."[32] Der Film als „prima materia", der Material-Film, wurde mit *Mothlight* in den USA durchgesetzt. Genau 40 Jahre früher schuf der Fotograf und Filmmacher Man Ray mit *Le Retour à la Raison* (1923) den ersten konsequenten Film dieser Gattung. Er berichtet: „Ich besorgte mir eine Filmrolle von 30 Metern und teilte den Film in kleine Abschnitte, die ich auf meinen Arbeitstisch heftete. Ich würzte einige Abschnitte mit Salz und Pfeffer, so wie ein Koch seinen Braten vorbereitet; auf die anderen Abschnitte warf ich – zufällig – Stecknadeln und Reißnägel. Ich belichtete sie dann für ein oder zwei Sekunden, wie ich es für die unbewegten Rayogramme gemacht hatte. Dann nahm ich vorsichtig den Film vom Tisch, räumte den Müll weg und entwickelte den Film. Am nächsten Morgen prüfte ich mein Werk, das inzwischen getrocknet war. Das Salz, die Stecknadeln und die Reißzwecken waren perfekt reproduziert, weiß auf schwarzem Grund, wie auf Röntgenbildern ..."[33]

Die intensive Auseinandersetzung mit der „prima materia", die wir in letzter Zeit beobachten können, die verstärkte Hinwendung zum Filmstreifen als Träger-Material, verletzlicher Haut, visuellem Material an sich, erhält dadurch, daß sie im historischen Augenblick des Übergangs der visuellen Kunst in die Digitalisierung erfolgt, ihre eigentliche Bedeutung. Es droht etwas sehr Kostbares aus dem künstlerischen Prozeß zu verschwinden: der Widerstand des Materials.

Lob des Widerstands.

Extrapoliert man die zur Zeit bereits arbeitenden Computer-Systeme, kommt ein Verbundsystem visueller Gestaltung in Sicht, das die neuen riesigen Speicherkapazitäten dergestalt nutzt, daß es die vom Umgang mit bestimmten Materialien definierten künstlerischen und kommunikativen Berufe völlig zusammenschmilzt. Diese bereits heute zu beobachtende Tendenz zur Verschmelzung der Systeme wird dazu führen, daß Maler, Grafiker, Reinzeichner, Setzer, Reprografen, Film- und Videomacher und so weiter an einem einzigen Arbeits-Platz bzw. Terminal ihre Produkte herstellen und auch gleich verteilen können. Zwischenträger, wie Film oder Druckplatte, entfallen. Unter Einbeziehung von real gefilmtem Material könnten hier Videoclips, Kurzfilme, Trick- und Werbefilme synthetisiert werden. Diese Systeme gibt es bereits, sie benötigen aber wegen der extrem hohen Speicherkapazitäten für den High Definition-Bereich im Video/Film noch ungeheure Investitionssummen.

Doch unten in den Katakomben, wird es da weiterhin jene geben, die mit krakelnder Feder über Lithosteine gebeugt, in Säure- und Chemikaliendämpfe gehüllt, mit Radierplatten und nostalgischen 16 mm-Filmen hantieren, nicht gerade bei Kerzenschein, aber doch bei schlechter Beleuchtung und ebenso schlechtem Leumund? Wir kennen diese Rollenverteilung als ein Hauptmotiv der Science-Fiction-Literatur: da gibt es die Systemkonformen, die – abgeschottet von der verseuchten Außenwelt – in riesigen Hochhauskomplexen einem ebenso kontrollierten wie langweiligen Arbeits- und Lebensablauf nachgehen; und draußen in der verstrahlten Wüste die Unabhängigen, die dort ihr kurzes wildes Leben leben. Die zukünftige Medienindustrie wird von „Trägerlosen" Entwurfs-, Produktions- und Verteilungs-Prozessen bestimmt sein. Demgegenüber ist der klassische künstlerische

Prozeß Material-bezogen. Bei ihm führt die handwerkliche Auseinandersetzung mit dem Material zu künstlerischen Lösungen. Ihm gilt es, immer wieder den Widerstand des Trägermaterials niederzuringen. Diese in der modernen Kunstgeschichtsschreibung thematisierte Haltung läßt sich auch, wie wir gesehen haben, auf die Geschichte des Films anwenden, in der die Cooperation von ästhetischer und technischer Innovation sichtbar gemacht werden kann. Der Funke der ästhetischen Innovation wird aus dem Widerstand des Materials und des komplexen technischen Prozesses herausgeschlagen. Die ästhetisch-technische Fantasie aktiviert sich am Widerstand, den es zu überwinden gilt.

Anmerkungen

1 s. H. Herbst: „1913 oder die Verbrechen der Phantasie und ihre Maschinisten" in Special Effects, Hg. Rolf Giesen, Edition 81/2 Berlin 1985 und: H. Herbst: Film „Synthetischer Film oder wie das Monster King Kong von Phantasie und Präzision gezeugt wurde", Prod. cinegrafik 1975, 16 mm, Farbe, Magnetton, 66 Min. Verleih: Freunde der deutschen Kinemathek, Berlin und atlas-Film-Verleih, Duisburg.
2 Jean Epstein: „Bonjour Cinéma" Editions de la Sirène, Paris 1921 S. 38/39.
3 Dziga Vertov: „Schriften zum Film", Hanser-Verlag 1973, S. 20.
4 Walter Benjamin: „Das Kunstwerk im Zeitalter seiner technischen Reproduzierbarkeit" edition suhrkamp, 1970, S. 36.
5 s. Guido Seeber: „Der Kinematograph Lumière", Aufsatz von 1905 abgedruckt in: „Das wandernde Bild – Der Filmpionier Guido Seeber". Hg.: Stiftung Deutsche Kinemathek, Berlin 1979, S. 15–17.
6 s. Prof. Dr. Albert Narath: „Oskar Meßter ...", Deutsche Kinemathek e.V., Filmwissenschaftliche Schriften, Berlin 1966.
7 s. Anm. 5 und H. Herbst: Film „Lebende Photographien auf einem laufenden Band, Guido Seeber 1879–1940", Prod. cinegrafik, 1979, 16 mm, Farbe, Lichtton, 65 Min. Verleih: Stiftung Deutsche Kinemathek u. Internationes.
8 Guido Seeber: „Der praktische Kameramann" u. „Der Trickfilm" Bd. 1 u. 2 Bücher der Praxis, Verlag der Lichtbildbühne, Berlin 1927, Reprint: Deutsches Filmmuseum, Frankfurt M. 1980.
9 Michael Kuball: „Familienkino, Geschichte des Amateurfilms in Deutschland" Band 1 1900–1930, Bd. 2 1931–1960, rororo-Sachbücher 7186 u. 7187, Reinbek bei Hamburg 1980.
10 Joris Ivens, zu seinem 65. Geburtstag, Hg. vom Staatlichen Filmarchiv der DDR, Berlin 1963, S. J. Ivens: „Lehrling des Filmens". S. 252 ff Nachdruck eines Aufsatzes von 1946.
11 a.a.O. S. 331 Joris Ivens: „Es lebe ‚Cinéma Vérité?'" Nachdruck aus „Les Lettres Françaises" 21.IV.1963.
12 Birgit Hein u. Wulf Herzogenrath, Hg.: „Film als Film"; Katalog Köln 1977, Ré Soupault: „Erinnerungen an Viking Eggeling" S. 25.
13 s. Anm. 8.
14 s. Anm. 12.
15 a.a.O. „Film als Film" S. 65: Walter Ruttmann: „Technik und Film" aus „Kunst und Technik", Hg. Leo Kestenberg, Berlin 1930.
16 zitiert nach Dieter Prokop, Hg.: „Materialien zur Theorie des Films", Hanser-Verlag, München 1971, S. 83 ff.
17 Lenny Lipton: „Independent Filmmaking", 2. erweiterte A., London 1983, S. 305.
18 Helga de la Motte-Haber/Hans Emons: „Filmmusik, eine systematische Beschreibung", Hanser, München 1980, S. 22.

19 W.K. Laurie Dickson: „A Brief History of the Kinetograph and the Kinetophonograph"., Dec. 1933, Journal of the SMPE Volume 21, Nachdruck in: Raymond Fielding, Hg.: „A Technological History of Motion Pictures and Television", University of California Press, Berkeley and Los Angeles 1967, S. 9 ff.
20 a.a.O. „A technological History of Motion Pictures and Television", Merritt Crawford: „Pioneer Experiments of Eugène Lauste in Recording Sound", S. 71 ff, Nachdruck nach Oct. 1931, Journal of the SMPE, Vol 17.
21 Béla Balázs: „Der Geist des Films", Knapp-Verlag, Halle 1930 S. 57 zum Thema „Optische Musik".
22 Hans Scheugl/Ernst Schmidt jr.: „Eine Subgeschichte des Films", Lexikon des Avantgarde-, Experimental- und Undergroundfilms. 2 Bde. Suhrkamp 1974, S. 805.
23 Dortmunder Zeitung v. 1.1.33.
24 Lenny Lipton a.a.O., s. Anm. 17, S. 19.
25 Helmut Herbst: „Fotomontage-Filmmontage. Einige Anmerkungen" in Eckard Siepmann, Hg. „John Heartfield", Elefanten Press, Berlin 1977, S. 263–269. Filme: „Zwischen den Bildern", 3-teilige Serie für das ZDF, Prod. Stiftung Deutsche Kinemathek, 16 mm Farbe, Lichtton, à 45 Min. 1981. Verleih: Stiftung Deutsche Kinemathek. 1. Teil: Montage im Erzählkino (Drehbuchmitarbeit), 2. Teil: Montage im Dokumentarischen Film (Drehbuchmitarbeit und Konzept), 3. Teil: Über die Trägheit der Wahrnehmung (Drehbuch zus. mit Klaus Feddermann und Realisation).
26 s. Anm. 25 Jean Marie Straub im 3. Teil: „Über die Trägheit der Wahrnehmung".
27 Helen van Dongen, in s. Anm. 10 „Joris Ivens, zu seinem 65. Geburtstag", S. 41–45.
28 Urban Gad „Der Film, seine Mittel – seine Ziele", Schuster&Loeffler, Berlin 1921, S. 237–238.
29 Lenny Lipton a.a.O., S. Anm. 17, S. 346.
30 J.I. Crabtree: „The Motion-Picture Laboratory", Jan. 1955, Journal of the SMPTE Vol. 64, Nachdruck a.a.O. Fielding Hg.: „A Technological History …", s. Anm. 19.
31 So war die Existenz der Hamburger Filmmachercooperative zeitweilig sehr eng mit dem kleinen Kopierwerk von Heinz Herrmann in Hamburg verbunden, der mit sehr viel persönlichem Engagement und sehr günstigen Preisen die Arbeit z.B. von Werner Nekes ermöglichte. Heute stehen seine Schwarzweiß- und Farbmaschinen im Keller der Hochschule für Gestaltung in Offenbach und werden von den Studenten in Selbstverwaltung betrieben.
32 Stan Brakhage: „Brief an Robert Kelly, 22. August 1963", zitiert nach: P. Adams Sitney, Hg.: „Film Culture reader", Prager Publishers, New York. Washington 1970, S. 249.
33 Man Ray: „Autoportrait" R. Laffont, Paris 1964, S. 232–233, zitiert nach „Film als Film" a.a.O., s. Anm. 12, S. 122.

Abbildungsnachweis

Abb. 1	Der prakt. Kameram., 1927, Seeber
Abb. 2	Kader aus dem „Mann mit der Kamera", Archiv Herbst
Abb. 3	Kader aus dem „Mann mit der Kamera", Archiv Herbst
Abb. 4	Kader aus dem „Mann mit der Kamera", Archiv Herbst
Abb. 5	Archiv Herbst
Abb. 5 a	Archiv Herbst
Abb. 6	Stiftung Deutsche Kinemathek
Abb. 6 a	Stiftung Deutsche Kinemathek
Abb. 7	Stiftung Deutsche Kinemathek
Abb. 8	Der praktische Kameramann, 1927, Seeber
Abb. 9	Der praktische Kameramann, 1927, Seeber
Abb. 10	Kader aus dem „Mann mit der Kamera", Archiv Herbst
Abb. 11	Prof. Michel, Hamburg
Abb. 12	Der prakt. Kameramann, 1927, Seeber
Abb. 13	Stiftung Deutsche Kinemathek
Abb. 14	Stiftung Deutsche Kinemathek
Abb. 15	Archiv Herbst
Abb. 16	Stiftung Deutsche Kinemathek
Abb. 17	Stiftung Deutsche Kinemathek
Abb. 18	Der praktische Kamermann, 1927, Seeber
Abb. 19	Stiftung Deutsche Kinemathek
Abb. 20	A Technological History of Motion Pictures and TV. Fielding Hg.
Abb. 21	A Technological History of Motion Pictures and TV. Fielding Hg.
Abb. 22	AIZ v. 29.1.33
Abb. 23	Kinotechnik-Anzeige „Kinotechnik" Jahrg. 2. No. 12.
Abb. 24	Kinotechnik 20.IV.28
Abb. 25 a+b	Kader aus dem „Mann mit der Kamera", Archiv Herbst
Abb. 26	Stiftung Deutsche Kinemathek
Abb. 27	Stiftung Deutsche Kinemathek

Heiko Daxl
Musik des Lichts —
Zur Geschichte der klingenden Bilder im Experimentalfilm

> „... Ruhe tritt ein und aus der Ruhe heraus schwillt mit zunehmender Lautstärke eine Sinusschwingung an wie mit einem Flachbahnregler emporgezogen. Das dunkle Rot des Himmels und der dumpfe Ton im Raum nähern sich an, kommen zur Deckung und ergeben ein klingendes Bild. Die Synchronisation ist erreicht. Die Videophonie des Laser-Ballets beginnt."
>
> Michael Weisser SYNODE 7

Theo von Doesburg betrachtet in seinem Aufsatz „Film als pure Form" aus dem Jahre 1929 den Film als ein Vehikel „optischer Poesie", „dynamischer Lichtarchitektur", als ein Werkzeug zur „Schaffung eines beweglichen Ornaments". Der Film, so schreibt er, werde „Bachs Traum verwirklichen", „ein optisches Äquivalent für die temporale Struktur einer musikalischen Komposition zu finden."[1]

Die Wurzeln der „Visuellen Musik" als Film reichen in die Zwanziger und Dreißiger Jahre dieses Jahrhunderts auf die ersten Filmkunst-Versuche zurück, die ihre Vorläufer in all den Überlegungen und Maschinen haben, welche Farbe und Musik, Ton und Bild zu vereinigen suchten. Die ersten absoluten Filme verstanden sich explizit als „Musik zum Sehen", wie aus ihren Titeln und begleitenden Manifesten herauszulesen ist. Sie begriffen sich als zeitliche Erweiterung malerischer Probleme des Kubismus, des De Stijl, des Futurismus und des Konstruktivismus und schufen eine „Augenmusik des Films", wie ein Zeitgenosse anläßlich der ersten Vorführung von Walter Ruttmanns Filmen schrieb.

„Visuelle Musik" auf Film ist Teil der Entwicklung des Avantgardefilms. Aus den Anfängen des absoluten Films entwickelte sich die Kunst der musikalischen Animation, des psychedelischen Films, der metrischen Filme, der Videoexperimente und der Computergraphik. „An art that should look like music sounds."[2]
Unter dem Slogan „Music to See" greift die Musikindustrie heute diese Tradition auf, schöpft aus ihrer Palette der Innovationen,

die sie mit Trivialformen durchmischt. Mit der Verlagerung der Musikpräsentation ins Medium Fernsehen Anfang der Achtziger Jahre wurde nach neuen visuellen Arrangements gesucht. Gerade die Rockmusik und ihr jugendliches Publikum verlangte nach neuen ästhetischen Reizen. Aus den psychedelischen „Drogen-Farbträumen" der Sechziger Jahre wurden in der technischen Weiterentwicklung die „Videoträume" von heute, wie Peter Weibel feststellte.

Die Verbindung von Bild- und Tonwelt hat jedoch nicht erst mit der Einführung des Tonfilms oder des Stummfilms mit Musikbegleitung begonnen, sondern als Kategorie der Synästhesie seit Jahrhunderten eine zentrale Fragestellung in der bildenden Kunst, der Dichtung und der Musik gebildet. Außer der Synchronität von Bild- und Tonwahrnehmungen wurden in zahlreichen Werken und Schriften verschiedenster Epochen noch weitere Beziehungen zwischen visuellen und akustischen Sinneswahrnehmungen thematisiert, die unter dem Begriff der Optophonetik subsumiert werden. Das weitaus häufigste Phänomen assoziativer Symbiosen von verschiedenen Sinnesreizen ist die Audition Colorée, das Farbhören. Dieser Begriff umreißt das Auftreten von Farbempfindungen beim Hören von Tönen oder Musik. Bestimmte Tonfolgen und Farbgestaltungen werden als harmonisch, andere als disharmonisch empfunden. Niederfrequente Töne werden mit dunklen, gedeckten Farben, hochfrequente Töne mit hellen, strahlenden Farben assoziiert. Der in der Musik gebräuchliche Ausdruck der Klangfarbe unterstreicht diese Beziehungen zwischen Bild und Ton. Vermutlich im Rückgriff auf die Musiktheorie der platonischen Akademie hat bereits Aristoteles harmonische Farbkombinationen und musikalische Konsonanzen auf gemeinsame einfache Zahlenverhältnisse zurückgeführt. Aber erst das späte Mittelalter und die darauffolgenden Epochen haben im Zuge der Wiederentdeckung griechischer Klassiker diese Thematik wieder aktualisiert. 1641 stellte der Jesuit Athanasius Kirchner, Mathematiker, Naturwissenschaftler und ägyptischer Sprachforscher, fest, den Farben ist „Harmonie gegeben, welche nicht weniger als die Musik das Gemüt zu bewegen große Macht besitzt."[3]

Die Theorie der Malerei bediente sich des Farb-Ton-Vergleiches, um das Erfordernis eines harmonischen Kolorits zu unterstreichen. Der Gedanke, Farbgebung und Komposition eines Gemäldes müßten dem Auge die gleiche Harmonie bieten wie die Musik, wurde seit Mitte des 18. Jahrhunderts popularisiert. Auf vielen Gemälden des Barock finden sich die drei Grundfarben Blau, Gelb, Rot, die dem in der Barockmusik oft verwandten Dur-Grund-Akkord entsprechen. Die Leichtigkeit und Verspieltheit der Musik des Rokoko findet beispielsweise in den Gemälden von Poussin und Watteau ihren bildnerischen Ausdruck. Ludwig Tieck formulierte, daß es „zu jeder schönen Darstellung (...) gewiß ein verbrüdertes Tonstück gibt, das mit dem Gemälde gemeinschaftlich eine Seele hat."[4]

Die wissenschaftliche Formulierung der Begründung der Harmonie der Farben setzt mit Sir Isaac Newtons 1704 datiertem Versuch ein, mathematisch nachzuweisen, daß die sieben Spektralfarben mit den Intervallen der dorischen Tonleiter, einer der alten Kirchentonarten, übereinstimmen, indem er die Frequenzen des Farbspektrums mit denen der Tonskala verglich. Goethe warf dem Newtonschen Modell später eine zu starre Koppelung an die Physik vor, die eine künstlerische Ausweitung der musikalischen Ordnung auf die Farben blockiert, da der einfache parallele Schwingungsvergleich zwischen Tönen und Farben wider die Empfindung läuft. Das immaterielle Element der Farben, die Verwandtschaft als Lichtwelle zur Tonwelle, inspirierte schon früh Künstler und Techniker, sie wie Töne zu modulieren und Maschinen zu entwickeln, die simultan akustische wie visuelle Eindrücke erzeugten. Basierend auf Arcimboldos Farbnotierungen für Musikinstrumente[5] und in Auseinandersetzung mit Kirchner und Newton konstruierte der französische Jesuit Louis-Bertrand Castel (1688–1757) sein „Clavecin oculaire", wobei durch den Anschlag einer Taste farbige Seidenbänder, von hinten beleuchtet, eine optische Begleitung zur Musik lieferten. Sein Augencembalo sollte nicht nur akustische in optische Genüsse umsetzen, und so auch Gehörlosen zur Erbauung dienen, sondern gleichzeitig Regeln harmonischer Farbverbindungen in der Malerei begründen. Um diese für die Nachwelt zu erhalten, dachte Castel daran, Musik nach dem Farbklavier auf Vorhänge und Tapeten übertragen zu lassen. Bainbridge Bishop und Wallce Rimington setzten gegen Ende des 19. Jahrhunderts die Tradition des Lichtorgelbaus fort. Rimingtons Instrument erzeugte projizierte Farbflächen synchron zu den auf einer separaten Orgel gespielten Tonfolgen. Der russische Komponist Alexander Scriabin ließ für seine Komposition „Promotheus" eine „Tastiera Luce" von Rimington konstruieren, mit der bei der New Yorker Vorführung 1915 Lichtprojektoren auf eine Leinwand geworfen wurden. Sein Hauptwerk „Mystere", konzipiert als ekstatisches Gesamtkunstwerk aus verschiedenen Sinnesempfindungen durch Musik, Licht, Tanz, Farbe, Duft und Sprache blieb jedoch unvollendet. In den „Reflektorischen Lichtspielen" von Kurt Schwerdtfeger und Ludwig Hirschfeld-Mack wurden Arbeiten in dieser Richtung am Bauhaus weitergetrieben. Der Komponist Alexander Laszlo versuchte sich nach eingehenden Untersuchungen über Farblichtmusik an synästhetischen Formen, genauso wie der Musikforscher Georg Anschütz, der in den Jahren 1927 bis 1931 in Hamburg verschiedene Kongresse zu diesem Themenkomplex veranstaltete. Äquivalente synästhetischer Entsprechungen versuchte Enrico Pamploni in seinen Gedanken über „Chromophonie – die Farbe der Töne" zu beweisen. Antonio Riccardi gründete basierend darauf 1920 das „Teatro del Colore", welches nicht auf narrative Handlungsstränge ausgelegt war, sondern auf den „Versuch, abstrakte Farb-Form-Bewegung synchron zur Musik" zu bringen.

„Dieses futuristische Chromodrama setzt die Farbe als Handlung und strebt (...) eine malerische Lichtmusik an."[6] Klangvorstellungen, wie sie in solcher Lichtmusik zum Ausdruck kamen, setzten auch Akzente in der Malerei vor dem ersten Weltkrieg. Apollinaire nannte die Malerei, die durch Farbe und stimmungshafte Werte Analogien zur Musik hatte, „Orphismus". Zum Kreis dieser Maler zählte Frantisek Kupka, dessen Bilder Titel wie „Solo einer braunen Linie", „Fuge in Rot und Blau" oder „Warme Chromatik" trugen. Später wandten sich auch Patrick Bruce, Robert Delaunay und Wassily Kandinsky dieser Richtung zu. Immer wieder beschäftigte sich Kandinsky mit der Thematik des Farbenhörens. In seinem Buch „Über das Geistige in der Kunst" widmet er diesem Komplex breiten Raum. Kandinskys Interesse an den Wechselbeziehungen der Künste und ihrer Grenzerscheinungen läßt sich nach seinen Angaben in seine Moskauer Zeit, die neunziger Jahre des letzten Jahrhunderts, zurückdatieren. Er beschreibt seine Visionen durch Klangempfindungen anläßlich einer Aufführung von Wagners Lohengrin: „Die Geigen, die tiefen Baßtöne und ganz besonders die Blasinstrumente verkörperten damals für mich die ganze Kraft der Vorabendstunde. Ich sah alle meine Farben im Geiste, sie standen vor meinen Augen. Wilde, fast tolle Linien zeichneten sich vor mir."[7] Als er 1912 mit Paul Klee zusammen den Almanach „Der Blaue Reiter", ein Forum für alle Kunstgattungen, schuf, suchte er den Kontakt zu anderen fachübergreifend experimentierenden Künstlern. Er interessierte sich für die Versuche Alexander Scriabins und seine Pläne eines Gesamtkunstwerkes. Mit Arnold Schönberg plante er eine Verfilmung seines musikalischen Werkes „Die glückliche Hand". Kandinsky benutzte Farbprojektionen u.a. bei seiner Visualisierung von Modest Mussorgskys „Bilder einer Ausstellung" am Dessauer Bauhaus 1928. In seiner Schrift „Der gelbe Klang" entwickelte er weitergehende Theorien über assoziative Bindungen verschiedenster Sinnesbereiche im Zusammenhang eines geplanten Bühnenwerks.

Härter und kantiger als die von Klangfarben und Harmonien bestimmten Bilder Kandinskys sind die Werke der frühen holländischen Abstrakten, des De Stijl und besonders Theo van Doesburgs und Piet Mondrian, dessen Arbeiten stark rhythmische und serielle Züge aufweisen und in den Boogie-Woogie-Bildern der vierziger Jahre quasi Basismodelle späterer struktureller Filme darstellen.

Schon 1928 wandte sich Karl Teige gegen die Blüten synästhetischer Experimente. Zwar leugnete er nicht das Phänomen der „Audition Colorée" als archaischen Rest einer ehemaligen Einheit der Sinne. Aber er konstatierte eine restaurative Tendenz zum romantischen Traum von Gesamtkunstwerk, wenn spezielle Dispositionen dazu dienen, konstatierbare assoziative Bindungen zwischen visuellen und akustischen, den „funktionellen Supplementarismus" und die „sensorielle Äquivalenz"[8] zum ästhetischen

Programm zu erheben. Oftmals sah er in solchen Werken fragwürdige Analogien zwischen Musik, Malerei und Bewegung und Momente des Unmotivierten und Beliebigen, wie Adorno bemerkt: „Das Schlechte an Synästhetik ist eins mit dem unsachlichen; es fällt unter das Verdikt von Loos."[9] Neben seinem puristischen Einwand der „individuell willkürlichen und launischen Art" der verschwommenen „Verkettung von Malerei und Musik", sah er „die Unterwerfung des Farbschaffens unter das Diktat von Rhythmus und Melodie".[10, 11]

Die engen Verknüpfungen zwischen Musik und Film betont Sergeji Eisenstein in seiner Analyse einer Sequenz aus *Alexander Newsky* (UDSSR 1938), wenn er von tiefgreifenden und authentischen Beziehungen und Verhältnissen spricht, „dann kann dies nur geschehen in Bezug auf die Beziehungen der der Musik und dem Bild zugrundeliegenden Bewegungen, d.h. zwischen den Elementen der Komposition und der Struktur. Wir können nur von dem sprechen, was tatsächlich vergleichbar ist, nämlich von der Bewegung, die zugleich dem Gesetz des Musikstückes und dem Gesetz der visuellen Darstellung zugrundeliegt."[12]

Der russische Maler Leopold Survage hoffte, als er 1912 damit begann, seine abstrakten Aquarelle für sein Projekt RYTHMES COLORES POUR LE CINEMA anzufertigen, ein neues Medium zu entwickeln, das die Malerei, ähnlich der Musik, von natürlichen Vorbildern befreit und sie um die Zeitstruktur einer Abfolge von „farbigen Rhythmen" erweitert. Er stellte Tausende von Phasenzeichnungen her, finanzielle Schwierigkeiten und der Ausbruch des ersten Weltkrieges verhinderten allerdings die Realisierung seiner „Visuellen Zeitkunst". Ebenfalls unvollendet bzw. verschollen sind die Filme der italienischen Gebrüder Corradini (Bruno Corra und Arnaldo Ginna). Ihre Beschäftigung mit Farblichtmusik in praktischen Experimenten des Orgelbaus und in der theoretischen Auseinandersetzung führte sie schließlich dazu, diese Verfahren auf den Film zu übertragen. Nachdem die Versuche mit der Lichtorgel nicht die erwarteten Qualitäten der Lichtintensität erreichten, schreibt Corra: „... Wir wandten uns dem Film zu, und es schien uns, daß dieses Medium, leicht modifiziert, ausgezeichnete Ergebnisse liefern könnte, da die Lichtintensität die stärkste war, die man sich wünschen konnte."[13]

Die Corradinis benutzten dafür die Technik des „handmade films", indem sie Rohfilme einfärbten und den Einzelkader, umgerechnet auf die Vorführgeschwindigkeit, als Zeitmaß benutzten. Damit nahmen sie bereits Formprinzipien des absoluten Films der Zwanziger Jahre in Deutschland vorweg.

Der Schwede Viking Eggeling begann als Maler, von Seurat und Cezanne inspiriert, sich schon früh einer Abstraktion in seinen Bildern zu nähern. Angeregt von kubistischer Perspektivsimultanität, futuristischer Darstellung von Bewegung und suprematistischen Harmonieanschauungen, befaßte er sich ab 1915 mit der

Ausführung von Rollenbildern. Hierin sah sich Eggeling seiner Forderung von der Sichtbarmachung der Zeit nach musikalischen Strukturen nahe. An dieser Stelle wird jedoch deutlich, daß die Malerei hier ihre Grenzen erfährt. Selbst mit der Expansion der Bildformate war es nur möglich, wenige Teile oder quasi Momentaufnahmen der Musik bildnerisch darzustellen. Der Wechsel in andere mediale Vermittlungsformen erschien nur konsequent. Für den verschollenen Film *Horizontal-Vertikal-Orchester* fertigte er ca. 5000 Einzelzeichnungen an, die 1920 auf dem Tricktisch animiert wurden. Dazu Eggeling: „Die Arbeiten werden im Film ihre Verwirklichung finden. Der Vorgang selbst: gestaltende Evolutionen und Revolutionen in der Sphäre des rein künstlerischen (abstrakten), analog etwa den unserem Ohr geläufigen Geschehnissen der Musik."[14] Im Herbst 1924 wurde sein Film *Diagonal Symphonie* fertiggestellt und im Mai 1925, kurz vor seinem Tod, uraufgeführt. Mit einem begrenzten weiß-grauen Formenkanon entwickelte er Reihen von minimalen Veränderungen, Variationen, Kontrapunkten in einem schwarzen Bildraum. „Eggelings Filme sind Musik zum Sehen. In ihnen, die selbstverständlich ohne Musik gespielt wurden, lösten und begegneten sich volle und leere Flächen, verkürzte und verlängerte Kurven, Dreiecke, Doppelstriche, harfenartige Gebilde, die anschwollen und wieder verschwanden – sinking rising –. Mit Anzahl, Intensität, Position, temporaler Quantität, Proportion, Analogie und Kontrast der Formen schuf er auf der Fläche der Leinwand Rhythmus und Bewegung."[15]
Zur gleichen Zeit wie Eggeling und in teilweiser Zusammenarbeit mit ihm entwickelte Hans Richter den zentralen Begriff seines Werkes „Unter Film verstehe ich Rhythmus." Richter versuchte, Zeit in verschiedenen Rhythmen zu organisieren und intendierte damit einen quasi musikalischen Rhythmusbegriff. „Auf der Leinwand sind Fliegen und Laufen allein den Gesetzen der filmischen Bewegung unterworfen. (...) So ist es nicht die natürliche, sondern die künstlerische Bewegung, die den Objekten im Film Bewegung gibt, d.h. eine autonome rhythmische Bewegung, deren Variationen und Impulse den Teil eines künstlerischen Plans bilden."[16]
1919 stellte er sein erstes Rollenbild, *Präludium*, her, weitere, *Fuge, Orchestration* usw., folgten. Um die Kinetik dieser abstrakten Zeichnungen voll zur Geltung kommen zu lassen, entstand sein erster Film *Rhythmus 21*. Richter gestaltete sein bildnerisches Material hierin durch Kombinationen, Kontraktionen und Augmentationen weißer, schwarzer und grauer Rechtecke nach Kriterien musikalischer Zeitorganisation, dem Rhythmus als neues, auf die reinen Bildfolgen bezogenes Bewegungsprinzip. Er verwendet das Filmnegativ als Positiv in einem rhythmischen Gegeneinander von Quadraten und Rechtecken. „Das einfache Rechteck der Filmleinwand konnte leicht geteilt, unterteilt und orchestriert werden. (...) Ich begann, (...) mehrere Reihen von

Hans Richter:
Filmstudie (Deutschland 1926)

Papier-Rechtecken und -Quadraten zu verfilmen – in allen Größen und von dunkelgrau bis weiß. In Rechteck und Quadrat hatte ich eine einfache Form, ein Element, das leicht in seinen Beziehungen zum Rechteck der Filmleinwand kontrolliert werden konnte. So ließ ich meine Papier-Rechtecke und -Quadrate in gut artikulierten Zeiten und geplanten Rhythmen wachsen und verschwinden, springen oder gleiten."¹⁷ Bis 1925 stellte er noch zwei weitere rhythmisch abstrakte Filme, *Rhythmus 23* und *Filmstudie*, her. Letzterer aber schon durchmischt mit verfremdeten Realaufnahmen.

Auf einen grundlegenden Widerspruch in den abstrakten Werken Eggelings und Richters, mit dem musikalischen Terminus der Partitur zu operieren, ohne über das hauptsächliche Kriterium der Partitur, „nämlich die genaue Notierung des Zeitmaßes und des Bewegungsablaufes zu verfügen"¹⁸, machte der Bauhausschüler Werner Graeff schon zu Beginn der Zwanziger Jahre aufmerksam. In den Jahren 1922/23 schrieb er zwei Filmpartituren exakt nach den klassischen Kriterien einer musikalischen Notierung. Seine Konzepte wurden jedoch wegen Geldmangels erst Mitte der Fünfziger und zu Beginn der Siebziger Jahre realisiert. Graeffs Material der *Filmpartitur II/22* ist denkbar einfach. Quadrate, Rechtecke verschiedener Größen, Weiß und Schwarz. Sein Zeitmaß ist der 3/4-Takt, entsprechend den Verhältnissen der Filmprojektion, dieses 3/4-Maß nimmt Graeff als Grundlänge der

Einstellung (3/4 Sekunde) und variiert diese nach musikalischen Mustern der Zeitorganisation. Analog dazu verhalten sich die Größenverhältnisse im An- und Abschwellen.

Die Prinzipien der Filmpartitur waren notwendigerweise an den abstrakten Film gekoppelt, da dessen Bilder von berechenbaren Kombinationen geometrischer Flächen- und Linienkonstellationen und nicht Realszenen abhängig waren. Die Anlehnung an die Musik erfüllte für den abstrakten Film im wesentlichen zwei Aufgaben: Zum einen diente sie als Legitimation, eine Kunst durchzusetzen, die ähnlich der Musik, unabhängig vom Abbild, eine eigene Autonomie entwickeln sollte; zum zweiten half sie als Modell für die Koordination filmischer Raum-Zeit-Parameter. „Befreit vom Zwang zur Repräsentation vermag der Film die wiedergefundene Zeit, die vordem in der Story nistete, in einem der Musik günstigen Kontinuum abzubilden, sie sogar reversibel zu machen und in musikalischen Formen nach quasi musikalischen Verfahrensweisen zu organisieren."[19]

Die Idee einer Musikalisierung visueller Abläufe teilte auch Walter Ruttmann mit Richter und Eggeling. Aber im Gegensatz zu ihnen, die die Musik allein aus den Bildern klingen lassen wollten, ließ Ruttmann seine Filme, *Opus I–IV*, mit speziell dafür komponierter Musik vorführen. Max Butting und Hanns Eisler schrieben Musiken für seine Filme. In der Technik der Kinematographie sah Ruttmann das Instrument zur Erfüllung seiner Visionen über eine neue Generation von Kunstschaffenden. „Es wird sich deshalb ein ganz neuer, bisher nur latent vorhandener Typus von Künstlern herausstellen, der etwa in der Mitte von Malerei und Musik steht."[20] Die zeitgenössische Kritik sah allerdings in der Musik eine über die synchrone Begleitung der Bilder nicht hinausgehende Erscheinung und wies auf ein Dilemma einer ästhetisch ambitionierten Kopplung von Musik und „Malerei mit Zeit" hin, nämlich daß das eigentlich visuelle Primäre zum Sekundären der Illustration musikalischer Strukturen verkommt. Andere sahen gerade durch die Musik den eigentlichen Zusammenhang der Bilder erst gestiftet. „Geburt des Films aus dem Geiste der Musik."[21] In seinen Langfilmen *Berlin, die Sinfonie der Großstadt* (1927) und *Melodie der Welt* (1929) ordnete Ruttmann Realszenen unter einem Thema derart, daß ein Handlungsstrang nicht notwendig ist, sondern die Abfolge der Bilder aus dem Leitmotiv, Analogien und Kontrasten ersichtlich wird. Verschiedene Tätigkeiten von Menschen, Verkehrsgewühl etc. zu wechselnden Tageszeiten bestimmen Einstellungslängen, Bildgestaltung und Montageform. Kurzschnitt bei der Rush-Hour, längere Einstellungen während der Mittagssequenzen bestimmen das Zeitmaß des Films. Zusammen ergibt sich ein schneller, kaleidoskopartiger Wechsel von Realitätsfragmenten, „der die Designate mancher Bildfolgen durch Kurzschnitt, Bildstürze und Überblendungen gegen Null tendieren läßt"[22] und damit wieder Beziehungen zu den früheren abstrakten Filmen knüpft, die

Ruttmann quasi als Exposition diesen Realfilmen voranstellte. Ähnliches intendierte auch Joris Ivens mit seinen impressionistischen Filmen *De Brug* (1928) und *Regen* (1929), indem er verschiedene Ansichten eines einzigen Sujets zu einer visuellen Klangfolge zu verbinden suchte. Ihm ging es darum, das „ABC von Bewegung und Rhythmus" experimentell zu erkunden. Seine Filme waren, wie Ruttmanns sinfonische Filme, weniger dokumentarischer Natur, sondern visuelle Etüden, die ähnlich mit ihrem Gegenstand umgehen „wie sie ein Poet oder Musiker behandelt hätte und nicht ein Reporter."[23]

Dziga Vertovs Überlegungen zur „Filmschrift", zur zeitlichen Organisation der Bilder im Filmablauf, führten ihn zur Theorie einer Konstruktion durch den kontrollierten Einsatz von Kadern im Sinne von allgemeingültigen Zeichen wie Buchstaben oder Noten. Die Schrift des Films offenbart sich nicht durch die Inszenierung im Bild, sondern durch die Montage des Bildvorrates. Er verwendete daher dokumentarisches Material als quasi unbesetzten Stoff, der erst im Zusammenklang der Bilder seine Bedeutung, die von Vertov geforderte „Prawda" (Wahrheit) freilegt. Hierdurch schafft er Segmente, die zu nächst höheren Einheiten zusammengesetzt werden können und komplexere Strukturen erhalten. „Material – die Elemente der Bewegungskunst – sind die Intervalle (die Übergänge von einer Bewegung zur anderen) und keinesfalls die Bewegungen selbst. Sie (die Intervalle) geben auch der Handlung die kinetische Lösung. Die Organisation der Bewegung ist die Organisation ihrer Elemente, d.h. der Intervalle in Sätzen. (...) Das Werk baut sich ebenso aus Sätzen auf, wie der Satz aus Intervallen."[24] Hierin zeigt sich Vertovs Verwandtschaft zu den russischen Futuristen und Konstruktivisten, die Realität gleichsam mit technischen Methoden neu zu konstruieren versuchten.

Seine Montagetabellen zu seinem Film *Der Mann mit der Kamera* (1928) geben Auskünfte über die Praxis seiner Filmarbeit. Sie beinhalten „verschiedene Auszählungsergebnisse, ähnlich einem Notensystem, eine Ausarbeitung von Rhythmen, Intervallen etc.."[25] Sein aus der realen Umwelt entnommenes Material gliedert er in der Ziffernaufzeichnung der Schlußsequenzen, dem „Kinoapparatom" vom *Mann mit der Kamera* nach Zahlenreihen in einem graphischen Schema, wie es in Kompositionsnotierungen verwendet wird und weicht damit von traditionellen Wegen der filmischen Erzähltechnik ab. Eine Anzahl von 13 Einstellungen wird in 117 „Sätzen" unterschiedlicher Länge (zwischen minimal 2 Kadern und maximal 90 Kadern) in einem partiturähnlichen System in ihren zeitlichen Abfolgen zu einer „visuellen Sinfonie" ohne Schauspieler, Dekoration und Zwischentitel, allein aus den Teilen einer „überrumpelten Realität" bestehend, strukturiert. Die Wiederholungen nahezu gleicher Einstellungen geben dem Film einen seriellen Charakter und weisen Ähnlichkeiten mit den metrischen Filmen des Wiener Formalismus und den späteren

strukturellen Filmen auf, als dessen Vorläufer man Vertov bezeichnen kann.
In den Zwanziger Jahren war das Programm „Musik zum Sehen" unter den experimentellen Filmemachern in Frankreich weit verbreitet. Ihr „Cinéma Pur" sollte nach Jean Epstein, befreit vom Sujet, allein phonogenetischen Gesetzen unterworfen sein. Der von ihnen benutzte visuelle Vorrat war zwar nicht, wie im deutschen abstrakten Film, auf nahezu völlig gegenstandslose Motive fixiert, benannte aber den „Filmrhythmus als eine Potenz, die jenseits von Tatsachenlogik und Realität Visionen erzeugt, wie sie nur im Verein von Linse und Filmband zustande kommen."[26]
Dieses Postulat setzte Henri Chomette, der Bruder René Clairs, seinen Filmen *Jeux des reflets et de la vitesse* (1923–25) und *Cinq minutes de cinéma pure* (1925) voraus, ohne das gesteckte Ziel zu erreichen, sondern ersetzte den Rhythmus durch Tempo in schnell wechselnden, teilweise verrissenen Einstellungen von vorzugsweise abstrakt fotografierten Lichteffekten und Objekten, sowie rasanten Kamerafahrten im nächtlichen Paris.
Einen bedeutenden Beitrag der Definition von optischer Musik lieferte Germaine Dulac in ihren Überlegungen zum visuellen Wesen des Films. Am Ende der 20er Dekade suchte sie in kurzen Filmen diese Ideen zu transferieren. Diese Werke sind von der Geschichtsschreibung kaum behandelt worden und sind wesentlich unbekannter als ihre früheren Filme *Mort du solei* (1922), *Le diables dans la ville* (1924) und vor allem *La coquille et le clergyman* (1928). Zwischen 1928 und 1929 drehte sie drei kurze, auf dem Modell der Musik aufgebaute Filme von rhythmisch visueller Thematik. Germaine Dulac bezeichnete diese Filme als Experimente des „reinen Kino", mit dem sie auf ein Kino ohne literarische Vorlagen abzielte, allein bestehend aus Linien und Körpern. Abstrakt musikalisch bewegte Malerei war nicht ihr Ziel, doch die Musik erfüllte eine wesentliche Funktion. Hierin sah sie die Möglichkeit der Befreiung des Films von der Doktrin der traditionellen narrativen, illusionistischen Künste. „Nur die Musik kann ähnliche Empfindungen hervorrufen, wie sie der Film auslöst (...) auch die Musik hat keine präzisen Grenzen. (Der Film ist) die Kunst des Sehens, so wie die Musik die Kunst des Hörens ist. (Er soll zur) aus Bewegung und Leben bestehenden visuellen Idee (führen)."[27]
Ihre Filme – *Arabesques, Thèmes et Variationes* und *Disque 927* – versuchen Stimmungen, inspiriert von meist klassischer Musik, in stumme Bilderfolgen zu übersetzen. In *Arabesques* beispielsweise arrangiert sie verschiedene Motive, um die emotionalen Obertöne von Claude Debussys gleichnamiger Kompositionen zum Ausdruck zu bringen. Schimmernde tanzende Reflexionen auf der Wasseroberfläche, diffus gebrochene Sonnenstrahlen in Baumkronen oder flackernde Lichter auf den flüssigen Glastropfen am Werkzeug eines Glasbläsers setzt sie ein, um Erinnerungen an Debussys helle impressionistische Klangfolgen zu evozieren. Um

die Auflösung der Gegenstände zu steigern, filmte sie durch Prismen in Wabenform, die die Motive, wellenartig optisch gebrochen, verfremden. Um nochmals darzulegen, daß der Film die visuelle Transformation von Musik exerziert, sind bisweilen kurze Einstellungen klavierspielender Hände eingeschnitten. Diese redundante literarische Referenz erweist sich jedoch als Störfaktor im Filmfluß und besitzt den Beigeschmack des belehrend hinweisenden Zeigefingers.

Im Gegensatz zu den anderen Vertretern des abstrakten bzw. absoluten Films überwiegt bei Oskar Fischinger das Moment des spielerisch Spontanen und Dekorativen. Fischinger gibt in seinen Filmen die strenge Sachlichkeit des frühen deutschen abstrakten Films auf, zugunsten einer mehr melodisch und gefühlsmäßig orientierten Filmsprache. Seine ersten stummen *Studien I–V* (1921–28) sind Bilderfolgen zu populären Tanznummern – Fandango, Foxtrott, Walzer und Jazz –, die während der Vorführung synchron im Nadeltonverfahren abgespielt wurden. Seine Formen entwickeln sich entsprechend der musikalischen Stimmung und nicht aus festgelegten Strukturen einer strengen Partitur, wie Graeff sie forderte.

In seinen *Studien VI* und *VII* vervollkommnete er seine Verbindung von Effekten des Bildrhythmus mit dem musikalischen Rhythmus. Erstmals synchronisiert er seine Filme mit einer Lichttonspur, was der Musikalität seiner „tanzenden Linien" eine größere Präzision verleiht. Mit seiner *Studie VII* wird er, auch dank der Einführung des Tonfilms, einer größeren Zuschauerschaft bekannt, als eben dieser Film als Vorfilm in deutschen Premierenkinos eingesetzt wurde. „*For Study No. 7*, Fischinger found in Brahms' Hungarian Dance No. 5 a perfect vehicle for his optical experiments. On one hand, the sharp, fast rhythms are an ideal counterpoint for Fischinger's first complete exploration of absolute darkness as a space matrix, with hard-edged shapes twisting, flickering and curving through it, rushing past the viewer, razor thin, with astounding illusions of depth. On the other hand, the sensuous gypsy violins are played off against soft but solid shapes that curl about each other with rich geometric languor. Alltogether the images are an excellent culmination of the basic visual concepts Fischinger had been working out in the first six studies, wherein the figures gain a modicum of interest in themselves, but function primarily as tracers of complex space constructs."[28]

Seine „Klingenden Ornamente" popularisierten die Gattung des abstrakten Films derart, daß Fischinger in der Folgezeit auch Aufträge für Werbefilme in gleicher Manier erhielt. *Koluratura* (1932) nach dem Schlager „Was kann so schön sein", *Kreise* (1933) nach der Musik von Grieg und Wagner, gedreht als erster deutscher Farbfilm in Gasparcolor. Mit seinem 1933 hergestellten Film *Komposition in Blau* zu den „Lustigen Weibern von Windsor" von Otto Nicolai errang er auf der Biennale in Venedig

Oskar Fischinger: *Motion Painting No. 1* (USA 1947)

1935 einen Sonderpreis. Dadurch gewann die amerikanische Filmindustrie Interesse an Fischinger, dessen Situation als abstrakter Künstler in Deutschland zunehmend vom Naziregime bedroht wurde, und er entschloß sich zur Emigration. In den USA arbeitete er u.a. an der Episode *Toccata und Fuge* für den Walt Disney Film *Fantasia*. In seiner weiteren Tätigkeit wandte er sich stärker malerischen Themen zu, deren Übertragung auf Filmmaterial zum ,,3. Brandenburgischen Konzert" von Johann Sebastian Bach als *Motion Painting No. 1* (1947) bekannt wurde. Auch experimentierte er mit Lichtorgeln und konstruierte 1950 einen LUMIGRAPHEN, der 1965 in dem Film *Mutan-Bestien gegen Roboter* von Ib Melchior verwandt wurde. Fischingers Filme sind ohne Musik undenkbar. Fischinger beabsichtigte jedoch nie, Musik nur zu illustrieren, sondern hoffte vielmehr, daß der Zuschauer, daran erinnert, daß die Musik ein wirklich abstraktes Geräusch mit einer tausendjährigen Tradition ist, seine Filme leichter verstehe. Doch erreichte er damit das Gegenteil. Seine Filme wurden weitgehend als bebilderte Musik mißverstanden, und er trug sich von Seiten der Kritik oftmals den Vorwurf der Kunstgewerblichkeit und der Austauschbarkeit seines visuellen Zeichenvorrats ein, wenn er beispielsweise die Musik des ,,6. Ungarischen Tanzes von Brahms" in der *Studie IX* (1930) mit sehr ähnlichen Formvariationen übersetzt, die er in der *Studie XI* (1932) für Mozarts ,,Divertimento" benutzte. Dennoch hat

Oskar Fischinger bei der Arbeit an *Motion Painting No. 1* (USA 1947)

Fischinger die Formsprache des abstrakten Films konsequent weiterentwickelt und sein Werk wurde von entscheidender Bedeutung für seine Nachfolger.

So auch für Norman McLaren, der bereits einige handlungs- und gegenstandsfreie Handmade-Films ab 1933 herstellte. In seinem umfangreichen Werk, welches neben seinen ohne Kamera hergestellten Filmen auch Realfilme und Pixilationstrickfilme umfaßte, kam „es in erster Linie auf das Thema und nicht auf die verwendete Technik an. Dies vor allem, wenn Musik die Grundlage bildet; wenn ich das Wesen einer bestimmten Musik durch verschiedene Formen, Farben, besonders aber Bewegung auszudrücken versuchte. Bewegung stellt für mich die Nahtstelle zwischen filmischer Abstraktion und der Musik her."[29] Während seiner Zeit in der Filmabteilung am General Post Office (G.P.O.) unter John Grierson in London 1937–39 entwickelte er die Grundzüge seiner Techniken und Ästhetiken des Handmade-Films, die von Len Lye stark beeinflußt sind. Lye hatte Verfahren des Malens auf Blankfilm, bzw. des Ritzens in die Emulsionsschicht von Rohfilm schon in den Zwanziger Jahren in Australien benutzt und in zahlreichen Werbefilmen in England zu populärer Musik – zumeist Dixieland – angewendet. McLaren führte Lye's Techniken und Ästhetik in seinen Musikanimationsfilmen, die er für das New Yorker Guggenheim Museum of Non-objective Art herstellte, *Allegro*, *Scherzo*, *Rumba*, *Boogie Doodle* (alle 1940), fort.

Sein Hauptschaffen aber begann er als leitender Regisseur des National Film Board of Canada (NFBC) ab 1941 und seit der Einrichtung einer Abteilung für Trickfilm 1943. Seine bis dahin ohne optischen Abbildungsprozeß hergestellten abstrakten Filme wurden teilweise um reduziert gegenständliche Formen erweitert, die ein metamorphotisches Eigenleben führen und in atemberaubender Geschwindigkeit eine rudimentäre Handlung andeuten.

Die Figuren in *Hen Hop* (1942) zu einem Boogie-Woogie und *Fiddle-de-dee* (1947) zu dem Schlager „Listen to the Mocking Bird" scheinen zueinander in Beziehung zu stehen, tändeln und umkreisen sich, bekriegen einander. In seinem wohl perfektesten rein abstrakten Film *Begone Dull Care – Caprice in Couleurs* (1949) bebildert er drei im Tempo unterschiedliche Musikstücke von Oscar Petersen. Im ersten Teil benutzt er fließende Linien und gesprenkelte Fleckenlandschaften. Der Mittelteil zeigt glitzernde Linien auf schwarzem Grund. Im dritten Teil, dem schnellsten Part, ist das Bild durch vibrierende Muster gefüllt. Seit *Mony a Pickle* (1938) hat McLaren manche seiner Filme mit synthetischem Ton, einer direkt auf die Lichttonspur geritzten Information, versehen. Dieses von Rudolf Pfenninger 1928 zuerst in seiner „Tönenden Handschrift" vorgestellte Verfahren und von Oskar Fischinger zur Erzeugung komplexer Tongebilde und Klänge ansatzweise behandelte Verfahren, verfeinerte McLaren derart, daß es ihm möglich war, nahezu jede beliebige Tonhöhe, verschiedene dynamische Abstufungen, Vibrati und Glissandi direkt auf die Tonspur zu zeichnen. Er beschreibt seinen Animated Sound: „Man sagt, der Ton ist synthetisch, weil er aus ihm fremden graphischen Elementen gänzlich rekonstruiert wird. Die Graphik des Tonstreifens ist nicht mehr das Ergebnis eines Automatismus, sondern eines manuellen Eingriffs (...) zur Schaffung einer neuen und gänzlich originalen Musik, die nie existierte, die auch nie gehört wurde. Alle Töne werden also möglich bis zu jenen, die von Musikintrumenen nicht wiedergegeben oder ausgedrückt werden können."[30] In *Blinkity Blank* (1955) kombiniert er die Musik von Michael Blackburn mit seinem synthetischen Ton, um eine größtmögliche Synchronität zwischen Bild und Musik zu erreichen. Die in die schwarze Filmemulsion geritzten Figuren, die an ein Huhn und einen Wurm erinnern, entspinnen ein konfliktartiges Geschehen, das in der Integration der Gegensätze endet. Das Zwischenschneiden von Schwarzkadern bewirkt eine gelegentliche Explosion der darauffolgenden Bilder, die McLaren mit präzise eingesetzten Percussionsgeräuschen durch synthetischen Ton unterlegt. Die Gesamtmusik harmonisiert mit Spannungsbögen und dem Auf- und Abschwellen der Formen des Filmgeschehens. Im Ergebnis ergibt sich eine exakte Ton-Bild-Textur, die aber nicht in die Verdopplung der Musikmotive mündet, sondern aufgrund der beibehaltenen Formstrenge des Bildes, jedes Medium gleichberechtigt neben dem anderen stehen läßt. Solch puristische Prinzipien setzte

Norman McLaren:
Pas de deux (Kanada 1968)

er in weiteren Filmen mit rein synthetischem Ton wie *Lines* (1960), der nur aus horizontalen und vertikalen Linien besteht, und *Mosaic* (1965), der durch Op-Art Motive von Victor Vasarely beeinflußt ist, fort.

In seinen Trickfilmen suchte McLaren zwar auch eine Kopplung der Filmhandlung an Musikstücke, z.B. in der Serie *Chants Populaires* (1944–49), aber durch die Dominanz der Narration bleibt die Musik den Bildern ständig untergeordnet. Lediglich in seinem Realtrickfilm *Pas de Deux* erreicht er durch Mehrfachbelichtung einer in Zeitlupe aufgenommenen Tanzszene die Einheit von Musik und Bild seiner abstrakten Filme. Durch starke Lichtkontraste und phasenverschobene aufeinander kopierte Bewegungsabläufe schafft er eine fließende, Duchamps „Akt, eine

Treppe herabsteigend" vergleichbare Bewegung, in Korrespondenz zur Panflötenmusik Georges Zamfirs.
Mary Ellen Bute begann ihre Filmarbeit 1934 mit dem stummen Film *Synchronisation*, in dem sie durch ein mathematisch fixiertes Kompositionssystem versuchte, „to illustrate the principles of rhythm in motion."[31] Während ihres Studiums der Malerei und der Bildhauerei interessierte sie sich schon für die Darstellung von Bewegung und experimentierte mit Farbklavieren und graphischer Darstellung mit Hilfe mathematischer Parameter, bis sie an die medialen Grenzen stieß und sich dem abstrakten Film zuwandte. In ihren Tonfilmen, meist zu klassischer Musik von Grieg, Wagner und anderen, *Rhythm in Light* (1936), *Toccata and Fugue* (1940), *Tarantella* (1941) und anderen – von 1936–1941 produzierte sie etwa 2 bis 3 Filme pro Jahr zusammen mit ihrem Ehemann Ted Nemeth – wandte sie Verzerrungstechniken durch Nahlinsen, Prismen, Spiegel und Eisblöcke auf dreidimensionale Objekte wie z.B. Ping-Pong-Bälle, Knöpfe, Zellophan und ausgeschnittenes Papier an, um dramatische Effekte von wachsenden und fallenden Linien, rasanten Impressionen und wechselnder Beleuchtung zu erreichen.
Bute und Nemeth nannten ihre Filme „visual symphonies" und „seeing-soundsynchronies", deren Ziel es war, „to bring to the eyes a combination of visual forms unfolding along with the thematic development und rhythmic cadences of music." Die „strangely beautiful pictorial effects and their surprising rhythmic pattern"[32] kombinierten sie mit theatralischen Klischees wie Komödie, Spannung, Pathos und Drama in der Aktion der Objekte. Nach mehr als 10 Jahren Pause in der Filmarbeit begann sie in den fünfziger Jahren unter der gleichen Maxime in Filmen wie *Polka-Graph* (1953), *Colour Rhapsody* (1954) und *Mood Contrast* (1957) musikalische Eindrücke von Shostakovitsch, Liszt und Rimski-Korsakow zu vermitteln. Als Material benutzte sie nun zur Hauptsache elektronische Bilder und Oszilloskopmuster, wie Lissajous-Kurven, die durch verschiedene Farbfilter übereinanderkopiert wurden.
Zwischen 1939 und 1941 arbeiteten die Whitneys, angezogen von der Erfindungsgabe Oskar Fischingers, in dessen Haus in Los Angeles sie mit anderen Künstlern wie John Cage und Arnold Schoenberg zusammentrafen, an abstrakten Kurzfilmen. Diese ersten *Variations* waren zwar stumm, aber in ihrer Konzeption nach Prinzipien neuer Musik angelegt. Analog einer graphischen Musiknotation bewegen sich geometrische Farbflächen, strukturiert durch den Filmkader. Es entstand eine „graphische Parallele zu den Transpositionen, Umkehrungen und Rückläufen in der Zwölftonmusik."[33] In ihren ersten Tonfilmen lehnten sie den Gebrauch bekannter Musik strikt ab, da dies für sie eine automatisch untergeordnete Illustrationsfunktion des Bildes suggerierte. Um die Einheit der bi-sensuellen Ausdrucksweise zu erreichen, suchten sie nach einer Methode „of creating our own

sound by some means near as possible to the image animating process, technically and in spirit."[34] Für ihre *Five Film Exercises* (1943–44) verwendeten sie Infraschall. „Unser Infraschallinstrument bestand aus einer mit sektorenförmigem Lichtschlitz mechanisch verbundenen Reihe von Pendeln. (...) Kein hörbarer Ton wurde vom Instrument erzeugt. Stattdessen wurde eine optische Tonspur normaler Dimensionierung belichtet, die nach der Entwicklung mit einem normalen Projektionsapparat wiedergegeben werden konnte."[35] Die Whitneys verarbeiteten die so erzeugten Sinusschwingungen wie Arnold Schoenberg die Töne einer Reihe. Für jede *Exercise* wurde eine spezielle Reihe von Frequenzen festgelegt, die durch Ausnutzung verschiedener Aufnahmegeschwindigkeiten von vier parallel aufgezeichneten Lichttonspuren, phasenverschobene Klänge von Gleichschwingung und Kontrapunkt generierte, die in der sogenannten elektronischen Musik erst viel später möglich wurden. Die visuelle Komposition, wie ihre serielle musikalische Entsprechung, ist aus Variationen verschiedener Themen konstruiert. Die Figuren werden vor einem ständig wechselnden Farbhintergrund verkleinert oder aufgeblasen, vervielfacht und minimiert, tauchen farb-, seiten- oder spiegelverkehrt im Bild auf und ab. Jedoch ist die Musik nicht ständig synchron, sondern auf eine serielle Reihung von Analogien und Kontrapunkten zum Bild angelegt.

Ab 1945 arbeiteten die beiden Brüder getrennt auf verschiedenen Wegen filmischen Ausdrucksvermögens. James Whitneys weitere Filme sind inspiriert von Mystik, Meditation und hindubuddhistischer Philosophie. Sein Film *Yantra* (1950–60) besteht aus kleinen Punkten, die sich zu Kreisen zusammensetzen, explodieren, neue Zentren bilden. Diese Punktewelt erinnert an mikro- und makrokosmische Vorgänge, die ebenso als biologische Zusammenhänge der Befruchtung oder Zellteilung, wie auch als brodelndes Universum betrachtet werden können. Die Bewegungen der zentrisch in Mandalaform organisierten Punkte sind im Sinne reiner visueller Musik choreographiert, die Variationen, Umkehrungen und harmonische Gleichgewichte und Ungleichgewichte durch Farbkontraste, Positiv-Negativ-Bilder und Flickereffekte beinhaltet. Auf ähnliche Weise stellte er eine weitere „kosmische Musik" in *Lapis* (1960–63) her, diesmal mit Hilfe eines Analog-Computers animiert. Später wurden seine FIlme oft mit indischen Ragas, einer durch die Beatles belebten Mode, unterlegt, was ihm zu starker Popularität und dem Ruf, führender Vertreter des psychedelischen Films zu sein, verhalf. „Here the hypnotic image is seen pulsating evenly, to the rhythm of a classical raga, which endlessly contracting and expanding circles of multicoloured dots, all moving in complicated counterpoint (...) so that easily becomes an image of the human heart serenely compounding the flow of chemicals throughout the body."[36]

John Whitney hingegen verfolgte sein Interesse für Musik und Technik in den fünfziger Jahren dadurch, daß er Serien von

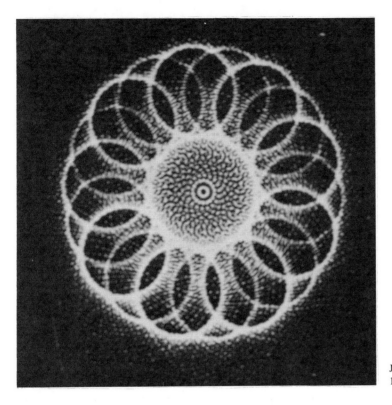

James Whitney: *Yantra* (USA 1958)

Filmen – z.B. *Blues Pattern* (1956) und *Celery Stalks at Midnight* (1957) – mit kalligraphischen Formen in Realzeittechnik herstellte und diese mit Jazz und klassischer Musik präzise synchronisierte. Mit *Catalog* (1961) stellte er seinen ersten Computerfilm her. Überlegungen aus den *Exercises* tauchen in den Verschiebungen und Überlagerungen farbiger Flächen wieder auf. Offensichtlich stehen dagegen andere Teile des Films unter dem Einfluß seines Bruders, z.B. wenn Punktanhäufungen geometrische Farbornamente bilden. 1965 erhielt er von IBM ein unbegrenztes Stipendium, um die Möglichkeiten computergenerierter Animation zu erforschen. In *Permutations* (1967) wurden ähnlich polyphoner Musik Segmente des Films einander überlagert, gleich – oder rücklaufend kontrapunktisch in Beziehung gesetzt. Whitney selbst beschreibt es als verschiedene Arten von Punktmustern, „die mit dem Alphabet verglichen werden können. Auf der nächsten Stufe der Komplexität werden die Punktmuster zu Wörtern geformt, die jedes als Basis 200 Kader Länge haben. Die Wörter wiederum können zusammenhängend in Satzstrukturen gegliedert werden."[37] Diese Organisationsweise behält er in den weiteren Filmen *Binary Bit Patterns* (1969) und *Osaka 1-2-2* (1970) bei. Die Unterlegung all dieser Filme mit indischen Musiken läßt sie jedoch oft als kontemplative Ornamentik erscheinen, ohne jeden strukturellen Verweis auf die Bildkonstellationen. In seinen beiden *Matrix* Filmen (1971 und 73) entspricht dagegen das Prinzip der Filmschleife, die, Grenzbereiche optischer Täuschungen und Nachbildeffekte auslotend, immer wieder neue Sehvariationen erzeugt, den Phasenverschiebungstechniken von Terry Rileys Tonbandschleifen.

Im abstrakten Film der amerikanischen Westküste sind, angeregt von Oskar Fischinger, Len Lye und James Whitney, die Experimente der Sichtbarmachung von Musik im psychedelischen Film der Fünfziger und Sechziger Jahre aufgegriffen worden. Die Verstärkung von Musik angeregter Sinneserfahrungen durch Farbräusche, Bewegung und optische Täuschungen kommt in den Filmen ihrer wichtigsten Vertreter zum Ausdruck. Hy Hirsch verfremdete collagierte Realbilder in *Divertimento Rocco* (1952) und *La Coulleur de la Forme* (1952) zu rhythmischen Form- und Farbvariationen. Harry Smith arbeitete hauptsächlich an Handmade-Filme wie *Early Abstractions* (1939–56), die seine Erfahrungen mit okkulten Riten und Drogen thematisierten.

Jordan Belsons frühe Filme waren gekennzeichnet von seiner Malerei, Meditation, Experimenten mit Drogen und der Musik von Dizzy Gillespie. Ende der Fünfziger Jahre arbeitete er als Visual Director mit dem Komponisten für elektronische Musik Henry Jacobs an der Produktion der VORTEX-CONCERTS im Morrison Planetarium bei San Francisco. Diese Konzerte, in der Tradition der Lichtorgeln und Lichtvorführungen der Zwanziger Jahre, sowie der abstrakten Multiprojektionen der *Sample Lessons* (1951–53) der Brüder Charles und Ray Eames, können als Prototyp späterer Expanded Cinema Aktionen und Lightshows bei Rockkonzerten angesehen werden. Die Konzerte waren eine Serie von Multimedia-Ereignissen, die für Belson „eine neue Form von Theater, basierend auf einer Kombination von Elektronik (Musik), Optik und Architektur (...) ein reines Theater, das direkt die Sinne anspricht",[38] darstellten. Jacobs arrangierte diverse elektronische Partituren verschiedener Komponisten und Belson benutzte abstrakte Dias und ungegenständliches Filmmaterial von James Whitney, Hy Hirsch und ihm selbst, um mit teilweise 70 Projektoren ein visuelles Ambiente zu schaffen, das es ermöglichte, „to tint the space in any color we wanted to. (...) we masked and filtered the light, and used images that didn't touch the frame lines. It had an uncanny effect: not only was the image free of the frame, but free of space somehow, it just hung there three-dimensionally because there was no frame of reference. (...) We were able to project images over the entire dome, so that things would come pouring down from the center, sliding along the walls. At time the whole place would seem to reel."[39] In den Filmen, die nach den Konzerten entstanden, *Raga* (1959), *Allures* (1961), *Re-Enty* (1964), *World* (1970), überwiegt das visuelle Moment, welches meditativ-psychedelisch ausgerichtet, eine „Music of the Spheres" schaffen sollte. Sein Bildvorrat ist ähnlich dem von James Whitney, nur um Verfremdungen mit einem Videosynthesizer erweitert. Die elektronische Musik erfüllt in seinen Filmen nur noch eine untermalende Komponente. Unter den ersten wichtigen Avantgardefilmen in Europa nach dem Zweiten Weltkrieg sind die Arbeiten der Vertreter des sogenannten Wiener Formalfilms ab Mitte der Fünfziger Jahre entscheidend von musikalischen Strukturen beeinflußt. Unter den Repräsentanten dieser Richtung – Kurt Kren, Ferry Radax, die ihr Material mit der Tendenz zur Askese, zur Konzentration, zur Verdichtung und Konstruktion behandelten – sticht besonders Peter Kubelka mit seinen nur wenigen Filmen hervor. Sein Gesamtwerk beträgt nach jetzt 30 Jahren Filmarbeit lediglich knappe 60 Minuten und zeichnet sich durch eine extreme Reduktion des Filmgeschehens und den präzis geplanten Einsatzes des Einzelkaders aus.

Für Peter Weibel steht Kubelka in einer doppelten Tradition: zum einen in der kinematographischen Dziga Vertovs, zum anderen in der musikalischen der Neuen Wiener Schule in der Prägung von Anton Webern. Die Auffassung Weberns, daß in der Musik Töne als Zeitpunkte aufgefaßt und damit zählbar werden, überträgt Kubelka auf sein Filmschaffen. Er setzt den Ton als Einzelbild und die Projektionsgeschwindigkeit als Metrum. Basierend auf dieser Grundannahme entwirft er seine Filme als Reihungen von wenigen verschiedenen Kadern, die er im Sinne serieller Musik zu immer neuen Variationen zusammensetzt. Um die Montage auf kleinste Einheiten anzuwenden und diese nach Gesetzen der Reihentransformation zu organisieren, wandte sich Kubelka vom narrativen Film ab und konzentrierte sein Augenmerk auf abstrakte Bildfolgen. Herman Nitsch rückt die nächsten Filme Kubelkas in die Nachbarschaft zu Zwölf-Ton-Werken in der Musik: „Die seriellen Konstruktionsprinzipien, die Zwölf-Ton-Technik Schönbergs, die Zwölf-Ton-Spiele Hauers, die extreme Verknappung der Musik Anton Weberns, die Bildresultate Piet Mondrians und die Romane von James Joyce waren in vieler Hinsicht die Anknüpfungspunkte für die Wiener Kunst nach 1945 und im besonderen unmittelbare Voraussetzung für die Filme Kubelkas (...) nicht übersehbar ist die ausgeprägte Musikalität an seinen Filmen. Sie ist bis in die Lichtrhythmen erkennbar. Musikalische Gesetzmäßigkeiten sind formale Kompositions- und Ordnungsprinzipien.".[40]

Kubelkas *Adebar* (1957), ein 1 1/2 minütiger Werbefilm für eine Discothek gleichen Namens, ist der erste pure Wiener Formalfilm. Die Silhouetten tanzender Paare strukturierte er als abstrakte Elemente, aufbauend auf 4 je 26 Kader langen Phrasen von Pygmaenmusik, die sich schleifenartig wiederholen. Das visuelle Material besteht aus 16 sowohl positiv als auch negativ vorkommenden Einheiten. Jede Einheit wird einmal vorwärts und einmal rückwärts montiert, gemäß den Reihenpermutationen – Grundgestalt, Umkehrung, Krebs, Krebs der Umkehrung – der seriellen Musik. In *Schwechater* (1958), ebenfalls ein Werbefilm, konstruierte er den Rhythmus des Films aus Schwarz-, Weiß-, Rot-

und Realbildeinzelkadern, die nach dem Gesetz der geometrischen Reihe 1-2-4-8-16 montiert wurden. Ist dieses Schema durchlaufen, beginnt es von vorn, 1440 Kader lang, genau eine Minute, um am Ende, gleichzeitig der Maximalwert einer an die roten Kader gekoppelten Sinusschwingung, den Namen des Produktes, des Schwechater Bieres, zu zeigen. Radikaler noch ist die Ästhetik der Reduktion im 7-minütigen *Arnulf Rainer* (1958–60). Beeinflußt von den monochromen Bildern Rainers, der bereits in den fünfziger Jahren an minimalistischen Bildkonzepten arbeitete und nach dem Vorbild der Maler der Stijl-Gruppe die Proportionen seiner Werke durch Zahlenreihen festlegte. Kubelka übernahm diesen ästhetischen Gestus und reduzierte den Film auf die Grundelemente Licht, Dunkel, Ton und Stille, deren Organisation er nach Reihungstechniken vollzog. Hierin ähnelt sein Werk dem Film von Tony Conrad *The Flicker* (1966), der dieses Prinzip über 30 Minuten lang ausdehnt. Der Ton in *Arnulf Rainer* ist analog zum Weißkader weißes Rauschen, den Schwarzkadern entspricht Stille. Peter Weibel sieht in diesem Film Kubelkas Hauptschaffen und sein musikalistisches Werk: „Nicht nur die mit dem Film beinahe identische Partitur ist dafür Indiz. Weberns Emanzipation der Pause als gleichrangig mit dem Ton hat hier mit der Emanzipation der Dunkelheit gegenüber dem Licht und im weiteren der Gleichrangigkeit des Tons mit dem Bild wohl ihre letzte Exposition erreicht."[41]

Kubelkas Filme sind strukturelle Filme, die musikalischen Inspirationen entstammen; im Gegensatz zu späteren strukturellen Filmen, die im Experimentalfilm der sechziger und siebziger Jahre dominieren. Auch ihnen ist das Prinzip der Reihung nach mathematisch genauen Konstruktionen mit Kubelkas Filmen gemein, Musik wird zwar auch als wesentlicher Faktor zur Unterstützung der Bildwirkung eingesetzt, aber im Vordergrund stand die Thematisierung visueller Perzeptionsprobleme.

Die Filme von Bruce Connor bilden eine weitere axiomatische Entwicklungsstufe der „visual music". Teilweise nach dem Takt der Musik geschnitten, teilweise aus der Schnittfolge selbst den Sound erzeugend, zeigen sie vorgefundene Realitätsfragmente in schneller Montage. „His *A Movie* (1958) is a collage of everything that goes to make up film. (...) It begins with academy leader followed by the title, a credit and some dramatic music. After a series of false beginnings of film hopes intercut and rising, the film launched into images of the movies. Some you know (moments of greatness, newsreel portraying real life dramas) and some you don't know (chases with cowboys, motorcycles from old films, roses, animals, crescendos of existing film moment, push button, torpedos, crash, gush, a bridge bends, the Hindenburg sinks in flames). So the film's dramatic structure, always accompanied by the full orchestrated sound drama, grows from found pieces into an independent existence."[42] Die Betonung der Bewegung der Bilder in Bezug zum Tempo und zum Rhyth-

Pat O'Neill:
Sidewinder's Delta (USA 1976)

mus der Musik setzte er in weiteren Filmen, *Cosmic Ray* (1961) zur Musik von Ray Charles, und *Breakaway* (1966/67) fort. Seine dynamischen Pop-Art Collagen wurden zu Erfolgsfilmen des New American Cinemas.

Michael Snow, selbst professioneller Trompeter, reduzierte sein musikalisches wie visuelles Repertoir auf einfache eindeutige Grundmuster. In *Wavelength* (1967) hört man 45 Minuten lang einen von 50 auf 12000 Hertz ansteigenden Sinuston. Die bildliche Entsprechung ist ein ebenso langer Zoom durch ein Zimmer auf eine Wand, an der ein Bild hängt. Mit Erreichen der höchsten Tonfrequenz ist auch der Zoom an seinem Endpunkt angelangt. Zu sehen ist formatfüllend nur noch das Bild. Es zeigt die Abbildung einer Meereswelle. Snow plante durch die Prinzipien der graduellen Transformation „ein Statement von reiner Filmzeit und reinem Filmraum zu versuchen."[43] In *La Region Centrale* (1970) enthielt er sich schließlich ganz des persönlichen Eingriffes in die Filmgestaltung. Die Steuerung einer eigens für diesen Film entwickelten Apparatur, die Schwenks, Kreisel, Zooms, Rollen und Neigen in sämtlichen Richtungen erlaubte, erfolgte durch auf Tonband aufgezeichnete Sinusfrequenzen. Sein 3-stündiges Werk zeigt wohl die direkteste aller Möglichkeiten der Bewegungsumsetzung von Ton ins Bild.

Mit seinen beiden frühen Filmen *By the Sea* (1963) und *Bump City* (1964) knüpfte Pat O' Neill an die Rhythmik der visuellen

Scott Bartlett: *Metanomen* (USA 1966)

Sinfonien der Zwanziger Jahre an. Es sind Kamerabeobachtungen von Los Angeles und Umgebung und zeichnen sich durch seinen „superb sense of timing"[44] aus. *7362* (1965–7) beginnt als absoluter Film im Sinne Richters. Lichtkreise bewegen sich vor schwarzem Hintergrund. Es folgt eine Reihe von stetig sich verkürzenden Einstellungen in Kontrastmontage zwischen einem tanzenden Mädchen und einer Ölförderpumpe. Der Film endet mit dem Höhepunkt von stroboskopischen Blitzen zur Musik der Band U.S.A.. O'Neill verwendete hier schon aufwendige Masken- und Farbtricks, die er später noch, etwa in *Sidewinders Delta* (1972), vervollkommnete.

In den Siebziger Jahren rückten optophonetische Tendenzen im Experimentalfilm in den Hintergrund, meist wurden Filme nach strukturellen Konzeptionen hergestellt. In den frühen Achtziger Jahrern wurde nach neuen narrativen Formen gesucht. Die Filme *Anneliese* (1981) und *Polkafox* (1983) von Hannelore Kober und Jonnie Doebele spiegeln noch einmal das Bemühen um musikalisch-optische Auseinandersetzung. Gegenstandslose Bilder – Farben in *Anneliese* und Zahlen in *Polkafox* – sind nach den Taktfolgen alter Schlager montiert. Heinz Pramann greift in *Percussion-Movie* (1985) noch einmal die Techniken von McLaren und Kubelka auf.

In Scott Barletts Film *Metanomen* (1966), *On/Off* (1967) und *Moon 69* (1969) kommen erstmals neben den klassischen Filmtechniken die Möglichkeiten des Videomischpultes hinzu. Ed Emshwiller, der seine Beziehung zur Musik und zum Tanz schon 1959 in *Dance Chromatic* filmisch formulierte, bediente sich dieser Techniken der Bildmanipulation, die er für *Scape-Mates* (1972) und *Sunstone* (1979) noch um die Potentiale der Computergraphik erweiterte. Da diese Techniken noch bis vor kurzem sehr kostenintensiv und nur für große Firmen und Fernsehanstalten verfügbar waren, sind nur sehr wenig Versuche freier Umsetzung von Musik in Bilder erfolgt. 1970 wurde die 4-Stunden-Sendung *Beatles from the Beginning to End* ausschließlich mit dem Paik-Abe Synthesizer von Nam June Paik live bearbeitet und vom WGHB TV-Sender in Boston ausgestrahlt. Der Videosynthesizer erlaubte, ähnlich wie in der elektronischen Musik, die Schaffung aller erdenklichen künstlichen Formen, Farben und Bewegung sowie der unbegrenzten Variation von Realbildern. Auch die Musikabteilung des Westdeutschen Fernsehens hat seit Ende der Sechziger Jahre Künstlern aus dem elektronischen Bereich die Möglichkeit gegeben, neue audiovisuelle Ausdrucksformen zu gestalten, die durch die Ausstrahlung einem breiteren Publikum zugänglich gemacht werden konnten. So entstanden u.a. *Supersonic* und *Lux Sonora* (1971) von Jan Morthenson, *Das Auge hört* (1974) von Bernard Parmegiani und *Der Meteorit* (1980) von Jose Montes-Baquer. Als Ende der Achtziger Jahre das Videoequipment billiger und von den Möglichkeiten her vielfältiger wurde, konnte das Videomaterial individuell bearbeitet und stärker durchkomponiert werden. Nach den eher dokumentarischen und konzeptuellinszenierten Werken der Siebziger Jahre, standen nun alle Wege offen, in der Postproduktion gestalterisch zu arbeiten. In Deutschland entstanden 1983/84 *Partitur* und *Holzstücke* von J.-F. Guiton, deren Faszination aus der konsequenten Bearbeitung nach audiovisuellen Schnittrhythmen resultiert. Wie in *10 3/4 Zoll* (1986) von Georg Maas bestimmt hier die zeitliche Abfolge des geschnittenen Off-Tons die Ton-Bild-Ebene. Der Holländer Jaap Drupsteen entwirft in *Hyster Pulsatu* (1984) und *Nederland C* (1986) phantastische Bildräume, in denen fremdartige Gebilde miteinander zu spielen scheinen. Ihre Bewegungen rühren aus dem Ton her; manchmal nehmen sie erkennbare Formen an, dann wieder sind sie Neologismen in der Sprache der Bilder. Minimalistische Tonfolgen und Überlagerungen bestimmen in *A Melody* (1985) von Walter Verdin den Bildaufbau. Wie auf einem Tableaux erscheinen, überlappen und verschwinden Köpfe singender Personen, „Gesichtschoräle" entstehen und variieren. In den Vereinigten Staaten sind John Sanborn, Paul Garrin und Kit Fitzgerald Vorreiter einer experimentellen Videomusik. Sanborn gibt mit dem Musiker Peter Gordon regelmäßig audiovisuelle Editionen in der ANTARCTICA-Serie heraus. Mit Robert Ashley zusammen produzierte er die Video-Oper *Perfect Lives* (USA, GB 1983/84). Kit Fitzgerald arbeitet seit 1977 auf dem

Feld von Video-Klang-Installationen; unter Mitwirkung von Paul Garrin entstand mit *Adelic Penguins* als Video-Computer-Performance zur Musik von Ryuichi Sakamoto das wohl bisher größte optophonetische Spektakel auf dem Jumbo-Tron in Tokio, konzipiert für 50 000 Zuschauer.

Die *BTC-Filme* (ab 1970) der österreichischen Gruppe Ars Media sind schon keine Filme im eigentlichen Sinne mehr, sondern reine Computerprogramme, die Bild-Ton-Impulse liefern: „Das kompositorische Element ist nicht nur der Ton wie bei einem Musikstück oder das Bild, sondern der Ton-Bild-Impuls. Er ist die elementare Grundlage des Programms. Durch das gesetzmäßige Ordnen der Strukturen ergibt sich der Ablauf des *BTC-Films*."[45] Es war ihnen später sogar möglich, dreidimensionale Körper durch den Vergleich mit gespeicherten Klangkörpern auf dem Oszillographen erscheinen zu lassen. Mit diesen Methoden konnten nicht nur „hörbare Farben" sondern auch ausgehend von realen Gegenständen elektronische Klangtransformationen erzeugt werden. Gerade auf dem Gebiet der Computeranimation, der Planung synthetischer Töne und Bilder auf der Basis einer gemeinsamen Programmstruktur wird ein Weg der Visual-Music mit Sicherheit weitergehen.

Osnabrück, 1.10.1986

Anmerkungen

1 Theo van Doesburg zitiert nach Susan Sonntag „Kunst und Antikunst", Reinbek 1965, S. 150.
2 John Whitney zitiert nach Peter Weibel „Anmerkungen zur Zukunftsindustrie" in Experimentalfilm Workshop e.V., (Hrsg.) „4. Experimentalfilm Workshop – Bericht", Osnabrück 1984, S. 165.
3 Athanasius Kirchner „Magnus, sive de arte magnetica", Rom 1641, zitiert nach Albert Wellek „Das Doppelempfinden im abendländischen Altertum und Mittelalter" in „Musikpsychologie und Musikästhetik", Frankfurt 1963, S. 15.
4 zitiert nach Wolfgang Nehring „Wilhelm Heinrich Wockenroder und Ludwig Tieck. Phantasien über Kunst", Stuttgart 1973, S. 53.
5 In einer Inventarliste des Prager Hradschin wird um 1700 eine Perspektivlaute von Arcimboldo erwähnt, über deren Funktionsweise jedoch keine Anhaltspunkte überliefert sind.
6 Antonio Riccardi zitiert nach Paul Poertner „Experiment Theater", Zürich 1960
7 Wassily Kandinsky „Rückblicke", Baden-Baden 1955, S. 15.
8 Karel Teige „Manifeste des Poetismus" in „Liquidierung der Kunst", Frankfurt 1968, zitiert nach Hans Scheugl, Ernst Schmidt jr. „Eine Subgeschichte des Films", Frankfurt 1974, S. 906.
9 Theodor W. Adorno „Über einige Relationen zwischen Musik und Malerei" in Nationalgalerie Berlin, 1974, S. 50.
10 Karel Teige, a.a.O., S. 906.
11 Zur weiteren Problematik sei der Ausstellungskatalog „Vom Klang der Bilder", München 1985 empfohlen.
12 Sergeji Eisenstein „The Film Sense", London 1948, zitiert nach Walter Stock „Film und Musik", o.O., o.J.

13 Bruno Corra „Abstrakter Film – Chromatische Musik", o.O. 1912 in Umbro Apollonio „Futurist Manifestos", New York 1971, zitiert nach Birgit Hein „Film als Film", a.a.O., S. 37.
14 Viking Eggeling „Theoretische Präsentation der Bewegungskunst" in MA 5/1921, Wien, zitiert nach Birgit Hein „Film als Film", a.a.O., S. 42.
15 Peter Weibel „Eggeling" in Film 2/1969, Velber, zitiert nach Hans Scheugl, Ernst Schmidt jr., a.a.O., S. 243.
16 Hans Richter, in Frank Popper „Origins and Development of Kinetic Art", London 1968, S. 159, zitiert nach Birgit Hein „Film im Underground", Frankfurt, Berlin, Wien 1971, S. 25.
17 Hans Richter zitiert nach Birgit Hein „Film als Film", a.a.O., S. 48/49.
18 Werner Graeff „Über den Ursprung der abstrakten Filme", zitiert nach Birgit Hein „Film als Film", a.a.O., S. 58.
19 H. de la Motte-Haber, H. Emons „Filmmusik", München 1980.
20 Walter Ruttmann „Aus dem Nachlaß" zitiert nach Birgit Hein „Film als Film", a.a.O., S. 68.
21 B. Diebold über Opus I, zitiert nach ebda. S. 16.
22 H. de la Motte-Haber, H. Emons „Filmmusik", a.a.O., S. 60.
23 Joris Ivens „Lehrling des Films" zitiert nach Scheugl, Schmidt, a.a.O., S. 387.
24 Dziga Vertov „Schriften zum Film", München 1973, S. 9.
25 ebda. S. 57.
26 Rene Clair „Vom Stummfilm zum Tonfilm", München 1952, zitiert nach Scheugl, Schmidt, a.a.O., S. 131.
27 Germaine Dulac „L'essence du cinéma, l'idée visuelle", Paris 1925, in Frauen und Film Nr. 37, Frankfurt 1984, S. 55.
28 Goethe-Institut (Hrsg.) „German Experimental Films/From the Beginning till 1970", München 1981, S. 5/6.
29 Denis Chevalier „Eintritt frei – Zeichentrickfilm", Lausanne 1963, S. 87.
30 ebda.
31 Lewis Jacobs „Experimental Cinema in America 1921–47" in „The Rise of the American Film", New York 1968.
32 ebda.
33 John Whitney „Bewegungsbilder und elektronische Musik" in „Die Reihe, Informationen über serielle Musik" Bd. IV, Wien 1960, S. 63, zitiert nach Scheugl, Schmidt, a.a.O., S. 1104.
34 John und James Whitney „Audiovisual Music", San Francisco 1947 in P. Adams Sitney „Avantgarde-Film", New York 1970, S. 84.
35 ebda.
36 Parker Tyler „Underground Film – A Critical History", New York 1970, S. 156.
37 John Whitney „Computer Films" in „Cybernetic Berendipity – the Computer and the Arts", London, New York 1968, zitiert nach Scheugl, Schmidt, a.a.O., S. 149.
38 Jordan Belson in „New American Filmmakers. Selection from the Whitney Museum of American Art Film Program", New York 1976, zitiert nach Ingo Petzke „50 Jahre Experimentalfilm", Oberhausen 1980, S. 41.
39 Jordan Belson in Gene Youngblood „Expanded Cinema", New York 1970, S. 389.
40 Hermann Nitsch in Peter Weibel „Der Wiener Formalfilm" in Birgit Hein „Film als Film", a.a.O., S. 179.
41 P. Weibel in Birgit Hein „Film als Film", a.a.O., S. 218.
42 Stephen Dwoskin „Film Is – The International Free Cinema", London 1975, S. 192.
43 Katalog zum 4. Experimentalfilm-Festival in Knokke, zitiert nach Scheugl/Schmidt, a.a.O., S. 652.
44 David Curtis „Experimental Cinema", New York 1971, S. 162.
45 Otto Beckmann „Untersuchung künstlerischer Probleme mit Hilfe von Rechenanlagen" in Ars intermedia: Werkbeiträge zur Computer-Kunst (Katalog), Wien 1971.

Noll Brinckmann
Die weibliche Sicht

Sicherlich ist der historische Augenblick noch nicht gekommen, von dem aus man mit Gewißheit darüber sprechen kann, was eine weibliche Filmästhetik von einer männlichen unterscheidet. Noch liegt zu wenig Material vor, haben viel zu wenig Frauen in dem Medium gearbeitet, als daß sich endgültige Aussagen machen ließen. Aber man kann bereits konstatieren, daß bestimmte ästhetische Formprinzipien in der Kunst von Frauen häufiger vorkommen als in der von Männern (und dies mehr oder weniger unabhängig von der Gattung, in der gearbeitet wird). Außerdem, daß die Ablehnung, der Mißerfolg weiblicher Kunst in einem gewissen Zusammenhang stehen mit dem Grad ihrer formalen Andersartigkeit. Erfolg oder Mißerfolg eines Werkes hängen begreiflicherweise von seiner Verständlichkeit ab. Die Schwierigkeiten, die manche experimentellen Filmemacherinnen haben, gehen zur Zeit weniger auf das Konto sexistischer Machtstrukturen als auf das einer – oft allerdings borniertien – Verständnislosigkeit für ihre Formensprache. Dies beweist der Erfolg mancher Filme von Frauen, die zum Teil ebenfalls eine dezidierte weibliche Handschrift tragen oder offensiv feministische Gehalte transportieren, sich jedoch durch die inhaltliche Nachvollziehbarkeit ihres Grundkonzepts vor dem Schicksal der Unbegreiflichkeit bewahren.

Was überhaupt „Erfolg" im Bereich des Experimentalfilms heißen kann, bedarf der Erläuterung. Bei einer Kunstgattung, die vom öffentlichen Bewußtsein übersehen und von den Kulturhütern marginalisiert wird (weil man offenbar noch immer glaubt, filmische Fotografie sei nicht kunstfähig), ist Erfolg ja eine relative Sache. Er läßt sich nur messen anhand von Einladungen zu Festivals und Vergabe von Preisen, Besprechung in Zeitschriften, Aufnahme in Gruppenprogramme und spontanem Applaus bei den Zuschauern. Es ist schwierig, aber nicht unmöglich, dabei nach Erfolg bei Männern und Erfolg bei Frauen zu unterscheiden. Vor allem die spontanen Reaktionen des Publikums enthüllen generelle

Rezeptionstendenzen, denn man kann durchaus beobachten, von welchen Gruppen sie ausgehen. Allerdings muß in Rechnung gestellt werden, daß auch viele Zuschauerinnen der herrschenden Ästhetik verhaftet sind; die westliche, patriarchale Tradition ist ja auch die ihre.

Im folgenden sollen zunächst einige Experimentalfilme von Frauen vorgestellt und auf ihre spezifischen ästhetischen Strukturen untersucht werden. Die Auswahl der sechs Filme – mehr konnten aus Platzgründen nicht besprochen werden – richtete sich zum einen nach ihrer Qualität: nur bei hoher ästhetischer Qualität ist das Argument sinnvoll zu führen. Zum andern nach der Generalisierbarkeit der Befunde. Ein Überblick über den bundesdeutschen weiblichen Experimentalfilm kann dabei zwar nicht zustandekommen, wohl aber ein Plädoyer für eine differenziertere Sicht seiner filmischen Gestaltung. Auch den „erfolgreichen" Filmen von Frauen wird es zugute kommen, wenn sie aus der Perspektive einer weiblichen Ästhetik betrachtet werden.

Im Anschluß an die Filmanalysen soll eine vorläufige, vorsichtige Aufstellung bestimmter Formprinzipien, die in den Filmen von Frauen bevorzugt vorkommen und herrschenden „männlichen" Prinzipien zum Teil fremd sind, zum Teil zuwiderlaufen, versucht werden: Nicht um ein normatives Raster zu erstellen, sondern um Verständnis dafür zu schaffen, daß solche Eigenheiten keine Fehler oder Exzentrizitäten bedeuten. Ihre ästhetische Qualität, ihre Berechtigung gilt es aufzuzeigen.

*

Johnny oder das rohe Fleisch von Eva Heldmann (1984)

Kamera: Hans Warth; Schnitt: Monika Munck-Hoch; Darstellerin: Maria Wismeth; Musik: Claus Dillmann. 16 mm, Farbe, 4 Minuten.
Verleih: HBK-Filmarchiv Braunschweig

Johnny oder das rohe Fleisch beginnt mit einer langen, ruhigen Einstellung: eine junge Frau sitzt nackt am Tisch und blickt auf ein Stück rohes Fleisch. Hinter ihr an der Wand ein Foto, auf dem dieselbe Situation dargestellt ist. Es handelt sich um die – bekannte – Kunstpostkarte „Prudence" von Don Rodan, die hier als umgedeutetes Ausgangsmaterial und Requisit zugleich fungiert. Die Szene ist suggestiv, aber verrätselt. Außer ein paar Armbewegungen der Frau geschieht nichts, während auf der Tonspur Brechts Ballade vom „Surabaya-Johnny" eindringlich geflüstert wird (von der Filmemacherin selbst). Dann eine Großaufnahme der einen Gesichtshälfte der Frau, dann ihr ganzes Gesicht und ihre Hand, die das Stück Fleisch auf Auge und Wange preßt, als wolle sie eine Verletzung kühlen: das rohe Fleisch ebenso wie diese Geste setzen Assoziationen frei, die um Trauer, Verwun-

dung, rohe Gewalt gegen Frauen, aber auch um Perversion, Kannibalismus oder psychische Gestörtheit kreisen.

Die weiteren, ebenfalls sparsamen, intensiv durchkomponierten Bilder machen die Situation deutlicher, ziehen die Parallele zwischen Brechts „Johnny" und dem rohen Fleisch. Die Inszenierung der Frau – eine Art kathartische Selbstinszenierung[1] – ist als symbolische Reaktion darauf, daß sie verlassen wurde, zu lesen: ein Akt der Befreiung, der dazu führt, daß sie das Fleisch mit zu Bett nimmt, und darin gipfelt, daß sie sich nackt, den Rücken zur Kamera, darauf setzt. Der symbolisierten Roheit, emotionalen Bewegungsunfähigkeit des Mannes steht die ungeschützte, verwundbare Nacktheit der Frau gegenüber, die jedoch eine Formel gefunden hat, um ihre Verletztheit zu verarbeiten. Die Musik ist zum Ende traurig, aber spannungslösend.

Sprengkraft und Originalität dieses 4-Minuten-Films sind faszinierend, für Männer ebenso wie für Frauen; Witz, Bitterkeit und lyrisches Gefühl halten sich die Waage. Ohne allzu bösartig zu werden oder in Larmoyanz steckenzubleiben, drückt Eva Heldmann den Protest gegen die Kränkung aus, und dieser Protest ist insofern für Männer ebenso wie für Frauen genießbar, als er einem vertrauten menschlichen Gefühl entspringt und demonstriert, daß die Unterlegenen in einer Beziehung nicht notwendig die Schwächeren sind. Eine Kränkung durch die Kraft der eigenen Imagination zu transzendieren ist aufbauend, und daß es hier eine

Frau ist, die diese Kraft besitzt, treibt die feministische Sache voran, ohne die Männer vor den Kopf zu stoßen.

Doch *Johnny oder das rohe Fleisch* ist nicht nur Klage und Befreiung, sondern zugleich ein subtiles filmisches Werk von malerischer Kraft. Die gewählten Farbtöne – ein milchiges Weiß, ein kühles Blau, der Teint der nackten Frau, das Dunkelrot des Stückes Fleisch – ergeben eine Atmosphäre von Melancholie, Sensualität und intellektueller Kontrolle, wie sie dem spezifischen Gefühlsgemisch des Films entsprechen. Die Farbe ist nicht akzidentell, keine beiläufige Eigenschaft, sondern eines der zentralen Konstruktionsprinzipien.

Auch die Bildkompositionen sind von melancholischer Statik, geometrisch gebändigt in klaren Vertikalen und Horizontalen. Die Auffassung des Raums wirkt weniger „fotografisch" – d.h. auf Tiefenillusion hin komponiert, zentralperspektivisch – als vielmehr flächig-malerisch, nach hinten geschlossen. Schatten, die Figur und Gegenstände plastischer modelliert hätten, sind vermieden; die Rückwand ist – bis auf die Postkarte – reine Farbfläche, später wird gegen einen weißen Fußboden gefilmt, der dieselbe vage Untiefe erzeugt. Diese räumliche Ruhe bietet den Rahmen, innerhalb dessen der eher wilde Gehalt des Films sich umso wirkungsvoller vollzieht. Keine minimale Geste oder Bewegung bleibt bedeutungslos in diesem Konzept.

90° von Rotraut Pape (1980)

unter Mitarbeit von: M. Kulpe, C. Böhmler, A. Coerper, O.H. Hirschbiegel; Ton: ‚Ouvertüre' mit ‚Splitter', geborgt von Prod. Hentz/Haas.
16 mm, Farbe, 40 Minuten.
Verleih: Eigenverleih

Die Filme Rotraut Papes besitzen eine technische Brillanz und Raffinesse, die sie sofort als „experimentell" begreiflich machen. Man versteht, welche Schwierigkeiten die Filmemacherin überwindet und erkennt die Eleganz ihrer Lösungen. Wenn sie in dem Film *90°* ihre gesamte Zimmereinrichtung an die Wand schraubt, so daß einerseits, auf den ersten Blick, alles beim Alten bleibt, wenn die Kamera ebenfalls um 90° gekippt ist, andererseits ein gewagtes Spiel mit der Schwerkraft entsteht, sobald diese Einrichtung „benutzt" wird, sind die theoretisch-ästhetischen Prämissen des Experiments durchsichtig. Und dennoch ist die Ausführung immer wieder verblüffend und in ihrem Variationsreichtum und Rhythmus von hoher und delikater Vollendung.

Die Frage nach einer spezifisch weiblichen Ästhetik stellt sich hier zunächst weniger oder drängt sich jedenfalls nicht auf, da der Film den kulturellen Ansprüchen an das Experimentelle in

Technik, Innovation und Projektcharakter vorzüglich gerecht wird. So schreibt Lawrence Weiner:
> Im Verlauf von *90°* wird jedes Einzelbild ein Paradigma dessen, was wir über den Film wußten, und bringt uns zu dem, was wir über die Einführung von etwas Synthetischem (die formalen Werte der Kunst, die Ästhetik) in die narrative filmische Struktur (das Medium selbst) wissen können².

Weiner stellt Rotraut Papes Film in den ästhetischen Zusammenhang der herrschenden Kultur, kann ihn dort bruchlos unterbringen und im Jargon behandeln. Daß die Filmemacherin ihren eigenen Körper und ihre persönliche Sphäre zum Objekt des Experiments gemacht hat, tritt demgegenüber zurück. Doch Manipulation mit Gegenständen und sich selbst, Zweckentfremdung zur Freigabe neuer Bedeutungsschichten sind manifeste Elemente von *90°*, die an Werke anderer Künstlerinnen erinnern. Auch die subtile Farbgebung – Bevorzugung eines reinen Weiß, vor dem sich alles Andersfarbige wie ausgestellt und isoliert abhebt – und die Raumbehandlung – wieder eine Zimmerwand als Begrenzung – zeigen solche Verwandtschaft. Im Spiel mit Spiegeln, die konstitutiv und variierend eingesetzt sind, wird diese räumliche Begrenzung zwar geöffnet, gleichzeitig aber bekräftigt und thematisiert. Die räumlichen Verhältnisse sind irrealisiert, teils ins Flächenhafte gebreitet, teils komplex gebrochen.

Negative Man von Cathy Joritz (1985)

16 mm, s/w, Ton, 3 Minuten.
Verleih: HBK-Filmarchiv Braunschweig.

Negative Man ist ein Animationsfilm, der auf dem Negativ eines Stücks 16 mm-Film stattfindet: Cathy Joritz hat ein kurzes Stück Filmabfall aufgelesen, das einen selbstgefällig dozierenden Mann zeigt, und dann in das Zelluloid, Kader für Kader, Graffiti dazugekratzt. Der Dozent entwickelt plötzlich Mickeymaus-Ohren, einen Elefantenrüssel, Zöpfe, ein Knochen steckt ihm quer im Kopf, schließlich legt sich eine Schlinge um seinen Hals. Die Verwandlungen sind aggressiv wie die boshaften Kritzeleien einer Schülerin, die sich heimlich von Frustration und Langeweile befreit, indem sie Phantasie und zeichnende Hand subversiv wirken läßt.

Der Dozent zählt zu einer geläufigen Sorte Mann, bildet keineswegs ein Extrem. Umso überzeugender ist die respektlose Bissigkeit, mit der er verwandelt und kommentiert wird, denn sie streicht die Häufigkeit dieses Typs heraus und bringt die Zumutung, die er eigentlich darstellt, zu Bewußtsein. *Negative Man* dürfte langfristige Auswirkungen auf die Alltagswahrnehmung der Zuschauer/innen haben, denn, einmal entlarvt, wird

den dozierenden Männern nie wieder ihr alter Status zuteil werden. Wichtig für diesen Effekt ist, daß der Mann selbst von seiner Verwandlung nichts merkt, seinen Vortrag ungebrochen fortsetzt, während die Geheimwaffe der Satire ihn vernichtet.

Über die Reaktionen der Zuschauer auf diesen Film, der überall mit enthusiastischem Applaus gefeiert wird, schreibt Karola Gramann:
Dem unmittelbaren Witz kann sich das männliche Publikum zunächst ebensowenig entziehen, wie das weibliche sein Vergnügen daran verhehlen kann. Bei einigem Nachdenken scheint den männlichen Zuschauer allerdings regelmäßig ein Katergefühl zu beschleichen. Mit zunehmender Distanz zum Geschehen bröckelt das Vermögen zur nachvollziehenden (Selbst-)Ironie bei den Betroffenen ab[3].

Wahrscheinlich ist es gerade die Alltäglichkeit des Dozenten, die das „Katergefühl" auslöst. Während der Rezeption identifizieren sich die Zuschauer problemlos mit dem Blickpunkt der Hörerin, die einer Autoritätsfigur ausgesetzt ist, und genießen ihre pfiffige Frechheit. Doch hinterher kommt zu Bewußtsein, daß hier eine Frau die männliche Autorität untergräbt, und eine Identifizierung mit dem lächerlich gemachten Mann (der ja nichts Außergewöhnliches verbrochen hat) setzt ein.

Ideologisch vertritt *Negative Man* dezidiert den weiblichen Standpunkt; ästhetisch ist die Zuschreibung zunächst nicht so einfach. Comic Strips und Graffiti, die der Film stilistisch zitiert, sind eher männliche Ausdrucksweisen. Doch die Art, wie die Filmemacherin sich selbst, als Zeichnende, in die Bilder einbringt, ihre Phantasie als gegenwärtige Reaktion auf der Leinwand intervenieren läßt, ist ein eher weiblicher Ansatz. Die Vermischung der Welten – der objektiven und der subjektiven, des Dozierens und des Zuhörens, aber auch der medialen von Fotografie und Zeichnung – ist ein Eingriff in bestehende Kategorisierungen. „Weiblich" erscheint außerdem die lakonische Kürze, mit der alles Wesentliche filmisch klargemacht wird und die in eindrucksvollem Gegensatz zu der Langatmigkeit des dozierenden Mannes steht.

Daß Cathy Joritz' Konzept mit einer allgemeineren Tendenz in der neueren weiblichen Kunst in Einklang steht, kann ein Zitat aus Silvia Eiblmayrs „Einleitung" zum Katalog der Wiener Frauenausstellung *Kunst mit Eigen-Sinn* belegen:

In die Bildzusammenhänge wie in die fetischisierten Teilaspekte dieser Realität [d.h. der symbolisch vermittelten Ausdrucksformen gesellschaftlicher Realität] greifen die Künstlerinnen ein, indem sie durch Transformation, Montage, Kompilation, Verfremdung von Form und Material u.a.m. die Signifikanten eben dieser Realität ihrer ursprünglichen Bedeutung und ideologischen Vernetzung berauben oder diese paralysieren. Der künstlerische Ein- und Übergriff kann sich irritierend z.B. gegen Architektur wenden, insofern die Künstlerin mit ihrer körperlichen und gestischen Präsenz sich in die gebaute Ordnung einschreibt. Im transitorisch-momenthaften Charakter dieses Eingriffs macht sich auch tendenziell eine kritische Haltung der Künstlerin gegen männliches Geniegebaren geltend[4].

Frozen Flashes von Dore O. (1976)

Darsteller: Ingrid Kamowski, Christoph Heller, Werner Nekes.
16 mm, Farbe, stumm, 26 Minuten
Verleih: Gurtrug Film, Mülheim

Frozen Flashes ist ein 30-minütiger Stummfilm[5]. Aber er verweigert nicht nur den Ton, sondern auch die Bewegung, oder jedenfalls die Bewegung der Figuren. Er besteht aus einer Kette starrer Einstellungen, die jeweils ein paar Augenblicke sichtbar sind. Ihre gedämpften Pastellfarben erinnern an die Blaue Periode Picassos, ihre sanften Umrisse an Handzeichnungen. Doch sie flackern und pulsieren unruhig, fast aggressiv. Kurze Momente geringer Beleuchtung wechseln mit blitzlichthafter Weiße, die oft mehrere Stadien durchläuft, so daß das Bild selbst zu zucken und zu oszillieren scheint. Gleichzeitig verschiebt sich der Winkel

zwischen hellen und dunklen Stadien, so daß die Gegenstände hoch- und niederzurücken scheinen. Dies alles geschieht nicht mit mechanischer Regelmäßigkeit, sondern unvorhersehbar und wechselhaft, in angespannter Intensität.
Die Aufnahmen selbst, die dieser nervösen Behandlung unterworfen sind, wirken eher ruhig als sensationell. Manche deuten zwar auf disharmonische, unheimliche Vorgänge, aber sie bleiben zu unbestimmt und ihre Verknüpfung untereinander zu vage, als daß ein faßbarer narrativer Effekt entstünde. Die meisten zeigen Interieurs eines häuslichen Alltags: eine junge Frau im geblümten Rock, ein Mann im blauen Pullover sitzen sich gegenüber, stehen nebeneinander, scheinen sich aufeinander zu zu bewegen oder beiläufig im gleichen Raum zu befinden. Viele Bilder handeln von Durchblicken, Ein- und Ausblicken – Fenster, von draußen nach drinnen, von drinnen nach draußen, von innen durch die Haustür, durch Türen in andere Räume, von oben ins Treppenhaus. Sie alle deuten auf Beziehungen, Blickverbindungen oder visuelle Auseinandersetzungen, die teils den Personen zuzuschreiben, teils sie zu betreffen, von außen einzudringen scheinen. Manche Blicke ruhen in kontemplativer Betrachtung auf Objekten, verweisen auf ein Bewußtsein, das die eigene Umwelt als visuelle Präsenz erfährt; manche vermitteln eher das Bewußtsein eigener Sichtbarkeit – vor allem der Frau. Andere Bilder sind beunruhigender, suggestiver. Ein Mann im dunklen Mantel und Stiefeln, von hinten, vor dem flackernden Kamin; der Mann im blauen Pullover, auf dem Fußboden liegend, als sei er gestürzt oder tot; ein maskiertes Gesicht, voyeuristisch von draußen am Fenster; Mann und Frau in einem kleinen Ruderboot, bei rosa Licht auf einem dunklen See.
Die filmübliche Zuspitzung aller Szenen auf Bedeutung, die Ablesbarkeit der Situationen aus Gestik und Bildaufbau sind wie selbstverständlich vermieden. Für die Zuschauer ist es zunächst nicht leicht, narrative Erwartungen auszuschalten, vor allem da manches – die Entwicklung von relativ harmonischen Bildern zu Szenen größerer Erregung; der unheimliche Auftritt des Maskierten zum dramaturgisch üblichen Zeitpunkt, nach zwei Dritteln des Films – auf eine verborgene, verwischte Spielhandlung hinzudeuten scheint. Doch *Frozen Flashes* widersetzt sich allen Versuchen, die einzelnen Segmente in eine fiktionale Ordnung zu bringen, und andere Strukturprinzipien erweisen sich als stärker und sinnhaltiger. Gerade das In-der-Schwebe-Halten der Bilder zwischen Eigenständigkeit und Zusammenhang läßt Momente ins Zentrum rücken, die andernorts, im Spielfilm, nicht für erzählwürdig gelten: beiläufige Augenblicke, vor oder nach Ereignissen oder ohne besondere Verbindung zu Ereignissen überhaupt, wie sie im Umfeld emotionaler Spannungen erlebt oder erinnert werden. Trotz oder gerade wegen seiner Unbestimmtheit suggeriert der Film starke Gefühle und Stimmungen – Resignation, Geborgenheit, Schreck, aufwallende Energie, Fürsorge, Versunkenheit,

Nervosität.
Mit dem Flackern der Bilder, ihrem plötzlichen Entzug und Wiedererscheinen, ergehen Impulse, die Fantasien in Gang setzen; anstelle von narrativer Linearität und Kausalität, wie sie den Spielfilm bestimmt, tritt eine endlose Verzweigung und Verflechtung imaginativer Situationen und Gefühle. *Frozen Flashes* bleibt offen wie ein Projektionstest, der die Zuschauer zu eigenen Vorstellungen inspiriert, gibt sich jedoch nicht zurückhaltend und neutral, wie es dem Wesen solcher Tests entspricht, sondern insistiert in obsessiver Weise auf der eigenen Gestaltung.
Dore O.s Film gilt als äußerst schwierig, viele Zuschauer verweigern die Rezeption, verlassen nach wenigen Minuten die Vorstellung. Stummheit und das anstrengende Flackern der Bilder mögen e i n e n Grund dafür darstellen. Aber letztlich irritierender für die Sehgewohnheiten ist wahrscheinlich die Verweigerung fiktionaler Muster, obwohl fiktional anmutende Personen vorkommen; die unruhige, gärende Darstellung des Unsensationellen; der lyrische Gehalt visuell aggressiver Bilder und die Zirkularität, Statik des Erlebens – eine ganze Gruppe von Prinzipien, die der herkömmlichen männlichen Ästhetik zuwiderlaufen. *Frozen Flashes* besteht auf der Intensität von Erfahrungen, die möglicherweise der einfache Alltag sind.

As Time Goes By... von Rosi S.M. (1982)

Darsteller: Mohidin Abdi Mohamed, Kerstin und Conni Ort.
Musik: F. Maus, B. Folger, Gershwin, Witthüser und Westrup.
16 mm, Farbe, Ton, 30 Minuten.
Verleih: DFFB Berlin.

Rosi S.M.s Film ist eine autobiografische Collage, transzendiert aber die eigene Biografie – über die nichts Faktisches gesagt wird –, so daß eine überindividuelle, assoziative Aussage, ein Bewußtseins- und Stimmungsbild entsteht. Die Bausteine dieser Collage sind vielfältig, heterogen in Sujet und Materie, gleiten jedoch ohne Spannungsverlust oder Bruch ineinander. Ihre Bedeutung bleibt unkommentiert, unfixiert; den Zuschauern ist überlassen, sich darin zurechtzufinden, Sinn und ästhetische Ordnung zu entdecken. Wichtiger als Informationen ist das innere Verhältnis der Filmemacherin zu ihrem Material, und aus der starken Empfindung ergibt sich die Öffnung ins Allgemeine, die das Autobiografische zur Gattung, nicht zum Gegenstand des Films macht. Sabine Heimgärtner betrachtet diesen Schwerpunkt aus der Warte der Eigenständigkeit der visuellen Elemente:
An diesem Film [ist] zu entdecken, daß Bilder nicht in Bezug zu einer Geschichte gesetzt werden müssen, sondern jedes für sich genommen einen Teil der Geschichte ergibt. Keines ist erfunden, um eine Aussage zu bekräftigen, sie fügen sich fließend ineinander und könnten für jeden Betrachter auch einen Teil seiner Geschichte bedeuten. Es gibt keine Grenzen in Zeit und Raum, nur die selbst gesetzten[6].
Ähnliches gilt für die Tonspur, die ebenfalls aus eigenständigen Teilen zusammengesetzt ist, die gleichermaßen autobiografisch und überpersönlich verstanden werden können. Allerdings werden die vier Hauptteile der Tonspur länger gehalten, so daß sich eine lineare akustische Struktur aus abgegrenzten Segmenten ergibt: Zu Beginn ist Gershwins lyrisches Lied „Embraceable You" unterlegt, dessen schwermütig-sehnsüchtige, erotische Süße zunächst die Stimmung vorgibt; später liest Rosi S.M. selbst eine Romanstelle aus *Nachdenken über Christa T.* von Christa Wolf vor (und niemand könnte sie musikalischer lesen); es folgt ein Stück Kinderbuch von leichterem Charakter; und schließlich eine lange Brecht-Passage, vorgetragen von einem Ausländer, der mit den Konsonanten kämpft, laut und abgehackt spricht, so daß nur Bruchstücke zu verstehen sind. Eva M.J. Schmid erläutert, wie dieser schwierige und qualvolle Vortrag sich in den Film einfügt:
Wie der Rezipient sich Mühe geben muß zu sehen, so muß er sich Mühe geben zu hören. Auch wird durch den „Verfremdungseffekt" des unkorrekten Aussprechens der politische Text akustisch zu einer Art Geräusch-Musik, deren Zerbrochenheit den Brechungen der Außenwelt jenseits des häuslichen Geborgenseins korrespondiert[7].

Man könnte ergänzen, daß die ausländische Brecht-Passage auch die Funktion erfüllt, eine Art harten Balken in den Film einzuziehen. Die Tour-de-Force, die er den Zuschauern zumutet, ist zugleich eine Wendung zu Ernst und Verletzbarkeit – zu Themen und Empfindungen, die auch vorher stets mitschwingen, durch die Musikalität der Stimmen und Schönheit der Bildkompositionen aber harmonisiert werden.

Während die Tonspur sich in Abschnitte gliedert, sind die Bilder in freier Folge verwoben, manche Motive kommen nur kurz und einmal vor, andere kehren, vielfältig variiert, immer wieder. Häusliche Szenen mit Kindern und ihren Puppen, mit Schuhen, Blumen und Katzen oder Blicke aus dem Fenster auf Mauern und Straßen wechseln mit Landschaften, Panzern auf einem vorbeifahrenden Zug, Wellen, die sich am Ufer brechen. Dazwischen Fotos, Handschriftliches, Spuren einer Biografie; und immer wieder filmische Selbstreflexion, sei es, daß ein Baby ein Stück Filmzubehör in der Hand hält, sei es, daß Startband-Nummern eingeblendet sind oder die Filmemacherin sich selbst, die Kamera im Anschlag, porträtiert. Auch die Vielfältigkeit des filmischen Materials, der Wechsel von Schwarzweiß zu Farbe, die verschiedenartige Körnung, Tönung, Schärfe sind selbstreflexive Verweise.

Zwei Motive sind von besonderer Intensität. Zum einen der Blick auf eine Backsteinwand ohne Fenster, in der sich eine breite Nische oder Empore befindet, die wie eine Bühne aussieht. Diese Wand kommt leitmotivisch immer wieder ins Bild, bei wechselndem Wetter, aus wechselnden Distanzen, verschiedenen Winkeln, mit verschiedenen Objektiven gefilmt. Ihr Symbolcharakter ist unübersehbar und vielschichtig: die Wand als Begrenzung, auf die der städtische Blick stößt – die karge, gefängnishafte Außenwelt im Gegensatz zur belebten, persönlichen Wohnung; Berliner Hinterhöfe, Wohnverhältnisse, zerfallende Architektur des 19. Jahrhunderts; die Wand als Bühne für die Imagination, als Projektionsfläche für Vorstellungen, die das Gefangensein, den versperrten Blick überwinden: für den Film *As Time Goes By*... . Eines der weiblichen Grundthemen, der Gegensatz von Innen und Außen als Blick von drinnen nach draußen, findet hier eine originelle und filmische Bearbeitung.

Ein zweites besonders intensives Bild ist die Schlußeinstellung. In ihr kommt die Handkamera besonders zur Geltung, die auch vorher oft fühlbar eingesetzt war und das Gezeigte als Gesehenes auswies, auf das die Filmemacherin reagiert. Die letzte Einstellung zeigt einen öden Trümmerspielplatz mit ein paar Bäumen in dämmrigem Licht; er ist begrenzt von einer Häuserwand, auf die in großen weißen Buchstaben das Wort „Mutter" geschrieben ist. Die Kamera nimmt sich Zeit, erfaßt langsam das Gelände in einer zögernden Bewegung von rechts nach links (gegenläufig zur üblichen Blickrichtung), beschreibt einen Halbkreis auf die Inschrift zu, bis das Wort „Mutter" groß und zentral im Bild steht. Rosi

S.M. hat vor Gefühlen keine Angst. *As Time Goes By...* hat viel Beifall gefunden. Doch als bei der Vorführung auf den Kurzfilmtagen in Oberhausen etwas schiefging, so daß eine zweite, makellose Projektion erbeten wurde, reagierten viele männliche Zuschauer aggressiv – *einmal* sei schon zuviel gewesen – und verließen unter Protest das Auditorium. Die offene Struktur des Films oder sein subjektiver Blick, vielleicht auch sein unverhülltes Gefühl waren ihnen offenbar unangenehm.

Zitrusfrüchte von Hille Köhne (1983)

16 mm, Farbe, stumm, 10 Minuten
Verleih: HBK-Filmarchiv, Braunschweig

Zitrusfrüchte löste bei großen Teilen des männlichen Publikums in Oberhausen starke Abwehrreaktionen aus: „Spülwasser" war der Ausdruck dafür. Was diese abfällige Bezeichnung auf den Punkt bringt, ist eine Rezeption, für die Abfolge und Komposition der Bilder beliebig blieben, der subtile Fluß von Licht und Farbe sich als Brei darstellte. „Spülwasser" erinnert außerdem an die unterste Hausfrauentätigkeit, das Herumpantschen in lauwarmen Essensresten. – Zweierlei verblüfft bei dieser, den meisten Zuschauerinnen völlig unverständlichen Reaktion: daß eine so manifeste ästhetische Leistung ganz unbemerkt vorübergehen konnte und daß ein so ätherischer, leiser, kurzer Film solche Aggressionen verursacht.

Zitrusfrüchte handelt von den visuellen Eindrücken eines Sommertages am Mittelmeer, die in ihrer flüchtigen, vibrierenden Sinnlichkeit festgehalten sind. Viel Blaugrün und Zitronengelb, flirrende Blätter, Gitterwerk, Holzwerk, Früchte, ein Steg zum Meer, das aufgelöste Licht auf der Wasseroberfläche, Spiel mit Schatten, kurze, spielerische Auftritte der Filmemacherin und ihrer Freunde sind das gegenständliche Ausgangsmaterial, das einer komplexen, variationsreichen, filmischen und malerischen Behandlung unterzogen wurde. Vieles kehrt immer wieder, aber in je anderer Gestalt: andere Bildausschnitte, andere Reihenfolge der Montage, andere Kombination der Objekte, Übergang von Positiv zu Negativ, vor allem aber Wechsel in Beleuchtung und Farbtönung. Hille Köhne arbeitet besonders gern mit Farbfolien und Filtern, durch die sie ihr Material virtuos varriiert und ihm eine glasige Durchsichtigkeit verleiht. Diese Variationsstruktur gibt dem Film seine Atmosphäre und Einheit, aber auch seine ästhetische Kontrolliertheit, Distanz und Intellektualität. Der Ernst wird jedoch immer wieder gebrochen, teils durch verspielte Einfälle und das nervöse Tempo des Schnitts, teils durch eingreifende Selbstinszenierungen der Filmemacherin, teils durch Übergang von fotografischen zu Techniken der bildenden Kunst und – zum

Schluß des Films – durch Aufnahmen gereihter Bildkader, die den Materialcharakter des Films reflektieren.
Doch die wichtigste Qualität liegt im inneren Verhältnis von Filmemacherin und visuellem Material: die mediterranen Eindrücke scheinen weniger Aufzeichnung der Wirklichkeit als bereits Kamera-Eindrücke zu sein, Reaktionen auf die Wirklichkeit mit den Augen des Films und seiner (Hille Köhnes) Verwandlungsmöglichkeiten. *Zitrusfrüchte* wirkt wie eine Art Dialog zwischen visuellen Phänomenen, Kamera, Trick- und Schneidetisch und der Filmemacherin selbst. Veränderungen der Blende lassen das Meer noch wässriger, die Lichtreflexe noch schimmernder erscheinen; die Flüchtigkeit der Eindrücke wird durch Handkamera, rasche Bewegung, plötzliches Anhalten, Zeitraffer-Effekte, Überlagerung mit Negativfilm und Nervosität der Schnitte gesteigert; die zarten, abgestimmten Farben der Mittelmeerküste kommen durch Filter noch klarer zum Ausdruck; die Ruhe der Landschaft verstärkt sich durch Verzicht auf Ton, die völlige Stummheit des Films; die malerische Qualität der Bilder wird durch gemalte/gezeichnete Tafeln, die Synthetik von Manipulation und Montage durch Collagen betont; die eigene Präsenz bei der Aufnahme schlägt sich im Vorkommen der Filmemacherin – ihres Fußes, ihres Schattens, ihrer ganzen Person – auf der Leinwand nieder. Jeweils wird auf die eigene Kreation und Kreativität durch Steigerung und weiteres Hervortreiben wahrgenommener Sachverhalte

verwiesen – jedoch ohne monomanische Selbstverherrlichung, sondern eher mit einem Gestus der Verwunderung und doch Gewißheit vor dem eigenen Werk. Gegen Ende erscheinen, eingebettet in eine gemalte Bildkomposition und andere graffitiartige Texte, die Worte „Ich bin ein Künstler". Dieser Dialog zwischen Werk und Künstlerin, mit dem sie sich in alle Elemente ihres Films einschreibt, bestimmt auch Struktur und Dramaturgie. Es ist eine Struktur, die keiner Höhepunkte und Krisen bedarf, sondern aus den Aussagen und Antworten von Material und Bearbeitung lebt, sich in den nuancierten Tönungen von Licht und Farbe niederschlägt. In gewisser Weise entspricht *Zitrusfrüchte* der literarischen Form des poetologischen Gedichts: einer Form, die gleichzeitig lyrische Phänomene schildert und über den eigenen Entstehungsprozeß, das Phänomen ästhetischen Schaffens, reflektiert. Auch poetologische Gedichte halten die Zeit an, verweigern eine lineare Entwicklung, da sie Beobachtung und Kreation, Wirklichkeit und deren Bearbeitung in eins setzen und damit ihre eigene Chronologie aufheben.

*

Wenn nun im folgenden eine Reihe ästhetischer Tendenzen herausgehoben wird, die in den Experimentalfilmen von Frauen bevorzugt vorkommen, so sind ein paar Vorsichtsmaßregeln und Vorbemerkungen am Platz.
Zunächst ist nicht anzunehmen, daß es ästhetische Tendenzen gibt, die ausschließlich bei e i n e m Geschlecht zu finden sind. Die Verschiedenheit der Geschlechter ist dafür nicht ausgeprägt genug, weder psychisch noch biologisch, und daher kann es hier nur um Gewichtungen gehen, nicht um die Exklusivität von Merkmalen. Außerdem werden Männer und Frauen in die gleiche Kultur hineinsozialisiert (wenn auch auf unterschiedliche Weise). Die männlichen Kunsttraditionen sind zugleich die den Frauen angebotenen; weibliche Traditionen existieren nur am Rande, werden kaum vermittelt.
Ein Mißverständnis wäre es auch zu glauben, daß die „weiblichen" Tendenzen bei allen Frauen gleichermaßen stark sein müßten – oder daß jeweils alle (oder überhaupt diese) Tendenzen nötig sind, um ein Werk als weibliches zu identifizieren. Ebensowenig macht es einen Mann zur Künstlerin, wenn auch er einige der Tendenzen verfolgt. Allerdings ist nicht anzunehmen, daß das Publikum einen solchen Künstler problemlos versteht und akzeptiert. Er wird mit ähnlichen Schwierigkeiten zu kämpfen haben wie seine Kolleginnen.
Ein drittes Bedenken liegt in der Gefahr, daß durch das Aufstellen einer „weiblichen Ästhetik" eine weitere und überflüssige Polarisierung der Geschlechter eingerichtet werden könnte. Frauen würden einmal mehr auf etwas festgelegt, was ihnen in dieser Form gar nicht entspricht, würden erneut behindert und getto-

isiert. Außerdem ist, wie eingangs schon gesagt, der Zeitpunkt noch nicht reif, um bündige Aussagen zu machen: Hypothesen, vorläufige Beobachtungen aber können leicht als zeitlose Normen mißverstanden werden.

Überhaupt ist ja schwer zu entscheiden, welche Eigenschaften als anthropologische Konstanten, als naturgegeben, aufzufassen sind, und welche der weiblichen Lebenserfahrung in dieser Kultur entspringen. Dementsprechend vorläufig, zeitbedingt ist jede Definition einer weiblichen Ästhetik. Ähnliche Vorbehalte würden übrigens für die Ermittlung einer männlichen Ästhetik gelten, wollte jemand so waghalsig sein, sie zu erforschen. Auch hier ist schwer auszumachen, was sich geschlechtlicher Identität, was kultureller Sozialisation verdankt. Beides scheint sich in der patriarchalen westlichen Kultur zur Ästhetik schlechthin verschmolzen zu haben, der sich die weibliche nun als andersartige, anomale gegenübersieht. Aber vielleicht umgreift diese männliche Ästhetik gar nicht alles Ästhetische, sondern hat viele Möglichkeiten vernachlässigt und ausgegrenzt, die nun in der Ästhetik der Frauen wieder zum Durchbruch kommen. Jedenfalls sind manche als „weiblich" erfahrene Tendenzen – zum Beispiel der Verzicht auf eine hierarchische Gliederung des Materials (s. weiter unten, Punkt 6) – in anderen Kulturbereichen, etwa der indischen Kunst, sehr geläufig. So könnte man eines Tages feststellen, daß nicht die weibliche, sondern die (ausgrenzende, normative) männliche Ästhetik eine Anomalie darstellt.

Bei allen Bedenken und Vorbehalten besitzen Beobachtungen zu einer geschlechtsspezifischen Ästhetik ihren eigenen Erkenntniswert, und es ist zu erwarten, daß sie zur ästhetischen Kategorienbildung einen Beitrag leisten, der zu einer größeren Nuancierung der Betrachtung führt. Sie könnten außerdem Selbstverständnis und Selbstbewußtsein der Künstlerinnen erhöhen und das öffentliche Verständnis ihrer Kunst – Rezeption ebenso wie Kritik – erleichtern. Von der Verkennung der Qualität weiblicher Experimentalfilme, ihren Mißerfolgen, weil sie in ihren formalen Prinzipien und Ausdrucksbedürfnissen nicht begriffen werden, war ja bereits die Rede.

Das Problem, ob und wie sich die Kunst von Männern und Frauen unterscheidet, ist auch im Rahmen der Geschlechterpsychologie interessant. Sigmund Freuds ungelöstes „Rätsel des Weibes" und die berühmte Frage „Was will das Weib?" stehen ja immer noch an. Die sexuelle Differenz hat das Denken dieses Jahrhunderts in hohem Maße beschäftigt, teils aus der Warte des Mannes, der das Unbekannte, Weibliche ausloten wollte, teils aus der der Frau, die mit neuen Denkansätzen und Erfahrungen eigene Wege geht. Hier haben Beobachtungen zur geschlechtsspezifischen Ästhetik ihren besonderen Stellenwert, können zur Selbstdefinition ebenso beitragen wie dazu, bestehende Verallgemeinerungen über die Gattung Mensch zu relativieren.

Die folgenden neun Kategorien einer weiblichen Filmästhetik sind nicht nur aus den Filmen gewonnen, die hier besprochen wurden. Existenz und Relevanz der Tendenzen nachzuweisen, ihre verschiedenen Erscheinungsformen zu beobachten und, wenn möglich, zu erklären, ist vielmehr ein längerfristiges Unternehmen[8]. Es gilt nicht nur dem deutschen Experimentalfilm – vor allem Beispiele aus den USA, England und Österreich lieferten ebenfalls Befunde –, und es bezieht auch andere Medien und Künste als Parallelmaterial mit ein. Manche der Beobachtungen und Thesen lassen sich aus den Aussagen von Künstlerinnen und Kritikerinnen erhärten, andere sind vielleicht gewagter, möglicherweise auch verkehrt.

1. Lakonische Polemik

Ein Stilzug weiblicher Filme ist der lakonische, knappe Duktus, mit dem oft sehr beißend oder ironisch polemisiert wird (bei Cathy Joritz, Eva Heldmann). Männer, so scheint es, brauchen mehr Platz und Zeit, um sich zu beschweren; aber für ihre Experimentalfilme, vielleicht für ihre Kunst überhaupt, bildet die persönliche Beschwerde ohnehin kein rechtes Thema. Bei Frauen ist das anders:
Die Kunst der Frauen hat [...] oft auch noch das Pathos, etwas mitteilen zu wollen, Auskunft zu geben, Kritik am Bestehenden zu sein, nicht nur in der vermittelten Form des utopischen Vorscheins, der Entgegensetzung einer anderen Welt, sondern auch in den Formen einer intellektuellen, ironischen Kritik am Bestand von Kunst und Gesellschaft[9].
Warum die Kritik oft lakonisch-ironisch erfolgt, ergibt sich vielleicht daraus, daß sie sehr ausgereift ist (die Zustände lasten schon lange auf den Frauen); vielleicht auch daraus, daß der Aufplusterung, dem sprachlichen Bombast der Männerkultur nicht mit gleichen Mitteln geantwortet werden soll.

2. Konzentration auf die eigene Erfahrung

Daß die eigenen Erfahrungen oft im Mittelpunkt stehen, entspringt nicht nur der Armut filmemachender Frauen, wie oft angeführt wird. Vielmehr ist es auf ein Bedürfnis zurückzuführen, zunächst nur die eigene Erfahrung gelten zu lassen, da man gelernt hat, den Lehren der patriarchalen Kultur zu mißtrauen. Es hat sich bewährt, bei den Daten zu beginnen, die die eigenen Sinne vermitteln.
Ein Aspekt davon ist die Konzentration auf die eigene, persönliche Sphäre – die Wohnung, den Blick aus dem Fenster, die Gegenstände des täglichen Bedarfs, den Urlaub, Haustiere, Familienmitglieder und Freunde (Rosi S.M., Rotraut Pape, Dore O., Hille Köhne). Ein anderer Aspekt liegt darin, Symptome zu

präsentieren, die aus den Sachverhalten ablesbar sind (Eva Heldmann, Dore O., Rosi S.M.), so daß sich die Zuschauerinnen ein eigenes Bild von der Lage machen können. Auch diese Präsentationsweise hat etwas Lakonisches. Außerdem ist sie besonders filmisch, da sie auf der intensiven Anschauung beruht.

3. Umgang mit Objekten

In den Filmen von Frauen scheinen Gegenstände oft besondere Bedeutung zu haben, ohne daß sich diese Bedeutung verbindlich – als Symbolik – erschließen ließe. Dies mag einerseits damit zusammenhängen, daß eine konsistente weibliche Symbolsprache sich mangels Tradition nicht hat entwickeln können; die Gegenstände behalten den Status privater oder potentieller Symbolik.

Andererseits ist eine starke Empathie, Identifizierung mit Objekten festzustellen. Sie übernehmen Aspekte des eigenen Ich oder anderer Personen, werden stellvertretend eingesetzt, um taktile Effekte, körperliche Eigenheiten, Gefühlszustände, Verhaltensweisen oder Wünsche auszudrücken. Der vielbeschworene weibliche Objektcharakter könnte eine Erklärung für dieses Phänomen sein, aber auch der Alltagsumgang mit persönlichen Gegenständen, die narzißtisch besetzt sind, spielt sicherlich eine Rolle. Die Identifizierung mit Objekten wird besonders in Filmen gefördert, in denen Personen keine oder nur eine sporadische Rolle spielen, obwohl es um zwischenmenschliche oder subjektive Themen geht.

4. Selbstinszenierung und gestische Einschreibung

>Die Inszenierung ihrer Körperlichkeit hat in der Kunst von Frauen wesentliche Bedeutung, bei aller Unterschiedlichkeit der Medien und Ausdrucksvielfalt. Daraus entwickeln die Künstlerinnen ihre eigene weibliche Ikonografie, darin inszenieren sie körperliche Präsenz einer Gestik, die auf Raumkonzepte übergreift und sich in ihnen zu interpretieren versteht. Die Künstlerin liefert aber dadurch kein endgültig kodierbares Bild, sondern bleibt gegebenenfalls lediglich in ihrer „gestischen" Einschreibung gegenwärtig. Das Pathos dieser Selbstinszenierung ist ambivalent im stetigen Oszillieren zum Ironischen hin. Das Herausstellen des weiblichen Subjekts wie sein völliges Verschwindenlassen beschreibt den Bogen künstlerischer Darstellung von weiblicher Selbstbehauptung bis zur kritischen Selbstdistanzierung[10].

Fast alle der genannten Filmemacherinnen betreiben solche Selbstinszenierung oder „gestische Einschreibung" ihrer selbst in das Werk[11] – sei es über die eigene Stimme (Eva Heldmann, Rosi S.M.), den zeichnenden Strich (Cathy Joritz), die Handkamera (Rosi S.M., Hille Köhne) oder die eigene Präsenz im Film

(Rotraut Pape, Rosi S.M., Hille Köhne). Selbst der Auftritt anderer Frauen hat eine subjektive, fast autobiografische Färbung (Eva Heldmann, Dore O.), als ob die Darstellerinnen stellvertretend eingesetzt würden. – Auch die von Silvia Eiblmayr konstatierte Ironie ist in den Beispielen wiederholt spürbar.

5. Induktivität

Die Möglichkeit, die das Medium Film bietet, ein Werk am Schneidetisch allmählich aus vielen Elementen aufzubauen, entspricht dem Wesen weiblicher Kreativität möglicherweise besser als der – deduktive – Entwurf nach Maßgabe einer Leitidee. Statt der vorgefaßten, ausgearbeiteten Gliederung besteht der erste Arbeitsschritt von Frauen häufiger aus der Konstruktion einzelner Kerne, um die herum sich das Material allmählich anlagert[12]. Diese Vorgehensweise hat oft eine größere Eigenständigkeit der Teile zur Folge und kann zu einer nicht-linearen, achronologischen Struktur führen (im Gegensatz zu einer strengen kausalen Bindung und Unterordnung aller Teile). Außerdem ist diese Form der Montage elastischer, erlaubt es, immer wieder neue Elemente zu berücksichtigen und zu assimilieren, die bei einem deduktiven Verfahren keinen Eingang in das Werk gefunden hätten. In der Assimilation kann es zu einer Wechselwirkung der Teile untereinander kommen, einem Reagieren des Werks auf sich selbst (wie bei Hille Köhne); oder zu einer größeren Spannbreite und Spannung der Elemente und zu unaufgelösten Widersprüchen, die nebeneinander stehenbleiben (wie in der Tonspur von Rosi S.M.).

6. Enthierarchisierung

Das induktive Verfahren ist einer anderen weiblichen Tendenz verwandt: der Vermeidung hierarchischer Kompositionen, sowohl im Einzelbild wie in der Gesamtstruktur. Anstelle einer Einteilung in Haupt- und Nebensache (mit der Hauptsache in der Mitte) oder einer Gliederung, die langsam zum Höhepunkt fortschreitet, dann abklingt, finden sich mehrere Zentren mehr oder weniger gleichberechtigt nebeneinander. Die Entwicklung erfolgt nicht in linearer Zielstrebigkeit, sondern eher zirkulär, in Reihung oder Verflechtung ähnlicher Elemente (bei Hille Köhne, Rosi S.M., Dore O., bis zu einem gewissen Grad auch Rotraut Pape).

Es ist zu vermuten, daß diese Tendenz zur Enthierarchisierung besonders viel Irritation auslöst, weil man an ein Ordnungsgefüge, eine Bewertung des Materials entsprechend seiner Wichtigkeit, und an den Sieg des Wichtigsten gewöhnt ist.

7. Die Farbe als Konstruktionsprinzip

Schon im Alltag wird allgemein zugestanden, daß Frauen Farben differenzierter wahrnehmen als Männer – und es wird begründet aus dem Stellenwert der Mode für Frauen, ihrem Interesse an Stoffen und Accessoires. Sie müßten ihren Blick für die persönliche Farbdramaturgie schärfen, um den männlichen Ansprüchen auf eine attraktive Erscheinung gerecht zu werden. Das mag stimmen, aber die weibliche Farbnuancierung könnte auch einer angeborenen höheren Farbtüchtigkeit entspringen. Sich für Männer farbsubtil anzuziehen, die dies kaum bemerken, wäre wenig sinnvoll: daß etwa 10% aller Männer ohnehin farbenblind sind, die übrigen eher desinteressiert, ist den Frauen ja bekannt.

In den Filmen von Frauen (allen hier besprochenen, mit Ausnahme von *Negative Man*, der aus gutem Grund schwarzweiß ist) spielt die Farbe eine wichtige, konstitutive Rolle. In manchen Fällen ist sie der eigentliche Protagonist (z.B. bei Hille Köhne). Dabei geht es weniger um die Symbolik der Farben als um emotionale Werte, vor allem aber darum, mithilfe von farblicher Verwandtschaft Beziehungen herzustellen, mithilfe von Kontrasten Beziehungen aufzubrechen. Oft liefert die Farbe auch das dynamische Moment, wird schockhaft eingesetzt oder bestimmt den Fluß der Bilder in Sequenzen, die ansonsten statisch sind.

8. Geschlossene Hintergründe

In Filmen von Frauen ist es häufig der Fall, daß der Hintergrund flächig und geschlossen ist; statt in unbegrenzte Tiefe schaut man sozusagen in einen Kasten oder stößt gegen eine Mauer (Eva Heldmann, Rotraut Pape, Rosi S.M. in ihrem Leitmotiv; bei Dore O. bringt das Flackern und Zucken der Bilder mit sich, daß man meist nur die Hauptobjekte im Bild fixieren kann, die Hintergründe indifferente Flächen bleiben). Die Zentralperspektive und ihre räumliche Illusion[13] scheinen hier ebensowenig Bedürfnis wie das („männliche") Erlebnis, in eine Schlucht oder einen Tunnel zu blicken, sich im Endlosen zu verlieren[14]. Statt der Staffelung der Objekte und der vertikalen Bewegung in die Tiefe oder aus ihr heraus liegt die Priorität auf der Verspannung der Oberfläche des Bildes, auf der Textur und der Farbkomposition (die von festen Hintergründen profitiert).

9. Ruhe und Bewegung

Kamerabewegungen sind in Filmen von Frauen seltener und erfolgen nicht unbedingt dort, wo sie üblicherweise zu erwarten wären. Die Kamera ist oft statisches Beobachtungsinstrument, und die Objektbewegung, auch wenn sie minimal ist, wird wichtiger genommen als die Eigenbewegung. Gleichzeitig wird Bewegung, wenn sie sparsam erfolgt, umso stärker empfunden (Eva Heldmann). Die eigentliche Dynamik wird in vielen Fällen erst am Schneidetisch erzielt. Der expressive Wechsel von Ruhe zu Bewegung scheint einen besonderen Reiz zu haben – möglicherweise auch als Metapher für die eigene künstlerische Tätigkeit[15] (Rosi S.M., Hille Köhne). Um diesen Reiz der Entladung in Bewegung auszukosten, ist längere Statik, Geduld mit dem Bild erforderlich, eine Geduld, die viele Zuschauer nicht aufzubringen gelernt haben.

*

Anmerkungen

1 Diese Form der symbolischen Selbstinszenierung mithilfe emotional aufgeladener Gegenstände erinnert an Frida Kahlos Werk, insbesondere jenes Bild, auf dem sie sich selbst in dem Jackett ihres Mannes porträtiert, das sie aus Trauer um ihn trägt.
2 Zitiert nach den **Informationsblättern** zum 11. Internationalen Forum des jungen Films, Berlin 1981, Blatt 9.
3 **Frauen und Film** Heft 41, 1987.
4 **Kunst mit Eigen-Sinn. Aktuelle Kunst von Frauen. Texte und Dokumentation**, Wien 1985, S. 9.
5 Der vorliegende Text ist die gekürzte und überarbeitete Fassung eines Aufsatzes zu *Frozen Flashes*, der im Mai 1980 in der Zeitschrift **Medienpraktisch** erschien.
6 *As Time Goes By...*, in: **Bericht der 28. Westdeutschen Kurzfilmtage Oberhausen**, 1982, S. 87 f.
7 „Rosi S.M.", in: **epd Film** Heft 6 (Juni/Juli 1984), S. 7 f.
8 Einige der hier aufgeführten Tendenzen wurden schon in meinem Vorwort zu dem **Frauen und Film**-Heft 37, „Avantgarde und Experiment" (1984), S. 4 f, dargestellt.
9 Gertrud Koch, „Die optische Ent-Täuschung", in: **Kunst mit Eigen-Sinn**, a.a.O., S. 23.
10 Silvia Eiblmayr, a.a.O., S. 9.
11 Vgl. dazu Valie Exports Ausführungen zum „Feministischen Aktionismus", in: Gislind Nabakowski, Helke Sander, Peter Gorsen (Hrsg.), **Frauen in der Kunst**, Bd. 1 (Frankfurt 1980), S. 139 ff.
12 Vgl. dazu Yvonne Rainers *Film About a Woman Who...* von 1974, in dem eine Sequenz als „emotional accretion in 48 steps" bezeichnet wird – d.h. eine emotionale Anlagerung oder Sedimentierung, ein allmählicher Aufbau. Auch andere Sequenzen in den Filmen Yvonne Rainers könnten so genannt werden.
13 Zur Zentralperspektive und alternativen Raumvorstellungen vgl. Monika Funke Stern, „Zum Raum in Filmen von Frauen", **Frauen und Film** Heft 27 (1981), S. 24 ff.
14 Auf das männliche Bedürfnis, sich selbst im Raum zu bewegen, die Dreidimensionalität des Raums auszukosten, hat Laura Mulvey in „Visual Pleasure and Narrative Cinema" (1975) hingewiesen – übersetzt von Karola Gramann in: **Frauen in der Kunst**, Bd. 1, a.a.O., S. 38 f.
15 Vgl. hierzu meinen Aufsatz „Zu Maya Derens ‚At Land'", **Frauen und Film** Heft 37 (1984), S. 83 f.

Alf Bold
Experimentalfilm und Politik
Für Gerd Gesche

I

Es gibt verschiedene Möglichkeiten, die Begriffe Politik und Experimental- oder Avantgarde-Film zueinander in Beziehung zu setzen. Die vielleicht einfachste Kategorisierung wäre, jene Filme als politische Experimentalfilme auszuweisen, die sich experimenteller und avantgardistischer filmischer Mittel bedienen, um einen politischen Inhalt zu transportieren.

Beispiel: *Die Worte des Vorsitzenden* von Harun Farocki (1968) oder Werner Schroeters Film über die Philippinen, *Der lachende Stern* (1983). Schwieriger wird es schon, wenn ein Film sich nicht direkt mit Politik befaßt, wie etwa Michael Snows *So Is This* (Kanada 1982), der nur aus abgefilmten Worten besteht, aber eine lange Passage enthält über die Zensur, Bilder wie ‚ass' (Arsch), ‚cock' (Schwanz) oder ‚cunt' (Fotze) enthält, die er als Filmbilder wegen der Zensur im kanadischen Staat Ontario nicht zeigen könnte, die aber als Worte, innerhalb eines Filmes, der nur aus Worten besteht, genauso schockierend sind wie die reale Abbildung, aber jede Zensurbehörde der (noch größeren) Lächerlichkeit preisgäben, würde sie dagegen einschreiten. Diese Definition des Politischen im Film entspricht Siegfried Kracauers Theorie, daß jeder Film eine politische Aussage sei, da er vor einem realen gesellschaftlichen Hintergrund entstehe, diesen kommentiere oder widerspiegle.

Wie um dieses zu bestätigen, greifen die Staatsmacht und ihre Organe immer wieder ein, um mißliebige Filme zu zensieren, zu unterdrücken oder ganz zu verbieten; die Künstler werden Repressalien ausgesetzt, Filme gelangen nicht zur Vorführung, Veranstalter werden bedroht oder verhaftet. Manchmal erhält die Staatsmacht sogar unverhoffte Hilfe von Organisationen und Personen, die ihr eher kritisch gegenüberstehen. Die Liste der hier anzuführenden Beispiele ist lang. *L'âge d'or* von Luis Buñuel und Salvador Dali, dessen Vorführung von rechtsgerichteten Schlägertrupps in Paris verhindert wurde, gehört ebenso dazu wie die Verhaftung von Flo und Ken Jacobs nach einer Aufführung von Jack Smiths *Flaming Creatures* in New York. Die Weigerung der Organisatoren der Westdeutschen Kurzfilmtage Oberhausen, 1968 den Film *Besonders wertvoll* von Hellmuth Costard zu zeigen, führte dazu, daß das Festival gesprengt wurde; der Film, in dem ein ‚sprechender Penis' sich über neue Richtlinien der bundesrepublikanischen Filmförderung verbreitet, wurde von der Staatsanwaltschaft beschlagnahmt.

In Köln bei den Vorführungen von ‚X-Screen' und beim ‚Independent Film Center' in München kam es in den sechziger und siebziger Jahren immer wieder zu polizeilichen Aktionen, Festnahmen und Filmbeschlagnahmen. Bei den Berliner Filmfestspielen 1976 wurde Nagisa Oshimas *Ai no Corrida* (Im Reich der Sinne, Japan 1976) beschlagnahmt, der Leiter des Internationalen Forums des Jungen Films, Ulrich Gregor, wurde vor Gericht gestellt. Auch die Gründe, die dem armenischen Filmkünstler Sergej Paradshanow in der Sowjetunion immer wieder Schwierigkeiten bereiteten, sind in der formalen Neuheit und radikalen experimentellen Filmsprache seiner Werke zu suchen.

Nimmt man all dies zusammen, so stellt sich die Frage, wovor die Staatsmacht Angst hat, wenn sie Kunstwerke zu unterdrücken sucht und ihnen somit eine politische Dimension verleiht, die oberflächlich betrachtet nicht politisch sind, sondern, wenn überhaupt, Tabus verletzen.

Und wie kommt es, daß fast alle Filme, die bei ihrem ersten Erscheinen zu Repressionen gegen Künstler und Veranstalter führten, schon nach kurzer Zeit zum klassischen Kanon der Filmgeschichte gehören?

II

Im Umkreis der Surrealisten und Dadaisten entstand im Paris der zwanziger Jahre eine starke Filmbewegung. Wie auch bei den Literaten und Malern wollten diese Filmkünstler den Film vom Ballast bürgerlichen Kunstanspruchs befreien. Neben Regisseurinnen und Regisseuren beteiligten sich auch Autoren, Maler, Bildhauer, Fotografen an dieser Revolutionierung der Filmsprache: Antonin Artaud schrieb Drehbücher, Francis Picabia, Salvador Dali, Marcel Duchamp, Man Ray, Eric Satie drehten eigene Filme oder arbeiteten entscheidend an Filmen anderer mit, Jean Cocteau schrieb, stattete aus und inszenierte eigene Filme. Eines der wohl immer noch schockierendsten Filmbilder stammt aus jener Zeit: das Rasiermesser im Auge in Buñuels *Un chien andalou* (Frankreich 1928). Die Vorführung von Buñuels nächstem Film, *L'âge d'or*, an dem Dali mitarbeitete und in dem unter anderem Max Ernst und Pierre Prévert auftreten, brachte dann die Obrigkeit und Moralhüter auf den Plan. Der antiklerikale und blasphemische Inhalt des Films hatte zu erbitterten Fehden Anlaß gegeben, die sich schließlich in einer oft beschriebenen Saalschlacht im ‚Studio 28' entluden. Der Film wurde verboten, alle Kopien beschlagnahmt und vernichtet (es ist ein Wunder, daß er überlebte), die Familie des Vicomte de Noailles, fortschrittliche Kunstmäzene, die nicht nur Buñuel, sondern auch viele andere Künstler (darunter Man Ray und Jean Cocteau) unterstützte, und als Produzent von *L'âge d'or* galt, wurde angeblich vom Pariser Erzbischof exkommuniziert. Buñuel: „*L'âge d'or* ist der einzige Film meiner Karriere, den ich in einem Zustand von Euphorie, Enthusiasmus und Zerstörungsrausch drehte, in dem ich die Vertreter der ‚Ordnung' angreifen und ihre ‚ewigen' Prinzipien lächerlich machen wollte; mit diesem Film wollte ich absichtlich einen Skandal herbeiführen. Die Begeisterung, von der ich damals besessen war, habe ich seither niemals wieder gefunden, ebensowenig wie die Gelegenheit, mich noch einmal in so vollkommener Freiheit ausdrücken zu können. Es war die damalige Epoche, die einen solchen Geisteszustand hervorbrachte, und ich fühlte mich nicht allein: die ganze Gruppe der Surrealisten stand hinter mir."[1]

Kein anderer der surrealistischen oder dadaistischen Filme hat eine so eindeutig politische Aussage wie *L'âge d'or* oder treibt die Sprache des Films weiter: Antonin Artaud distanzierte sich von *La coquille et le clergyman* (Die Muschel und der Kleriker, 1927), den Germaine Dulac nach seinem Szenario drehte und in dem antiklerikale Attacken sich mit freudscher Traumsymbolik und surrealen Assoziationen mischen, weil er mit der ‚femininen' Inszenierung nicht einverstanden war – auch ein Politikum – und entfesselte selbst einen Skandal bei der Uraufführung. Man Rays stark von seinen photographischen Entwicklungen beeinflußter Filmstil läßt die Welt und die Menschen zu unbestimmten, lyrischen Formen verschmelzen und zeigt hierin eine Verwandtschaft zur unernsten Welt des Dadaismus. Jean Cocteau feiert in *Le sang d'un poète* (Das Blut eines Dichters, 1930) den unabhängigen Künstler, dessen Visionen über die Realität hinausgehen – doch das geschieht manchmal nicht ohne geschmäcklerische Selbstgefälligkeit. So bleibt festzustellen, daß der erste große politische Film, der sich einer neuen Bildsprache bedient, auch eine Entwicklung zu ihrem Ende brachte, die sich selbst mit einem dem Militärischen entliehenen Namen bedacht hatte: Avant-Garde.

Buñuels nächster Film war ein Dokumentarfilm über eine ärmliche Bergregion in Spanien (*Las Hurdes – terre sans pain/Las Hurdes – Erde ohne Brot*, 1932), gedreht im Auftrag der neuen sozialistischen Regierung Spaniens.

III

Es gibt nur wenige Momente in der Geschichte des Films, wo die Vermittlung politischer Inhalte mit der Entwicklung einer neuen Filmsprache einherging und öffentliche Unterstützung und Förderung fand. Die markantesten Beispiele sind die Arbeiten von Dsiga Wertow in der Sowjetunion und Leni Riefenstahls Propagandafilme im faschistischen Deutschland. (Zwar bin ich mir der Gefährlichkeit bewußt, diese beiden nebeneinanderzustellen, will es aber dennoch versuchen.) Wertow arbeitete nach der Oktoberrevolution in der Abteilung für Filmchronik des Moskauer Filmkomitees, war mit Agit-Zügen an der Front unterwegs, machte erste Filme für das Filmjournal ‚Kinonedelija' über zeitgenössische Ereignisse. „Bei seiner Arbeit suchte Wertow nach neuen Aufnahme- und Montagemethoden, nach neuen Verfahren zur Organisierung des aufgenommenen Materials, um die Wirklichkeit in ihrer revolutionären Entwicklung zu zeigen."[2] Zu seinem 1926 gedrehten Film *Schestaja tschastij mira* (Ein Sechstel der Erde) schreibt Wertow, er sei „mehr als ein Film, mehr als wir unter der Bezeichnung ‚Film' zu verstehen gewohnt sind. Teils Chronik, teils künstlerischer Filmreißer – *Ein Sechstel der Erde* geht irgendwie über die Grenzen dieser Begriffsbestimmung hinaus – das ist schon die nächste Stufe der Auffassung über Kinematographie."[3] Der sechs Teile umfassende Film weist in seiner Struktur Ähnlichkeiten mit den Gedichten der von Wertow bevorzugten Autoren auf: Walt Whitman und Wladimir Majakowskij. Von einer Beschreibung der kapitalistischen Welt im ersten Kapitel über die Schilderung des Arbeitslebens in den verschiedenen Sowjetrepubliken, der Aufzählung des Reichtums, den die Arbeiter und Bauern von Moskau bis zur chinesischen Grenze, von Matotschkin-Char bis Buchara besitzen, reicht der Film schließlich zur hymnischen Verherrlichung der Maschinen, gipfelnd in folgenden Worten und Bildern:

„Ich sehe Stalin
wir wollen selbst produzieren
nicht nur Kattun
sondern Maschinen, die für die Produktion wichtig sind
wir wollen selbst produzieren
nicht nur Traktoren
sondern auch Maschinen, die Traktoren herstellen
Wir bauen
in unserem Land
eine vollkommene
sozialistische
Gesellschaft
Wir sind der Anziehungspunkt
für die Arbeiter des Westens
der Anziehungspunkt
für die Völker des Ostens
die sich schon zum Kampf erheben
gegen das Joch des Kapitals
unterdrückte Länder
die allmählich vom Weltkapital abfallen

> Sie werden einmünden
> > in das Bett der einheitlichen
> > > sozialistischen
> > > > Herrschaft".

Wie die Filme Wertows zu jener Zeit mit der offiziellen sowjetischen Politik in Übereinstimmung standen (was späterhin nicht mehr der Fall war), waren auch Leni Riefenstahls Filme visueller Ausdruck der Politik der Nazi-Regierung in Deutschland. Es gibt allerdings entscheidende Unterschiede. Bei Wertow tritt Stalin am Ende des Films auf und teilt dem Sowjetvolk die Aufgaben für die Zukunft mit, die man gemeinsam lösen muß. In Riefenstahls Reichsparteitagfilm *Triumph des Willens* (1936) erscheint der Führer Adolf Hitler bereits zu Beginn als überlebensgroßer Herrscher, der buchstäblich vom Himmel kommt (per Flugzeug), und zu dessen gottgleicher Verehrung sich die Untertanen versammelt haben, angeordnet in Reih und Glied. Nicht als Individuen wie bei Wertow sind die Menschen zu sehen, sondern als Masse, als Ornament, das durch den Willen seines Schöpfers entstand, ihm allein gehorcht. „In einer der größten Szenen des Films, einer enormen Weitaufnahme, die das ganze Stadion umfaßt, wird gezeigt, wie Hitler, Himmler und SA-Führer Lutze der Länge nach eine zentrale Gasse durchschreiten, die auf beiden Seiten von Zehntausenden von SA- und SS-Männern begrenzt wird (die ihrerseits die Leinwand völlig ausfüllen), um einen Kranz für die Toten des Ersten Weltkriegs niederzulegen. Der Effekt ist überwältigend. Allerdings ist Hitler das einzige übriggebliebene Individuum: die anderen Deutschen erscheinen nur noch als Teil eines riesigen Kollektivs. Individualismus und bourgeoise Demokratie sind vorbei. In diesem monströsen Ur-Ritus agiert die Masse – anonym und hypnotisiert – nie; sie reagiert nur auf die Initiativen des Führers, die autoritär, hysterisch, besessen und auf ohrenbetäubende Weise ‚abgegeben' werden."[5] Es scheint zunächst, daß die Mittel, mit denen Leni Riefenstahl diese Bildwirkungen erzielen konnte, neuartig und experimentell waren. Doch konnten sie nur entstehen, indem sie sich eines Apparates bediente, der Film als rein herrschaftliches Instrumentarium begreift. Riefenstahl erfand nicht neu, sondern bedient sich überkommener Elemente. Mit ungeheurem Aufwand, der der Gesamtinszenierung des parteipolitischen Spektakels in nichts nachstand, unterwirft sie von der Kameraführung bis zur Montage, vom Musikeinsatz bis zur Sprache alle Ausdrucksmöglichkeiten der Filmkunst rigoros dem einzigen Ziel, auch den Zuschauer zum willenlosen Objekt zu machen und stellt sich damit in strikten Gegensatz zu dem, was wahre Filmkünstlerinnen und Filmkünstler erreichen wollen: die Befreiung des Individuums. Umso erstaunlicher ist es, daß bei einigen der radikalsten Vertreter des Experimentalfilms (Jonas Mekas, Stan Brakhage z.B.) sich Leni Riefenstahl höchster Wertschätzung erfreut.

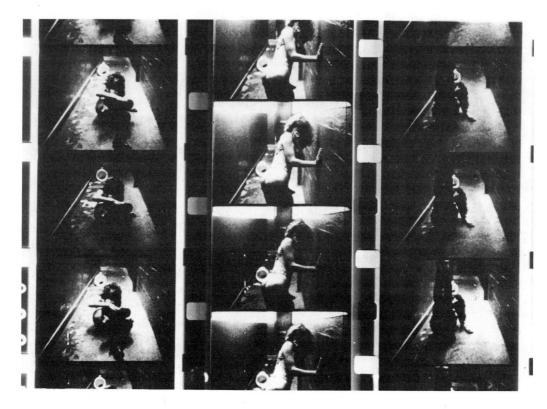

Jerôme de Missolz:
Entrees de secours (Frankreich 1982)

Pat O'Neill: *Foregrounds* (USA 1978)

IV

Aus der großen Zahl amerikanischer Künstler, die in den späten fünfziger und in den siebziger Jahren experimentelle Filme machten, unter Einbeziehung politischer Aspekte, möchte ich nur drei herausgreifen: Jack Smith, Ken Jacobs (die auch lange Zeit miteinander gearbeitet haben) und Carolee Schneemann. Jack Smiths frühe Arbeiten kann man am ehesten mit dem Begriff ‚Body Politics' umschreiben. Birgit Hein bezeichnet seinen 1962/63 entstandenen Film *Flaming Creatures* als „das erste große freie erotische Werk des New American Cinema"[6]. Wenn Warhol irgendwann von ‚Superstars' spricht, so ist Jack Smith sicherlich der erste ‚Star' des Underground-Kinos, heute würde man ihn als ‚Performance-Künstler' bezeichnen. Er war immer ein großer Verehrer des Hollywood-Kinos, insbesondere der Filme der ‚schwarzen Serie'. Sein exaltiertes Auftreten ist an diesen Mustern orientiert, weniger an Mae West oder Marlene Dietrich als an Gloria Grahame, Gene Tierny oder Lana Turner; gleichzeitig möchte er aber auch Gary Cooper, Clark Gable oder Humphrey Bogart sein. So sind auch seine Filme immer ‚bigger than life': in *Flaming Creatures* filmt er im Stil des ‚cinéma vérité' eine Transvestitenorgie, in der ‚Creatures' agieren, behängt mit Ketten, Perücken und Blumen, es gibt Vampirismus und Vergewaltigungen. Die Auswahlkommission des 3. Internationalen Experimentalfilmfestivals in Brüssel/Knokke lehnte es ab, den Film trotz seiner künstlerischen Qualitäten zu zeigen mit der Begründung, daß er gegen die herrschenden Gesetze verstoße. „Mit *Flaming Creatures* beginnt der Mythos des Underground, des Verbotenen, Sexuellen zu wachsen, der allmählich immer mehr Zuschauer anzieht und immer mehr empörte Kritiken hervorruft."[7] Ken und Flo Jacobs, die eine Vorführung des Films in New York organisierten, wurden verhaftet und kamen ins Gefängnis. Die Frage stellt sich, was *Flaming Creatures* hatte, um diese Reaktionen herauszufordern. Kommt es daher, daß sich hier einer der Filmsprache Hollywoods bediente, sie aber überzeichnet und so in ihrer Hohlheit bewußt macht? Selbst ein Verfechter all dessen, was gegen die Norm verstößt, Amos Vogel, bezeichnet *Flaming Creatures* seltsam unentschieden als „merkwürdig freudlose Ansammlung zweifelhafter, auf mancherlei Art perverser Sexepisoden, eine Reihenfolge von Penissen, Vergewaltigungen, Orgien, Masturbationen und oralen Beziehungen... Der Film, der vielleicht auf sehnsüchtige, subjektive, träumerische Art ein mythologisches Hollywood heraufbeschwören will, bringt es fertig, gleichzeitig zu schockieren und absichtlich dilettantisch zu wirken."[8]

Die Bestimmung des politischen Aspekts in Ken Jacobs' Filmarbeit ist einfacher festzustellen. Zunächst einmal geht als Konstante durch sein Werk die Beschäftigung mit seinem Jüdisch-Sein, das in *Urban Peasants* (1975) Thema eines ganzen Films ist. Jacobs verarbeitet ‚home movies' einer jüdischen Familie aus

dem Brooklyn der dreißiger und vierziger Jahre, setzt die einzelnen kurzen Filmrollen nach einem Zufallsprinzip zusammen. Dann fügt er am Anfang und am Ende die Lektionen eines Schallplatten-Sprachkurses ‚Jiddisch im Schnellverfahren' hinzu, der zu Schwarzfilm, nur als Ton im dunklen Kino, zu hören ist. Als Zuschauer/Zuhörer wird man sich des Anachronismus bewußt, daß hier eine tote Sprache gelehrt wird, denn nirgendwo auf der Welt spricht man noch Jiddisch. Die Werte kehren sich sogar um, wenn am Ende der Lektion (und damit des Films) uns die jiddische Übersetzung beigebracht wird für „Ich bin Amerikaner" und „Es ist alles gut".
In einem anderen seiner Filme aus ‚gefundenem Material', *The Doctor's Dream* (1978) schnitt Jacobs einen kurzen Fernsehfilm über einen Landarzt, der ein kleines Mädchen rettet, von der Mitte her auseinander, und klebte ihn nach streng rechnerischem Prinzip wieder so zusammen, daß Anfang und Ende sich treffen. Das Ergebnis ist verblüffend (und überraschte selbst Ken Jacobs), denn „es kommt eine Tabu-Geschichte sexueller Prüderie zum Vorschein, die versteckt ist unter den noblen Intentionen des Doktors."[9] Jacobs' Filme, in denen Jack Smith mitwirkt, unterscheiden sich in einem ganz besonders von Smiths eigenen Filmen: obwohl er auch hier als Exzentriker, Transvestit und Phantasiefigur auftritt, sind die Filme um ein vielfaches bitterer. In *Blonde Cobra* (1959–63) „tut der Held alles, um uns dazu zu zwingen, ihn zu verurteilen, um unsere Vorliebe für Grenzen und Schranken auf die Probe zu stellen, lockt uns in eine lächerliche moralische Position ihm gegenüber, um uns dann am Schluß um so herrlicher reinlegen zu können."[10]
Besonders hervorheben sollte man die Tatsache, daß ausgerechnet zwei ‚spinnerte' Künstler fast gleichzeitig Filme über die Philippinen machten: Werner Schroeter (*Der lachende Stern*) und Ken Jacobs. 1984 erarbeitete er eine seiner ‚Nervous System Performances' mit dem Titel *Making Light of History: The Philippines Adventure*. „Eine fünf Minuten lange Ansammlung von historischem Material aus den Philippinen (am Schluß bringt General MacArthur den Philippinen ihre ‚Freiheit' zurück) wird der Blitz-Stimme eines Kommentators entrungen. Dieses Material wird untersucht, spielerisch verändert, es kann sich auf eine Weise ausdrücken, die nie zustande käme, wenn es mit normaler Geschwindigkeit durch den Projektor laufen würde."[11] Mit zwei speziell entwickelten Projektoren, die durch Einzelbildschaltung bedient werden und mit einem Rotorblatt vor den Objektiven ausgerüstet sind, wird so bei den fast zum Stillstand gebrachten Bildern eine Bewegung erzeugt, die real gar nicht vorhanden ist, sondern durch die Trägheit des Auges entsteht. Wir erleben auf ganz eigenartige Weise das Funktionieren politischer Realitäten, herausgelöst aus zeitlichen Abläufen, versteinert, aber nicht unbeweglich, wir sehen beispielhaft die Leere in den Gesten der Mächtigen, begreifen die Brutalität des Krieges durch die Maschi-

nisierung in kaum zu beschreibender Klarheit. *Making Light of History: The Philippines Adventure* ist ein einzigartiges Beispiel, wie durch experimentelle Mittel bekannte Bilder einen neuen, politisch brisanten, aktuellen Inhalt bekommen können. 1968, als sich die erste große Begeisterung für den ‚Underground-Film' in den USA schon wieder zu legen begann, erschien Carolee Schneemanns Film *Fuses*, auch er ein Film über ‚Body politics'. Was Schneemann auszeichnet, ist ein ‚anderer Blick', mit dem sie an ihr Thema herangeht. Man sieht ein Paar, das sich liebt, aufgenommen in vielfältig prismatisierten Bildern, die im Nachhinein noch den unterschiedlichsten Nachbearbeitungen unterworfen wurden, die vom Kochen bis zum Eintauchen in Säure reichten. In der Deutlichkeit der Darstellung geht Schneemann wahrscheinlich weiter, als all ihre männlichen Kollegen. Allerdings hat ihre Sehweise eine bis dato nicht gekannte Zärtlichkeit, die auch heute noch verblüfft und fasziniert. „Sexualität wird erotischer in Carolee Schneemanns *Fuses*, da der Film sich um die Gefühle dreht, die man in einer sexuellen Beziehung findet: Anfassen und Berühren, Drehen und Gleiten; verloren in einer Welt, die nur ihnen gehört, Fühlen und Schweben in Licht und Dunkelheit."[12] *Fuses* hat nicht nur eine neue Epoche des erotischen Films eingeleitet, sondern auch in seiner unkonventionellen Art, das Filmmaterial zu bearbeiten, neue Wege gewiesen. Es kann nur als reaktionär-chauvinistische Haltung gelten, daß Carolee Schneemann in der (fast ausschließlich von Männern geschriebenen) Geschichte des Experimentalfilms nicht den Platz hat, der ihr zukommt, ja eigentlich kaum vorkommt. Es geht ihr da wie vielen anderen Frauen, unter denen Maja Deren nur die Ausnahme von der Regel ist: Marie Menken, Storm de Hirsch, Maryette Charlton seien stellvertretend für alle anderen genannt.

V

„Die politischen Filme gehören aus demselben Grund zum unabhängigen Film wie die Aktionsfilme: wegen ihres Inhalts. Von der Form her sind die meisten sehr konventionell, da ihr Hauptanliegen sein muß, leicht verstanden zu werden" schreibt Birgit Hein 1971[13]. Heute würde ihre Stellungnahme hierzu sicherlich anders aussehen, denn nicht zuletzt ihre eigenen Filme *Love stinks – Bilder des täglichen Wahnsinns* (1982) und *Verbotene Bilder* (1985) sind eindeutig politisch.

In den späten sechziger Jahren, im Umkreis der Studenten-Unruhen, entstanden eine Reihe von Filmen, die sich in ihrer politischen Aussage experimenteller Mittel bedienten. Der gelungenste von allen ist wahrscheinlich Harun Farockies *Worte des Vorsitzenden* (1968), in dem mit billigsten Mitteln die Erkenntnis vermittelt wird, daß man neue Formen im Kampf gegen die Bourgeoisie finden muß: ein bürgerliches Paar, dessen Gesichter durch Masken aus Papier-Einkaufstüten verdeckt sind, sitzt bei der Suppe. Eine Hand faltet aus den Seiten der Mao-Bibel ein Wurfgeschoß, das in die Suppe fliegt und die Bourgeoisie bekleckert. Dazu, als Kommentar (gesprochen von Helke Sander) Mao-Zitate und ein politisches Statement. In seiner Kürze (knapp 4 Minuten) gleichzeitig einer der amüsantesten, richtungsweisenden und radikalen Filme. Hat Hellmuth Costards *Besonders wertvoll* noch den Charakter eines Pamphlets, so ist sein ein Jahr später entstandener langer Film *Die Unterdrückung der Frau ist vor allem an dem Verhalten der Frauen selber zu erkennen* (1969) von der Klarheit der Konzeption und der Radikalität der Aussage einer der großen Filme der sechziger Jahre: ein junger Mann verrichtet den Tagesablauf im Haushalt. „Von einer Person anderen Geschlechts gespielt, wird die Figur ihr Geschlecht deutlicher verraten." (Bertolt Brecht, Kleines Organon für das Theater). Unter den politischen Filmemachern jener Zeit, die mit experimentellen Mitteln arbeiteten, seien noch Kathrin Seyboldt, Hartmut Bitomsky, Skip Norman, Thomas Gieffer, Klaus Wildenhahn und Gisela Tuchtenhagen genannt, die fast alle dem Kreis um die Deutsche Film- und Fernsehakademie Berlin entstammen.

Andere und radikalere Wege ging Vlado Kristl. Er kommt aus Jugoslawien, wo er als Filmemacher arbeitete, bis er 1962 in der Bundesrepublik blieb, weil einer seiner Filme verboten wurde. Kristl „ist ein absoluter Feind jedes Kommerzialismus und jeder Abhängigkeit; freilich stellt er mit der ihm eigenen selbstzerstörerischen Radikalität auch die Kommunikation zwischen Film und Zuschauer und damit seinem eigenen Werk in Frage."[14] In seinen frühen Filmen *Der Damm* (1964) und *Der Brief* (1966) kann man immer noch Ansätze von Geschichten erkennen, wobei eine Reihe von kurzen, oft komischen Episoden hintereinander gestellt werden, die, wenn man will, auch zusammenhängen können. „Später wurden Kristls Filme gewollt oder erzwungenermaßen immer ‚armseliger‘, auch verzweifelter (durch die immer ungünstigeren Produktionsbedingungen): *Sekundenfilme* (1968); *Italienisches Capriccio* (1969), die Parodie eines Reiseberichts, noch einmal ein ‚klassischer‘ Kristl; *Film oder Macht* (1970) und *Obrigkeitsfilm* (1971) kennzeichnete Kristl als ‚Testamente‘."[14] *Film oder Macht*, „ein Film gegen die Olympiade, ein Film für die Anarchie (V.K.) und *Obrigkeitsfilm* sind Versuche, gegen ein System zu protestieren, in dem eine freie kreative Entfaltung nicht mehr möglich scheint, weil man ständig an die Grenzen von ‚Richtlinien‘, ‚Verordnungen‘, ‚Bestimmungen‘ stößt. Zum *Obrigkeitsfilm* schreibt Kristl resignierend und aufbegehrend in einem:

„Ich mache einen Film gegen die Zelluloidfilmindustrie. Du hast Recht. Dieser Film rettet die Industrie und noch mehr, es ist der erste Film, der gemacht worden ist, um die korrupte und veraltete Filmindustrie zu retten.

Denn es ist der erste, der mit diesem Bewußtsein gemacht ist. Und nicht nur, daß ihn die Industrie ablehnt, auch die Kinogänger, die sonst für das alte Kino in den Krieg ziehen würden"[15]

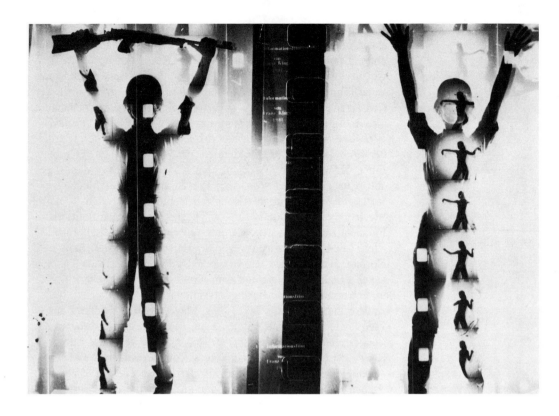

Franz Kluge:
Für eine Handvoll „Macht"
(BRD 1981)

Gábor Bódy:
*Der menschliche Körper in
Bewegung* (Ungarn 1980)

Hier wird Kristls Dilemma deutlich: seine Anarchie ist nur ideell zu bewerkstelligen, praktisch stützt sie jene Machtverhältnisse, die er angreifen will. Folgerichtig zog Kristl sich von der Filmarbeit zurück, machte mehr als 15 Jahre lang keinen Film, malte, inszenierte Theaterstücke, arbeitete mit Video. Erst 1982, mit Hilfe der großzügigen Hamburger Filmförderung, drehte er wieder einen Kurzfilm, *Verräter des jungen deutschen Films schlafen nicht*. Bereits hier zeigt er, daß er ganz der alte geblieben ist, polemisch, ungerecht, phantasievoll. In seinem 1983 gedrehten Film *Tod dem Zuschauer* vereint Kristl auf geradezu geniale Art alle seine Widersprüche. Gedreht auf 35 mm, dem Format der Industrie, aber über lange Passagen stumm, läßt der Film dem Zuschauer, der auch nur eine Art von Handlung erwartet, die Haare zu Berge stehen, wenn er ihn nicht gar aus dem Kino treibt; andererseits bereiten viele der Zeichnungen und wunderschön gemalten Zwischentitel ein großes ästhetisches Vergnügen. Kristl bringt alles an seine Grenzen: den Film insgesamt, die Zuschauer, Filmförderung, Festivals (der Film war für den Wettbewerb der Berlinale eingereicht, wurde natürlich abgelehnt, wogegen Kristl natürlich protestierte), Verleiher, Kritiker. Alle bewundern Kristls Radikalität, aber seine Arbeiten auch zeigen/verleihen/fördern usw. wollen sie nicht. Der Hamburger Kritiker Dietrich Kuhlbrodt kommt Kristls Intentionen wohl am nächsten, wenn er schreibt: „Kristl schreibt das Insert ‚Schlagen wir den Zuschauer tot, dann haben wir Kultur‘, und weil er ein Menschenfeind ist, beginnt er bei sich selbst: ‚Ich muß höllisch aufpassen, daß mir nicht wieder ein Film gelingt‘ (so ein Zwischentitel). Heiter und ruhig stand er in der Marktstraße hinter der Kamera, allein. Die Situation, die für jede andere Filmproduktion ein Desaster gewesen wäre, war für sein Vorhaben wie geschaffen. *Tod dem Zuschauer* ist ein verkehrter Film."[16]

Birgit und Wilhelm Hein gehörten, im Gegensatz zu Vlado Kristl, lange Zeit zum ‚Mainstream‘ des deutschen Experimentalfilms.

Sie begannen 1967 eigene Filme zu machen, die meist sehr materialbezogen waren, den ‚Film als Film‘ untersuchten. Zu ihren Arbeiten zählen einige außerordentlich bedeutende Filme wie *Rohfilm* (1968), *625* (1969), *Ausdatiertes Material* (1973), *Strukturelle Studien* (1974) und die *Materialfilme* (1976). Als sie das Gefühl bekamen, in diese Richtung nicht mehr weiterarbeiten zu können, hörten sie zunächst auf, Filme zu machen, und entwickelten ihre Film-Performances *Verdammt in alle Ewigkeit* (1978/79) und *Superman und Wonderwoman* (1980/81), in denen sie auf sich, ihre Umwelt, die politischen und kulturellen Verhältnisse reagierten und auf die Unmöglichkeit, jetzt noch rein strukturelle Filmexperimente zu machen. Aus diesen Überlegungen und einer gewissen Isolation heraus, in die sie sich während eines New York-Aufenthaltes im Jahr 1981 begaben, entstand ihr erster radikaler Film, *Love stinks – Bilder des täglichen Wahnsinns* (1982). Hier betrachten sie das Filmemachen als ein „sich selbst erkunden, inszenieren und ausleuchten bis in die letzte Falte fleischlicher Existenz. Verzicht auf psychologisches Sezieren. zügellose Liebesszene, Selbstbefriedigung und Menstruation gefilmt ohne Voyeurismus und Peinlichkeit. Eine Frauenbinde in der Toilette, ein blutbefleckter Slip auf cleanweiß gerasterten Kacheln (– ästhetische Qualitäten des New Wave? –). Menschliche Verweigerung gegen die Stadt."[17] Von dieser Öffentlichkeit des Privaten führt der Weg schnurstracks zu *Verbotene Bilder*, 1984–85 in Hamburg gedreht, wo Birgit und Wilhelm Hein „nach 17 Jahren Ehe (!) zum ersten Mal über Probleme reden, über die wir uns nie zu reden getraut haben."[18] Es scheint dabei, daß sie jeden Ehekrieg führen, jeden Kreis der Hölle abschreiten wollen. Da für ‚pornographische' Bilder keine Tabus mehr bestehen, man in jeder x-beliebigen Illustrierten ‚alles' sehen kann, bringen die Heins Darstellungen zusammen, erzeugen durch Aneinanderreihen den Schock. Unterstützt werden sie dabei von der Schlagzeugerin Robyn Schulkowsky, die mit ihrem Soundtrack das manchmal auseinanderstrebende Bildmaterial zusammenhält. Birgit und Wilhelm Hein sehen das, was sie da abbilden, natürlich in einem großen gesellschaftlichen Zusammenhang, den sie in ihren ‚privaten' Film immer wieder einbringen: Graffiti auf Häuserwänden, politische Parolen, Fernsehbilder, Nachrichtensendungen. Manchmal hat man das Gefühl, daß Filme wie *Verbotene Bilder* heute zu den ganz wenigen gehören, die ein politisches Bewußtsein der Filmemacherinnen und Filmemacher spiegeln, die wirklich politische Filme sind, da sie auch die sogenannten Sehgewohnheiten frontal angreifen. Noch einmal Jochen Coldewey: „Zehn Jahre war es ruhig um den Avantgarde-Film; keine Skandale, keine Verhaftungen, keine Beschlagnahmungen von Filmen durch die Staatsanwaltschaft wie noch zu X-Screen Zeiten in der Kölner ‚Lupe'. Aber die bis auf den letzten Platz ausverkaufte Uraufführung des neuen Hein-Films läßt auf neues Leben in den Kinos hoffen."[17]

Auch als Autoren haben die Heins immer wieder etwas bewirkt oder in Gang gesetzt. Birgit veröffentlichte 1971 die immer noch einzige Geschichte des Avantgarde- und Experimentalfilms, ‚Film im Underground'; über die Aktivitäten von X-Screen in Köln gibt es einen witzigen Fotoband mit Texten und Zeitungsausschnitten; der Katalog zur Ausstellung ‚Film als Film', gemeinsam mit Wulf Herzogenrath geschrieben und herausgegeben, ist anregend und unterhaltsam. Aber das schönste Buch, vielleicht das beste, das je über den Experimentalfilm erschien, ist der ‚Kinematograph 3 – W. & B. Hein – Dokumente 1967–1985', herausgegeben vom Deutschen Filmmuseum Frankfurt, ein Buch wie *Verbotene Bilder*: polemisch, parteiisch, aggressiv, intelligent und ergreifend. Durch die Reproduktion von Briefen, Artikeln, alten Programmen wird nicht nur eine Geschichte neuer filmsprachlicher Möglichkeiten aufgezeigt, sondern auch das Private in bislang nicht gekannter Radikalität in die Theorie einbezogen. „In den letzten Jahren habe ich immer wieder überlegt, ob ich nicht ‚Film im Underground' neu herausgeben und mit einem zweiten Teil, der bis zur Gegenwart führt, ergänzen soll. Ich habe es dann doch nicht gemacht, weil ich auch den ersten Teil hätte überarbeiten müssen – allein über Oskar Fischinger z.B. muß man heute viel ausführlicher schreiben –, vor allem aber hatte ich keine Lust, eine objektive Geschichte der Zeit seit 1971 zu schreiben.

Bis zu ‚Film als Film' habe ich mich zu dieser Objektivität gezwungen und über Filme und Filmmacher geschrieben, die mich nicht interessieren. Heute kann ich das nicht mehr. Deshalb geben wir diesen Anspruch auf und dokumentieren die Zeit seit 1968 von unserer persönlichen, subjektiven Sicht her."[19]

VI

Eines der wichtigsten Kapitel in der Politisierung der Filmsprache des experimentellen Kinos ist das ‚Eingreifen' der Frauen ins Geschehen, das verstärkt in den frühen sechziger Jahren begann.

Da sie versuchten, andere Bilder zu finden für das, was sie zeigen wollten, mußten sie viel radikaler vorgehen, als die Männer es je waren. Sie fingen damit an, die Theoretiker zu verwirren, indem sie die verschiedenen Stile gründlich mischten, Experimental-, Spiel- und Dokumentarfilm nicht mehr fein säuberlich in Kästchen packten. Daher kommt es, daß fast alle Frauen, die innovativ im Film gearbeitet haben und noch arbeiten, in verschiedenen Zusammenhängen genannt werden: Helke Sander, Ulrike Ottinger, Valie Export, Helma Sanders-Brahms, Noll Brinckmann, Pola Reuth, Rotraut Pape, Anita Thacher, Bette Gordon, Joyce Wieland, Rosi S.M., Vera Chytilova, Elfi Mikesch, Jutta Brückner sind nur einige wenige. Sie alle schufen etwas neues, dessen Radikalität und zukunftsweisende Veränderung der Filmsprache wir erst zu ahnen beginnen. Wilhelm Roth schreibt in seinem Buch ‚Der Dokumentarfilm seit 1960': „Bei diesen nützlichen Filmen sind die Frauen-Regisseure (sic!) aber nicht stehengeblieben; sie haben die Frage nach einer weiblichen Ästhetik gestellt, die sich aber eher im Experimental- und im Spielfilm beantworten läßt als im Dokumentarfilm. Aber auch hier ist oft der Mut der Frauen, Genredefinitionen anzuzweifeln oder radikal in private Bereiche, die dem Dokumentarfilm normalerweise verschlossen sind, vorzustoßen, größer als der der Männer."[20]

VII

Der Versuch, den Experimentalfilm politisch zu definieren und seine Möglichkeiten zu erörtern, muß zwangsläufig zu einer Beschränkung auf einige Beispiele führen, insbesondere, wenn man den Politik-Begriff so weit setzt wie ich in diesen Zeilen. Deshalb könnte die Auswahl der hier vorgestellten Filmemacherinnen und Filmemacher eine ganz andere sein. Sie könnte reichen von Joris

Ivens zu Sergej Eisenstein, von Jean-Marie Straub/Danièle Huillet zu Johan van der Keuken; alle haben sie mit der Sprache des Films experimentiert, sie weiterentwickelt, hatten dabei immer einen politischen Standpunkt – bezeichnen sich vielleicht nur nicht immer als Avantgarde- oder Experimentalfilmer. Jean-Luc Godard gehört zu ihnen, besonders mit jenen Filmen, die er mit der ‚Groupe Dsiga Vertov' drehte, aber auch mit seinen Spätwerken *Sauve qui peut (la vie)* und *Passion*.

Die wahrscheinlich bedeutendsten und radikalsten politischen Experimentalfilme sind die im Pariser Mai 1968 entstandenen *Cinetracts*, hergestellt von den ‚Generalständen des Films', kurze Streifen, an denen u.a. Godard, Resnais, Marker mitgearbeitet haben. Sie sind stumm, bestehen aus abgefilmten Fotos und sind das filmische Äquivalent zu den revolutionären Plakaten, die damals auf den Häuserwänden erschienen. „Interessant und richtungsweisend waren diese Filme (es wurden ca. 30 *Cinetracts* hergestellt, ihre Dauer variiert zwischen zwei und fünf Minuten), weil sie (schon aufgrund des fehlenden Tons) von vornherein nicht den Versuch einer naturalistischen Reproduktion der Ereignisse unternahmen, sondern Ansätze zu einer filmischen Strukturierung des Materials durch Montage, Rhythmus und Kontrapunkt zwischen Bild und Text entwickelten, die manchmal an das Vorbild von Dsiga Wertow erinnerte."[21]

Epilog

In ihrem Buch ‚Komposition für den Film', 1944 im amerikanischen Exil erstmals veröffentlicht, geben Theodor W. Adorno und Hanns Eisler an einer Stelle eine Charakterisierung der Möglichkeiten von Filmmusik, die man auch, wegen ihrer Forderung nach Radikalität, auf andere Bereiche der Filmsprache anwenden kann. „Die Angemessenheit der modernen, befremdenden Mittel ist vom Film selbst her einzusehen. Ihm sind seine Ursprünge in der Jahrmarktsbude und im Schauerstück immer noch anzumerken: sein Lebenselement ist die Sensation. Das ist nicht bloß negativ zu verstehen, als Abwesenheit von Geschmack und ästhetischem Maß: nur durch den Schock vermag der Film das empirische Leben, dessen Abbildung er auf Grund seiner technischen Voraussetzungen prätendiert, fremd zu machen und erkennen zu lassen, was an Wesentlichem hinter der abbildrealistischen Oberfläche sich abspielt. Dramatisch vermag reportiertes Leben überhaupt nur durch Sensation zu werden, in der der normale Alltag, von dem ausgegangen wird, gewissermaßen explodiert und gerade im Fall künstlerischer Wahrheit die Spannung erkennen läßt, die das Bild des ‚normalen', mittleren Alltags verdeckt. Die Greuel des Sensationskitschs legen etwas vom barbarischen Grund der Kultur frei. Soweit der Film durch Sensation das Erbe der Volkskunst von Schauerballade und Zehnpfennigroman unterhalb des etablierten Standards der bürgerlichen Kunst bleibt, soweit vermag er gerade durch Sensation

Ulrich Fitzke:
Farbrhythmik (BRD 1981)

Fuding Cheng:
White in Bad Light (USA 1974)

auch jene Standards zu erschüttern und eine Beziehung zu kollektiven Energien herzustellen, die der gepflegten Literatur und Malerei gleichermaßen unzugänglich ist. Eben diese Funktion ist mit den Mitteln der traditionellen Musik nicht zu erfüllen. Die moderne taugt dazu. Die Angst, die in den Dissonanzen aus Schönbergs radikalster Periode ausgedrückt ist, geht weit hinaus über das Maß an Angst, das dem durchschnittlichen bürgerlichen Individuum jemals erreichbar ist: es ist eine geschichtliche Angst, die der heraufdämmernden Katastrophe der Gesellschaft. Etwas von dieser Angst lebt in der großen Sensation der Filme: wenn in *San Francisco* die Decke des Night Club sich senkt, wenn in *King Kong* der Riesenaffe die New Yorker Hochbahn in die Straßen schleudert. Die traditionelle musikalische Begleitung hat niemals auch nur entfernt an solche Augenblicke herangereicht. Die Schocks der modernen Musik, die nicht zufällig von ihrer Technifizierung herkamen, aber nach dreißig Jahren noch nicht absorbiert sind, könnten das leisten. Schönbergs Musik zu einem imaginären Film: drohende Gefahr – Angst – Katastrophe hat mit untrüglicher Sicherheit genau diese Einsatzstelle für die Verwendung der neuen musikalischen Mittel bezeichnet. Selbstverständlich bezieht die Erweiterung der Ausdrucksmöglichkeiten sich keineswegs bloß auf den Bereich von Angst und Katastrophe, sondern es lassen gerade auch nach der entgegengesetzten Richtung der äußersten Zartheit, des gebrochenen Schmerzes, des leeren Wartens, auch der ungebändigten Kraft durch die neuen musikalischen Mittel Bereiche sich erschließen, die den traditionellen darum versagt sind, weil diese sich als je schon bekannt darstellen und darum den Ausdruck des Fremden, Unbetretenen vorweg verlieren."[22]

Dank an: Noll B., Erika G., Helma Sch.

Anmerkungen

1 Interview mit Luis Buñuel von Manuel Michel in: Wie sie filmen (Herausgeber: Ulrich Gregor), Gütersloh 1966, S. 96
2 Wolfgang Klaue/Manfred Lichtenstein: Sowjetischer Dokumentarfilm, Berlin (DDR) 1967, S. 304
3 Wolfgang Klaue/Manfred Lichtenstein, a.a.O., Seite 188
4 Aus der Textliste des Films *Ein Sechstel der Erde*, nach der Übersetzung von Reinhard Urbach für das Österreichische Filmmuseum Wien, zitiert nach Informationsblatt 1 des Internationalen Forums des Jungen Films 1971, Berlin
5 Amos Vogel: Kino wider die Tabus, Luzern/Frankfurt a.M. 1979, S. 178
6 Birgit Hein: Film im Underground, Frankfurt a.M./Berlin 1971, S. 83
7 Birgit Hein, a.a.O., S. 84
8 Amos Vogel, a.a.O., S. 241
9 Ken Jacobs in: Ken Jacobs, Kinemathek-Heft Nr. 70 (Herausgeber: Freunde der Deutschen Kinemathek), Berlin 1986, S. 63
10 Ken Jacobs in: Filmmaker's Cooperative Catalogue No. 5, zitiert nach Ken Jacobs, a.a.O., S. 28
11 Ken Jacobs, a.a.O., S. 55

12 Stephen Dwoskin in: Film Is..., London 1975, S. 214
13 Birgit Hein, a.a.O., S. 173
14 Ulrich Gregor in: Geschichte des Films seit 1960, Gütersloh 1978, S. 128
15 Vlado Kristl: Einführung in die „Obrigkeit", zitiert nach P.A.P.-Verleihkatalog, München 1972
16 Dietrich Kuhlbrodt in: Informationsblatt 12 des Internationalen Forums des Jungen Films 1984, Berlin
17 Jochen Coldewey in: taz, Berlin, 3. Dezember 1982, zitiert nach Informationsblatt/Informationsprogramm 4 des Internationalen Forums des Jungen Films 1983, Berlin
18 B.&W. Hein in einem Brief an Hansi, zitiert nach Informationsblatt 6 des Internationalen Forums des Jungen Films 1986, Berlin
19 B.&W. Hein in: Kinematograph 3, Frankfurt a.M. 1985, S. 3
20 Wilhelm Roth in: Der Dokumentarfilm seit 1960, München/Luzern 1982, S. 97
21 Ulrich Gregor, a.a.O., S. 50
22 Theodor W. Adorno/Hanns Eisler in: Komposition für den Film, München 1969, S. 61 f

Hiroshi Yamazaki: *Heliography* (Japan 1979)

Michael Kötz
Der Experimentelle Raum

Es gibt ihn nicht, diesen „Experimentalfilm" – einfach, weil es keine Filme gibt, die nicht experimentieren. Es gibt ihn doch, da eben bestimmte Experimente als „normal" und „natürlich" gelten und andere nicht. Sie werden zu Recht verdächtigt, den Konsens des „Das versteht sich doch" zu überschreiten und daher mit diesem Etikett abgeschoben ins Ghetto der Kunst, wo alles erlaubt ist, weil es elitär den Massenbetrieb nicht stört. Aus diesen Gründen wäre es ganz falsch, fortzufahren mit den Definitionen der „Gattung Experimentalfilm" – mit einem Definieren also, das allein einem Ordnungsbedürfnis folgt und eigentlich verhindert, was da zu entdecken ist: Film, Fernsehen, Kino ist immer verrückt (es ver-rückt etwas), besonders das sogenannte „richtige Kino". Es ist verrückt, weil es nicht zugeben mag, wie sehr es das kultische Ritual einer Gesellschaft ist, die alle Anzeichen ihres merkwürdigen Realismus wiederfinden möchte im Kino, im selben Augenblick (im selben „Set") aber heimlich die Überwindung dieser Enge ihres Realismus feiert.

Unerhörtes ereignet sich mit Film, Kino, Audiovision. Aber man versteht es erst, wenn man die Gesamtheit der Kinematografie ins Auge faßt: endlich und gründlich darauf verzichtet, sie in Genres zu unterteilen – in „Spielfilme", „Dokumentarfilme", „Experimentalfilme" oder gar weitere, philologisch brave Unterabteilungen (wobei man den Nachrichtensprecher der „Tagesschau" regelmäßig vergißt, der doch längst eine Art Hauptdarsteller in diesem Reich der Rituale ist). Die schöne Genre-Ordnung ist vor allem ein Verdrängungsinstrument. Man möchte die „Fiktionen" von den „Wirklichkeiten" (den Spielfilm vom Dokumentarfilm) strikt getrennt halten, wie ja auch außerhalb des Kinos der Wunschtraum sich niemals auf Realitätssinn berufen darf; und man möchte beide gemeinsam, insofern beide den Inhalt über die Form setzen, in jener wichtigen Distanz zum Strukturalen,

„Formalen" halten (–„Strukturalistischer Film" ist ein anderer, besserer Name für „Experimentellen Film"–), die uns als der legendäre Unterschied von „Inhalt" und „Form" so vertraut ist.

Aber der Witz der Kinematografie (das, womit sie sich lustig macht über die Kultur, der sie entstammt) ist, daß sie sich an diese Dichotomie von „Form und Inhalt", gleichgültig, um welchen Film es sich handelt, niemals hält. „Das Medium ist die Botschaft", tatsächlich, nur nicht im ‚technischen' Sinn. Die eigene Formbestimmtheit macht die Attraktion des Films aus: der traumverwandelte Realismus, mit dem man „seinen Augen traut" – Ich sehe, aber kann nicht gesehen werden und werde trotzdem erblickt, „erfaßt" – Ich bin angesprochen, „betroffen", ohne sprechen zu müssen, denn „Es spricht statt meiner" – Ich spüre, wie die Zeit vergeht und das ist spannend, hautnah, dicht, dennoch ist es nicht meine Zeit, die da verstreicht: Ich spiele mit dem Leben (Der Film beginnt) und mit dem Tod (Das ist das Schlußbild). Wo also bin ich? Welche Art des „Man selbst Seins" gilt hier?
Die Sache hat Ähnlichkeit mit dem Traum, abzüglich freilich der Tatsache, daß unser Träumen als strikt persönliche Angelegenheit gilt. Könnte sein, daß das nicht stimmt: daß jedermann im Traum zum Teil einer „Unbewußten Gesellschaft" wird – und erst, wenn er erwacht, folgt er wieder der ‚traumtänzerischen' Fiktion, sein Leben sei strikt persönlich und die Gesellschaft eine Frage von ‚Persönlichkeiten': da jeder sich als „Mittelpunkt der Welt" wähnt, also ein Haufen unendlich vieler Mittelpunkte?
„Tschuang-Tse träumt, ein Schmetterling zu sein, fühlt sich ganz zweifelsfrei als Schmetterling. Nach dem Erwachen weiß er nicht, ob nicht jetzt vielleicht ein Schmetterling gerade träumt, Tschuang-Tse zu sein." Dies auszusprechen freilich wäre eher schon „Experimentalfilm". „Spielfilm" ist, wenn solcherlei verwirrende Möglichkeiten zwar „erwähnt" (unbedingt sogar erwähnt), für „möglich" gehalten, aber dann doch wieder beruhigend zurückgenommen werden: man sieht doch, wie „Jeder in seine kleine Geschichte verstrickt ist", darum kämpft, im Selbstbild wie im Bild, das er dabei (für den Zuschauer) abgibt, ein solcher „Mittelpunkt" zu sein. – Identifikationsfigur dadurch für die strukturell identische Sehnsucht nach Geborgenheit im Zuschauer. Nicht umsonst ist ein Spielfilm „narrativ", d.h. immer recht und schlecht die Verfilmung eines mehr oder weniger guten Romans: suggeriert insgeheim das einsam genießende Lesen daheim. Es handelt sich in dem, was da zum „Spielfilm-Genre" hochstilisiert wird, um nichts, als eine bestimmte Art der experimentellen Besetzung des kinematografischen Feldes – man zwingt es, Traditionen fremder Felder mitzutragen.
Nicht anders im Fall des „Dokumentarischen Films". Hier dient die Kinematografie einer nicht minder seltsamen, experimentellen Beweisführung. Denn die notwendige Ergänzung für das kultische

Ritual der „schicksalhaft auf sich verwiesenen Subjektivität" im Spielfilm ist der Beweis einer „objektiv" strikt „äußeren" Wirklichkeit, „Realität an sich". Sie soll es geben ohne den „subjektiven Blick", also „objektiv" – damit es den subjektiven Blick auch wirklich gibt. Nicht umsonst pflegt ein „Dokumentarfilm" daher den Film selbst als ein „Medium", Mittel zum Zweck, aufzufassen: als Instrument, das wir bitte zu übersehen haben. Angeeignet werden soll das Reale, weshalb der Dokumentarfilm, gleichgültig, was immer er vorführt, beklagt, fordert, vor allem eines präsentiert: die Selbstverständlichkeit der Naturaneignung, das „Man-Nehme-Prinzip". Wie wir mit Film umgehen, ist eine Frage der Ökologie (Ökologie der Sinne).
Wenn ich einen Film sehe, sehe ich das Kino. Man kann nicht von Filmen sprechen, ohne etwas vom Kino zu sagen. Denn die Realität jeden Films ist der Ort seiner Rezeption, nicht der Film selber. Es gibt ihn „dingfest gemacht" überhaupt nicht.
So, wie das Fernsehen kein bloß technisches Instrument ist, so ist das Kino kein sozusagen inhaltsleerer, nur funktionaler Raum, der benützt werden kann, als sei er ein Marktplatz, dessen Dunkelheit jeweils denen gehöre, die ihn gerade benutzen.
Wie als hockten wir in einer Höhle, starren wir alle zu demselben „Ausgang": dem Bild, das die Welt nicht nur bedeuten will, sondern vorgibt, sie sogar unmittelbar zu sein. Präsenz statt Repräsentanz, wenn diese Präsenz auch ständig damit zu kämpfen hat, dennoch immer noch etwas zu repräsentieren. Denn man kann etwas erfahren oder man kann erfahren, daß soeben angeblich etwas erfahren wurde. Der Held sagt „Ich liebe dich" und bringt sie beide mit diesem Satz schon um das Beste dessen, was er da „festmachen" wollte: nämlich das, was sich nicht festmachen läßt. Schon seit vielen Jahren sucht Jean Luc Godard (weil er ins Kino verliebt ist) ein Bild, das „einfach nur ein Bild" ist und nicht zugleich etwas bedeutet.
Kultisch sind die Rituale der Kinematografie. Es ist erlaubt, an etwas teilzunehmen, das der vernünftigen Gesellschaft „an sich" verboten ist: mit dem Realitätssinn zu träumen – Wirklichkeiten nur dann als realistisch zu empfinden, wenn sie auch begehrenswert sind. Zur Not verliebt man sich sogar ins Realitätsprinzip: der gute Dokumentarfilm. Aber einfacher ist es, wenn es gleich nur um die Liebe und ihre Zeit/Nicht-Zeit in der Welt geht: „Play it again, Sam!" Filme sind immer Liebeserklärungen – nur geben sie die Erklärung nicht ab.
„Das Subjekt sieht nicht, wohin es führt, das Subjekt folgt nur" (Lacan) – der Blick gehört ihm (und gehorcht) ihm nicht, und doch ist er es, der sieht. Im Kino ist es wie im Traum, nur könnte eben keiner behaupten, es sei sein Traum. Trotzdem träumt er. Jemand führt/entführt ihn. Er würde das nicht mitmachen, träfe die Sache nicht auf eine tiefe Sehnsucht. Der Traum, die Sehnsucht und das Kino[1] – Er, Sie, Es.
Kino ist eine Politik der Phantasie. Weil es nicht stimmt, wenn

ich sage „Ich sehe", „Ich höre", „Ich verfüge über die Zeit, den
Raum, die Natur des Gegenständlichen". Jedenfalls nicht im
Kino. Wie wir mit Film umgehen, ist eine Frage der Ökologie,
„Ökologie der Sinne".
In der Kindheit, sagt Henri Bergson, fangen wir alle damit an, zu
glauben, daß wir in ein Objekt, das wir wahrnehmen, auch hineinkriechen, daß wir das Objekt mit den Augen des Objekts sind
– und nicht das Subjekt, das sich (in der Distanz der Aneignung)
ein Bild macht. Wir sind selber „Bilder zwischen Bildern" – nur
wollen wir das nicht ‚einsehen', würde es uns doch den Glauben
nehmen, daß wir es sind, denen diese Welt gehört. Wie wir mit
Film umgehen, ist eine Frage der Ökologie.
Man kann die Welt lieben, oder: Immer sind es Welten, mit
denen wir uns lieben. Man traut, verliebt, den eigenen Augen
nicht. Deshalb sind die Liebesszenen so beliebt im Kino. Er sieht
sie an, sie sieht ihn an. Sie sagen es sich: „Nie erblickst du mich
da, wo ich dich sehe" (Lacan), ein Manko. Aber es ist austauschbar. Gegenseitig nehmen sie sich die Last, an etwas normalerweise immer festhalten zu müssen: daß jeder dieses Manko nur
für sich hat und daher für sich behält. Im Kino ergibt diese
Liebesszene (Szene vom Sich-Verlieben) das Bild „ihrer Liebe".
Aber ganz offensichtlich gehört sie den beiden nicht. Sie „hängt"
im Raum des Kinos, öffentlich. Man kann das sehen. Und man
kann rasch wieder davon absehen: erzählen, wie mit dieser Liebe
jeder von beiden in seine eigene kleine Geschichte verstrickt ist.
Nur für einen Augenblick hat es niemandem gehört, davor und
danach ist das wieder zurückgenommen. Ungeduldig warten wir
darauf, daß „es" sich wieder „zeigt". Das ist Spielfilm. Man
pflegt das Ritual der Privatisierung, die Sinnlichkeit des Habens.
Wenn es niemandem gehört und es ist trotzdem (fast) dasselbe,
nennt man das „experimentell".
Die Kinematografie ist ein Experimenteller Raum. Dessen
Struktur ist ein Dreieck von imaginärer Architektur. Und die drei
Pole (Spitzen) des Dreiecks heißen „Bild", „Ton" und „Zeit".

Im Feld des Sehens. Ich versuche mir ein Bild zu machen im
Kino. Dabei gehe ich von mir aus: ich bin der Punkt, der in
etwas hineinschaut, so wie der Regisseur, der Kameramann und
die Kamera selbst in etwas hineingeschaut haben. Das Resultat ist
ein Bild, von dem ich annehme, es sei realisiert auf der Leinwand. Ich sehe (wie ich immer sehe), also bin ich (wie ich immer
bin).
Nur – es stimmt nicht, jedenfalls nicht ganz. Deshalb gehe ich ja
ins Kino. Die heimliche Wahrheit ist: Es blickt zurück, so wie
alles, was vom Licht erfaßt wird, leuchtet und zurückblickt, und
dies auf dieselbe irritierende Weise, in der ein anderer Mensch,
wenn er zufällig den Mut hat, einfach zurückblickt – mir in die
Augen, die gar kein Punkt sind, eher „eine Schale, aus der das
Licht auch überquillt." (Lacan) Diese „Verkehrung", „Verdoppe-

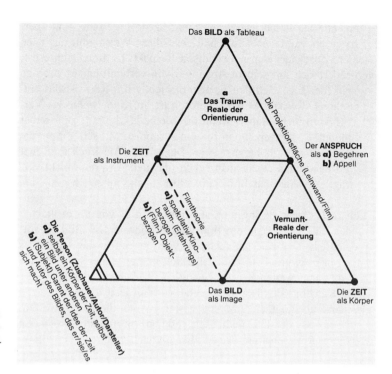

aus M. Kötz, Der Traum, die Sehnsucht und das Kino – Film und die Wirklichkeit des Imaginären, Frankfurt a.M., 1986, S. 10

lung" des Sehens läßt sich schon weit besser genießen: im Genuß, ein Erblickter zu sein, vergesse ich, wem denn nun eigentlich der Blick gehört. Ich bin in einem Bild, während ich mir ein Bild mache, und es geht den anderen im Raum und den anderen vorn auf der Leinwand wie mir.
Im Feld der Zeit. Bewegung kostet Zeit und man will das sehen. Erfahrung kostet Zeit, Lebenszeit, auch die will man sehen. Das Kino soll sich ja an Wirklichkeiten halten. Andererseits: nicht sehen will man, daß ein 90-minütiger Film nur 90 Minuten hat. Im Gegenteil: die Zeit, die Zeit-an-sich, ihre lebensbedrohende Eigenschaft, soll sich verflüchtigen, flexibel zeigen, gedehnt, zusammengezogen – „ganz weit", „ganz eng". Am spannendsten ist es, wenn sie keine Zeit hat, die Zeit, wenn sie gegen Null tendiert, „Geistesgegenwart" verlangt, die sie aber nicht erhält – insofern sie sich davon befreit, als „Die Gegenwart" das Beweisstück für die Dreiteilung der Zeit in Vergangenheit, Gegenwart und Zukunft zu sein. Denn die Wahrheit ist: es gibt auch diesen ‚Punkt' der Gegenwart nicht, so wenig, wie es die Zeit-an-sich gibt. Im Kino ist die Zeit Montage – das macht sie konkret: zu lauter gegenseitig einander aufhebenden Gegenwarten.
Im Feld der Töne – der Anspruch. Es klingt, und doch will es dauernd etwas bedeuten. Man hört, wie sie sprechen, man hört Geräusche, man hört das alles wie eine Musik und obendrein noch zusätzlich vielleicht „wirklich Musik". Aber sobald jemand etwas sagt, ist das, was er sagt, viel wichtiger als alles darumher-

um. Die Sache hat jetzt einen Sinn, Szene für Szene, und überhaupt als Film: eine Botschaft. Auf diese Weise zollt das Kino seinem Zuschauer den notwendigen Respekt: es nimmt ihn ernst, verbrüdert sich mit seinem Anspruch, ein vernünftiger Mensch zu sein (der sagt „Ich denke, also bin ich"). Im Kern ist das enttäuschend, weshalb es am schönsten ist im Kino, wenn das Verfahren nicht klappt, wenn die Methode „kippt", sich selber „ankippt", „strauchelt" in diesem strammen Marsch voran zum „eigentlichen", „höheren" Sinn. Denn jeder Anspruch muß hier im Kino auch etwas ansprechen (das den Anspruch nicht verträgt), weshalb das Sprechen selbst für das sprechen muß, um was es geht.

Von rechts sieht sie ihn jetzt an, links wird er von ihr erblickt – der Zuschauer sieht ein Bild vom Erblicken. Das Bild ist aufdringlich. Der eine hat schon so weit, so tief in die Augen des anderen gesehen, daß sein Blick immer weiter geht, in den dunklen, weiten Kinosaal nämlich (weil der Darsteller in die Kamera sah). Die andere Person muß jetzt dasselbe tun, in gleicher Unbedingtheit, und schon werden sich die Blicke treffen, da, wo sie sich, realistisch gesehen, nie finden werden, im anderen Realismus des Kinos aber immer schon sind: im Blickraum der Projektionen.

„Die Kinematografie hat mit dem Ende begonnen", sagte Jean Cocteau, ihre Aufgabe und Grundlage kennt sie nicht. Ausgerechnet Filme, die versuchen, in diesem Punkt etwas realistischer zu sein, realistisch gegenüber den Grundstrukturen des Kinos, gelten als experimentell. „Normalerweise" erzählt man eine Liebesgeschichte so, als lebe sie nicht von der Projektion des Sehens im Raum des Kinos, erzählt man den Sinn einer Geschichte so, als verdanke sich seine Akzeptanz im Raum des Kinos nicht im wesentlichen dem Nicht-Sinn der Form, in der dieser Sinn präsent ist, statt repräsentiert zu sein und berichtet man von Wirklichkeiten so, als bedürfe es nicht der Kinowirklichkeit, um sie wirklich zu machen. Daß das Kino trotzdem attraktiv ist, liegt daran, daß all diese Experimente nie ganz gelingen, weil sie an dem scheitern, was sie zu beherrschen glauben: einem Raum, der in seiner „Formbestimmtheit" (den Bestimmtheiten seiner Form) sich weigert, nur ein Mittel zum Zweck zu sein.

Wann immer es etwas zu sehen gibt, ist das Sehen selbst zu sehen. Aber nur wenige Filme machen, daß man es „einsieht". Der Fortschritt der Kinematografie liegt im Zurückgehen: in solchen Filmen, in denen man versteht, daß jeder, der sich ein Bild macht, selber ein Bild zwischen Bildern ist, und wenn er das nicht sieht, nur das komische Bild eines Menschen abgibt, der versucht, sich ein Bild zu machen – für sich und bei sich allein. Wie wir mit Film umgehen, ist eine Frage der Ökologie, in Bewegung gesetzt von einem Wunsch: etwas Anderes zu sein mitten im Bekannten – nicht Dasselbe (Die Konvention) und nicht das

Andrés Szirtes:
Im Morgengrauen (Ungarn 1979)

Ganz-Andere (Die Kunst), sondern das Andere im Selben. Dieser Wunsch ist musikalisch, oder: das Musikalische an diesem Wunsch ist das „was den Film am Ort des Kinos gegen alle Intention (der Aufklärung, Unterhaltung, Konstitution zum Kunstwerk, Ideologie etc.) und gegen Begriff und Symbolik der Wirklichkeit zu verschieben vermag, in jede Intensität versetzend, wo alles ein und dasselbe meint, das alles ist, um was es geht: daß „Es spricht im andern"[2].

Anmerkungen

1 Was hier nur skizzenhaft ausgeführt ist, den Leser aus einem allzu engen Feld des „Experimentalfilms als Genre" zu entführen, das gibt es, breit angelegt und begründet, als Buch: Michael Kötz, „Der Traum, die Sehnsucht und das Kino – Film und die Wirklichkeit des Imaginären", Frankfurt a.M., 1986
2 a.a.O., S. 192

Dietrich Kuhlbrodt
Nestflüchter –
das Kino neben dem Kino

Sagen wir es gleich, daß wir an dieser Stelle das Reservat des E-Films verlassen, verlassen können und verlassen müssen, wenn wir dem, was sich einst als E-Film definierte, auf die Reise in andere Gattungen und Medien folgen wollen. Der E-Film wird flügge. Er pfeift auf Kategorie und Elternhaus. Er zieht aus dem Kino aus, und die Kinos haben ebenso wie die Bewahrer ästhetischer Ordnung das Nachsehen. Je mehr Anstrengung das kostet, desto unangestrengter treibt sich der Film, der nun keinen rechten Namen mehr führt, in der Welt herum. Wer hinter ihm her ist, etwa weil er Vertriebswege erkunden will, überdenkt zunächst die Lage (1.), bevor er dem Film ins Musikmedium folgt (2.), in Cafés und Restaurants (3.), in Galerien und Museen (4.), in Jugend- und Medienzentren (5.). Mit Hilfe des Transportmittels Video (6.) gelangt der Film in den Buchladen, in die Videothek und in den Postversand (7.), oder aber er wird Ereignis in einem Festival, das wieder zurück ins Kino führen kann, aber nicht muß (8.). Der Film geht auf Reisen (9.), gleichzeitig öffnet sich der Veranstaltungsplatz Kino für andere Medien (10.). Zusehens trifft der Film auf ein Publikum, das nicht mehr das der Kinogänger ist und das an Reinhaltungsgeboten – U-Film hier, E-Film dort; Spielfilm hier, experimenteller Film dort; Fiktion hier, Dokumentarfilm dort – nur mäßig interessiert ist.

1. Die Lage

Jörn Donner:
Eine Stadt unter der Haut
(Schweden 1981)

Was heute als Krise des Experimentalfilms ebenso wie die des Dokumentarfilms erscheint, das ist – so behaupten wir – eine Krise der Gattungen und damit der ästhetischen Ordnung. Die Krise ist zu begrüßen, denn endlich dringt ins Bewußtsein, daß der Platz, der von der Gattung nicht mehr besetzt gehalten wird, schon längst – sagen wir: seit einem Jahrzehnt – für eine menschenfreundliche Bewegung freigeworden ist: für die „Kultur vom

221

Subjekt aus". Wobei wir einer Definition von Jörg Richard folgen.

Der klassische Avantgarde- und Dokumentarfilm ging im Vertrauen auf den künstlerischen und gesellschaftlichen Fortschritt vom innovativ und theoretisch gewonnenen Objekt aus, das es sozusagen von oben aus nach unten zu vermitteln galt: dem Subjekt, das noch gar nicht dazu gekommen war, sein Defizit zu beklagen. Die Bemühungen, durch innovative Experimente und politische Belehrung Menschen ästhetisch und gesellschaftlich zu erziehen, stießen jedoch in den letzten Jahren auf ein Publikum, das sich seit geraumer Zeit entschlossen hatte, seine Bedürfnisse selbst zu artikulieren und die eigene Lebensweise zu kultivieren: unabhängig von den Leuten, die ihnen unablässig gesagt hatten, wo es längs ging – ob es die Parteien im Bonner Staat, die Avantgardeforscher oder die fleißigen Theorieproduzenten der diversen Linken waren.

Spätestens als in der Mitte des vorigen Jahrzehnts etwas entstand, das sich zum Entsetzen der Dogmatiker als BEWEGUNG beschrieb (und sich dadurch vorsätzlich der dogmatischen und sonstigen Erfassung entzog), sah der klassische Experimentalfilm alt aus, der nachwievor über neue Sehweisen zu belehren und seinen Grammatikkurs durchzuführen gedachte. Dem klassischen Dokumentarfilm ging es nicht besser, soweit er weiter sein Programm der ästhetischen Erziehung des Menschen in der Arbeiterbewegung verfolgte.

Nicht das Bedürfnis, Informationsrückstände zu beheben und sich erziehen zu lassen, sondern der lebhafte Wille, Ausdruck und Gestalt für Gemeinsames zu finden, das die Generation von 1968 bewegte, lag seinerzeit dem Phänomen des ANDEREN KINOS zu Grunde. In der Bewegung der endsechziger Jahre fanden der Avantgardefilm und der Dokumentarfilm ihre Einheit – und ihr Publikum: 1967 auf dem Filmfestival in Knokke, 1968 und in einigen folgenden Jahren auf den Hamburger Filmschauen. Wenn die Filmgattungen in ihrer traditionellen Ausrichtung heute ins Abseits gedriftet sind und mit dem Zentrum auch die Zuschauer verloren haben, so mögen sich die Ressortverwalter die Haare raufen. Film- und Förderungsbürokraten, Redakteure, Veranstalter der einschlägigen Festivals, Kinobetreiber, Programmreihenveranstalter und selbstredend die einschlägigen Filmmacher verlieren die Subjekte aus den Augen und fürchten um ihre Zuständigkeit. Auf der anderen Seite ist all das, was als Gattung verschwindet, durchaus vorhanden. Experimentelles und Dokumentarisches flottiert durch die Medien und Kulturen, gestaltet sich als Film, Video, Performance, als Theater, Musik und Buch. Es ist als Ausdruck einer als gemeinsam empfundenen Lebensweise ebenso Mode, Lebensstil („Styling") und überhaupt Aktion und Auftritt der Subjekte, die sich selbst um die Gestaltung der eigenen Expressivität kümmern.

Einer von ihnen ist der Künstler, der Nachfahre des Kulturarbei-

ters oder des politischen Kämpfers, und er beherrscht inzwischen, nämlich nachdem seit 1968 gut zwanzig Jahre vergangen sind, die Kunst, sich der diversen Medien zu bedienen, sich gleichzeitig im freundlichen wie im feindlichen Lager zu bewegen, gar ein Weilchen in der Etappe des Feindes zu hausen und rechtzeitig wieder woanders zu sein, bevor die Erfassungsinstanzen reagieren können. Dem politischen Saboteur steht das Industriesystem offen, dem Künstler das Kultur- und Mediensystem.
Durch die Strategie der Beweglichkeit, der Gleichzeitigkeit und der Verflüssigung – „Lyse" nannte Lyotard diese Operation – entzieht sich das Subjekt der Festschreibung. Gerade dadurch bleibt es Herr der Situation, eindeutig und unverfälscht, soviel es auch mit Fälschungen, Fiktionen, Inszenierungen – und mit Dokumentarischem arbeitet.
Auf diese Weise wird der Film operabel für die Verflüssigungs- und Verständigungsstrategie, die bisher einem anderen Medium vorbehalten war: der Musik. Musikgruppen, die Ausdruck der aktuellen Lebenskultur sind, bedienen sich wie selbstverständlich des Filmmediums. Die Musik der Gruppe EINSTÜRZENDE NEUBAUTEN ist Gegenstand der Avantgardefilme von Peter Sempel (*Der wilde Rabe*, 1985; *Dandy*, 1987) ebenso wie des politischen Dokumentarspielfilms *Zwischenzeit* (1985) der Wendländischen Filmcooperative (dem dritten Gorlebenfilm). Und sie ist ihr eigener Gegenstand im Musik- und Performancefilm *Halber Mensch* (1985) vom japanischen Spielfilmregisseur Sogo Ishii (*Die Familie mit dem umgekehrten Düsenantrieb*). – In der Musik der Einstürzenden Neubauten verschmelzen Avantgarde-, Dokumentar-, Spiel- und Musikfilm.
Halber Mensch heißt auch die LP dieser Gruppe, und vom gleichnamigen Film kann man nicht mehr sagen, ob er ein 55-minütiger genialer Videoclip ist, ob ein reeller Film oder ob Bildzutat zu einer Audioveranstaltung, in der es wesentlich auf Dolby-Stereo ankommt. Die leidigen Zuordnungsfragen ändern jedoch nichts daran, daß das visuelle Halber-Mensch-Produkt ebenso vehementer wie glücklicher Ausdruck einer Lebens- und Musikkultur ist, die mühelos zuläßt – ja gebietet, dasjenige der regionalen und nationalen Kulturen zusammenzubringen, das sich den Hierarchien der Kunst und Politik entzieht. So finden sie unmittelbar ihren gemeinsamen Ausdruck: der Berliner Sänger Blixa Bargeld und die japanischen Bhutotänzer.
In Peter Sempels Psychoexperimentalmusikfilm *Der wilde Rabe* hat der New Yorker Tänzer Yves Musard keine Schwierigkeit, Edgar Allan Poes Gedicht zu interpretieren, und in der *Zwischenzeit* der Wendländischen Filmcooperative bewegt sich das Falsifikat eines Akzeptanzforschers ebenso mühelos im Lager des Feindes (der Gorlebenkonstrukte, der Sicherungs- und Bewachungszentren, der Polizei) wie in dem der Freunde (der Demonstranten, der Betroffenen). *Zwischenzeit* flottiert zwischen Fiktion und Wirklichkeit. Der Film arbeitet mit Vorgefundenem

und findet zuverlässig Wege von den Texten Alexander Herzens, des Anarchisten und Revolutionärs des Paris von 1848, zum Soziologenkauderwelsch der Zeitschrift für Semiotik aus dem Tübingen von 1983. Der Film sucht nach Möglichkeiten, in die Realität einzugreifen, sie zu gestalten, zu inszenieren, zu fingieren, zu fälschen – einmal an diesem Punkt, gleich darauf am nächsten. Operiert wird von den Rändern aus, von unten. Das ist eine anarchische Methode. Provoziert wird das Gelächter geheimen Einverständnisses. Die Filme mit den Einstürzenden Neubauten, je makabrer sie sind, stimmen fröhlich. Sie nehmen alte Angst und machen neuen Mut.

Das Kino tut sich schwer mit diesen Filmen. Es ist der falsche Ort geworden. Es stört die Länge (55 Minuten *Halber Mensch* ist doch nur ein halber Spielfilm, nicht?); es sieht die falsche Gattung (*Zwischenzeit*, ein Dokumentarfilm, aber auch das nicht richtig: da kommt doch keiner, nicht?); es sieht das falsche Format (*Der wilde Rabe*, Super-8, da haben wir keinen Projektor, nicht?). Es zieht sich ins Ghetto des Filmmediums zurück und versteht nicht, daß es sich der Kultur vom Subjekt aus öffnen müßte – daß es Platz für eine Lebensgestaltung werden müßte – wie beispielsweise einer der vielen für Musik.

Die Bewegung des Anderen Kinos von 1968 fand noch im Kinosaal statt, die – dominierenden – Super-8-Filme inklusive. Heute ist der Veranstaltungsplatz der Musikkultur das Zentrum, und es zieht Film und Video mit hinein. Peter Sempel annonciert seine Filmtournee in einer Musikzeitschrift (Spex), bereist in zwei Monaten die Bundesrepublik wie eine Musikgruppe und hat dann genug eingenommen, um davon zu leben. Unweigerlich ist dann in einem Hamburger Musikcafé (SCHÖNE AUSSICHTEN) Vlado Kristl, der Altmeister des anarchischen Films (*Tod dem Zuschauer*) im Publikum zu sehen. Schon hat sich das Kino-neben-dem-Kino eingerichtet. Dort geht es sehr lebendig zu, und die Zuschauer von einst, ehemals Gegenstand experimenteller Unterweisung, sind heute darauf eingestellt, mitzuerleben und an einem Ereignis mitzuwirken.

Registrieren wir jedoch, daß die Anzeichen sich dafür mehren, daß das Kino sich öffnen mag. Im Neuen Cinema in Hamburg zeigt Georg Ladanyi seine experimentellen *und* lebendigen Kurzfilme zusammen mit einem Liveauftritt der Musikgruppe GOTTISTGUT. Dort trat auch die ungarische Post-Punk-Gruppe BIZOTTSÁG live auf, zusammen mit ihrem *Eiskremballett*-Film, wobei es nicht darauf ankam, daß dieser als Video gezeigt wurde. Diverse Kinos bis hinunter in den tiefen Süden (das Werkstattkino in München) haben mit solchen Veranstaltungen ein neues Publikum gefunden. Selbst anspruchsvolle Festivals wie der Experimentalfilm Workshop in Osnabrück organisieren Musikauftritte und verschmelzen Medien, in denen sich die gleiche, gemeinsame Lebenskultur gestaltet.

Auf der anderen Seite öffnen sich die Medienwerkstätten –

mindestens ein Jahrzehnt lang Hort des Dokumentarfilms (und -Videos) – gegenwärtig der Experimentalkunst und freuen sich über einen „Blick, der bisher verstellt war" (Andrea van der Straeten). BILDWECHSEL, das Hamburger Kultur- und Medienzentrum für Frauen, richtete 1986 ein *Videokabinett* ein – eine installierte Inszenierung, in der jedes Video einen eigenen Monitor und einen eigenen Ort hatte, der dem Band zuliebe eingerichtet war. Die Duisburger Filmwoche, etabliertes Festival des langen Dokumentarfilms, öffnete sich vor drei Jahren dem Avantgardefilm und setzte Klaus Telschers experimentellen Film *Aus der alten Welt* an den Anfang des Festprogramms. Und das 2. Freiburger Video-Forum, veranstaltet vom Kommunalen Kino und der Medienwerkstatt Freiburg, nannte das Programm 1986 exemplarisch „eine Mischung aus Dokumentarischem, Experiment, Spielform und eingreifender Videoarbeit".

Begonnen hatte diese Entwicklung 1981 mit der Initiierung des „Infermental"-Magazin, des ersten internationalen Magazins auf Videokassetten; die Bänder mischen originäre Videos und Filme (Filmausschnitte, für die das Video nichts weiter als bequemes Transport- und Versandmittel ist). Gábor Bódy antwortete mit dem Magazin auf das, was sich damals überall auf der Welt zu artikulieren begann. Das Magazin vernetzt Medieninseln und sucht die gemeinsame internationale Bild- und Tonsprache der regionalen und nationalen, hierarchisch nicht organisierten Kulturen.

Wenn wir jetzt in der Bundesrepublik einigen Wegen nachgehen, auf denen Filme ihr Publikum suchen und finden – neben dem Kino –, dann verfolgen wir nichts weiter als die Absicht, einige Signale zu setzen. Jeder wird für seinen Film das eigene Publikum suchen und entdecken. Die Veranstaltungsplätze des Jahres 1986, die wir nennen, sind lediglich Beispiele schier unerschöpflicher Möglichkeiten. Inzwischen ist der eine Veranstaltungsort schon nicht mehr praktikabel, andere haben sich stattdessen aufgetan. Und sie verteilen sich über Stadt und Provinz. Wenn die Stadt Hamburg im folgenden überrepräsentiert erscheint, so nur deswegen, weil der Verfasser sich hier noch am besten auskennt.

2. Im Musikmedium

Filme, die an Orte gehen, wo sonst das Musikmedium zuhause ist, gehen, ob sie wollen oder nicht, Nachbarschaften mit dem anderen Medium ein, und sie treffen auf das Stammpublikum des Veranstaltungsortes, das im Zweifel sehr viel weniger Schwierigkeiten hat, die Medien zu wechseln, von Musik auf Performance, Video und Film umzusteigen, – weniger Schwierigkeiten als die Filmmacher, ihr Produkt neben dem Kino vorzuführen. Für die Leute im anderen Veranstaltungszentrum kommts nur darauf an, am vertrauten Platz zu bleiben.

● Die Plätze in der Hamburger Groß-Disco Trinitiy stoßen auf ein Publikum, das eben noch die Ohren voll hatte und das nur darauf wartet, wieder körperlich expressiv zu werden. Das ernsthafte Filmwerk ist ebenso wie die Rocky Horror Picture Show für die Phase der – notwendigen – kreativen Körperregenerierung gut. Es hat aber deswegen keinen schlechten Platz, Leute zu erreichen, denen Film und Kino vielleicht eine neue Erfahrung sind.

● In der Hamburger Markthalle plazieren sich in einem einzigen Monat (August 1986) die unterschiedlichsten Filme und Videos neben Musik-Gruppen wie Wiseblood & Lydia Lunch (der neuen Gruppe von Jim Foetus). Zehn Rockfilme in diesem Monat: Talking Heads, The Rolling Stones, The Who, Sex Pistols, Die Jimmy-Cliff-Story, Die härteste Rockband der Welt. Daneben, ein Stockwerk höher, die permanente Video-, Musik-, Licht-Installation von Brian Eno. Dazwischen laufen Super-8-Filme, die man E-Filme nennen könnte, die aber nicht die Funktion von E-Filmen haben, zusammengestellt von Frieder Butzmann und Jürgen Brüning. Nicht die einzelnen Werke sind wichtig, sondern ihre Funktion in der Aktion „Sommerloch". Als Titel wird, der Technik einer LP-Produktion folgend, eine Sampler-Bezeichnung vorgestellt: „Alter geht vor". Namen werden zwar genannt – Sven Åke Johansson, Thomas Kapielski, Nils Krüger –, wer aber was macht – Musik, Performance, Film –, weiß man eh, sonst spielt es keine Rolle. Auch beim ad-hoc-Sampler „Schöne Stunden" erfährt man lediglich, daß ALU, Étant Donné, Christ Dreier & D. Holland-Moritz, Ueli Etter, Raoul Konezni, Wolfang Müller und Moritz Rrr mitmachen. Daß neben einer Dichterlesung, einer Conférencier-Performance und Musik-Nummern auch ein exzellentes Film-Video läuft (im Videotheater der Gruppe Étant Donné) ist eine Überraschung. Und auf die haben sich die Besucher vorher sowieso gefaßt gemacht.

Finanziert wurden die Film- und Video-Auffühurnen dieses Markthallen-Monats aus einigen der zahlreichen Staats-Töpfe. Die nicht unbedingt auf dem Standortplatz Hamburg stehen. Für die Rockfilmtage gab der Kulturring der Jugend und das Amt für Jugend – Referat Medienarbeit – Geld. Für Brian Eno ebenfalls der Kulturring der Jugend, daneben die Kulturbehörde Hamburg, die Firma Sony und das Atelier Markgraph. Für die Sampler des „Sommerloch" das Berliner Künstlerhaus Bethanien und der Senator für Kulturelle Angelegenheiten (Berlin).

● Die Alabama-Halle in München ließ in einem reinen Musik-Monatsprogramm einen einzigen Termin für eine Filmvorführung frei. Peter Sempel zeigte seinen spielfilmlangen Super-8-Experimental-Psycho-Musikfilm *Der wilde Rabe* an einem Ort, dessen Gäste wenige Tage zuvor Gruppen wie Einstürzende Neubauten, Front 242, Santrrra, Test Department, Psychic TV und Lo Yo Yo gehört hatten. Sempel hatte freilich diesen lokalen Zusammenhang schon vorweggenommen und für seinen Film medial mit den Einstürzenden Neubauten zusammengearbeitet. – Für die Werbung war dem Veranstalter das Wort „experimental" kontraproduktiv erschienen. Die Alabama-Halle ließ in den Ankündigungen das lästige Adjektiv weg und annoncierte den Film als „Off-Film", womit er seinen Platz neben den Musikgruppen fand, die als „Festival des Underground" vorgestellt wurden. Übrigens ging das Veranstaltungskonzept auch finanziell auf; Sempel nahm genug Geld an der Abendkasse ein und überzeugte dadurch die kulturelle Filmförderung des Hamburger Filmbüros, ihm für die nächste Tournee Vertriebsförderung zu geben.

● Das Loft in München warb für die Super-8-Filme *Das Laboratorium* und *Abenteuer in der Südsee* von Wolfgang Schikora, Ulrich Zierold und Walter Amann als Bestandteil einer Ausstellung (King Kong Kunst Kabinett) in der Serie „Bilder Filme im Loft". Die Filme laufen vor einem Publikum, das an diesem Ort ein Konzert hört (Anima Musica mit Paul und Limpe Fuchs und Zoro Babel) oder eine Fotoausstellung besucht (Norbert Przybilla). Und die Filme stehen dort in einem Zusammenhang, den die „Filme Multi Media Improvisationen" von Hartmut Geerken bezeichnen: „Die weiße Leinwand ist ein rotes Tuch". – Wenn Aktionskünstler wie Günter Brus, Otto Muehl und Hermann Nitsch an diesem Ort nicht live auftreten, dann sind sie doch im Film präsent. Der Film transportiert die Gegenwart dieser Leute in *Vincent* von Terese Panoutsopoulos oder in *Petunia* (Peter Weibel, VALIE EXPORT) von Penelope Georgiou.

● Ekkstein' Tanzlookal in Köln (Ubierring 54) zeigt 1986 in der Reihe Video Charts jeden 1. Dienstag im Monat Art- & Music-Clips unabhängiger Video-Produzenten. Ab 22 Uhr werden 10 Kurzfilme auf dem großen Schirm gezeigt, Maximallänge sind 10 Minuten. Da es fürs Publikum nicht unbedingt wichtig ist, ob es ursprünglich Film oder gleich Video ist, was auf den Schirm kommt, wendet sich Ekkstein' folgerichtig an „Amateurfilmer" in der Bundesrepublik und offeriert für die besten Kurzfilme Prämien. Das Publikum stimmt mittels einer Codecard ab – zusammen mit einer Jury, die sich nicht aus Filmfachleuten zusammensetzt, sondern aus einem Vertreter der Presse (Heinz Zimmer), einem Galeristen (Daniel Buchholz), einem Videostudio-Repräsentanten (Wilfried Block), einem Videoverleiher (Ekkehard Wirths) und einem Künstler (Dieter Horky). Monatlich gibt es eine Anerkennungsprämie für die ersten drei Plätze (400, 200 und 100 Mark), jährlich eine Prämie für den Jahres-Besten (3.000 Mark). Also 0221/311317 anrufen (täglich von 10 bis 12). Axel Brand war schon da (*Game Over*, *Glück auf*), auch die politisch wie ästhetisch schlagkräftige Chaos Produktion (*Unsere Volkswirtschaft blüht*), Charles Kissing aus Hamburg (*Leserbriefe*), La Loora (*Silverbullit*) und der berühmte Videoliedmacher Wentscher (*Jederzeit/überall*).

● Ein Ort wie die „Lichtspiele Film-Video-Musik-Café-Galerie" macht ihren Namen zum Medienmischprogramm (Müggenkampstr. 63, Hamburg 20, 040-4808154) und weist dem Film

eine Veranstaltungsrolle zu.
- Wieder die Alabama-Halle in München integriert das Filmvideo mehrfach. Im „Festival France Musiques & Videos" (November 1986) geht der Film ins Video ein, das Video in die Musikdarbietung, die Musik ins Festival und das Festival ins Alabama-Programm. Der Film wird zum „homogenen" Bestandteil der täglichen Non-Stop-Großbildprojektion mit über 100 Titeln aus Musik, Mode, Tanz, Computer-Graphik und Art-Produktion. Und trägt bei zur „ungeheuren Vielfalt und Faszination" der sechs virtuosen Perkussions-Solisten der „Percussions de Nantes", die ihrerseits die Aufgabe haben, Iannis Xenakis, Nguyen Thien Dao, Ichiro Nodaira, Yoshihisa Taira und Torbjörn Iwan Lundquist zu Gehör zu bringen. Und außerdem ist an dieser Konstruktion gut, daß das Institut Français – neben dem Hallegrup Studio/René Pandis – Geld gibt.
- Wenn die Musikhochschule Detmold den zweistündigen Super-8-*Monumentalfilm über den Lebens- und Leidensweg unseres Herrn Jesus Christus* von Michael Brinntrup zeigt, dann ist der Film in diesem Beispiel nicht in das Programm des Veranstaltungsortes integriert. Es passiert weiter nichts, als daß er eine Nische gesucht und gefunden hat, und daß er ein Publikum gefunden hat, welches nicht das der Kinos ist und im übrigen weitaus zahlreicher war, als man es im Kino erwarten könnte. Die Detmolder Musikhochschule war nichts weiter als der Ort einer Tournee (45 Termine in anderthalb Monaten), welche in diesem Fall ihr eigenes, wenn auch reisendes Zentrum war. Finanziert wurde die Tournee übrigens von niemandem, es sei denn den zahlenden und wie gesagt zahlreichen Leuten an der Abendkasse. Zentrum ist diese „Missionstournee mit *Jesus – der Film*", weil sie die Arbeit der vielen zusammen- und der Öffentlichkeit vor Augen bringt, die die Episoden der Heiligen Schrift verfilmt und mittels der Leporello-Technik verkettet haben. Der Jesus-Film ist sein eigenes Festival: ein ebenso frommer wie praktischer Sampler mit Kurzfilmen von Michael Brinntrup, der Anarchistischen Gummizelle, von Jörg Buttgereit, der Tödlichen Doris, von Birgit und Wilhelm Hein, der intershop-gemeinschaft wixert, von Konrad Kaufmann, Dietrich Kuhlbrodt, Georg Ladanyi, Heidi und Peter vom Merve-Verlag, von Giovanni Mimmo, Robert Paris und Andreas Hentschel, Schmelzdahin, dem Sputnik-Kino/ Michael Lehmeyer, Stiletto, der Teufelsberg Produktion, der 2.; von Lisan Tibodo, der VEB Brigade Zeitgewinn, dem Werkstattkino/Doris Kuhn und Andreas Wildfang.
- Das im Herbst 1986 eröffnete Kölner Film- und Jazzhaus begann sein Programm mit einem multimedialen Superfest: Spielfilm und Videovorführungen, Performances und Konzerte mit Jazz Rock, Neuer Musik und deren Mischformen. Der Film versucht hier, die Strategie – sie ist längst erprobt – der Neuen Musik zu übernehmen, nach dem Verkaufsmuster der Down Town New York Avantgarde, sich in jedem nur möglichen Um-

feld zu präsentieren, ohne sich in die üblichen Sparten einzupassen. Der Komponist Chris Newman und die anderen, die das Medium-Ghetto verlassen, erteilen der einengenden Tradition der Neuen Musik eine Absage. Die Filmer, unter dem selben Dach im Film- und Jazzhaus, werden es hier besonders leicht haben, Berührungsängste zu verlieren und sich der aktuellen Kultur zu öffnen.

● Die hamburgische Staatsoper zeigte *Lulu*, den Avantgardefilm von Zoltan Spirandelli und Gábor Császári, innerhalb der Inszenierung der Alban-Berg-Oper.

3. In Cafés und Restaurants

Da wir hier nicht die Branchenregister der örtlichen Telefonnetze wiedergeben wollen, beschränken wir uns auf wenige Beispiele.
● Das Café Metropol in Solingen zeigte den *Wilden Raben*.
● Das Café Libelle in Kirchweihdach sah im *Wilden Raben* eine umsatzfördernde Projektion.
● Das Oelkerscafé in Hamburg ist bereits zur festen Adresse für Filmmacher geworden, die neben dem Kino ihr Publikum suchen.
● Das Café „Schöne Aussichten" in Hamburg garantiert für manchen sog. E-Film höhere Zuschauerzahlen als das benachbarte Kommunale Kino.
● Das „Kino im Café" in Marburg bringt mit seinem Namen zum Ausdruck, wohin es geht, wenn das Kino sich unter dem Beifall aller öffnet. Wenn das Kino zum Ereignis wird, weil es ein Café hat, so ist das Café längst Ereignis, weil es die Gäste unterhält – mit Musik (schon immer), Video und ganz unter anderem auch Film.
● Das Tuc Tuc in Hamburg zeigte im Oktober 1986 *Jesus – der Film* neben dem Holzwurm-Figurentheater „Eiche rustikal", der Show „Blattgold" von Rolf Wolle, der Ausstellung „Adam und die Zukunft" von Marchandise und den „Videos am Montag", welche originär Spielfilme sind, nämlich *The Ritz* von Richard Leser und *Sunday, Bloody Sunday* von John Schlesinger. – Das Café, das den Film aus dem Kino-Ghetto holt, hat diese Bewegung selbst durchgemacht, und zwar vor Jahren, als es aus dem Schwulenghetto ausbrach. Wer erinnert sich noch der Zeit, als das Tuc Tuc die Polizei zu Hilfe rufen mußte, um sich gegen Feinde einer Minderheit zu verteidigen.
● Das Café und Kino Orfeo in Köln (Hamburger Allee 45) zeigte im Oktober 1986 Kunst-, Literatur- und Lyrikvideos von 235 Video – eine Firma, die ihre Audio Video Art-Produkte sonst auf dem Buchmarkt verlegt.
● Das Kneipenrestaurant Babeuf in Freiburg (preiswert, gut) zeigt jeden Donnerstag ein in Zusammenarbeit mit der Medienwerkstatt Freiburg ausgewähltes Video-Programm, in dem sich vor allem Dokumentar- und Spielfilme wiederfinden. Beispiele:

Paul Jakobs und die Atombande, Windscale the Nuclear Loundary, Zwischenzeit (der dritte Gorlebenfilm der Wendländischen Filmcooperative), *Fesseln spürt, wer sich bewegt; Lieber heute aktiv als morgen radioaktiv* (Nina Gladitz). Auf dem Monitor gibt's kaum einen qualitativen Unterschied zu originären Videowerken wie *S'Weschpenescht, Kaiseraugst nie* oder *Atomic – Romatsch* (18.12.86, 7.1.87, 14.1.87).

● Das Restaurant Kyoto am Adenauerplatz in Berlin war Ort der deutschen Erstaufführung vom *Halber Mensch*-Film von Sogo Ishii. Von hier aus kam der Film auf den Berliner Filmfestspielen 1986 in das Programm des Forums des Jungen Films und anschließend in den Filmverleih. Während der Japantournee der Einstürzenden Neubauten hatte Ishii einen 16-mm-Film gedreht, dessen Länge – 55 Minuten – von vornherein den Gesetzen des Kinomarktes widersprach. Vermarktet wurde der Film in Japan zu ungefähr gleichen Teilen als Home-Video und im Kino. Für den Produzenten gab es mit dem Markt keine Schwierigkeiten; er hatte sowieso nicht in erster Linie ans Kino gedacht. Denn WAVE ist nichts weiter als eine Abteilung der SEIBU Department Stores. Die Kopien des Films existierten daher in Japan auf 1' NTSC und PAL Videoband. Für die Bundesrepublik war freilich noch eine Filmkopie nötig.

4. In Galerien und Museen

●   Die Galerie Zelle in Reutlingen zeigte *Jesus – der Film*.
●   Die Galerie Eisenbahnstraße in Berlin 36, Manteuffelstr. 40/41 bot im Sommer 1986 ein 12-Stunden-Filmprogramm zum Eintrittspreis von 50 Pfennigen: „Riedels 12-Stunden Filmretrospektive 1958–1985", Beginn Donnerstag 14 Uhr, Ende Freitag, 2 Uhr. René Riedel, der Sohn des Blumenbindermeisters Hans Riedel, präsentierte die während 27 Jahren auf Normal- und Super-8 von seinem Vater aufgenommene Familienchronik. Da das Filmmaterial äußerst umfangreich war, bot die Galerie durchgehenden Einlaß mit der Möglichkeit der häufigen Wiederkehr. Außerdem servierte sie im Foyer Kaffee und Kuchen.
● Ein anonymer Ausstellungsraum im Hamburger Schanzenviertel (Fettstr. 7 A, Hamburg 6) war Platz einer Avantgardewelturaufführung, als Klaus Wyborny zum erstenmal seinen Film *Verlassen; Verloren; einsam; kalt* einem für künstlerische Fragen aufgeschlossenen Publikum zeigte, das so zahlreich meiner Einschätzung nach schwerlich ins dafür doch eigentlich zuständige Kino gekommen wäre.
●   Das eigene Atelier am Hamburger Rödingsmarkt (Nr. 19 A II), in dem die Künstlergruppe „Keine Einigung" arbeitet und lebt, ist auch der Platz, an dem zum ersten Mal die Flickerfilme gezeigt wurden, die so heißen, weil sie von Florian Flicker gemacht sind. Die Super-8-Projektionen konkurrieren mit Musik,

mit Tafelbildern und Installationen und mit den vielen Menschen, die hier zusammenkommen und ihren eigenen Stil präsentieren.

● Der Luna Park im Institut Unzeit in Berlin (Erkelenzdamm 12 in Berlin 36), gegründet von Musikern, Tänzern, Graphikern und Filmern, bietet in der Produktions- und Veranstaltungsstätte demjenigen Film Platz, der sich als Bestandteil der Medienvielfalt begreift.

● Fata Morgana in Kreuzberg, die sich für die größte und schönste örtliche Galerie hält, stellte in den „Kreuzberger Festlichen Tagen" Kreuzberger Künstler aus (z.B. Ahmed Borai), bot eine Theaterpremiere („By Air Male" von Kerouac) und führte ein Kurzprogramm Kreuzberger Filmemacher vor: *Sinfonie einer Vorstadt*. Ort: Mariannenplatz 23 Fabrik II. Stock, Berlin 36.

● Vielleicht es es aber auch richtig, ans Institute for Contemporary Art in London zu denken, von dem aus in Europa eine Tournee mit E-Filmen des New York Film Festival Downtown, organisiert von Tessa Hughes-Freeland und Ela Troyano, startete. Über den A.B.art e.V. im Berliner Kino Eiszeit kam das Programm mit einem repräsentativen Querschnitt der unabhängigen New Yorker Filmproduktion im Super-8- und 16-mm-Kurzfilmbereich bei uns in die Kommunalen Kinos. Die Frage ist gestellt, ob ein Film wie *Rome 78* von James Nares nicht neben dem Kino einen größeren Platz gefunden hätte.

● Art 85 in Basel war der Platz, an dem Andreas Honegger seinen Ramelzee-Film mit der größten Resonanz zeigen konnte. Der Weg ging von Super-8 (Original) zum Video und von dort zur Kunstausstellung.

● Alle weiteren Orte ergeben sich für den, der sich über den jeweiligen neuesten Stand der regionalen Umgebung auf dem Laufenden hält.

5. In Jugend- und Medienzentren

● Das BKA läßt sich selbst gründen, jedenfalls in Gestalt des Barmbeker Vereins für Kultur und Arbeit e.V. in Hamburg 60 (Maurienstr. 19, Tel. 040-2003558). Neben den anderen Aktivitäten, Aktionen und Veranstaltungen hat der Verein unter dem Namen Zinnschmelze vor, einen regelmäßigen Austragungs- und Vorführort für unkommerzielle Super-8-Filme zu schaffen und Anlauf- und Kommunikationsstätte für Filmschaffende und Interessierte zu werden. In der Öffentlichkeit sollen die Filme in der beliebten Form des Filmfestivals präsentiert werden.

● Eine Gründung von Andy Hertel war in Hamburg das Toulouse-Lautrec-Institut im Zarathustra-Haus (Steinwegpassage 7, Hamburg 36, 040-342197). Das Institut hat eine Geschichte von bald zwanzig Jahren. 1968, zur Zeit des Anderen Kinos, da experimenteller und politischer Film sich noch in schönster Einheit befanden, gehörten Avantgardefilmer wie Klaus Wyborny und

Rüdiger Neumann dazu. Heute zeigt Andy Hertel in seinem Institut eigene Bilder, Super-8-Filme, Videos, auch Mitschnitte von TV-Ausstrahlungen, d.h. Spielfilme, die nach dem Sendungs-Akt öffentlich nicht mehr gesehen werden könnten. Wer hier seinen Film zeigt, muß sich damit abfinden, daß die Rechtsabteilung des NDR in Rage ist.

● Die vielen Jugend- und Medienzentren einer Stadt zeigen regelmäßig Filme. Die Adressen finden sich in den Service-Teilen der Stadtzeitungen und -zeitschriften. Die „Szene Hamburg" (Heilwigstr. 24, 2000 Hamburg 20) listet sie als Kinos auf. „Kino" macht demzufolge

●● das FZH (Freizeitheim), Wikinger Platz 1 in 2150 Buxtehude

●● das Haus der Jugend Wilhelmsburg, Rottenhäuser Damm 58 in 2000 Hamburg 93

●● das JUKS (Jugend- und Kommunikationszentrum), Osterbrooksweg 25 in 2000 Schenefeld

●● eine ungenannte Gruppe auf dem Kemal-Altun-Platz, Ottenser Hauptstraße, Ecke Am Born (Freilichtveranstaltung).

● Bildwechsel, das Kultur- und Medienzentrum für Frauen, zeigt in Hamburg 1 (Rostockerstr. 25) Videofilme im eigens arrangierten Environment.

● Die Thede führt freitags Spiel- und Experimentalfilme vor. In einem Monat zum Beispiel *Boulevard der Dämmerung*, *Chan is missing*, *Fluchtweg nach Marseille*, aber auch das Programm der Medienwerkstatt Wien.

● Die Villa Kreuzberg, das bezirkliche Kommunikationszentrum in der Kreuzbergstr. 62, Berlin 61, kündigte die Uraufführung des Super-8-Spielfilms *Cemil* von Jo Schäfer an.

● Das Haus der Jugend, Lacombletstr. 10 in Düsseldorf, zeigte innerhalb eines Monats Filme wie *Hiroshima mon amour*, *Maulwurf-Filme* für die kleinen Zuschauer, *Das Ultimatum* (Robert Aldrich), *Franz stellt alles auf den Kopf* (ab 6 Jahren), *Schlachthof 5* (ab 16 Jahren), *Wege zum Ruhm* (ab 12) und den *Wilden Raben* von Peter Sempel. Die Einrichtung des Jugendamtes der Landeshauptstadt Düsseldorf – Café und Billard im Haus – stellt die Filme in einen Zusammenhang mit dem besten deutschen Gitarrenduo Martin Kolbe & Rolf Illenberger, einem Musiktrödelmarkt, einer Kindersachenbörse, einem Info für Berufsanfänger und Auszubildende (HBV), einem Kindertheater (Christine Wetzel), einem Stepptanz für Anfänger, dem AWO Altenclub, einem Video-Projekt (hauseigene Videoanlage), Hausfrauengymnastik, mit dem Motorradclub Kuhle Wampe und einem Kurs der Deutschen Friedensgesellschaft – Vereinigung der Kriegsdienstverweigerer.

● Mitte/Werkstatt & Kultur, Hohe Straße 9 in Stuttgart 1, zeigt innerhalb eines Monats eine Retrospektive von Wim Wenders-Filmen, einen experimentellen Film (*Der wilde Rabe*), den Doku-

mentarfilm *El Pochote* von Lutz Lusches Reitemeiär – neben
Konzerten von Alfred Harth Gestalt et Jive, Dr. Umezu und
Les Immer Essen, neben einer Bauchtanzdemonstration, der MIR-
Veranstaltung zum 20. Jahrestag der linken revolutionären Bewe-
gung und einer Alternativen Grenzlandfahrt zum FULDA-GAP.
● Das Magnus-Hirschfeld-Zentrum in Hamburg war eines der
Aufführungsorte des Super-8-Spielfilms *Ich will*, mit dem
Veronika Brendel und Claus Rüttinger auf Tournee gingen. Der
Film über den Versuch des 17-jährigen Schülers Florian, sich aus
den Fesseln von Familie und Erziehungsinstitutionen zu befreien,
hatte ein Budget von 15.000 Mark und war ohne jedes Förde-
rungsgeld gedreht. Aber der Film fand sein Publikum. Eine Tournee mit 30 Einsätzen führte sowohl neben das Kino wie ins Kino
selbst. Hauptsache war die Möglichkeit, den Film am Wochenende einzusetzen und hinterher mit dem Publikum zu diskutieren.
● Das Haus der Jugend in Eckernförde war einer der 12 Veranstaltungsorte in Schleswig-Holstein, in denen Schleswig-Holsteins
Super-8-Filmer 1986 ihr Sampler- und Tourneeprogramm „Unterwegs" zeigten. Neben den Häusern der Jugend wurde in Kommunikationszentren und in Kneipenkinos gespielt. In Orten, die sich
nicht durch Kinokultur auszeichnen, wie Tarp, Oldenburg in
Holstein, Ratzeburg und auf dem Scheersberg. Wenn die Leute
nicht ins Kino zu kriegen sind, schon gar nicht in Super-8-Vor-
stellungen, müssen sie am üblichen Kommunikationsort aufgesucht
werden. Und da ist Super-8-Film und Super-8-Vorführtechnik
unschlagbar: sie sind beweglich. Das Programm wird auf die je-
weilige Spielstätte abgestimmt, die ihrerseits die Zielgruppe bestimmt. Die Kino-Maßstäbe haben als Kriterium ausgedient, und
auf einmal funktioniert es. Das Publikum ist erreicht, und wenn
es nicht aus Kinogängern besteht, umso besser für den Film. Die
Tournee, die in das Haus der Jugend von Eckernförde führte,
wurde von der Film-AG des Studentenwerks Schleswig-Holstein
organisiert (0431-880 26 32) mit Unterstützung der Landesarbeits-
gemeinschaft für Jugendfilmarbeit und Medienerziehung. Das bedeutet ein paar tausend Mark Vertriebsförderung von einem Land,
das sich sonst fast ganz der Filmförderung enthält. Die Minimal-
beträge sind gut angelegt, weil sie sich nicht in Einzelprojekten
erschöpfen, sondern ein völlig neues Filmkultur-Netz knüpfen.
Drum ist „Unterwegs" eine Pioniertat. Und Filme wie *Ich und
mein Schlot* (Haacks, Schulzeck, Wilm), *Eskalation* (Jürgen
Haacks), *Schlaflose Nächte in der 26* (Filmgruppe Chaos) über-
zeugen mit der spezifischen Methode des Super-8, Distanzen auf-
zuheben und dadurch den intensiven Kontakt mit dem spezifisch
verwandten Publikum der Spielstätten zu gewinnen.
● Die Kampnagelfabrik in Hamburg, eher Veranstaltungsplatz
für freie Theatergruppen, zeigte einen Monat lang „Kinder Kino
Sommerfest", insgesamt 11 Filme, in täglich mehreren Vorstellungen – ein Programm, welches noch die Jahre zuvor im kom-
munal geförderten Metropolis-Kino in Hamburg gezeigt worden

war. Veranstalter des Kinder-Kino-Sommerfest war die Stadt Hamburg, Amt für Jugend, Ref. Medienarbeit in Zusammenarbeit mit der Initiative Kommunales Kino und dem Sommertheater Kampnagel.

● Die Werkstatt 3 in Hamburg-Altona (Nernstweg 32–34) hat jeden Monat einige Filme im Programm. Neben Lesungen, Informationen, Theater, einem Tanzkurs, einem Reisebericht mit Dias, der Diskussionsrunde über Biologischen Anbau, einer Danceteria (Latin-, Soul-, Jazz-Disco), den „Drei Groschen Songs" (Gruppe Bittersüß) und der Latin und African Dance Night – alles Veranstaltungen aus dem Oktober 1986. Im selben Monat wird der Film *Die Libelle vom Guarari* von Mercedes Ramirez BRD/Costa Rica über die Sängerin, Dichterin, Malerin und Folkloristin Emilia Pierto vorgeführt (1984). Oder der Film *Der unsichtbare Aufstand* von Costa Gavras (1972). Oder *Mütter, Dollars und ein Krieg – der Kampf um El Salvador* von Manfred Voß (1985). Oder *Der Zwischenfall des halben Meters* von Samir Zirka, Syrien 1981. Und 4 andere Filme, die man im Zweifel im Kino nicht zu sehen bekommt.

● Kultur- und Jugendzentren, die Peter Sempel während seiner Herbsttournee 1986 mit dem *Wilden Raben* anläuft:
●● Rieckhoff, Hamburg-Harburg
●● Jugendzentrum, Schwenningen
●● Rote Fabrik, Zürich
●● Jugendzentrum, Isny
●● Rainbow, Immenstadt
●● Börse 20, Wuppertal

und daneben gibt's noch 2 Dutzend andere Spielorte, sowohl neben als auch im Kino. *Der wilde Rabe* fliegt über die Grenzen, auch die geografischen, und erreicht Istanbul, Japan, Tokyo und eventuell Korea und Taiwan.

● Das Haus der Jugend in Eckernförde sei nochmal genannt, damit es herauskommt, daß die Filmvorführungen dort nichts Einmaliges sind. Denn im Oktober 1986 zeigt dort Michael Brinntrup seinen Jesus-Film auf der Missionstournee – neben Orten wie
●● Kulturzentrum Schauburg, Bremen
●● Brotfabrik, Bonn
●● Hochschule für Bildende Künste, Braunschweig
●● Goldene Krone, Darmstadt
●● Galerie Zelle, Reutlingen
●● Blue Note, Augsburg
●● Fachhochschule, Würzburg
●● Kunstverein, Heidelberg

und anderthalb Dutzend Kinos und Kinos-neben-den-Kinos zwischen dem Interfilm-Festival in Berlin (aber dort wieder nicht im Kino, sondern im Künstlerhaus Bethanien) und dem Internationalen Super-8-Festival in Brüssel (November 1986).

6. Transportmittel Video

● Um in eine Ausstellung wie die „Offensive/Video Kunst" im Juni 1986 im Künstlerhaus Sunderweg 1 in Dortmund zu kommen, läßt sich der Film auf dem Videoband etwa in die Video-Präsenz-Bibliothek der Video-Magazine Infermental IV und Infernmental V transportieren. Als Videoarbeit teilt der Film dann seinen Platz in Infermental IV mit 101 anderen Arbeiten aus 14 Ländern für die Dauer von 7 Stunden (Lyon 1985 FRIGO). Oder in Infermental V mit 39 anderen Arbeiten aus 12 Ländern für die Dauer von 5 Stunden (Rotterdam 1986). – Die Ausstellung, die außerdem einige Videoinstallationen vorstellt, wird aus dem staatlichen Kunstetat gefördert. Das sieht regional oft viel besser aus, als wenn man sich mit den Filmförderungsmitteln bescheidet. In Dortmund zum Beispiel gaben das Kulturamt, das CEAG Tor 2 (was immer das auch ist), das Sekretariat für gemeinsame Kulturarbeit NRW, der Kommunalverband Ruhr – und die Blickpunkt Fernsehproduktion Geld.

● Auf der 2. Videonale Bonn (September 1986), dem Internationalen Festival und Wettbewerb für Kunstvideos, ergab sich, daß die Videokünstler viel weniger Schwierigkeiten haben, sich des Filmmaterials zu bedienen, als umgekehrt die Filmer, ihr Material aufs Videoband zu überspielen. Die Berührungsängste sind vorläufig recht einseitig.

● Auf den Veranstaltungen des Realismusstudios der Neuen Gesellschaft für bildende Kunst e.V., Tempelhofer Ufer 22, Berlin 61, war es Filmmaterial auf Video, das auf diese Weise in engen Kontakt trat zur Vorstellung der Zeitschrift TUMULT (Walter Seitter), zur Vorstellung von HANS KULTUR (Gaida) und den Objekten, Zeichnungen, Fotoarbeiten und Diaprojektionen von Stephan Runge, Udo Kier, Hilka Nordhausen und Georg Polke oder das Kontakt gewann zu den Lesungen, der „Videotapes & Film"-Veranstaltung des Videokunstpapstes Michael Bock, der First Simultan Screening des European Mediaart Network („Videokunst aus 8 Ländern Europas") und der Vorstellung des neuen Buches „Künstlerpech – Künstlerglück" von Andreas Seltzer und Katharina Meldner. Die Veranstaltungen des Realismusstudios waren 6 Wochen Massivkontakt mit alldem, was außerhalb des Mediums Film passiert. Eine Kinoveranstaltung war nicht dabei.

7. Im Buchladen, in der Videothek und im Postversand

● Der DuMont Buchverlag Köln hat eine Video-Edition in der Reihe dumont-creativ-video eingerichtet und vertreibt Kassette und zugehöriges Buch als Paket, zum Beispiel „Video/Buch: AXIS", präsentiert von Veruschka Bódy und Gábor Bódy (1986). Die 120 Minuten VHS PAL Kassette enthält 21 Videobeiträge von Künstlern aus 10 Ländern, eine Auswahl aus den 80er Jahren auf der elektronischen Bühne Europas. Guckt man sich die 5 Achsen der Kassette näher an, verstecken sich unter den Sampler- und Untersampler-Titeln auch Sachen, die das Kino auf seiner Leinwand oder als Videoprojektion leider nicht zeigt. So sind es die Achsen „Ist das Kunst oder Leben?" oder „Deconstruction und Wiederverwendung" oder „Musik!" oder „Installieren" oder „Helden ausgraben und gestalten", die quer durch die Medien und die aktuelle Philosophie gehen und das Medium Film und erst recht die altmodische Institution Kino links liegen lassen. Da heute Subjektwerdung angesagt ist und daher im Bereich der Nähe operiert wird, bietet es sich an, die Axis-Buch-Kassette im Laden zu kaufen und lieben Freunden mit der Post zu schicken, wenn man hat, auch nach Australien. Die Entwicklung geht vom kommerziellen zum kulturellen, leicht austauschbaren Videoclip. (Mit diesem Untertitel versehen erschien das Axis-Buch im Oktober 1986 gesondert als Dumont-Taschenbuch: „Video in Kunst und Alltag").

- In die Halle 5 der Frankfurter Buchmesse mußte man – im Oktober 1986 – gehen und dort zum Stand 5.1 H 116, um das breitgefächerte Angebot von „235 Video", Spichernstraße 61, Köln 1, zu studieren, zum Beispiel Video Congress no. 9, einen Sampler videospezifischer Bildersprache, Music Video Art, Greatest Hits of Scratch Video, Lyrik Videos von der Edition Konzept, Literatur Videos des Institute of Contemporary Arts London. – Nach meiner Einschätzung wird es nur eine Frage der Zeit sein, bis der Film das Videoband oder mindestens die Videostrategie als Mittel der Fortbewegung benutzt.
- Die Spielfilme haben schon längst den Videomarkt entdeckt. Über Videotheken werden viele Filme auf VHS-Band vertrieben, ohne daß sie je im Kino gelaufen wären oder dort eine Chance hätten. Filmzeitschriften beginnen, den Zeitpunkt der Aufnahme von Filmen in den Videomarkt (Videotheken) als Erstaufführung zu werten. – Schon im 4. Jahrgang gibt es die Publikation „Filme auf Video/Tips, Empfehlungen von Filmen auf Video für Kinder, Jugendliche und junge Erwachsene", und diese Publikation ist, was wiederum für den Film zur Zeit nicht vorstellbar ist, eine staatliche Einrichtung, unangefochten herausgegeben von der Hamburger Behörde für Arbeit, Jugend und Soziales – Amt für Jugend – Referat Medienarbeit in Zusammenarbeit mit der Staatlichen Landesbildstelle Hamburg und der Aktion Jugendschutz, Landesarbeitsstelle Hamburg e.V. (ajs).

8. Der Film als Festivalereignis

- Interfilm IV, das 4. Internationale Super-8-Film-Festival in Berlin zeigte die Filme (und die Performances) sowohl im Kino (Eiszeit, Arsenal, Xenon) als auch daneben (Künstlerhaus Betha-

Michael Brinntrup:
Jesus – der Film (BRD 1986)

nien, Galerie Manteufelstraße), und es hatte keine Berührungsangst vorm Video: eingeladen war zu einer Simultanprojektion von Super-8-Filmen als Film und als Video.
● Experi und nixperi, das Internationale Bonner Kurzfilm-Festival, nahm im Dezember 1986 zum erstenmal die neuen Möglichkeiten des Bonner Kulturzentrums „Brotfabrik" in Anspruch. Multi-Media-Performances werden aus dem Kinobereich hinausweisen.
● Das 4. Festival des Schülerfilms im Februar 1987 in Hannover stellt Film und Video ohne Priorität nebeneinander. Gezeigt werden Super-8, 16 mm, Video VHS, Beta, U-matic und Video-8, und inhaltlich gibt es keine Grenzen, erlaubt sind „Filmideen ohne Grenzen und Tabus, von einer Minute bis drei Stunden".
● In der Lagerhalle in Osnabrück findet der E-Film-Workshop statt, der schon seit langem Weltgeltung errungen hat.
● Daneben eine Vielzahl von Festivals, von ständigen bis zu ad-hoc-Veranstaltungen, d.h. von den Filmzwergen in Münster und der Alpinale in Bludenz zum Pornofilmfestival im Münchner Werkstattkino.

9. Der Film geht auf Reisen

Zwei Beispiele aus dem Herbst 1986. Michael Brinntrup ging mit dem Maxi-Sampler, dem Leporello-Großwerk *Der Lebens- und Leidensweg unseres Herrn Jesus Christus* auf Tournee, wobei es sich als praktischer erwies, die Super-8-Kopie einzusetzen. Zum einen war die – mit Mitteln der Vertriebsförderung gezogene – 16 mm-Kopie qualitativ weniger gut, zum anderen hatte an manchen Veranstaltungsorten die Super-8-Projektion den Vorteil, billiger zu sein. Die Tournee war ihr eigenes, reisendes Festival. Deswegen hatte sie auch einen Namen: „Missionstournee mit Jesus – der Film". (Termine und Veranstaltungsorte siehe Anlage).

Noch bunter sieht der Terminplan des Psychoexperimentalmusikfilms *Der wilde Rabe* aus, den Peter Sempel mit kleineren oder größeren Aktionen vorführt; zumindest wird, wenn's der Veranstalter zuläßt, das Eintrittsgeld erwürfelt, womit es zwischen 0 und 10 Mark liegt. Ich hatte in Hamburg im Café Schöne Aussichten zwei Sechsen und kam umsonst rein. (Termine und Veranstaltungsorte siehe Anlage).

10. Das Kino öffnet sich für andere Medien

In dem Maße, in dem der Film neben dem Kino vorbeiläuft, mehren sich die Anzeichen, daß das Kino sich aus seiner Lethargie emporrafft und seinerseits dem Film und damit den Zuschauern hinterherzulaufen beginnt. Modisches Stichwort ist das Kino als Ereignisort.

- Die Cine-Galerie LICHTSPIELE in Hamburg bietet zur Aufführung von „Casablanca" Musik+Tanz im Stil der Zeit.
- Filmkunst 66 in Berlin begreift einen Film wie *Ein Virus kennt keine Moral* lediglich als Vehikel für die Hauptsache: die Durchführung verschiedener Podiumsdiskussionen (Lebenshilfe Aids).
- Das Eiszeit-Kino in Berlin eröffnet eine Ausstellung mit Bildern des italienischen Malers Mimmo Catania. Was gibt es dazu, als Draufgabe? Neben Musik auch Filme, die Titel werden im Monatsprogramm nicht genannt.
- Das Neue Cinema in Hamburg läßt zu experimentellen Kurzfilmen von Georg Ladanyi experimentelle Musikgruppen auftreten, wie Gottistgut (erster öffentlicher Auftritt der Gruppe überhaupt). Daneben tritt die Gruppe Bizottság auf – mit ihrem Film *Eiskremballett* – in einer Videovorführung, denn der Film war als Band am besten durch die diversen Grenzkontrollen zu bringen.
- Als Musterbeispiel eines experimentellen Kinos dient uns schließlich ein Auszug aus einer Auflistung, welche Wolfgang Müller für die Zeitschrift Kunstforum fertigte („Allerhöchst-

Missionstournee mit Jesus – der Film

Wo ich bin und was ich tu',
sieht mir Gott, mein Vater, zu

26.09. Berlin, Interfilm, (20.oo h Künstlerhaus Bethanien)
1.10.   Kiel, Kommunales Kino in der Pumpe
2.10.   Eckernförde, Haus der Jugend
3.10.   Hamburg, café TucTuc
4.10.   Hamburg, Alabama
6.10.   Bad Salzuffeln, Leinwand
7.10.   Detmold, Musikhochschule
9.10.   Bremen, Kulturzentrum Schauburg
10.10. Osnabrück, Lagerhalle
11.10. Essen, Kommunales Kino
12.10. Mülheim, Filmbüro in der Alten Post
13.10. Dortmund, Kommunales Kino
14.10. Witten, Filmclub/Burg-Kino-Center
15.10. Düsseldorf, Black Box
16.10. Bonn, Brotfabrik
17.10. Herford, FlaFla
19.10. Hannover, Kommunales Kino
20.10. Braunschweig, HBK
21.10. Kassel, Filmladen
22.+23.10. Darmstadt, Goldene Krone
24.10. Freiburg, Kommunales Kino
25.10. Villingen, Guckloch
26.10. Reutlingen, Galerie Zelle
27.10. Stuttgart, Kommunales Kino
28.10. Ulm, Kinole
29.10. Konstanz, Kommunales Kino
30.10. Augsburg, Blue Note
31.10. München, Werkstattkino
3.11.   Bamberg/Zeil, Capitol
4.11.   Würzburg, Fachhochschule
5.11.   Heidelberg, Kunstverein
6.11.   Karlsruhe, Das Kino
7.11.   Mannheim, Cinema Quadrat
7.+8.11. Frankfurt, Harmonie
11.-16.11. Brüssel, Internationales S-8-Film-Festival

Hail Dietrich!

~~Aktueller~~ Terminplan "Wilder Rabe" - ~~Herbst gut~~ 1986 -

(Städte ohne Termine sind fest zugesagt, aber noch ohne festen Termin.)

Sa, 27. Sept.	-	Berlin, "Ex+Pop" 22:30 Kn
So, 28. Sept.	-	Berlin, "Ex+Pop" 22:30 Kn
Die, 30. Sept.	-	Harburg, "Rieckhoff", 20 h Kz
Do, 02. Okt.	-	Nürnberg, "Meisengeige" Pk
Fr, 03. Okt.	-	Nürnberg, "Meisengeige"
Sa, 04. Okt.	-	Nürnberg, "Meisengeige"
Mo, 06. Okt.	-	Dortmund, "Roxy-Kino" Pk
Die, 07. Okt.	-	Duisburg, "Hollywood" Pk
Mi, 08. Okt.	-	Wuppertal, "Cinema" Pk
Do, 09. Okt.	-	Schwenningen, Filmfest im JZ Jz
Fr, 10. Okt.	-	Zürich, "Rote Fabrik", 20 h Kz
Sa,	-	Biel,
So, 12. Okt.	-	Lausanne, "Dolce Vita", 20 h Dis
14. - 19. Okt.		International Youth Filmfestival Torino Pk
Mi, 22. Okt.	-	Milano, Roma (unklar) ~~Genf, "Spoutnik"~~ Uk
Do, 23. Okt.	-	Buchs (Schweiz), "Liga für Kulturkämpfe" Ug
Fr, 24. Okt.	-	St. Gallen, "Kino K 59" Ug
Sa, 25. Okt.	-	Basel, "Neues Kino" Pk
Mo, 27. Okt.	-	Freiburg, Koki
Di, 4. Nov	-	~~Isny, JZ~~ Jz
		Immenstadt, "Rainbow" Jz
Sa, 01. Nov.	-	(Linz, unklar)
So, 02. Nov.	-	München, Film im Gasteig, 19 h "Rabe brennt", 21 h "Wilder Rabe" Kz
	-	Salzburg, unklar
	-	in Wien wollte niemand (...)
Mi, 05. Nov.	-	Lich, "Kino Traumstern" Pk
Do, 06. Nov.	-	Schöneck, "Sternpalast" Pk
Fr, 07. Nov.	-	Ochsenfurt, "Casablanca" Pk
Sa, 08. Nov.	-	Mainz, "Capitol" Pk
So, 09. Nov.	-	Erlenbach, "Kinopassage" Pk
Mo, 10. Nov.	-	Weiterstadt, Koki
Die, 11. Nov.	-	Kassel, "Filmladen", 20 h
Mi, 12. Nov.	-	Göttingen, "Neues Cinema" Pk
Do, 13. Nov.	-	Bad Salzuflen, "Leinwand" Pk
Fr, 14. Nov.	-	Detmold, "Filmwelt" Pk
Sa, 15. Nov.	-	~~Osnabrück~~ Koki
So, 16. Nov.	-	Mannheim, "Cinema Quadrat"
		(Heidelberg, "Gloria")
		Karlsruhe, "Schauburg" Pk
Mi, 19. Nov.	-	~~Bochum, Uni-Cinecenter~~
Do, 20. Nov.	-	Dortmund, "Che Coolala" Re
		~~Stuttgart, Laper"~~ Pk
Fr, 21. Nov.	-	Wuppertal, "Börse 20" Kz
Sa, 22. Nov.	-	Biberacher Filmfestspiele Pk
So, 23. Nov.	-	Biberacher Filmfestspiele
Mo,	-	~~Stuttgart ? "Corso"~~
Die,	-	~~Essen, Zeche Carl~~
Mi,	-	Osnabrück, "Atlantis" Pk
Do, 27. Nov.	-	Oldenburg, "Casablanca" Pk
So, 30. Nov.	-	Special show 20:00 Hamburg, "Café Schöne Aussichten" Ca
2. und 3. Dez.	-	Istanbul, noch unklar
ab 6. Dez.	-	Japan, Tokyo, 1 bis 2 Wochen Pk ab 7. Dez
unklar noch	-	Korea, Taiwan — 8 Aufführungen bisher fest im "Image Forum"

Du hast mich doch wegen der Art der verschiedenen Aufführungsorte gefragt - hier also die Auflösung:

- Programmkino = Pk
- Kneipe = Kn
- Café = Ca
- Kulturzentrum = Kz
- Jugendzentrum = Jz
- Kommunalkino = Koki
- Restaurant = Re
- Disco = Dis
- Unikino = Uk
- "Underground" = Ug
- Bushaltestelle = Bh (ohne Termin)
- ach ja +
- Kaufhaus = Kh ← !!! in Japan (ab 7.12.)

also alles in rot iss eigentlich kein "richtiges" Kino.

da biste ♡lichst eingeladen!

F ↓ alles ~~Frankfurter~~ ~~Gegend~~

kann man ein paar Worte in die 'FR' reinkriegen?

blüte"). Das Frontkino in Berlin präsentierte in den letzten Jahren:
- ●● Barbetomagus – Die amerikanische Extrem-Jazzgruppe.
- ●● Bruno Hoffmann – Wächter des Großen Glases (Duchamp).
- ●● Bustour – Gemeinsam mit der Galerie Gianozzo mietet das Frontkino einen Doppeldeckerbus und bereist mit 90 Passagieren das nächtliche Berlin.
- ●● Camping Sex – 48 Stunden Marathon-Konzert. (Abgebrochen nach 24 Stunden, da die Darbietung von den Nachbarn als störend empfunden wurde).
- ●● Chris Dreier & D. Holland-Moritz – Performance
- ●● Die Tödliche Doris – Parties. Performances sowie Tanz- und Konversationsmöglichkeiten.
- ●● Hörspiele von Heiner Goebbels und Frieder Butzmann.
- ●● Installation von Ueli Etter.
- ●● Knastfete – Erlös geht an die Knackis.
- ●● Nan Goldin Dia-Show.
- ●● Modenschau „Vanitas! Vanitatum Vanitas!"
- ●● Platz stellt aus – ihre Bilder
- ●● Schmuck. – Gabriele Poschmann und Gregor Kosleig verwandeln das Frontkino in eine Kulissenlandschaft für lebende Bilder, Nachtclub und Schubertgesänge.
- ●● Shelley Hirsch (voc.) und Sven Åke Johannson (dr.).
- ●● Theater – „Unter Aufsicht" (Genet), Regie: Laszlo Koernitzer.
- ●● Vágtázo Halottkémek, Die Rasenden Leichenbestatter aus Ungarn, vorgestellt als nicht-offizielle Krawallgruppe (und zuvor aus dem Film „Nachtlied des Hundes" von Gábor Bódy bekannt).
- ●● Die sieben Städte – Vortrag von Architekt Thomas Schönball sowie Super-8-Filme über die Architektur Dresdens und Leipzigs.

Der Kinomacher entdeckt, daß er vom Phänomen des Kino-neben-dem-Kino profitieren kann, wenn er auch etwas anderes als Kino macht. Daß eine Mischtournee sowohl neben den Kinos als auch durch die Kinos für einen Filmer profitabel sein kann, selbst wenn er erst spät oder gar nicht Vertriebsförderung erhält, also auf die Einnahmen an der Tageskasse angewiesen ist, darüber hat Peter Sempel informiert. Sein „wilder Rabe" ist das Paradebeispiel für den E-Film, der flügge geworden ist.

11. *Der wilde Rabe* ist flügge. Tourneebericht von Peter Sempel

```
            "Wilder Rabe" - Info
            -------------------


1  - 12/82 Förderung von HH-Filmbüro bekommen


2  - u. a. 7 km Filmmaterial "durchgezogen"


3  - 12/84 "Vorpremiere im "Metropolis", Hamburg (ausverkauft)
         (120 min. - 30 min. zu lang)


4  - 4/85 "Premiere" im "Metropolis" Hamburg (ausverkauft)
         (86 min.)


5  - danach 2 kleine und 1 große Tour durch BRD und Berlin - insgesamt 80 Aufführungen in
     50 Städten und Dörfern (z.B. Abaton, Hamburg; Harmonie, Frankfurt; Odeon, Flensburg;
     Cafe Metropol, Solingen; JZ Kempten; Xenon, Berlin; Koki, Stuttgart; Loft, Berlin;
     Alabama, München; Odeon, Münster)


6  - Zuschauerzahl zwischen 12 und 395 zahlende - Schnitt bei 150


7  - 86 eingeladen zu Filmfesten in Osnabrück, Oberhausen (Vorfilm), Bremen, Berlin,
     Nymegen (Holland), New York, Schwenningen, Weiterstadt, Würzburg, Turin, Biberach


8  - Aufgrund der starken Reaktion im Mai/April 86 = Amsterdam, London, New York, Hannover
     und Braunschweig mache ich nun eine letzte große Tour


9  - Okt/Nov/Dez durch BRD Ost, Schweiz, Italien, Japan, möglich nach Istanbul, Korea,
     Taiwan.
     In 2,5 Monaten über 50 Aufführungen in ca. 45 Städten (alles per Auto, außer Japan)


10 - Zum Teil finanziell unterstützt durch Hamburger Filmbüro = Vertriebsförderung,
     der andere Teil durch Einnahmen


11 - In einem Jahr immerhin über 20 Fanbriefe zwischen Flensburg und München bekommen
     (von wildfremden Leuten)
```

12 - Wenn möglich wird Eintrittshöhe per Würfel bestimmt.

RABE

- Gesamte Organisation = Vorbereitung (checken, tel. Infos, Plakate, Pressematerial, Fotos, Termine setzen, Verträge, Versicherungen) und Durchführung (hinfahren, Projektor aufbauen, Performance, vorführen, Diskussionen) usw. alles also selbst.
Das iss echt ne action .... (gleichzeitig Dreh am neuen Film)

- Trotz der vielen Aufführungen finde ich es immer noch nicht langweilig, weil jeden Abend die Zuschauer andere sind und sie immer sehr verschieden individuell reagieren. Es ist immer spannend, die direkte Wirkung des Films beim Publikum zu erfahren. Ich meine, daß man als Filmer dabei viel lernen k a n n . Es ist jedes Mal ein kleines Abenteuer (manchmal auch größer), wenn z. B. in einer Fischerkneipe in Cuxhaven muskelbepackte Fischer im Streit, ob mein Film abgebrochen werden soll, sich gegenseitig blutig prügeln..., wenn 2 "Punks" in Berlin während des Film rausgehen und sich übergeben müssen; wenn im "Stadtkino Augsburg" ein 50jähriger Kaufmann im Sonntagsanzug ins Schwärmen gerät; wenn in Köln "Videoexperten" nach 30 min. rausgehen, weil sie sich nur langweilen; wenn Fans aus Berlin nach Hamburg oder Fans aus Reutlingen nach Bonn nachfahren, um den Film nochmal zu sehen; wenn ein Kinochef in HH einen Tobsuchtsanfall bekommt und mich mit beiden Händen ernsthaft erwürgen will; wenn von 80 immerhin 20 Aufführungen ausverkauft sind; wenn ein Discochef in Neuss bei nur 12 Zuschauern trotzdem mit Überzeugung die hohe Garantiesumme auszahlt; wenn Vlado Kristl sagt: "Gut gemacht, Peter"; wenn ein frisch eingeflogener Afrikaner 5 x "he must be crazy" wiederholt; wenn in Duisburg ein Punk 1 Stuhl nach mir wirft, aber "nur" den Projektor trifft...; wenn Verleiher in Berlin, die den "Ärzte-Film" rausbringen, meinen: "Der Rabe is nix"; wenn in New York bereits um 23 h fast 400 Leute aufkreuzen und bis zum Schluß gespannt und konzentriert zuschauen, u. a. 2 ältere Opernsängerinnen der MET (mitten zwischen "Wilden"); wenn ein Kino wie "Harmonie" in Frankfurt 2 Mal wiederholt; wenn verschiedene "Kulturexperten" in Hamburg n u r hetzen und bösartige Sprüche loslassen; wenn Filmfest Turin mir Flug HH-Turin-HH zahlen will, ich aber bereits in der Schweiz bin; wenn in Kiel eine Kinochefin herablassend wörtlich sagt: "Peter, das ist kein Film!"; wenn in London die Tommies Nullreaktion zeigen, cool bleiben, aber Spanier und Italiener begeistert sind; wenn in Hamburg der "Grünspan" extra für den Film aufmacht (ohne Miete); wenn aus Solingen Mutter und Tochter nach Düsseldorf fahren, um den Film zum 2. Mal zu sehen; wenn Mittwoch abends um 23 h in Braunschweig ausverkauft ist (350 Leute) und vor der Kasse "gehandelt wird"; wenn in einigen Städten fast die Hälfte der Zuschauer vorzeitig rausgeht und in anderen alle bleiben und die meisten stumm mit ernsten Gesichtern rausgehen; wenn in Tübingen eine Studentin ernsthaft fragt, was ich "mit dem Film aussagen wollte"...; wenn in Amsterdam nachts um 3 Uhr nach dem Film eine Punkerin mich hinten auf ihrem Rad im Regen zum Hotel fährt; wenn in einer Wuppertaler Kneipe 20 Zuschauer ernsthaft ihr Geld zurückverlangen; wenn Punks neben Schickies sitzen; wenn in einigen Städten alle Zuschauer die Eintrittshöhe per Würfel entscheiden (2 x 6 = frei oder Augenzahl in DM) aber in anderen sie n u r Festpreis zahlen wollen...; wenn ein Sanyassin sich verlaufen hat und bereits beim Vorfilm die Flucht ergreift; wenn ich wegen Schneesturm und Eis auf der Autobahn 10 min. zu spät in Bremen ankomme und man mich wieder ohne 1 DM wegschickt...; wenn aus Japan mehrere Briefe kommen; wenn ...

- Im VORPROGRAMM übrigens der Trailer (auf 8 mm mitgedreht) für den neuen Film 87, "Dandy", 80 min. auf 16 mm. Hauptdarsteller = Blixa Bargeld - Untertitel "Hat Vlado Kristl recht". Herr Bargeld hätte sicherlich das Zeug zum "großen Star" ohne Tricks - einfach aufgrund seiner außergewöhnlichen Persönlichkeit.
Nach dem Trailer 2. Vorfilm = "Ein Platz an der Sonne" (der "epd" zufolge einzig provozierender Kurzfilm beim Oberhauser Kfilmfest 86...) und kurze "action" von mir.

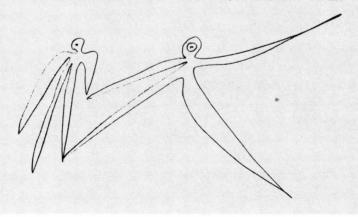

12. Lokalbericht von Frau Genau, 50 Jahre „alt", Hausfrau

Nicht eine Kinogängerin, wohl aber eine Lokalbesucherin schreibt über die Vorführung eines Experimentalfilms:

```
                                          Solingen, den 28.10.1985

Sehr geehrter Herr Kuhlbrodt!

Vor einigen Tagen sah ich in einem Lokal den Experimentalfilm
"Der wilde Rabe" von Peter Sempel, der mich sehr beeindruckt
hat. Ich war wohl die älteste Zuschauerin im Publikum, das
zum größten Teil aus Jugendlichen bestand, und dennoch hat
mich der Film in gleicher Weise angesprochen wie die jüngeren
Leute. Das Thema des Films stellt natürlich ein großes, jedoch
gegenwärtiges Problem dar, das meiner Meinung nach die Jugend
von heute besonders stark in Anspruch nimmt, jedoch auch alle
älteren und alten Menschen in gleicher Hinsicht angeht:
nämlich die Frage nach sich selbst, dem Sinn des Lebens; was
unterscheidet Menschen voneinander und was gibt dem einen
mehr Recht und Chancen als dem anderen?
Diese Probleme sind im Film sowohl durch die verschiedenen
Szenen, die schnell und ohne Übergang aufeinander folgen, als
auch durch die jeweils dazugehörige Musik klar und deutlich
ausgedrückt und gut erkennbar.
Mir gab dieser Film sehr viele Denkanstöße und bewegte mich
dazu, mir über Probleme, die mich persönlich nicht betreffen,
mit denen die Jugend aber ständig konfrontiert wird, Gedanken
zu machen.
Was für mich persönlich auch einen positiven Aspekt des Films
darstellt ist die Tatsache, daß ich 90 Minuten hellwach und
interessiert zugeschaut habe, während ich sonst doch häufig
vor dem Fernseher einschlafe.

Ich würde es sehr begrüßen, wenn in Ihrer Zeitung Berichte
bzw. Kritiken zum Film erscheinen würden, damit ein breiteres
Publikum auf denselben aufmerksam gemacht wird.


Mit freundlichen Grüßen

Irmgard Genau


Irmgard Genau  , 50 Jahre "alt", Hausfrau.
Grünbaumstr. 91
5650 Solingen 1
```

Günter Minas
Zehn Thesen – Zur Wahrnehmungspsychologie des Experimentalfilms

Obwohl sich die Psychologie wie viele andere Sozialwissenschaften aller möglichen Bereiche unseres Alltags und unserer Kultur angenommen hat, existiert bis heute noch keine geschlossene Psychologie des Films. Dabei hat der Film wie keine andere Kunst die Grenzen der Wahrnehmung erweitert und als Massenmedium – heutzutage auch über das Fernsehen – vermutlich in unvergleichbarem Ausmaß die Sicht auf die Welt geprägt, wenn auch nicht in so direkt politischer Weise, wie es revolutionäre wie konservative Filmtheoretiker aus seiner Frühzeit annahmen. Psychologische Aussagen über Film können sich demzufolge nur an allgemeinen Erkenntnissen dieser Wissenschaft orientieren und diese auf einzelne Aspekte zu übertragen versuchen. Sie bleiben Spekulation, wenn auch begründete. Ein für große Teile des Publikums fremdes, vielleicht sogar nicht existentes, häufig jedenfalls mit negativen Erwartungen besetztes Gebiet wie der Experimentalfilm bietet durch seine Konsequenz in der Expansion bzw. Reduktion der filmsprachlichen Mittel vielleicht ein besonders lohnendes, zumindest aber reizvolles Objekt für psychologische Überlegungen.
Das Thema ist die Rezeption dieser Filmgattung, wobei sowohl die Historie wie auch das Problem der Definition anderen Beiträgen dieses Bandes überlassen bleibt. Im Vergleich mit der Alltagswahrnehmung und der Wahrnehmung anderer Filmarten werden die folgenden zehn Thesen nicht nur theoretische Annahmen zum Ausdruck bringen, sondern sie sollen gleichzeitig Hinweise auf Zugangswege, Strategien und Fragen geben, die dem Zuschauer bei der Begegnung mit Filmexperimenten hilfreich sein können. Weder auf physiologische Details, wie z.B. die Funktion des Auges, noch auf psychoanalytische Theorien des Films wird eingegangen werden. Stattdessen wird sich Schritt für Schritt eine kleine psychologisch begründete Erkenntnistheorie des Films entwickeln, nicht nur des Experimentalfilms.

1) Experimentalfilme sind Experimente mit der Wahrnehmung

Filmmaterial ist Reizmaterial, in geplanter Form organisiert, strukturiert und unter kontrollierten Bedingungen dargeboten. Der Filmemacher als Versuchsleiter hat mehr oder weniger konkrete Hypothesen über den Ausgang des Experiments, d.h. die Wirkung des Films auf die Zuschauer, die Versuchspersonen. Das Filmexperiment ist eingebunden in eine individuelle Theorie, die – als eine „fröhliche Wissenschaft" – mit jedem Versuch weiterentwickelt wird. Was unterscheidet dann aber den experimentellen vom konventionellen Film? Sicherlich keine grundsätzliche Eigenschaft, denn auch und gerade das kommerzielle Kino hat Hypothesen über die Wirkung seiner Produkte, die mit jeder Aufführung, mit jedem Filmstart überprüft werden. Der Unterschied ist graduell: Je gewagter die dem Film zugrundeliegenden Annahmen sind, je weiter sie in sinnliches, wahrnehmungspsychologisches Neuland vordringen, je unsicherer der Ausgang des Experiments ist, desto eher kann man von experimentellen Filmen sprechen. Daraus folgt, daß ein Filmemacher, der ausschließlich mit bewährten Mitteln arbeitet, streng genommen nicht mehr experimentiert. Und Beispiele für nicht-experimentelle Experimentalfilme gibt es in der Tat. Die vielzitierten Sehgewohnheiten haben sich auch in der Avantgarde konstituiert. Umgekehrt gibt es im konventionellen Film immer wieder Momente des Stutzens, die häufig auf kleine Experimente hindeuten, z.B. ungewohnte Perspektiven usw.

Wahrnehmung sei definiert als psychische Funktion, die dem Organismus mittels der Sinnesorgane die Aufnahme und Verarbeitung von Informationen betreffs Zustand und Veränderung der Außenwelt und des Körpers ermöglicht, einschließlich der damit verbundenen emotionalen Prozesse und der durch Erfahrung und Denken erfolgenden Modifikationen. Das Experiment mit der Wahrnehmung betrifft also nicht nur die Vorgänge in unseren Augen. Alle Sinne sind angesprochen (hier setzt z.B. das „expanded cinema" ein, s.u.), die höhere Informationsverarbeitung ist gefordert (z.B. bei der Entdeckung von Montagerhythmen), der Zustand des Leinwandbildes (die „Außenwelt") verändert sich ständig, aber auch unser Körper ist beteiligt (wie etwa bei dem durch Bastian Clevés *Empor* evozierten Fahrstuhleffekt der Gleichgewichtssinn). Emotionen werden ausgelöst: Wohlbehagen, Aggression, Lust, Abscheu, sei es durch die Bildinhalte oder durch die formalen Merkmale des auf uns einströmenden Reizmaterials. Und Erfahrung und Denken helfen uns beim Suchen und Wiedererkennen von Gegenständen, Formen und Ideen.

Machen wir uns also zum Verbündeten des Versuchsleiters und beobachten uns selbst, während wir zuschauen: Was macht der Film mit uns? Welche Erlebnisse und Empfindungen löst er aus?

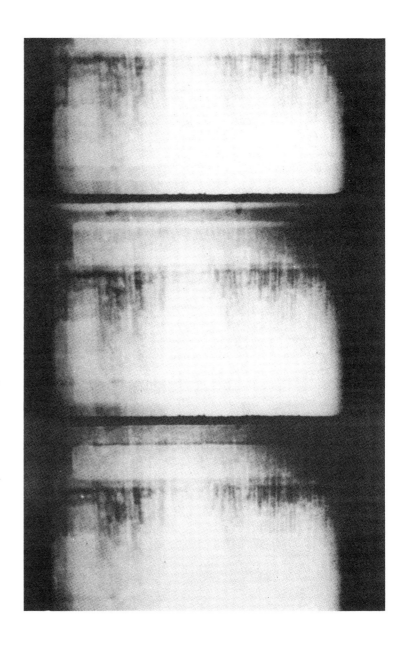

Bastian Clevé:
Empor (BRD 1976)

2) Filmwahrnehmung ist – wie Wahrnehmung überhaupt – aktives Handeln, nicht nur passives Aufnehmen.

Ob wir wollen oder nicht, sobald uns ein unbekanntes Bild vor die Augen kommt, beginnt ein zielgerichtetes Abtasten dieses neuen, komplexen Reizmusters, und zwar nach durchaus sinnvollen Strategien, wie Aufzeichnungen unserer Blickbewegungen beweisen. Abstrakte, scheinbar zufällige Strukturen versuchen wir zu deuten, Muster werden auf ihre Grundkomposition reduziert, in zeitlichen Abläufen sucht man nach wiederkehrenden Rhythmen. Wahrnehmung ist nichts anderes als eine dynamische Suche nach der besten Interpretation der zur Verfügung stehenden Daten, ist die aktive Organisation des Reizmaterials. Durch experimentelle Filme wird das Wahrnehmungshandeln provoziert, mehr und länger als üblich, denn die Arbeit endet kaum je mit dem Erkennen von Bekanntem. Abstrakte, ungegenständliche Filme verschließen sich der Suche nach den von ihnen womöglich abgebildeten Objekten. Erzählstrukturen sind selten geradlinig und eindeutig. Schnelle Kamerabewegungen, extrem kurze Schnitte, ungewohnte Perspektiven, Mehrfachbelichtungen usw. schaffen Bilder, deren Entschlüsselung schwerer fällt als beim Kino-Spielfilm, von der Tonspur ganz zu schweigen. Wie aber kann eine Strategie für genußvolle Seh- und Hörarbeit mit Film aussehen? So verschieden wie die Filme, so vielfältig müssen auch die Strategien sein. Während z.B. surrealistischen Filmen und ihren Nachfolgern zum guten Teil mit der Suche nach Symbolen beizukommen ist, will Strukturell-Abstraktes auch zeitlich-rhythmisch wahrgenommen werden. Während die Bilder experimenteller Spielfilme die Geschichten im Kopf des Zuschauers konstituieren, hat man in anderen Werken von den Bildgegenständen völlig zu abstrahieren. Für jeden Experimentalfilm, den wir zum ersten Mal sehen, brauchen wir auch eine neue Wahrnehmungsstrategie, wenn die Suche erfolgreich, d.h. lustvoll sein soll. Und auch hier gilt: Der Sinn des Schauens liegt im Schauen, nicht nur im Erkennen. Noch einmal also sollten wir den Blick von dem Geschehen auf der Leinwand ab- und uns selbst zuwenden. Was machen wir mit dem Film? Welche Methode des Sehens verwenden wir? Wonach suchen wir?

3) Die Trägheit des Wahrnehmungsapparates bewirkt eine extreme Illusionsbereitschaft, die Grundlage des Films.

Drei unwillkürlich ablaufende Vorgänge ermöglichen das Filmsehen:
— Die Flimmerverschmelzung, d.h. das Phänomen, daß Lichtblitze von einer bestimmten Frequenz an nicht mehr als getrennte Impulse (Flimmern oder Flackern), sondern als Dauerlicht gesehen werden, bewirkt ein flimmerfreies Kinobild, obwohl der Projektorstrahl 72mal in der Sekunde unterbrochen wird.
— Die Bewegungstäuschung (das Phi-Phänomen) läßt einzelne Phasenbilder einer Bewegung, die nacheinander in einer bestimmten Geschwindigkeit projiziert werden, als kontinuierlich fließenden Bewegungsablauf erscheinen.
— Positive Nachbilder, d.h. die Tatsache, daß jeder Reizeindruck, der die Netzhaut unserer Augen trifft, noch eine kurze Zeit dort verharrt (wie ein Nachhall), nachdem die physikalische Quelle verschwunden ist, führen zu einer Verschmelzung

Gary Beydler:
Pasadena Freeway Stills (USA 1974)

der nacheinander projizierten Bildfelder des Filmstreifens. Die drei Phänomene, denen gemeinsam eine tendenziell verzögerte Verarbeitung der Außenweltreize ist, sind uns im Kino normalerweise nicht bewußt. Die von ihnen bewirkte eigentliche optische Täuschung läßt sich auch bei größter Anstrengung des Zuschauers nicht umgehen, da es sich um rein physiologische, unterschwellige Vorgänge handelt. Zur Illusion von Bewegung auf der Leinwand ist keine Distanzierung möglich. Die neue Qualität des Films als abbildendes Medium besteht in der Schaffung zeitlich dimensionierter Bilder, die erst durch die genutzten Verschmelzungseffekte entstehen.

Während 1:1 aufgenommene Filmsequenzen, die ohne zeitlichen Eingriff reale Vorgänge abbilden, den Bewegungseindruck nachempfinden lassen, machen Experimentalfilme häufig kreativen, d.h. schöpferischen Gebrauch von diesen Effekten. Schnelle Montage bis hin zur Einzelbildaufnahme, Flickerfilme oder auch kopiertechnische Verlängerung einzelner Bewegungsphasen thematisieren einerseits Grundlagen der Filmtechnik und heben sie ins Bewußtsein, andererseits entwickeln sie spielerisch tatsächlich neue Bilder, schaffen zweite Realität. Überzeugend wie kein zweiter Film demonstriert *Pasadena Freeway Stills* von Gary Beydler das Phänomen der Bewegungstäuschung und läßt durch allmähliche Steigerung der Geschwindigkeit von Phasenbildern den Punkt der Verschmelzung und damit den qualitativen Sprung

zum Film spüren.
Die aktive Organisation der dargebotenen Reize kann z.B. in der Konzentration auf einzelne, wiederkehrende Motive bestehen, im planmäßig-spielerischen Verschieben der Aufmerksamkeit von einem Handlungsstrang zum anderen, im Versuch, trotz kurzer Darbietungszeit Gegenständliches zu erkennen, im entgegengesetzten Versuch, dies zu unterlassen und statt dessen die Bilder mehr körperlich eindringen zu lassen, in der Beobachtung der eigenen Augenbewegungen, des Pupillenreflexes bei kurzzeitiger Blendung und in vielen anderen Strategien.

4) Die natürliche Tendenz zur aktiven Organisation nacheinander folgender Bildsequenzen ermöglicht die Schaffung neuer Wirklichkeiten.

Die Welt bewegt sich für uns nicht zufällig. Immer und überall suchen wir nach Zusammenhängen zwischen den uns begegnenden Ereignissen, vor allem nach Ursache-Wirkungs-Beziehungen. Wenn ein Stein an den anderen stößt und der getroffene weiterrollt, sind diese beiden Beobachtungen nicht unabhängig voneinander. Erfahrung und Wissen legen uns eine bestimmte Beziehung zwischen ihnen nahe. Im zeitlichen Nacheinander sehen wir auch eine logische Verbindung. Wir nehmen eine Ursachenzuschreibung vor.
In der Montage besitzt der Film die einzigartige Möglichkeit, mit diesen Interpretationstendenzen zu arbeiten. Er kann Zusammenhänge in der Wahrnehmung des Zuschauers provozieren und damit Beziehungen zwischen Begegnungen, Handlungen und Sequenzen synthetisieren. So wie die Verschmelzung zeitlich benachbarter Einzelbilder zu qualitativ neuen Erlebnissen führt, schafft auf höherem Niveau die Montage ein künstliches Kontinuum miteinander verknüpfter Bildsequenzen. Unter Ausnutzung natürlicher psychischer Mechanismen werden die Grenzen von Raum und Zeit überwunden, wird die Wahrnehmung erweitert. Neben der Erfahrung mit der Kausalität realer Vorgänge hat aber auch die ständige Konfrontation mit Film- und Fernsehbildern Gewohnheiten geschaffen. Es fällt niemandem schwer, z.B. Rückblenden zu erkennen und zu verstehen, obwohl derartige Zeitsprünge in der außerfilmischen Realität nicht vorkommen. Der Filmexperimentator kann nun die Beziehungen zwischen den Montagestücken soweit variieren, bis Interpretationsmodelle, die sich im täglichen Leben oder im konventionellen Film bewahrt haben, nicht mehr greifen. Es gibt kein einfaches Wenn-Dann mehr, keine nachvollziehbare Zeitstruktur.
Ein anderer experimenteller Weg besteht darin, Filmlogik und Alltagslogik in Widerspruch zu bringen. Gewohnte Montagebeziehungen schaffen „unglaubwürdige" Wirklichkeitsverknüpfungen. Ein Mann springt aus dem Fenster eines Mietshauses,

Schnitt, er landet in einem Swimmingpool. Mit solchen, meistens Heiterkeit und Verblüffung auslösenden Tricks arbeiten z.B. Filme von R.S. Wolkenstein. Sein *Tattoo Suite* verknüpft kleine Ereignisse einer Stadt (montiert aus Berlin und Stuttgart) und persifliert die konventionelle Montage, indem er sie genial verwendet. Eine Stahltür fällt laut ins Schloß, auf die das Bild ausfüllende Metallfläche wird ein Spiegelei geschlagen, das zu braten anfängt. Ein anderes Beispiel, in diesem Falle für die Montage künstlicher Persönlichkeiten, ist *Flieger dürfen keine Angst haben* von Rotraut Pape. Ihr Protagonist ist zusammengesetzt aus vielen Darstellern, die ohne Zeitverlust Kontinente überspringen.

Für die Zuschauerarbeit stellt sich die Aufgabe, Bezüge zu entdecken. Fast automatisch ablaufende Interpretationen von Raum-, Zeit- und Kausalitätsbeziehungen sind selbstkritisch zu überprüfen. In der Sprache des experimentellen Films ist eine Logik zu finden, die neben der Alltags- und eingespielten Kinologik existiert.

5) Durch die raumschaffende Interpretation aller Bilder entsteht die schöpferische Geographie des Films.

So wie der Bewegungseindruck sich unwillkürlich einstellt, drängt sich schon bei Fotografien die räumliche Interpretation auf. Das zweidimensionale Leinwandbild verhindert zwar das Arbeiten der drei primären Mechanismen der optischen Raumwahrnehmung; die Variation des Konvergenzwinkels der beiden optischen Achsen, die Scharfeinstellung der Augenlinse und die geringe Unterschiedlichkeit der beiden Netzhautbilder (Stereo-Sehen), aber es bleiben fast alle psychischen, großenteils gelernten Mechanismen der räumlichen Orientierung wirksam. Einige davon seien kurz genannt:

Die Linear- oder Zentralperspektive, d.h. das scheinbare Zusammenlaufen paralleler Linien und Konturen mit zunehmender Raumtiefe, gibt uns eine grobe Orientierung über den räumlichen Rahmen eines Bildes.

Die Höhenlage eines Objekts im Sehfeld wird gewohnheitsmäßig als Hinweis auf seine Entfernung verarbeitet. Im Gesichtsfeld tiefer gelegene Dinge sind uns aus Erfahrung näher.

Da uns die ungefähre Größe vieler Objekte bekannt ist, können wir aus ihren Größenverhältnissen die relative Entfernung schätzen. Strukturen, Texturen, Muster werden mit zunehmender Entfernung dichter.

„Luftperspektive" bezeichnet das Phänomen, daß bei sehr großen Entfernungen Kontrast und Farbigkeit der Gegenstände gedämpft werden, bewirkt durch die dazwischenliegenden Luftmassen.

Aus dem Umriß und den Binnenformen eines Gegenstandes schließen wir auf seine Lage im Raum, wenn uns seine Gesamtform und seine Ausdehnung bekannt sind.

Zbigniew Rybczynski: *Tango* (Polen 1981)

Die Verdeckung gibt uns Auskunft über die Tiefenstaffelung der Dinge im Raum. Hinzu kommt erfahrungsgebundenes Wissen über Helligkeitsverteilungen, Schattenwurf, Struktursprünge bei Konturen usw. Während die genannten Phänomene schon bei der Wahrnehmung von Fotos, Zeichnungen usw. wirksam werden, führt das bewegte Bild als zusätzliche Information die Veränderung aller Raummerkmale durch Bewegung ein, sei es Bewegung im Bild oder Bewegung der Kamera. Man kann von Bewegungsperspektive (z.B. Formveränderung eines Gegenstandes bei Drehung) und Fahrtperspektive (z.B. Blick aus dem Zugfenster) sprechen. Angesichts dieser Vielzahl gut funktionierender Analysemethoden im Wahrnehmungsapparat, die uns eindeutige Raumorientierung und -illusion ermöglichen, erscheinen Versuche, z.B. ein 3-D-Kino zu etablieren, recht überflüssig.
Im Zusammenwirken mit der Montage erschließt sich für den innovativen Film unter dem Stichwort Raum ein weites Experimentierfeld. Gewohnte Raumverhältnisse können ad absurdum geführt werden wie bei Zbigniew Rybczynskis *Tango*, bei dem sich das abgebildete Zimmer mit mehr und mehr Personen füllt, die rein logisch keinen Platz darin fänden. Aber die Bewegungs- und Verdeckungsperspektive zwingt dem Betrachter eine immer tiefere Staffelung der Figuren auf. Auch *Spacy* von Takashi Itoh arbeitet mit der extremen Steigerung eines räumlichen Effekts, in diesem

Takashi Itoh:
Spacy (Japan 1981)

Falle der Fahrt- und Zentralperspektive. Das Gefühl unendlicher Tiefe entsteht hier durch fortgesetzte Montage von rasanten Fahrten auf Fotos einer Turnhalle zu, die selbst wiederum den Beginn einer neuen Fahrt darstellen. Dem geradezu saugenden Effekt kann man sich nicht entziehen.

Es gilt also, auch unter dem räumlichen Aspekt die Filmerlebnisse zu analysieren. In welcher Entfernung zum Abgebildeten befinden wir uns? Aus welchen Merkmalen erschließen wir diese scheinbare Distanz? Wie sind die Gegenstände im imaginären Raum angeordnet? Welche Größenverhältnisse zwischen den Objekten herrschen im Bild? Verändert sich unsere Orientierung im vorgestellten Raum während des Films? Durch welche zusätzlichen Informationen, wird das bewirkt?

6) Film bedient sich der alltäglichen Farbtäuschung und schafft dadurch unwiderlegbare Farbwelten.

Unsere Empfindungen von Farben entstehen durch Umwandlung der Wellenlängen des Lichts in differenzierte Nervenimpulse. „Farbe" ist keine physikalische Eigenschaft der Gegenstände, sondern nur unsere Bezeichnung für wahrnehmbare Unterschiede zwischen den Wellenlängen. Neutrales, d.h. gemischtes, aber „weiß" erscheinendes Licht wird von den Oberflächen der Dinge

je nach Materialbeschaffenheit durchgelassen, gebrochen oder reflektiert, wobei bestimmte Anteile des Lichts absorbiert werden. Was unser Auge trifft, ist dann ein gefilterter Teilbereich des ursprünglichen Spektrums. Der entstehende Eindruck wird als „Objektfarbe" dem Gegenstand zugeschrieben. Wie relativ dieser subjektive Farbbegriff ist, können z.B. Experimente mit gefiltertem Licht demonstrieren. Dennoch ist es nicht möglich, sich dem Farbeindruck zu entziehen. Zu seiner Entstehung ist nichts anderes erforderlich, als nach Wellenlängen differenziertes Licht, so wie es z.B. der Projektionsstrahl enthält, der, von der Leinwand reflektiert, unser Auge erreicht. Bewegung wird durch Film synthetisiert, Farbe erscheint durch sich selbst. Räumliche Wirkungen von Filmbildern kann der Zuschauer bei gehöriger Anstrengung noch uminterpretieren, d.h. sich zu anderer Sicht zwingen. Dem Farbeindruck ist er ausgeliefert, weil dieser physiologisch, zum großen Teil ohne überlagernde gelernte Interpretation entsteht. Anpassungen des Gesamtspektrums an leichte Verschiebungen des Umgebungslichtes erfolgen unwillkürlich. Schreibmaschinenpapier erscheint uns bei Sonnenlicht wie bei Kerzenlicht weiß, obwohl die von ihm reflektierten Spektren sich physikalisch deutlich unterscheiden. Größere Abweichungen von der gewohnten Farbkonstanz (der „Gedächtnisfarbe" der Gegenstände), falsche Farben, kann der Verstand anzweifeln, allein die wahrnehmende Empfindung ist dadurch nicht zu korrigieren.
Der Weg des Filmexperiments ist damit ableitbar. Das Streben nach naturgetreuen Farben ist nach dem bisher Gesagten erstens logisch falsch und zweitens technisch fast unmöglich. Jeder Film erfordert Farbregie und Inszenierung, um zumindest einen der Realitätserfahrung ähnlichen Eindruck zu erwecken. Aber warum dabei stehenbleiben? Eingriffe in die Farbwirkungen sind technisch auf vielerlei Arten möglich: Die Oberflächenfarbe der Gegenstände, Lichtfarben, Filmmaterial, Filter, Entwicklungs- und Kopierverfahren und schließlich die Projektion selbst (Filter, farbige Projektionsflächen usw.) bieten Variationen an. Die Drei-Farben-Trennung, wie sie z.B. in *Dom* von Bernd Upnmoor oder in Filmen von Arthur und Corinne Cantrill praktiziert wird, kombiniert zudem Farbveränderungen mit Zeitsprüngen, was zu sehr komplexen Abläufen im Bild führt, aus dem der technische Herstellungsprozeß nicht mehr ohne weiteres erkennbar ist.

7) Film ist Realitätsfabrik.

Der naturähnlichen Wiedergabe bzw. illusionistischen Schaffung der Dimensionen Bewegung, Raum, Farbe und Kausalität steht die Flüchtigkeit des abbildenden Mediums gegenüber. Im Gegensatz zur Fotografie z.B. ist das Material, das die Wahrnehmungen hervorruft, selbst nicht greifbar (zu den Ausnahmen siehe 10.

Bernd Upnmoor:
Dom (BRD 1980)

These). Die fiktive Filmwelt ist wie durch eine unsichtbare, aber undurchdringliche Wand von der realen Welt des Kinosaals getrennt. Nur Erscheinungen werden uns geboten, die Fiktion wird nicht hergestellt oder nachgeahmt (wie z.B. im Theater), sondern evoziert. Letztlich existiert sie nur in unserem Kopf, daher auch individuell verschieden. Über die Tatsache, daß wir Filme sehen und nicht der außerfilmischen Realität beiwohnen, informiert uns nur der Kontext: Wir wissen uns im Kino. Wie leicht dieses Wissen abzustreifen ist, hat jeder schon erlebt. Die psychische Bereitschaft, Film im Moment seiner Projektion als Realität aufzunehmen, ist außerordentlich hoch. Filmisch dargebotenen Informationen wird eine große Glaubwürdigkeit zugeschrieben. Man kann schließlich „alles mit eigenen Augen sehen". Der medientheoretisch längst überholte Begriff der „Objektivität" von Dokumentaraufnahmen hat eine tiefe psychologische Wurzel. Obwohl für ein Filmkunstwerk kaum von Belang, geben Ankündigungen immer wieder Hinweise auf die „frei erfundene Handlung" oder eben eine zugrundeliegende „wahre Begebenheit". An Filme erinnert man sich teilweise wie an eigene Erlebnisse, Träume oder an erzählte Geschichten. Ohne den Kontext ist den Bewußtseinsinhalten nicht ihre Quelle anzumerken. Wir „wissen" es nur in den allermeisten Fällen, als ob die Erinnerungen Etiketten trügen. Weiterhin ist Film in der Lage, alle möglichen Emotionen auszulösen und Stimmungen zu beeinflussen, wohl mehr als alle anderen Medien.

8) Film versucht der Realitätserfahrung möglichst nahezukommen, indem die Reizsituation konzentriert wird.

Je weniger Reize aus dem Kontext Kino das Bewußtsein des Zuschauers erreichen, desto wirklicher und eindrucksvoller ist das Filmerlebnis. Visuelle Ablenkungen aus dem Kinosaal sollen ausgeschlossen werden, angestrebt sind völlige Verdunklung und ungehinderte Sicht auf die möglichst große Leinwand. Die Materialqualitäten des Films und der Projektion sollen zurücktreten, die Kopie soll staubfrei und ohne Kratzer sein und scharf projiziert werden. Als Geräusche sind nur diejenigen der Tonspur zugelassen, weder der Projektor, noch die Straße vor dem Kino, noch die Nachbarn im Saal sollen hörbar sein. Bequeme Sessel sollen auch den eigenen Körper vergessen machen. Der psychologische Hintergrund dieses technischen Perfektionismus, der ernsthaften Kinobetreibern, Filmemachern und Zuschauern gemeinsam ist, besteht in dem Wunsch, sämtliche anderen Reizquellen außerhalb des gestalteten Films auszuschalten, um somit eine Illusionskraft zu erhöhen. Augen, Ohren und Gehirn soll ein direkter, ungefilterter, möglichst ausschließlicher Strom von Bildern und Klängen zufließen.
Je mehr unkontrollierte Störreize auftreten (z.B. beim Fernsehen im Vergleich zum Kino), desto mehr Abstraktionsarbeit und Konzentration hat der Zuschauer selbst aufzubringen, um das Nebensächliche auszufiltern. Die Gefahr besteht, daß hierbei der Filmablauf selbst reduziert wird zu verbal mitteilbaren Aussagen. Es kommt nurmehr darauf an, den Fortgang der Geschichte zu verstehen – und tatsächlich reicht dies bei vielen filmischen Massenprodukten. Experimentelle Filme dagegen entfalten sich in der Regel erst dann, wenn die von ihnen für eine bestimmte Zeit synthetisierte Welt vollständig, intensiv und konzentriert wahrgenommen wird, vergleichbar einem Gemälde oder einem Musikstück.

Man sollte deshalb selbst – im Sinne der aktiven Zuschauerarbeit – mitwirken, um die Reizsituation zu optimieren. Ausreichend Zeit ist erforderlich, um auch den ganzen Film zu sehen. Mehrfaches Anschauen bringt fast immer ein Mehr an Erlebnissen. Man sorge selbst für gute Sicht und gute Akustik durch entsprechende Wahl des Sitzplatzes. Die innere Bereitschaft, sich auf den Bild- und Klangraum einzulassen, muß gegeben sein.

9) Film versucht der Realitätserfahrung möglichst nahezukommen, indem die kontrollierten Reizdimensionen ausgeweitet werden.

Jeder Wahrnehmungsvorgang verläuft, wenn auch teilweise unterschwellig, auf mehreren Kanälen. Am Biß in einen Apfel sind die Augen, das Gehör, der Geruchs- und der Geschmackssinn, die Hautsinne und die Empfindung der eigenen Muskelarbeit beteiligt. Die verschiedenartigen Wahrnehmungen werden zu einem Gesamteindruck integriert. Dieser Mehrdimensionalität der Wahrnehmung haben Theater, Musik, bildende Kunst und auch der Film seit langem versucht, durch entsprechende Angebote nahezukommen. Dabei mußten sie zwangsläufig die ihnen vom traditionellen Kulturbetrieb gesetzten medialen Grenzen überschreiten.
Der darin erkennbare Hang zum Gesamtkunstwerk ist, wahrnehmungspsychologisch gesehen, nichts anderes als die Tendenz zur völligen Erfassung der Persönlichkeit durch kontrollierte, d.h. gestaltete Reizkonstellationen auf allen Sinneskanälen. In der Filmtechnik sind unter diesem Aspekt die Entwicklung des Tonfilms, der Farbe, der Breitwandsysteme bis zum 360°-Rundumkino, des 3-D-Films, des Mehrkanaltons usw. bis hin zur „Riechkarte" von John Waters zu sehen.
Das Experiment in unserem Sinne setzt bei der Expansion in weitere Wahrnehmungsbereiche ein: dem expanded cinema, den Eingriffen in die Kinoprojektion unter der Einbeziehung des ganzen Raumes. Filmenvironments und -performances, Film-Malaktionen der „Notorischen Reflexe", Wilhelm und Birgit Heins multimediale Show *Superman and Wonderwoman*, die Film-Erzählungen Birger Bustorffs (mit Musikbegleitung und Originalgeräuschen) und viele andere aktuelle Events sprengen nicht nur die kategorialen Begriffe der Kunst- und Filmkritik, sondern sind Erweiterungen der Wahrnehmung, mediale Expansion bis hin zur körperlichen Einbeziehung des Zuschauers. Pudovkins frühe Erkenntnis, daß die Lehren des Films sich an den ganzen Körper wenden, findet in diesen Tendenzen unerwartete Bestätigung.
Die Aufgaben für den Zuschauer werden dementsprechend komplizierter, Beziehungen zwischen Ereignissen auf allen Kanälen sind zu entdecken, Gesehenes ist mit Gehörtem, Gerochenes mit Gefühltem zu verbinden. Die Gefahr der Überschätzung des Zu-

W+B Hein:
Superman+Wonderwoman
(BRD 1980)

fälligen, Ungeplanten, nur scheinbar Gestalteten ist groß, auch manche euphorischen Kritiker sind ihr schon erlegen. ,,Kino für den Bauch" und ,,neue Sensibilität" sind immer noch zu definieren.

10) Indem der Film sein Material wiederentdeckt, wird er zur bildenden Kunst.

Die zuletzt diskutierte Vermischung der Medien, gekennzeichnet als mehrkanalige Wahrnehmungserweiterung, arbeitet gleichzeitig dem Realitätseindruck des Films entgegen. Mit der Theatralisierung der Filmaufführung kommt plötzlich die überwunden geglaubte Materialität des Mediums wieder ins Spiel. Darsteller aus

Fleisch und Blut, Objekte, Musikinstrumente usw. sind wieder greifbar, verweisen auf das Hier und Jetzt des Ereignisses und untergraben somit die dem Kino eigene Illusionstendenz. Der Schaffens- und Herstellungsprozeß wird live erlebt und nicht mehr hinter perfekter Technik versteckt. Film als Kunst – durchaus im Sinne von „künstlich" – erscheint im Blick, und hier trifft sich die multimediale Filmperformance mit der schon älteren Richtung im Experimentalfilm, die das Materielle des Films und die Projektion selbst zum Thema gemacht hat, mit dem Materialfilm und dem handbearbeiteten Film (z.B. Brakhage und Hein).

So stehen wir am Ende der Betrachtung vor einem fruchtbaren Paradoxon. Der experimentelle Film hat sich sämtlicher Wahrnehmungsmechanismen bedient, die das Kinoerlebnis möglich machen, und wird dies weiter tun. Mit ihrer Hilfe hat er ein Universum künstlicher Realität eröffnet, das weit über jenes des konventionellen Spielfilms hinausreicht und in dem man sich verlieren kann. Je konsequenter er aber diesen Weg beschreitet, desto bewußter kann dem Zuschauer sein Kunst-Charakter werden. Experimentalfilm ist bildende Kunst im eigentlichen Wortsinn. Sein Schicksal als Teil der mißverstandenen Abbildungstechnik „Film" besteht darin, daß er mit der Realität verwechselt, verglichen und gemessen wird. Seine eigene Sprache aber ermöglicht und erfordert den analytischen Verstand ebenso wie die Ergebenheit ins Erlebnis, die konzentrierte Beobachtung ebenso wie die Offenheit gegenüber ungewohnter Emotion. Die Vorführung wird erst zur Wahr-Nehmung, wenn Erkenntnis und Genuß einander abwechseln, durchdringen und gegenseitig befördern.

Chuck Kleinhans
Eine Fallstudie zum Selbstmord

In der Zeit nach dem 2. Weltkrieg entwickelte sich eine interessierte Anhängerschaft für den unabhängigen Film in den U.S.A. Besonders in Manhattan, aber auch verstreut in den verschiedenen Städten überall in Nordamerika ging dieses Publikum in ausländische Spielfilme, die in Kunsthallen oder Filmclubkreisen gezeigt wurden. Es gab ein Publikum, das sich für die internationale, geschichtliche Entwicklung von Filmkunst interessierte, und es befaßte sich mit der Vielfalt von neuen Formen, die ästhetische Innovationen ausdrückten. Dieses Publikum ging in Filme, die oft soziale Auflehnung und sexuelle Nonkonformität zum Thema hatten. Man sah dramatische Features, Dokumentarfilme über widersprüchliche Themen und Filme mit poetischem, persönlichem Ausdruck als Teil einer allgemeinen Filmkultur, die in verschiedener Art und Weise in Amerika und im Ausland den politischen und kulturellen „Kalten Krieg" in Frage stellten. Ins Kino zu gehen war eine Hauptbeschäftigung der Beats in den 50er und der Gegenkultur in den 60er Jahren.

In den späten 60er Jahren und Anfang der 70er Jahre wurde eine klare Wende sichtbar. Gesetzesänderungen erlaubten eine Entwicklung für das kommerzielle und öffentlich sichtbare Pornokino. Jetzt waren Bilder, die ausschließlich Sexualität darstellten, nicht mehr gesetzeswidrig, „Hinter der Theke"-Artikel oder Untergrunderfahrungen der Bohème. Ein beachtlicher Teil von Abenteuer und von dem Reiz des Unerlaubten verflüchtigte sich vom unabhängigen Film. Eine radikale soziale und politische Bewegung wuchs und befaßte sich mit Thematiken wie dem Vietnam Krieg, der Black-civil-rights-Powerbewegung, der politischen Bewegung der Minderheiten, Erziehung, Gesundheit und anderer sozialer Belange, und neueren Richtungen wie Ökologie, Feminismus, der Schwulen- und Lesbenbewegung. Das sozial bewußte Publikum des unabhängigen Films entwickelte ein größeres Interesse für praktische und direkte politische Arbeit und einen zunehmend mehr konventionellen Standpunkt für den Dokumentarfilm.

Gerald Kargl:
Das vertraute Objekt
(Österreich 1981)

András Mész:
Ein Purpursegel in weiter Ferne
(Ungarn 1979)

Zur gleichen Zeit wurde der Avantgarde-Film formell in Kunstgalerien, Museen und Kunsthochschulen institutionalisiert. Diese Veränderung wurde verstärkt durch eine Umgestaltung in der Kunstwelt, die neue Gebiete zu kolonialisieren suchte und durch die Etablierung von Medienkunst als Teil der NEA (National Endowment of the Art), welche den Einfluß der Regierung in der Kunst begünstigt. Die strukturalistische – minimalistische Kunstrichtung diente am besten einer formell konstituierten Kunstwelt, wodurch Künstler und Kritiker gerade diese Kunstrichtung ausbauten.
Der Avantgarde-Film hatte bei Aufnahme in die Kunstwelt einige klare Nachteile. Es gab keine brauchbare Möglichkeit zum Kauf und Verkauf von Filmen. Deshalb konnte der Film auch nicht Einkünfte durch hohe Spekulationen erreichen, wie es bei der Malerei oder Skulptur der Fall ist. Im Gegensatz zum experimentellen Tanz, Theater, Musik oder Performance hatte der Avantgarde-Film zu selten ein Stammpublikum, um Mehrfachvorführungen oder regelmäßige Wochenprogramme anzubieten. Nur eine solche Kontinuität baut mit Hilfe von journalistischer Unterstützung langsam eine Anhängerschaft auf, wenigstens für einige Arbeiten, die die Zuschauer/innen anzieht. Experimentalfilmemacher dagegen verachteten regelrecht journalistische Filmkritik anstatt die Wichtigkeit der Presse anzuerkennen, die einen internen Dialog der Filmer öffentlich machen könnte, damit potentiell Interessierte erreicht werden. „Film Culture" zum Beispiel war ein lebendiges Forum während der 60er Jahre. Die gleiche Zeitschrift beschränkte sich in den 70er Jahren auf Publikationen von alten Korrespondenzen der Filmer, die das New American Cinema gegründet hatten. Letzten Endes in den 80er Jahren veröffentlichte „Film Culture" die Schriften der Maya Deren aus ihrer Kindheit und Pubertät. Es war die pure Lebensbeschreibung einer Heiligen. Zu einer Politik des Präsidenten Ronald Reagen paßt natürlich „Konservierung" besser als „Innovation".
Indem die Filmemacher des unabhängigen Films sich an der Ideologie und Praxis der Suche nach Ausdruck ihrer Individualität und ihrer persönlichen kreativen Genialität festhielten, beschäftigten sie sich ausschließlich mit der Produktion, der Herstellung der Arbeiten. Sie blieben damit getrennt von den Institutionen, die ein Publikum durch Vertrieb und Vorführung schufen. Dies führte dazu, daß die Institutionen personell inkompetent besetzt waren. (Natürlich gab es auch sehr kompetente Leute an solchen Institutionen, aber dies ist hier nicht der Punkt). Kaum jemand bemerkte, daß einer der wichtigsten Verleihe, nämlich die in New York befindliche „Film-Maker's Coop", ein Jahrzehnt lang nicht seinen Katalog mit Filmbeschreibungen erweiterte und seit 1976 sogar keine neuen Filmtitellisten verbreitete. (Obwohl dies den glücklichen Langzeiteffekt hatte, daß damit das Monopol von Manhattan zu Gunsten der „Canyon Cinema Group" von der Westküste geschmälert wurde.)

Der Ethos der Kunstgalerien diktierte als einzig richtige Präsentationsform die Vorführung von Filmen einer einzelnen Person in deren Anwesenheit mit anschließender Diskussion. Egal wie unartikuliert, feindselig, egozentrisch, verträumt oder dumm ein Künstler war, er galt immer noch als die beste Person für die Leitung der Diskussion nach der Vorführung seiner Filme. Viele sich selbst respektierende Zuschauer erkannten den Fehler dieser Praxis und kamen nicht wieder ins Kino zurück.

Sogar bei dem „Anthology Film Archive", das sich Retrospektiven und Gruppenvorführungen zum Ziel gesetzt hatte, war das Hauptprinzip, die Isolation der Künstler und Zuschauerschaft zu unterstützen, bis hin zu dem Punkt, als das „Anthology Film Archive" das berüchtigte „Invisible Cinema" praktizierte. Dieses trennte die Zuschauer voneinander, um ihnen eine individuelle Filmerfahrung zu ermöglichen. Letztendlich stellte das „Anthology Film Archive" seine Filmvorführungen vollständig ein und definierte sich zur Avantgarde-Film Institution ohne Publikum. Leuten, die etwas anderes erwarteten, wurde klar erklärt, sie sollten woanders hingehen.

Und sie taten dies. Das Publikum des Avantgarde-Films stimmte mit den Füßen ab. Dadurch war das Avantgarde Cinema in eine kleine Ecke der Kunstwelt abgeschoben. Die Kunstwelt wartete noch ein wenig und interessierte sich bald wieder mehr für Malerei und Skulptur oder für Modetrends, wie ein paar gut verpackte Filmliebhabereien, die mit den Ideen und Persönlichkeiten der Kunstwelt selbst durchtränkt waren. Ein Beispiel dafür sind die Neuen Narrativen der späten 70er und frühen 80er Jahre. Die Szene wurde typischerweise von neurotischen, egoistischen, weißen Männern dominiert. Viele kreative Frauen und Minderheiten suchten sich woanders den Raum für Entfaltung und Publikum.

Indem sich der Avantgarde-Film von aktiven sozialen und politischen Bewegungen distanzierte, reduzierte er sich ausschließlich auf seinen eigenen Interessensbereich. „Das Ziel der Filmkunst ist die Erforschung der Eigenart der Filmkunst selbst", argumentierten Filmemacher wie Hollis Frampton. Dieses Interesse für den reinen Formalismus war ungeeignet für die jüngere Generation, die mit dem Fernseher groß geworden ist. Die jüngere Generation hatte keine Probleme, eine Mischung von Unterhaltung und Information, wie es das TV anbietet, zu akzeptieren und die Flimmerkiste als legitimes Medium anzuerkennen. Dagegen lehnten fast alle älteren Filmemacher Video vollständig ab.

In den 60er Jahren benutzten Bruce Conner und Kenneth Anger in ihren experimentellen Arbeiten Popmusik als Tonspur für gefundenes Bildmaterial und dessen innovativer Montage. Die heutigen Musikvideos benutzen die gleichen Techniken anerkanntermaßen mit dem Ziel, Stars oder berühmte Persönlichkeiten mit teuren und teuersten Produktionswerten zu verherrlichen.

Bedeutet dies, daß die Avantgarde gewonnen oder verloren hat? Beides. – Sie gewann ein Akzeptieren mancher Filmstile von der führenden Durchschnittskultur und ein formell geschultes Publikum der MTV-Dauerzuschauer. Aber die Filmpuritaner können nur die negative Seite sehen. Für sie muß Filmkunst im Tempel geheiligt werden und darf nicht in der Vielschichtigkeit von Video ausgelebt werden. Um sein eigenes Territorium zu schützen und aus persönlicher und professioneller Eifersucht, kombiniert mit dem intensiven Wettkampf um die wenigen Einkommensmöglichkeiten, hat sich der Film von seinem offensichtlichen Alliierten getrennt, mit dem er gemeinsam für ein besseres Klima für die Kunst der bewegten Bilder und Töne hätte kämpfen können.

Eine Fallstudie zum Selbstmord!

(Veröffentlicht in „Spiral" Nr. 9, Pasadena 1986. Nachdruck mit freundlicher Genehmigung des Verfassers. Übersetzung Marille Hahne)

Paul Winkler:
Bondi (Australien 1979)

Taka Iimura:
Talking Picture – The Struggle of Film Viewing (Japan 1981)

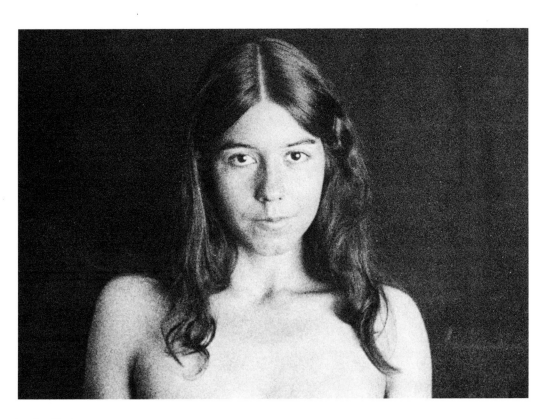

Bastian Clevé:
Alice Down Wonderland (BRD 1973)

Drehpause bei *Exit Sunset Boulevard* von Bastian Clevé (BRD 1980). Von links: Bastian Clevé, Marlies Clevé, Alf Olbrisch

Walter Schobert/Ingo Petzke
Bibliographie — eine Auswahl

American Federation of Arts (Hrsg.):
New American Filmmakers. Selections from the Whitney Museum of American Art Film Program. New York 1976

Andrew, Dudley:
Film in the Aura of Art. Princeton 1984

Artforum. Volume X, Nr. 1. New York 1971

Artforum. Volume XI, Nr. 5. New York 1973

Artforum. Volume XII, Nr. 9. New York 1974

Arts Council of Great Britain and The British Council (Hrsg.):
A Perspective on English Avant-Garde Film. Twickenham 1978

Battcock, Gregory (Hrsg.):
The New American Cinema. New York 1967

Bódy, Veruschka (Hrsg.):
Infermental 1980 −86. Köln 1986

Bódy, Veruschka, Peter Weibel (Hrsg.):
Clip, Klapp, Bum − Von der visuellen Musik zum Musikvideo. Köln 1987

Brakhage, Stan:
Film Biographies. Berkeley 1979^2

Broughton, James:
Seeing the Light. San Francisco 1977

Bürger, Peter:
Theorie der Avantgarde. Frankfurt 1974

Canyon Cinema Co operative (Hrsg.):
Catalog 3 (1972)
4 (1976)
5 (1981). San Francisco

Centre Expérimental de la Cinématographie (Hrsg.):
Exprmntl. 5. Fifth International Experimental Film Competition.
Brüssel 1974

Cinémathèque Royale Belgique (Hrsg.):
Exprmntl. Troisième competition internationale du film expérimental. Brüssel 1963

Cinémathèque Royale Belgique (Hrsg.):
Exprmntl. 4. Quatrième competition internationale du film expérimental. Brüssel 1967

Cine Pro (Hrsg.):
Verleihkatalog. Osnabrück 1979

Cine Pro (Hrsg.):
Supplementkatalog I. Osnabrück 1983

Curtis, David:
Experimental Cinema. A fifty year evolution. London 1971

de Miro, Ester:
Il Gergo Inquieto. Modi del cinema sperimentale europeo. Genua 1979

Deocampo, Nick:
Short Film – Emergence of a New Philippine Cinema. Manila 1985

Deren, Maya: Poetik des Films. Berlin 1984

Dom kulture „Studentski grad" (Hrsg.):
Alternative Film–Video 1986. Belgrad 1986

Dwoskin, Stephen:
Film Is – The International Free Cinema. London 1975

Ehrenstein, David:
Film – The Front Line 1984. Denver 1984

Experimentalfilm-Workshop (Hrsg.):
Osnabrücker Experimentalfilm Workshop. Bericht 83. Osnabrück 1983

Experimentalfilm-Workshop (Hrsg.):
Osnabrücker Experimentalfilm Workshop. Bericht 84. Osnabrück 1984

Experimentalfilm-Workshop (Hrsg.):
5. Internationaler Experimentalfilm Workshop Osnabrück. Osnabrück 1985

Experimentalfilm-Workshop (Hrsg.):
6. Internationaler Experimentalfilm Workshop Osnabrück. Osnabrück 1986

Fachbereich 7 Uni Osnabrück (Hrsg.):
Osnabrücker Experimentalfilm Workshop. Bericht 1981. Osnabrück 1981

Fachbereich 7 Uni Osnabrück (Hrsg.):
Osnabrücker Experimentalfilm Workshop. Bericht 1982. Osnabrück 1982

Film-Maker's Cooperative (Hrsg.):
Catalogue No. 6. New York 1975

Filmmakers Co-Operatives (Hrsg.):
Catalogue of Independent Film 1975/6. Melbourne o.J.

Fischinger. A Retrospective of Paintings and Films by Oskar Fischinger 1900–1967. Denver o.J.

Freunde der Deutschen Kinemathek (Hrsg.):
Verleihkatalog. Berlin 1987

Friedman, Mildred (Hrsg.):
Design Quaterly 93. Minneapolis 1974

Galeta, Ivan Ladislav:
Pirâmïdas 1972–1984. Zagreb 1985

Gidal, Peter (Hrsg.):
Structural Film Anthology. London 1976

Goethe-Institut (Hrsg.):
German Experimental Films. From the Beginnings to 1970. München 1981

Goethe-Institut (Hrsg.):
The German Experimental Films of the Seventies. München 1980

Goethe-Institut (Hrsg.):
German Experimental Films 1980–84.
München 1984

Goethe-Institut (Hrsg.):
Werner Nekes. München 1985

Goethe-Institut (Hrsg.):
Voglia Di Cinema – Oltre Il Futurismo. Mailand 1986

Goodell, Gregory: Independent Feature Film Production. New York 1982

Gramann, Karola; Gertrud Koch; Heide Schlüpmann (Hrsg.):
Frauen und Film, Heft 37: Avantgarde und Experiment.
Frankfurt 1984

Gurtrug Film (Hrsg.):
Werner Nekes Filme. Mülheim/Ruhr 1985

Haller, Robert A. (Hrsg.):
Brakhage Scrapbook. Stan Brakhage Collected Writings 1964–1980. New York 1982

Harcourt, Amanda, Neil Howlett, Sally Davies, Naomi Moskovic: The Independent Producer: Film and Television.
London 1986

Hayward Gallery, Arts Council of Great Britain (Hrsg.):
Film as Film. Formal Experiment in Film 1910–1975. London o.J.

HBK Braunschweig (Hrsg.):
HBK Filmarchiv. Braunschweig 1985

Hein, Birgit:
Film im Underground. Frankfurt, Berlin, Wien 1971

Hein, Birgit; Wulf Herzogenrath (Hrsg.):
Film als Film. 1910 bis heute. Stuttgart o.J.

Hein, Wilhelm & Birgit; Christian Michelis; Rolf Wiest (Hrsg.):
XSCREEN – Materialien über den Underground-Film. Köln 1971

Hundertmark, Gisela; Saul Louis (Hrsg.):
Förderung essen Filme auf... München 1984

Imbach, Thomas; Christoph Settele; Gurtrug Film (Hrsg.):
Werner Nekes Retrospektive. o. Ort (Schweiz) 1986

Koch, Stephen: Stargazer. Andy Warhol's World in his Films.
New York, Washington 1973

Kölnischer Kunstverein (Hrsg.):
Birgit und Wilhelm Hein. 8 in Köln. Köln 1983

Kötz, Michael:
Der Traum, die Sehnsucht und das Kino. Frankfurt 1986

Kuenstler, Frank:
Lens. New York 1964

Kunstmuseum Luzern, Rheinisches Landesmuseum Bonn, Städt.
Galerie am Lenbachhaus München (Hrsg.):
Michael Snow. Luzern 1979

Lawder, Standish D.:
The Cubist Cinema. New York 1975

Le Grice, Malcolm:
Abstract Film and Beyond. London, Sydney, Auckland, Toronto, Johannesburg, New York 1977

Lindemann, Bernhard:
Experimentalfilm als Metafilm. Hildesheim, New York 1977

Lipton, Lenny:
Independent Filmmaking. San Francisco 1972/London 1974

Lipton, Lenny:
Lipton on Filmmaking. New York 1979

London Filmmakers Co-operative (Hrsg.):
Verleihkatalog. London o.J.

Manvell, Roger (Hrsg.):
Experiment in the Film. London 1949

Markopoulos, Gregory J.:
Quest For Serenity. Journal of a Film-Maker. New York o.J.

Mekas, Jonas:
Movie Journal. The Rise of the New American Cinema
1959–1971. New York 1972

Michelson, Annette (Hrsg.):
New Forms in Film. Montreux 1974

Mitry, Jean:
Le cinéma expérimental. Histoire et perspectives. Mailand 1971

Moderna Museet (Hrsg.):
The Pleasure Dome. Amerikansk Experimentalfilm 1939–1979.
Stockholm 1980

Peterson, Sidney:
The Dark Side of the Screen. New York 1980

Petzke, Ingo:
50 Jahre Experimentalfilm. Oberhausen 1977

Petzke, Ingo; Reinhard Oselies:
Werner Nekes Dokumentation. Bochum 1973

Popa, Dorin:
Kurbel-Brevier. Handbuch für die Film- und Videoarbeit.
Frankfurt 1985

Renan, Sheldon:
The Underground Film. An introduction to its development in
America. London 1971

Richter, Hans:
Filmgegner von heute – Filmfreunde von morgen. Berlin
1929/1968

Rosenbaum, Jonathan:
Film. The Front Line 1983. Denver 1983

Russett, Robert; Cecile Starr:
Experimental Animation. An Illustrated Anthology. New York,
Cincinnati, Toronto, London, Melbourne 1976

Sausmikat, Ralf:
Der Osnabrücker Experimentalfilm Workshop oder Beschreibung
eines Versuchs konstruktiver Filmarbeit. Magisterarbeit an der
Universität Osnabrück. Osnabrück o.J.

Scheugl, Hans; Ernst Schmidt jr:
Eine Subgeschichte des Films. Lexikon des Avantgarde-, Experimental- und Undergroundfilms. Frankfurt 1974

Schlemmer, Gottfried (Hrsg.):
Avantgardistischer Film 1951–1971. Theorie. München 1973

Schmidt jr., Ernst:
Österreichischer Avantgarde- und Undergroundfilm 1950–1980. Wien 1980

Schobert, Walter (Hrsg.):
Uliisses – ein Film von Werner Nekes. Köln o.J.

Seeber, Guido:
Der Trickfilm. Berlin 1927/Frankfurt 1979

Singer, Marilyn (Hrsg.):
A History of the American Avant-Garde Cinema. A film exhibition organized by The American Federation of Arts. New York 1976

Sitney, P. Adams:
Visionary Film. The American Avant-Garde. New York, Oxford 1974

Sitney, P. Adams:
Visionary Film. The American Avant-Garde 1943–1978. 2., erweiterte Auflage. Oxford, New York, Toronto, Melbourne 1979

Sitney, P. Adams (Hrsg.):
The Essential Cinema. Essays on Films in The Collection of Anthology Film Archives. New York 1975

Sitney, P. Adams (Hrsg.):
The Avant-Garde Film. A Reader of Theory and Criticism. New York 1978

Sitney, P. Adams, Ken Kelman (Hrsg.):
Filmwise 5+6: Marie Menken+Willard Maas. o.O., o.J.

Stadt Köln (Hrsg.):
Le film maudit. Filme aus dem Untergrund von 1921 bis 1968. Köln 1968

Stauffacher, Frank (Hrsg.):
Art in Cinema. A symposium on the avantgarde film. New York 1968

Thoms, Albie:
Polemics for a New Cinema. Sydney 1978

Twenty Four Frames (Hrsg.):
Films from Twenty Four Frames. London o.J.

Tyler, Parker:
Underground Film. Eine kritische Darstellung. Frankfurt 1970

Vogel, Amos:
Film as a Subversive Art. New York 1974

Vogel, Amos:
Kino wider die Tabus. Luzern/Frankfurt 1979

Weibel, Peter:
Die Beschleunigung der Bilder in der Chronokratie. Bern 1987

Weiss, Peter: Avantgardefilm. Stockholm 1956

Weitemeier, Hannah:
Licht-Visionen. Ein Experiment von Moholy-Nagy. Berlin 1972

Wheeler, Dennis (Hrsg.):
Form and Structure in Recent Film at The Vancouver Art Gallery from October 29 to November 5, 1972. Vancouver 1972

Wiese, Michael:
The Independent Filmmaker's Guide. Sausalito 1981

Wiese, Michael: Film and Video Budgets. Westport 1987^3

Youngblood, Gene:
Expanded Cinema. New York 1970

Praktischer Teil

Studienmöglichkeiten

Wer sich zum Experimentalfilmer ausbilden lassen oder zumindest den experimentellen Umgang mit Film und Video studienmäßig erlernen möchte, hat, zumindest quantitativ, die Qual der Wahl. Über 40 Film-, Kunst-, Fach- und Gesamthochschulen bieten in der Bundesrepublik eine praktische Ausbildung an, dazu kommen noch einige Universitäten.

Das größte Gesamt-Renommée haben sicherlich die beiden *Filmhochschulen*. Ausgefeilte Studiengänge ermöglichen eine umfassende Aneignung von Wissen und Fertigkeiten. Auch wenn als Studienziel bei den meisten der staatlich diplomierte Filmemacher oder Regisseur im Vordergrund steht, können doch filmische Spezialberufe erlernt werden. Aufnahmeprüfungen finden einmal jährlich statt. Ausführliche Informationen sind bei den beiden Hochschulen erhältlich.

Deutsche Film- und Fernsehakademie Berlin (DFFB)
Direktor Dr. Rathsack
Pommernallee 1
1000 Berlin 19
030/3 03 07-246

In den 70er Jahren war die DFFB für ihre politischen Dokumentationen und Spielfilme bekannt. Seitdem hat sich das Spektrum jedoch drastisch zugunsten des Experimentalfilms verschoben, auch wenn die augenblicklichen Studienanfänger mehr in Richtung auf den kommerziellen Spielfilm zu tendieren scheinen. Die große Hürde für den Studienaspiranten ist jedoch die Aufnahmeprüfung: jährlich werden nur 18 Studenten aufgenommen. Das sagt jedoch nicht unbedingt etwas über die Qualität aus, denn auch Rainer Werner Fassbinder und Helma Sanders-Brahms fielen dabei durch...

Hochschule für Fernsehen und Film (HFF)
Frankenthalerstraße 23
8000 München 90
089/680004-0

Größere Erfolgsaussichten für die Aufnahmeprüfung bestehen in München allein schon deshalb, weil etwa doppelt so viele Studenten zum Studium zugelassen werden. Die enge Verzahnung der HFF mit dem Bayerischen Rundfunk und der Bavaria schlägt sich deutlich im Stil der dort entstehenden Filme nieder. Sofern jemals experimentiert wurde, ist dies bis heute der Fachöffentlichkeit mit Erfolg verborgen geblieben.
Im Gefolge der kulturpolitischen Diskussion Ende der 60er Jahre wurden an nahezu allen deutschen *Kunsthochschulen* Filmklassen eingerichtet. Dem Selbstverständnis dieses Hochschultyps entsprechend wird der freie Umgang mit dem Medium betrieben. So erscheint es nur natürlich, daß sich an diesem Schultyp die eigentlichen Hochburgen des Experimentalfilms herausgebildet haben. Bedeutung hat in diesem Zusammenhang auch, daß die berufenen Professoren und Dozenten häufig selbst aus dem Bereich des Experimentalfilms kommen.

Hochschule für Bildende Kunst Braunschweig
Filmabteilung
Prof. Gerhard Büttenbender
Broitzemerstraße 230
3300 Braunschweig
0531/391-9232

Künstlerische Fachklasse im Studiengang „Freie Kunst". Hauptfachstudium Film ist möglich, auch für Studenten des Studiengangs „Kunstpädagogik". 4 Orientierungssemester, 6 Sem. Hauptstudium, ca. 40 SWSt. Schwerpunkt: Visuelle Experimente, Film als Kunst. Dauer: 12 Semester (Meisterschüler), 10 Semester (Diplom, Staatsexamen), Meisterschüler – Diplom der Hochschule. 1. Staatsexamen für das höhere Lehramt.

Die HBK Braunschweig ist wahrscheinlich augenblicklich für den Experimentalfilm am spannendsten. Während seiner Zeit als Rektor konnte Gerhard Büttenbender die räumlichen und apparativen Möglichkeiten für die Filmklasse entscheidend verbessern. Eine zweite Professur, die allerdings zeitlich begrenzt ist, hatte bis 1986 Rosi S.M. inne, jetzt Birgit Hein. Daneben unterrichten häufig ausländische Filmemacher in ihren Spezialgebieten.

Hochschule für Kunst und Musik
Prof. Gerd Dahlmann
Am Wandrahm 23
2800 Bremen
0421/170051

Künstlerische Eignungsprüfung, Hauptfachstudium Film ist möglich, Film ist Studienschwerpunkt im Studiengang „Freie Kunst"; ca. 21 SWSt. Schwerpunkt: Experimentalfilm. Dauer: 10 Semester (Diplom);

Die Filmklasse der HKM Bremen stellt sich nicht so geschlossen dar, hat jedoch immer wieder durch eine Reihe beeindruckender Arbeiten von sich Reden gemacht. Im Zuge des allgemein an den Ausbildungsstätten zu beobachtenden Trends, sich unabhängiger von der technischen Seite des industriellen Films zu machen (dessen Möglichkeiten sich bekanntlich zugunsten von Video laufend verschlechtern) hat die HKM die „Entwicklung im Eimer" beigesteuert, die auch an anderen Hochschulen begeistert aufgegriffen worden ist.

Hochschule für Bildende Künste
Prof. Rüdiger Neumann
Prof. Gerd Roscher
Prof. Helke Sander
Lerchenfeld 2
2000 Hamburg 76
040/291881

Hamburg allgemein und speziell die HBK in den letzten 10 Jahren bildeten einen Schwerpunkt des deutschen Experimentalfilms. In jüngster Zeit ist es jedoch sehr viel stiller geworden. An Umfragen, gemeinsamen Aktionen und Studentenfestivals beteiligt man sich nicht: der Student ist nicht Student einer Filmklasse, sondern Künstler – mit allem, was dazugehört.

Staatliche Hochschule für Bildende Künste
– Staedelschule –
Prof. Peter Kubelka
Dürerstraße 10
6000 Frankfurt 70
069/621091

Die Filmklasse ist eigenständige Abteilung. Aufnahmeprüfung. Probezeit 1–2 Jahre, ca. 10 SWSt. Hauptfachstudium Film möglich. Dauer: 10 Semester (Meisterschüler).

Die kleinste Filmklasse (ca. 20 Studenten und Gasthörer), in der, allen publizistischen Feuerwerken zum Trotz, nicht nur gekocht, sondern auch Filme produziert werden. Sie scheint stärker als alle anderen Filmklassen von der Persönlichkeit ihres Professors geprägt zu sein – im positiven wie im negativen Sinn.

Abteilung für Kunsterzieher Münster
der staatlichen Kunstakademie Düsseldorf
Prof. Lutz Mommartz
Scheibenstraße 109
4400 Münster
0251/77405

Eigenständige künstlerische Fachklasse, Hauptfachstudium Film ist möglich. 2 Probesemester, dann Aufnahme in Filmklasse möglich; Klassenleiter entscheidet über Aufnahme. 8 SWSt Werkstattkurse für Anfänger, 18 SWSt Projekte im Hauptstudium. Im Hauptfach „Kunst" ist Film/Video Examensfach. Dauer: 8 Semester (Staatsexamen für Kunsterzieher, Meisterschüler).

Hochschule der Künste Berlin
FB 4 (Visuelle Kommunikation)
Prof. Wolfgang Ramsbott
Postfach 126720
1000 Berlin 12
030/31850

Fachbereichsübergreifendes Lehrgebiet „Experimentelle Filmgestaltung". Einführungsveranstaltung für Grund- und Hauptstudium; ca. 18 SWSt Fächer-Kanon. Dazu Arbeit in Projekten, ca. 18 SWSt. Kein Hauptfachstudium möglich. Schwerpunkt: Experimentelle Filmgestaltung, Filmtrick-Technik. Dauer: a) 10 Semester, b) 8 Semester, (a) Meisterschüler, b) Diplom-Designer.

Hochschule für Gestaltung Offenbach
FB Visuelle Kommunikation
Prof. Helmut Herbst
Schloßstraße 31
6050 Offenbach
069/812041

Hauptstudium Film möglich. Orientierungsphase und Medienpraxisseminar bis 4. Semester, Vordiplom in Form eines Films. Turnusmäßige Seminare, „umfassende Praxisorientierung". Diplomarbeit nach 8 Semestern mit praktischem und theoretischem Teil (Diplom-Designer).

Helmut Herbst versteht sich selbst nicht als Experimentalfilmer, trotzdem ist dieser Schwerpunkt offensichtlich. Die augenblicklich betriebene Umstrukturierung des Studiengangs verspricht viel für die handwerkliche und technische Seite, zumal u.a. ein eigenes kleines Kopierwerk eingerichtet wird.

Weitere Studienmöglichkeiten an Kunsthochschulen, jedoch ohne Schwerpunkt im experimentellen Bereich, sind:

Hochschule der Künste Berlin
FB 6 (Kunsterziehung und Kunstwissenschaft)
Prof. Dieter Appelt
Postfach 12 67 20
1000 Berlin 12
030/3 18 50

Hochschule der Künste Berlin
FB 11 (Ästhetische Erziehung, Kunst- und Kulturwissenschaften)
Prof. Dr. Jutta Brückner
Prof. Bernward Wember
Postfach 12 67 20
1000 Berlin 12
030/7 79 22 26

Film ist Wahlpflichtfach im Rahmen der Ausbildung zum Kunstlehrer; ca. 35 SWSt. Kein Hauptfachstudium möglich. Dauer: 8 Semester. (Staatsexamen für Kunsterzieher).

Akademie der bildenden Künste
Filmabteilung
Hanseatenweg 10
1000 Berlin 21
030/391-10 31

Staatliche Kunstakademie Düsseldorf
Prof. Ursula Wevers
Eiskellerstraße 1
4000 Düsseldorf
02 11/32 93 34

Staatliche Akademie der bildenden Künste
Prof. Ade
Am Weißenhof 1
7000 Stuttgart 1
07 11/25 10 61

Wahlpflichtfach im Rahmen der Klasse für Grafik-Design Prof. Ade, Hauptfachstudium nicht möglich. Ausschließlich Trickfilm, ca. 20 SWSt über 2 Semester Hauptstudium. Schwerpunkt: Animationsfilm. Dauer: 8 Semester (Diplom-Designer).

Erst in jüngster Zeit, d.h. in den 80er Jahren, sind an den *Fachhochschulen* in größerem Maße Studienmöglichkeiten geschaffen worden. Da diese häufig im Zusammenhang mit den Neuen Medien gesehen werden, bildet Video den Schwerpunkt, obwohl die Beschäftigung mit Film zunimmt. Anders als bei den Kunst-

hochschulen gibt es jedoch kaum eigene Film- oder Videoklassen. Vielmehr ist die Auseinandersetzung mit dem Medium zumeist eingebunden in ein integriertes Studium Design oder Kommunikations-Design. Dennoch sollte man sich davon nicht unbedingt abschrecken lassen, denn der bundesrepublikanische Bildungsföderalismus bietet erheblich mehr Variationsmöglichkeiten, als die festgeschriebenen Studiengänge auf den ersten Blick vermuten lassen. Dem Auftrag der Fachhochschulen entsprechend, soll angewandt auf einen Beruf hin ausgebildet werden, was naturgemäß dem nichtkommerziellen Experimentieren oft im Wege steht.
Mit experimentellen Arbeiten sind die folgenden Fachhochschulen in Erscheinung getreten:

Fachhochschule Bielefeld
FB Design
Lampingstraße 3
4800 Bielefeld
0521/106-2456

Aufnahme im Fachbereich unterliegt NC. Film ist eigenständige Abteilung im Bereich Foto/Film-Design. Hauptfach-Studium Film ist möglich. Gliederung in technische Fächer, Design-Fächer und Projekte; ca. 10 SWSt Schwerpunkt: Filmtrick, Computergrafik. Dauer: 8 Semester (Diplom-Designer FH).

Fachhochschule Dortmund
FB Film/Foto-Design
Prof. Adolf Winkelmann
Prof. Claudia von Alemann
Marille Hahne
Rheinlanddamm 203
4600 Dortmund 1
0231/139-0121

Allgemeiner NC von 2.4. Nebenfach im Rahmen der Designer-Ausbildung. Grundstudium: Film-AV-Technik, Hauptstudium: Projekte und ein Fächerkanon, ca. 34 SWSt. Kein Hauptfachstudium möglich. Dauer: 8 Semester (Diplom-Designer FH).

Während Adolf Winkelmann seine experimentelle Vergangenheit zugunsten des Ruhrpott-Hollywood verdrängt, hat Marille Hahne mit ihrer Rückkehr aus den USA frische experimentelle Aktivität nach Dortmund gebracht. Hauptsächlich 16 mm-Film.

Fachhochschule Hannover
FB Kunst und Design
Prof. Becker
Herrenhäuserstraße 8
3000 Hannover 21
0511/794067

Kein Hauptfachstudium möglich. Projekt-Studium im Rahmen der Studiengänge „Kunst" und „Design" (Design, Architektur, Mode), ca. 8 SWSt. Schwerpunkt: Experimentelles Umgehen, Künstlerische Komponente. Dauer: 7 Semester (Diplom-Designer).

Hauptsächlich Super-8.

Fachhochschule Würzburg-Schweinfurt
Fachbereich Gestaltung
Prof. Ingo Petzke
Hans-Löffler-Straße 49
8700 Würzburg
0931/73310

Wahlfach zum Studiengang „Komm.-Design", kein Hauptfachstudium möglich. Grundstudium: je ein technischer Grundkurs Video und Film. Erfolgreiche Teilnahme ist Voraussetzung im Hauptstudium. Hauptstudium: Seminare und Projekte. 28 SWSt. Studienschwerpunkt (3 Projekte) kann im Diplom-Zeugnis eingetragen werden. Schwerpunkt: Experimentelle Gestaltung. Dauer: 8 Semester (Diplom-Designer FH).

U-Matic und 16 mm-Film.

Weitere Studienmöglichkeiten an Fachhochschulen, jedoch ohne experimentelle Schwerpunkte:

Fachhochschule Aachen
Fachbereich Gestaltung
Kurbrunnenstraße 22
5100 Aachen
0241/66075

Projektstudium im Studiengang „Visuelle Kommunikation", Studienrichtung „Grafik-Design". Kein Hauptstudium möglich. Lt. Studienplan sind für „Foto/Film/AV" vorgesehen: 8 SWSt. Praktikum im Grundstudium (1.+2. Sem.). 26 SWSt Seminar und seminaristischer Unterricht im Hauptstudium (3.–7. Sem.). Dauer: 8 Semester (Dipl.-Designer FH).

Fachhochschule Augsburg
FB Gestaltung
Prof. Otmar Uhlig
Henisiusstraße 1
8900 Augsburg
0821/36106

Wahlfach im Studiengang „Kommunikationsdesign". Kein Hauptfachstudium möglich. AV-Praktikum im Grundstudium (4 SWSt). Projekte im Hauptstudium (8 SWSt.). Schwerpunkt: Trickfilm, Fernsehgrafik. Dauer: 8 Semester. (Dipl.-Designer FH).

Fachhochschule Bielefeld
Medienzentrum
Prof. Kurt Johnen
Kurt-Schumacher-Straße 7
4800 Bielefeld 1
0521/106-2218

Fachhochschule Darmstadt
FB Gestaltung
Prof. Helmut Bartl
Olbrichweg 10
6100 Darmstadt
06151/125193

Wahlfach innerhalb des Studiengangs „Kommunikations-Design". Hauptfachstudium Film nicht möglich. 3 Semester als Arbeitskreis und Studienprojekt innerhalb „Experimentelle Übungen mit AV-Medien" (1 Semester Grundlage, 2 Semester weiterführend); 8 SWSt. Schwerpunkt: Experimentelle Formen, Didaktische Arbeiten. Dauer: 9 Semester (Diplom-Designer FH).

Fachhochschule Düsseldorf
Fachbereich Design
Prof. Monika Funke-Stern
Georg-Glock-Straße 15
4000 Düsseldorf 30
0211/434715

Abschluß: Diplom-Designer (FH).

Fachhochschule Hamburg
Fachbereich Gestaltung
Prof. Stefan Schabenbeck
Armgartstraße 24
2000 Hamburg 76
040/29188-3825

Wahlfach der Fächergruppe „Design-Technik" im Hauptstudium des Studienganges „Kommunikations-Design". Kein Hauptfachstudium möglich, ca. 18 SWSt. Schwerpunkt: Trickfilm. Dauer: 8 Semester (Dipl.-Designer FH).

Fachhochschule Kiel
Fachbereich Gestaltung
Lorentzendamm 6-8
2300 Kiel
0431/51417

Fachhochschule Köln
Fachbereich Kunst und Design
Prof. Karl Marx
Reitweg 1
5000 Köln 21
0221/8275

Fachhochschule Niederrhein
Fachbereich Gestaltung
Peterstraße 123
4150 Krefeld
02151/23756

Städt. Fachhochschule für Gestaltung
Postfach 2203
6800 Mannheim 1
0621/2932774

Kein Hauptfachstudium Video möglich. Projekte im Rahmen des Studiengangs „Grafik-Design".

Fachhochschule München
FB 12 Kommunikations-Design
Erzgießereistraße 14
8000 München 2
089/12007457

Hauptfachstudium nicht möglich. Projektstudium im Rahmen des Studiengangs „Kommunikations-Design". Grundausbildung (Grundstudium? Technische Grundkurse?) vor eigenständiger Arbeit nötig. 8 SWSt. Schwerpunkt: Dokumentation, AV-Graphik. Dauer: 8 Semester (Diplom-Designer FH).

Fachhochschule Münster
FB Gestaltung
Fachleiter Norbert Nowotsch
Sentmaringer Weg 53
4400 Münster
0251/835697

Eigenständige künstlerische Fachklasse, Hauptfachstudium Video nicht möglich. Wahlpflichtfach im Studiengang Visuelle Kommunikation, Studium erfolgt ausschließlich in Kursen, ca. 12 SWSt. Schwerpunkt: Dokumentationen, Experimente. Dauer: 8 Semester (Diplom-Designer FH).

Fachhochschule für Gestaltung
Studiengang Grafik-Design
Prof. Uwe Lohrer
Holzgartenstraße 36
7530 Pforzheim
07231/63258

Wahlfachstudium im Ausbildungsgang Grafik-Design. Hauptfachstudium Video nicht möglich. Studium erfolgt in Projekten, 8 SWSt. Schwerpunkt: Zeichentrick. Dauer: 8 Semester (Diplom-Designer FH).

Fachhochschule des Saarlandes
Fachbereich Design
Prof. H. Popp
Saaruferstraße 66
6600 Saarbrücken 1
0681/54084

Bestandteil des Studienganges „Kommunikations-Design", Pflichtfach im 3. Studienjahr. 2 Wochen täglich 8 Std. (Blockveranstaltung), theoretische und praktische Grundlagen, selbständiges Arbeiten. Hauptfachstudium nicht möglich. Dauer: 9 Semester (Diplom-Designer FH).

Fachhochschule für Gestaltung
Studiengang Visuelle Gestaltung
Rektor-Klaus-Straße 100
7070 Schwäbisch-Gmünd
07171/602534

Wahlfach im Rahmen des Studiengangs, Hauptfachstudium nicht möglich. Lehre beschränkt sich z.Zt. auf Videotechnik; 4 SWSt. Videotechnikschein ist Voraussetzung für Aufnahme in Videoprojekte, die z.Zt. in anderen Fächern angeboten werden. Schwerpunkt: Dokumentarfilme, didaktische Filme, Musikfilme. Dauer: 8 Semester (Diplom-Designer FH).

Fachhochschule für Druck Stuttgart
Studiengang Medientechnik
Prof. Dr. Thomas Kuchenbuch
Nobelstraße 10
7000 Stuttgart 80
0711/685-2807

Integriertes Hauptfachstudium „Film, Video, Dia-AV", 3 Semester Grundstudium (math.-nat., technisch, betriebswirtschaftlich, kommunikationstheoretisch). Hauptstudium je 1 Semester Praktikum Studiotechnik „Film", „Video", „Dia-AV", ca. 50 SWSt. Schwerpunkt: Dokumentarfilm, Kurzspielfilm. Dauer: 6 Semester (plus 2 Sem. außerhalb der Hochschule), 2 Praxissem. (Diplom-Ingenieur FH).

Fachhochschule des Landes Rheinland-Pfalz
FB Gestaltung, Abtl. Trier
Prof. Schall
Irminenfreihof 8
5500 Trier
0651/42654

Fachhochschule Wiesbaden
Fachbereich Gestaltung
Prof. Fröbisch
Kurt-Schumacher-Ring 18
6200 Wiesbaden
06121/494141

Wahlfach im Studiengang „Komm.-Design". Kein Hauptfachstudium möglich. Grundstudium: Grundlagen der AV-Medien. Teilnahme ist Voraussetzung für Hauptstudium. Hauptstudium: Projekte, 12 SWSt. Dauer: 6 Semester (Diplom-Designer FH).

Unklarer als bei den bisher behandelten Hochschulen bietet sich generell das Profil der *Universitäten und Gesamthochschulen* (wobei letztere nur in Hessen und Nordrhein-Westfalen existieren und sich teilweise im organisatorischen Umbruch befinden). Neben relativ gut ausgebauten Studienmöglichkeiten wie in Kassel stehen solche, die bisher kaum öffentlich in Erscheinung getreten sind. Einen eindeutig experimentellen Schwerpunkt scheint es nur in Siegen zu geben, dort allerdings ausgehend vom Animationsfilm.

Zentraleinheit für Audiovisuelle Medien (ZEAM)
Leiter Herr Dewitz (Film)
Frau Arndt-Oemke (Video)
Maltheserstraße 74–100, Haus L
1000 Berlin-Lankwitz
030/7 79 24 20

Das ZEAM bietet für Studenten der FU und TU einen zweisemestrigen Kurs an, in dem zunächst die technischen Grundlagen von 16 mm und Video behandelt werden. Abschließend können dort teilweise Geräte für Film/Video ausgeliehen werden.

Universität Bielefeld
Videowerkstatt Kunst
Dozent Jürgen Heckmanns
Universitätsstraße
4800 Bielefeld 1
05 21/1 06 24 98

Universität Bielefeld
Audiovisuelles Zentrum (AVZ)
Universitätsstraße
Postfach 86 40
4800 Bielefeld

Universität-Gesamthochschule Duisburg
Fachbereich 4 – Kunst
Prof. Dr. Gunther Salje
Postfach 10 16 29
Lotharstraße 65
4100 Duisburg 1
02 03/379-22 54/24 27

Studienangebot innerhalb des Faches Kunstpädagogik. Hauptfachstudium Film ist nicht möglich, ca. 8 SWSt. Dauer: 6 Semester (Staatsexamen Lehramt Sek. I).

Gesamthochschule Essen
Fachbereich 4 Gestaltung/Kunsterziehung/Film/AV
Prof. Klaus Armbruster
Universitätsstraße 12
4300 Essen 1
02 01/18 31-32 62/32 17

Eigenständige Fachklasse im Hauptstudium des integrierten Diplomstudienganges „Kommunikations-Design." Abschluß des Grundstudiums KD durch Vordiplom ist Voraussetzung für die Aufnahme. Pflicht-Projekte, freie Projekte, Auftragsproduktionen; ca. 50 SWSt. Kein Hauptfachstudium möglich.

Dauer: 5 Semester Hauptstudium theoretisch, faktisch: 6–8 Semester (Diplom).

Gesamthochschule Kassel
Fachbereich 23 – Visuelle Kommunikation
Postfach 10 13 80
3500 Kassel
0561/804-5331 (Sekretariat Frau Struck)

a) Animationsfilm (Prof. Paul Driessen)

Eigenständige künstlerische Fachklasse, Hauptfachstudium ist möglich. Eintritt nach 4 Semestern Grundstudium (Ausnahmen bei Begabung möglich). 4 Semester Hauptstudium, 2 Semester Abschlußarbeit, ca. 20 SWSt. Schwerpunkt: Trickfilm. Dauer: 10 (6) Sem. (Kunsthochschulabschluß).

b) Film/Fernsehen (Prof. Manfred Vosz – 0561/8045304

Künstlerische Begabungsprüfung, eigenständige künstlerische Fachklasse, ca. 14 SWSt. Hauptfachstudium Film möglich. Schwerpunkt: Dokumentarfilm.
Dauer: 10 Sem. (Kunsthochschulabschluß).

c) Video (Prof. Rolf Lobeck)

Eigenständige künstlerische Fachklasse, Hauptfachstudium Film ist möglich. Dauer: 8 Semester + 2 Semester Diplomarbeit (Kunsthochschulabschluß).

Universität Köln
Institut für Theater-, Film- und Fernsehwissenschaften
Dozentin Maria Vedder
5000 Köln
Meister-Ekkehart-Straße 11
0221/4703734

Johannes-Gutenberg-Universität
FB Kunsterziehung
Prof. Kurt Weber
Am Taubertsberg 6
6500 Mainz
06131/392127

Fachklasse, Wahlfach im Rahmen der Kunstlehrerausbildung. Hauptfachstudium nicht möglich. Propädeutik und weiterführende Übungen, ca. 18 SWSt. Dauer: 8 Semester (Kunsterzieher).

Universität Oldenburg
Fachbereich II
Prof. Dr. Jens Thiele
Ammerländer Heerstraße 67–99
2900 Oldenburg
04 41/79 80

Studienschwerpunkt „Massenmedien" im Fach „Bildende Kunst/Visuelle Kommunikation". Hauptfachstudium nicht möglich. Technische Einführungskurse, Grundlagenseminare im Hauptstudium, theoretischer Fächerkanon und praktische Projekte. Dauer: 8 Semester (1. Staatsexamen für Lehrer aller Schulstufen, Magister).

Universität Osnabrück
FB 7 Kommunikation/Ästhetik
Prof. Dr. W. Becker
Postfach 44 69
4500 Osnabrück
05 41/6 08 41 58

Der einst neuartige Studiengang „Medien", der Theorie und Praxis miteinander zu verknüpfen versuchte, wurde inzwischen von der niedersächsischen Landesregierung abgewürgt, weil ihr die ganze Richtung nicht geheuer war. Dennoch hat er Bedeutendes für den deutschen Experimentalfilm hervorgebracht: den Osnabrücker E-Film-Workshop, der gemeinsam von Studenten und einem Lehrbeauftragten ausgeheckt und initiiert wurde.

Universität – Gesamthochschule Siegen
FB Kunst- und Musikpädagogik
Prof. Heinz Pramann
Adolf-Reichwein-Straße 2
5900 Siegen 21
02 71/74 01

Film ist Wahlfach in Lehramtsstudiengängen Kunst, Hauptfachstudium Film nicht möglich. Übungen, Seminare, Projekte, ca. 8 SWSt. Dazu Betreuung selbständiger Studentenarbeiten. Schwerpunkt: Animations- und Experimentalfilm, Dokumentationen über Film und Kunst im Unterricht; Spielgestaltung. Dauer: 6–8 Semester, je nach Lehramtsstudiengang (Staatsexamen für Lehramt Kunst – Primarstufe, Sek. I; Sek. II).

Universität – Gesamthochschule Wuppertal
FB 5 Design, Kunst- und Musikpädagogik, Druck
Filmabteilung
Haspeler Straße 27
5600 Wuppertal
0202/4393161

Werkstatt des Studiengangs „Komm.-Design", Hauptfachstudium möglich. Grundstudium: Entwurf, Technik. Erfolgreiche Teilnahme ist Voraussetzung für Hauptstudium. Hauptstudium: Projekte, Fächerkanon, ca. 64 SWSt. Schwerpunkt: Animationsfilm, Lehrfilm. Dauer: 8 Semester (Diplom-Designer).

Bergische Universität
Gesamthochschule Wuppertal
Audiovisuelles Medienzentrum (AVMZ)
Gaußstraße 20
5600 Wuppertal
0202/439-1

■ Förderungen

Zur Herstellung von Filmen benötigt man Geld. Diese Platitüde wirft in der Bundesrepublik Deutschland eine Reihe nicht ganz unwichtiger Fragen auf.
Geld kann im Prinzip aus drei unterschiedlichen Quellen stammen. Erstens: man hat es selbst oder leiht es sich von gutwilligen Freunden, Bekannten und Verwandten zusammen. Diese Möglichkeit schenkt die größte Freiheit und Unabhängigkeit, kommt jedoch in den meisten Fällen wohl kaum in Betracht. Film ist nun einmal das teuerste künstlerische Produkt. Da hilft meist auch kein Kurzfilm in einem noch so prächtigen Schnittverhältnis, das die „Profis" vor Neid erblassen läßt. Allein im Bereich von Super-8 und Video ist dieses Verfahren realistisch, wobei für Video zumindest Zugang zu den sonst recht teuren Schnittsteuereinheiten gegeben sein muß. Hier hapert es noch, denn Videohäuser, in Anlehnung an die mittlerweile häufigeren Filmhäuser mit ihrem Gerätepool, gibt es erstaunlicherweise bisher nicht.
Zweitens: man treibt Geld von wie auch immer gearteten Produzenten auf. Doch der traditionelle Produzentenbereich existiert in der Bundesrepublik so gut wie nicht mehr. Einmal abgesehen davon, daß die weitaus meisten Produzenten kaum ein Interesse daran haben dürften, ihr Geld in Experimente zu stecken, die kaum einen Gewinn erwarten lassen. Hier wären eher Mäzene gefragt, doch auch die gibt es bekanntlich bei uns so gut wie gar nicht. In anderen Ländern, etwa den USA, sieht dies völlig anders aus. An dieser Stelle sei auf das phantastische Buch *The Independent Filmmaker's Guide – How to finance, produce and distribute your short and documentary films* von Michael Wiese (Sausalito 1981) hingewiesen, das eine wahre Fundgrube praktischer Anregungen darstellt, die im Prinzip in vielen Fällen auch auf deutsche Verhältnisse übertragen werden könnten. Wenn, ja wenn man einen ernsthaften Versuch dazu machen möchte. Bleibt noch der schmale Sektor nicht-institutionalisierter

Förderung. Es ist immer wieder erstaunlich, wie leicht es gerade in mittleren und kleineren Städten ist, zumindest ein paar tausend Mark vom Kulturamt locker zu machen. Dazu sollte man allerdings tunlichst argumentieren können: Lokalbezug, Film als bisher ausgeklammerter Zweig der örtlichen Kunstförderung, örtliches Genie usw. Zwar wird es auf diesem Wege kaum einmal zu einer Vollfinanzierung kommen, doch andererseits gibt es keine Beschränkungen von Medium und Formaten, Längen und Genres.

Womit wir drittens bei der institutionalisierten Filmförderung von Bund und Ländern sind. Hier ist das „große Geld" zu holen, zumindest theoretisch. Doch wer sich auf diesen Kampf einlassen möchte, muß sich darüber im Klaren sein, daß er/sie vor einem nahezu undurchdringlichen Gestrüpp von Gesetzestexten und Verordnungen steht, die wenig mit Kreativität zu tun haben, sondern eher für Betriebswirte und Juristen interessant sein dürften. Dennoch kann sich der Aufwand lohnen, sich einige Zeit in die trockene Materie hineinzuknien.

Den besten Einstieg bietet noch immer das Mitte der 70er Jahre von der Filmklasse Manfred Vosz an der GH Kassel herausgegebene „Dschungelbuch". Leider ist es seit einiger Zeit vergriffen, und wann die angekündigte Überarbeitung erscheinen wird, ist noch unklar. Trotzdem: vielleicht findet sich ja noch irgendwo ein Exemplar. In sehr praktischer Weise wird das Prinzip der Förderungen erläutert mit seinen wichtigen Grundbegriffen. Dazu kommen Beispiele für Kostenkalkulationen und Finanzierungsplan. Die Gesetzestexte allerdings sind in der Zwischenzeit überholt.

Das gilt häufig auch für die zwei anderen empfehlenswerten Publikationen, die sämtliche Texte in aller Ausführlichkeit abgedruckt haben: *Förderung essen Filme auf...* von Gisela Hundertmark und Louis Saul (Hrsg.), München 1984, und Dorin Popa: *Kurbel-Brevier*, Fischer Taschenbuch 4450, Frankfurt 1985. Dennoch lohnen sich beide Bücher weiterhin wegen ihrer umfassenden Materialsammlung. Die Änderungen, die bekanntlich seit der Bonne Wende gravierend geworden sind, sowie die diversen Einreichtermine und die Listen der letztlich dann doch Geförderten bringt regelmäßig „Black Box", Hrsg. Ellen Wietstock, Bahrenfelder Str. 195, 2000 Hamburg 50, Tel. 040/394087. Diese alle 6 Wochen erscheinende Zeitschrift ist eigentlich für den gesamten Bereich Filmpolitik und „unabhängige" Filmwirtschaft ein absolutes „Muß".

Wer in den Subventionsdschungel eindringen möchte, wird nicht darum herum kommen, einmal alle Förderungen anzuschreiben, um sich die entsprechenden Texte zukommen zu lassen. Daneben gibt es häufig nähere Durchführungsbestimmungen und in manchen Fällen spezielle Antragsformulare bis hin zu vorgeschriebenen Kalkulationsschemata.

Augenblicklich gibt es die folgenden Förderungen:
a) FILMFÖRDERUNGSGESETZ. Der Wortlaut des Gesetzes wird im Bundesanzeiger veröffentlicht. Durchführungsbestimmungen, Antragsformulare usw. über
   Filmförderungsanstalt
   Budapester Straße 41
   1000 Berlin 30
   030/2616006
b) RICHTLINIEN ZUR FÖRDERUNG DES DEUTSCHEN FILMS
   BMI
   Filmreferat
   Hohe Straße 67
   5300 Bonn 2
   0228/6684306
c) PRODUKTIONSFÖRDERUNGSRICHTLINIEN, VERTRIEBSFÖRDERUNGSRICHTLINIEN und ABSPIEL-FÖRDERUNGSRICHTLINIEN
   Stiftung Kuratorium junger deutscher Film
   Schloß Biebrich
   6200 Wiesbaden 12
   06121/602312
d) BERLINER FILMFÖRDERUNG
   Senator für kulturelle Angelegenheiten
   Europacenter
   1000 Berlin 30
   030/2123-3340
e) BAYERISCHES FILMFÖRDERUNGS-PROGRAMM
   Bayerische Landesanstalt für Aufbaufinanzierung (LFA)
   Königinstraße 15
   8000 München 22
   089/21241
f) KULTURELLE FILMFÖRDERUNG HAMBURG
   Hamburger Filmbüro e.V.
   Friedensallee 7
   2000 Hamburg 50
   040/391747
g) HAMBURGER WIRTSCHAFTSFÖRDERUNG
   Film Fonds Hamburg
   Friedensallee 14–16
   2000 Hamburg 50
   040/3905883
h) KULTURELLE FILMFÖRDERUNG NW
   Filmbüro NW e.V.
   Viktoriaplatz 1
   4330 Mülheim/Ruhr
   0208/477602

i) HESSISCHE FILMFÖRDERUNG
Filmbüro Hessen
Schweizer Straße 6
6000 Frankfurt
069/620167

k) NIEDERSÄCHSISCHE FILMFÖRDERUNG
Ministerium für Wissenschaft und Kultur
Prinzenstraße 14
3000 Hannover 1
0511/1208866

l) WIRTSCHAFTLICHE FILMFÖRDERUNG NW
Westdeutsche Landesbank
ZB 64
Herzogstraße 15
4000 Düsseldorf 1

Die Fülle der möglichen Förderungen täuscht leicht darüber hinweg, daß E-Filme dennoch nur sehr begrenzte Möglichkeiten zur Teilnahme haben. Dies liegt zum einen daran, daß die Filme in aller Regel zur Vorführung in Kinos geeignet sein müssen, eine Eignung, die experimentellen Arbeiten grundsätzlich eher abgesprochen wird. Zum anderen wird immer mehr der Gesichtspunkt der Wirtschaftlichkeit in den Vordergrund gerückt. Diese wird jedoch zu eng weil in absoluten Zahlen gesehen. Schon die „AG Dokumentarfilm" hat zu recht darauf hingewiesen, daß billig produzierte Filme sogar im sogenannten nichtkommerziellen Bereich ihre Kosten einspielen können und evtl. sogar Gewinn machen, ohne siebenstellige Einspielergebnisse erzielen zu müssen. Mit einiger Berechtigung kann vermutet werden, daß mehr günstig produzierte (Kurz)Filme das Klassenziel der Kosteneinspielung erreichen als die favorisierten Großproduktionen, die im nationalen Bereich trotz aller Anstrengungen eine zu geringe Zuschauerbasis zur Verfügung haben. Auch vom Medium her gibt es erhebliche Einschränkungen. Nur die Hamburger Kulturförderung sieht ausdrücklich auch Video und Super-8 vor, bei der kulturellen Filmförderung NW gibt es zumindest „in Ausnahmefällen bei besonders interessanten Nachwuchsprojekten" diese Möglichkeit.

Hundertmark/Saul haben in ihrem Buch die verschiedenen Förderungsarten zu systematisieren versucht. Danach gibt es:
— Verleihförderung/Vertrieb
— Filmabspiel
— Drehbuch
— Projektvorbereitung
— Filmberufliche Fortbildung
— Forschung/Innovation
— „Aktueller Topf"

Diese Förderungsarten können jedoch mehr als „Nebenschauplätze" angesehen werden. Zum einen, weil sie teilweise sehr restriktiv gehandhabt werden und gar nicht erst zur Auszahlung kommen (Projektvorbereitung, Forschung/Innovation), zum anderen, weil sie immer stärker eingeschränkt werden (Drehbuch) und schließlich, weil sie eher wirtschaftliche als kreative Zielsetzungen aufweisen.

Die wichtigste Förderungsart bleibt damit die PRODUKTIONSFÖRDERUNG. Diese unterscheidet sich in Projektförderung und Referenzförderung.

PROJEKTFÖRDERUNG bedeutet, Gelder für einen noch nicht begonnenen Film zu beantragen. Wegen der meist nur seltenen Einreichtermine heißt es also, frühzeitig zu planen und einen langen Atem zu haben; teilweise so lang, daß man oft schon das Interesse am eigenen Projekt verloren hat, wenn schließlich evtl. doch noch eine positive Entscheidung zu Stande kommt.

Neben Kosten- und Finanzierungsplan muß immer ein Drehbuch oder zumindest ein Treatment eingereicht werden. Hier haben naturgemäß viele Filmemacher Probleme mit dem E-Film, der sich bekanntlich einer Verbalisierung sehr häufig weitestgehend entzieht. Auch ist zu berücksichtigen, daß nur selten in den Gremien jemand sitzt, der sich halbwegs mit experimentellen Arbeiten auskennt, von wenigen rühmlichen Ausnahmen einmal abgesehen. So hängt oft alles an den Formulierkünsten des Antragstellers! Viel zu selten wird von der grundsätzlich bestehenden Möglichkeit Gebrauch gemacht, etwa Storyboards, Fotoserien oder Probeaufnahmen auf Video beizufügen. Zwar gibt es dann häufig technische Probleme mit der Vorführbarkeit, weil die Gremien für solche Sichtungen nicht vorbereitet sind. Doch da E-Filme viel mit Visuellem oder Montage zu tun haben, bietet dieser Weg zumindest die Möglichkeit einer anschaulichen Illustration der nüchternen Worte im Antrag. Und da nur wenige Antragsteller so vorgehen, ist zumindest ein oft nicht unwesentlicher Aufmerksamkeitswert in der Flut der Anträge erreicht worden.

Gremienentscheidungen haben naturgemäß oft etwas Zufälliges an sich, entstanden unter Zeitdruck und mit manchmal seltsamen Mehrheiten. Meist ersticken die Gremienmitglieder daheim unter der Flut der zu lesenden Anträge. Kein Wunder, daß sie sich bemühen, so viele Anträge wie möglich von vornherein auszusondern. Oft hangeln sie sich dabei an der Filmgeschichte entlang, geben wirklich nur dem Neuen, noch nicht Dagewesenen eine Chance. So gesehen kann es sich für den einzelnen Filmemacher schon lohnen, genau das Neuartige herauszustreichen im Antrag, und weshalb es so neu und noch nie dagewesen ist. Und um negative Vergleiche möglichst von vornherein auszuschließen, sollte man sich auch nicht davor scheuen, das eigene Projekt gegen schon vorhandene Filme evtl. ähnlicher Art von anderen Filmemachern abzugrenzen.

Erfolg bei Gremien ist letztlich nicht kalkulierbar, selbst wenn man sich die Mühe macht, deren aktuelle Zusammensetzung zu eruieren, die bei manchen im übrigen geheim gehalten wird.

Abschrecken lassen sollte man sich jedoch nicht. Wenn der Antrag einmal steht, kostet es im Prinzip nur das Porto, ihn auch an anderer Stelle einzureichen.

Ganz anders funktioniert die REFERENZFILMFÖRDERUNG. Dabei bekommt ein bereits fertiggestellter Film ein Prädikat oder einen Preis, der den Regisseur dazu berechtigt, Gelder für ein noch nicht begonnenes Projekt abzurufen. Der Vorteil dieser Förderungsart ist klar: der fertige Film ist (hoffentlich) bereits irgendwie finanziert, und das neue Projekt muß nicht mehr von einem Gremium akzeptiert werden: es genügt die Darlegung der Planung. Natürlich sollte der so schließlich fertiggestellte Film auch tunlichst mit dem ursprünglichen Plan übereinstimmen, sonst kann es teilweise erhebliche Schwierigkeiten mit der Auszahlung der Restbeträge geben.

Für programmfüllende Filme gibt es Referenzförderung über die Grund- und Zusatzbeträge des FFG, die jedoch für E-Filme genauso uninteressant sind wie der Bayerische Filmpreis. Allein beim Deutschen Filmpreis des BMI gibt es Chancen. Dieser Preis ist auch erste Adresse für Kurzfilme, selbst wenn in letzter Zeit kein Experimentalfilm mehr berücksichtigt wurde. Die Preisträger werden von einem Gremium ausgewählt, das seine Entscheidung aufgrund einer Liste fällt, in die alle Vorschläge aufgenommen werden. Vorschlagsrecht für die Liste haben nahezu alle Institutionen, Festivals und eine Reihe von Persönlichkeiten und Gruppen aus dem Bereich des deutschen Films. Bei der relativen Überschaubarkeit der deutschen Filmlandschaft sollte es jedem Filmemacher möglich sein, einen Vorschlagsberechtigten aufzuspüren und zur Nominierung zu bewegen. Ganz flapsig: keine falsche Bescheidenheit, es kostet nichts, und eine riesige Menge von Arbeiten fällt ohnehin in der Auswahlsitzung durch die Maschen.

Viel zu häufig übersehen wird von den meisten Filmemachern das zweite Standbein der Referenzfilmförderung: die Prädikatisierung durch die Filmbewertungsstelle Wiesbaden. Davon haben in der Vergangenheit einige Regisseure nahezu ihre gesamte Produktion bestreiten können. In den letzten Jahren hat es der E-Film bei der FBW sehr schwer, besonders nach dem neuen Filmförderungsgesetz, das nur noch Kurzfilme kennt, die als Beiprogramm im Kino laufen. Dennoch sollte man sich nicht unbedingt abschrecken lassen, da die Chancen theoretisch für ein Prädikat besser sind als für einen Festivalpreis. Und wer eine Projektförderung erhalten hat, muß seinen mit diesen Geldern hergestellten Film ohnehin in aller Regel durch FBW und FSK bringen. Das Verfahren ist auf den ersten Blick etwas verworren, so daß es im Folgenden näher dargestellt werden soll.

Das FFG sieht vor, daß ein Film (und im weiteren geht es nur um den Kurzfilm), der von der FSK zur öffentlichen Aufführung freigegeben worden ist, von der FBW begutachtet und damit prädikatisiert werden kann. Die FSK-Urteile sind: feiertagsfrei

oder nicht feiertagsfrei, sowie die Freigabe ab 6, 12, 16 oder 18 Jahren. Die FBW erteilt die Prädikate „besonders wertvoll", „wertvoll" oder eben kein Prädikat.
Natürlich kostet die Begutachtung Geld. Die Berechnung erfolgt nach Länge des Films in Metern, wobei vom 35 mm-Format ausgegangen wird. Um die Kosten für 16 mm errechnen zu können, muß die Filmlänge mit dem Faktor 2,5 multipliziert werden. Ein 16 mm-Kurzfilm von 100 m Länge kostet also 250 m in 35 mm. Die FBW berechnet augenblicklich 1,40 DM pro m 35 mm, die FSK 1,– DM pro m 35 mm, wozu im letzteren Fall allerdings noch die MWSt. in Höhe von 14 Prozent kommt. Die FSK-Freigabe hat für den E-Film keinerlei Bedeutung, sie ist im Gegensatz zu Spielfilmen auch nicht zwingend für eine spätere Vorführung. Sie ist nur wichtig, wenn die FBW den Film prädikatisiert, denn das Freigabedatum der FSK ist Grundlage für das Haushaltsjahr, aus dem die Förderungsmittel stammen, und für die Zwei-Jahres-Frist, innerhalb der die Gelder für den zu erstellenden neuen Film abgerufen werden müssen. Während Spielfilme zwingend immer zuerst zur FSK müssen, haben es die Kurzfilmer besser. Sie können ihren Film zuerst zur FBW geben mit der Mitteilung, daß der Film erst anschließend zur FSK soll. Erhält er kein FBW-Prädikat, kann man sich also die FSK-Kosten immer noch sparen.
Wer seinen Film zur Begutachtung anmeldet, sollte sich nicht dadurch irritieren lassen, daß die in Aussicht genommene Sitzung des Bewertungsausschusses (BA) erst in sechs bis acht Monaten vorgesehen ist. Kurzfilme werden stets früher begutachtet, wenn alle Voraussetzungen erfüllt sind. Als da wären: Vorlage der Kopie; Entrichtung der Prüfgebühren; eine schriftliche Versicherung, daß dem Antragsteller die Auswertungsrechte an dem Film zustehen; eine schriftliche Versicherung, daß der zu begutachtende Film in der vorgelegten Fassung zur öffentlichen Vorführung kommen soll; und, wie bereits erwähnt, ein schriftlicher Hinweis, daß die Kopie erst anschließend zur FSK soll.
Woran sich die Bewerter zu halten haben, ist im § 6 der Verfahrensordnung der FBW festgehalten:

§ 6

Beratung

(1) Bei der Bewertung sind alle wesentlichen Kriterien des Films zu erörtern, insbesondere die folgenden Gestaltungsmerkmale:

a) nach dem Stoff:
Fabel, Originalität, Bedeutung
Zeitkritischer Gehalt
Sachliche Richtigkeit

b) nach der Form:
Drehbuch (Aufbau, Einheit, Stil)
Regie (Stil, Dramaturgie, Umsetzung ins Bild, Sprache, Tonregie, Choreographie)

Besetzung und Darstellung
Kamera (Führung, Bildausschnitt, Qualität der Fotografie, Blickpunkt und Bewegungen der Kamera im Sinne der Dramaturgie)

Schnitt
Ton und Musik (Qualität, Bildergänzung, Dramaturgie der Geräusche, stilistische Entsprechung)

Bauten und Ausstattung (Szenenbild, Stil, Kostüme, Masken, Milieu)

Besondere Techniken (Bildformat, Trick, Blenden, Montagen)

c) nach der Filmgestalt im ganzen:
Verhältnis zwischen Stoff und Form
Angemessenheit der Gestaltungsmomente
Erfindung und Originalität
Künstlerische Gestaltung in Zusammenhang mit den sittlichen Grundlagen der Kultur.

(2) Bei der Beurteilung eines Films ist der Anspruch zu beachten, den er nach Stoff und Gattung erhebt. Der erkennbare Schwierigkeitsgrad der filmischen Realisierung soll berücksichtigt werden.

(3) Der finanzielle Aufwand bei der Herstellung des Films, seine voraussichtlichen Marktchancen sowie persönliche Umstände, insbesondere die wirtschaftliche Lage eines Antragstellers, dürfen bei der Begutachtung nicht berücksichtigt werden."

Obwohl es im § 4 ausdrücklich heißt, „die Ausschüsse sind an die Anträge und das Vorbringen der Antragsteller nicht gebunden", wird doch erkennbar, daß eine fundierte Begründung angebracht ist, warum der Film das Prädikat „besonders wertvoll" erhalten soll. Und das soll er, denn nur dann gibt es Geld. Die weitaus meisten Filme erhalten nur das Prädikat „wertvoll". Um dennoch in den Genuß einer Förderung zu kommen, gibt es zwei Möglichkeiten:
zum einen kann Widerspruch eingelegt werden, auch hier mit möglichst fundierter Begründung. Das kostet wieder Geld, doch wenn der Widerspruch Erfolg hat, werden diese Gebühren zurückerstattet. Jetzt muß der Hauptausschuß (HA) den Film begutachten, der sich aus anderen Personen zusammensetzt. Früher konnte man davon ausgehen, daß die Mitglieder des HA über fun-

diertere Filmkenntnisse verfügen als die des BA. Doch auch hier ist in den letzten Jahren eine Nivellierung, nicht unbedingt zum Positiven, zu beobachten.

Zum anderen sieht das FFG vor, daß eine Reihe von Preisen und Festivalauszeichnungen zusammen mit dem Prädikat „wertvoll" den Film in die Referenzfilmförderung hieven. Wie aus der folgenden Auflistung hervorgeht, gibt es einige der Festivals nicht mehr, doch ist die Liste augenblicklich noch gültig, trotz Novellierung des FFG. Mit Änderungen in der nicht allzu weiten Zukunft muß jedoch gerechnet werden.

Verordnung
zum Filmförderungsgesetz
Vom 22. Juli 1976

§ 1

(1) Die Auszeichnungen (erste Preise), die einem deutschen Kurzfilm oder nicht programmfüllenden deutschen Kinder- oder Jugendfilm auf einem der in der Anlage 1 aufgeführten Filmfestspiele von der im Reglement vorgesehenen Hauptjury verliehen werden, stehen dem von der Filmbewertungsstelle Wiesbaden erteilten Prädikat „besonders wertvoll" gleich. Dasselbe gilt für die in der Anlage 2 genannten Auszeichnungen (Preise und Prämien).

(2) Absatz 1 ist nicht anzuwenden, wenn die Auszeichnung einem Film zusammen mit mehr als einem weiteren Film zuerkannt wird.

Anlage 1

Internationales Trickfilmfestival, Annecy
Internationale Farbfilmwoche, Barcelona
Internationaler Autorenfilmwettbewerb, Bergamo
Internationaler Agrarfilm-Wettbewerb, Berlin
Internationale Filmfestspiele, Berlin
Internationales Dokumentar- und Kurzfilmfestival, Bilbao
Internationale Filmfestspiele, Cannes
Internationale Filmfestspiele, Cork
Internationales Sportfilmfestival, Cortina d'Ampezzo
Festspiel der Völker – Internationale Schau des gesellschaftskundlichen Kulturfilms –, Florenz
Internationales Kurzfilmfestival, San Francisco
Internationale Kurzfilmtage, Grenoble
Internationale Filmfestspiele, Karlsbad
Internationaler Experimentalfilmwettbewerb, Knokke-le Zoute
Internationales Kurzfilmfestival, Krakau
Internationale Filmfestspiele, Locarno
Internationales Trickfilmfestival, Mamaia
Internationale Filmwoche, Mannheim
Internationale Filmfestspiele, Melbourne

Internationale Filmfestspiele, Moskau
Internationales Filmfestival, Nyon
Internationales Film- und Fernseh-Festival in Oberhausen („Sportfilmtage Oberhausen")
Westdeutsche Kurzfilmtage, Oberhausen
Internationale Filmfestspiele, San Sebastian
Internationale Filmfestspiele, Teheran
Internationales Kurzfilmfestival, Thessaloniki
Internationale Festwoche für Berg- und Forschungsfilme, Trient
Internationale Woche des religiösen Films und der menschlichen Werte, Valladolid
Internationale Dokumentarfilmschau, Venedig
Internationales Trickfilmfestival, Zagreb
Internationales Filmfestival für Verkehrssicherheit, Zagreb

Anlage 2

Der Bundesminister des Innern:	Deutscher Filmpreis und weitere Filmpreise, soweit sie für Kurzfilme i.S. des Filmförderungsgesetzes verliehen werden
Der Bundesminister für Wirtschaft:	Deutscher Industriefilmpreis
Der Bundesminister für Jugend, Familie und Gesundheit:	Deutscher Jugendfilmpreis ⎫ Deutscher Kinderfilmpreis ⎬ für Kurzspielfilme ⎭
Der Kultusminister des Landes Nordrhein-Westfalen:	Preis für den besten Kurzfilm mit bildungspolitischem Thema
Die Academy of Motion Pictures, Arts and Sciences, Hollywood:	Oscar, Kurzfilmpreis
Die Katholische Filmarbeit in Deutschland:	Preis im Rahmen der Westdeutschen Kurzfilmtage Oberhausen und der Internationalen Filmwoche Mannheim

Das Internationale Evangelische Filmzentrum:	Preis im Rahmen der Westdeutschen Kurzfilmtage Oberhausen und der Internationalen Filmwoche Mannheim
Der Deutsche Volkshochschulverband:	Preis im Rahmen der Westdeutschen Kurzfilmtage Oberhausen und der Internationalen Filmwoche Mannheim
Die Fédération Internationale de la Presse Cinématographique (Fipresci):	Preis der Internationalen Filmkritik im Rahmen der Westdeutschen Kurzfilmtage Oberhausen und der Internationalen Filmwoche Mannheim
Die Arbeitsgemeinschaft der Filmjournalisten e.V.:	Preis der Deutschen Filmkritik (Curt-Oertel-Medaille)
Der Hauptverband Deutscher Filmtheater e.V.:	Kurzfilmpreise

Wieviel Geld aus der Referenzfilmförderung dieser Art schließlich an den Filmemacher fließt, ist im voraus nicht zu berechnen. Gewisse Ähnlichkeiten mit den Quoten im Lotto drängen sich auf. Die Einnahmen aus den Filmabgaben der Kinos fließen bei der FFA in einen großen Topf, der dann prozentual auf die verschiedenen Fördersparten aufgeteilt wird. Die absolute Summe der für die Referenzfilmförderung Kurzfilm zur Verfügung stehenden Mittel wird dann geteilt durch die Anzahl der Filme, die das Prädikat „besonders wertvoll" oder die vergleichbaren Auszeichnungen erhalten haben. Zuschauerzahlen an der Kinokasse und Anzahl der besonders wertvollen Filme sind also die Unwägbarkeiten. Als Richtzahl kann man jedoch nach den Erfahrungen der letzten Jahre davon ausgehen, daß die Summe irgendwo zwischen 18.000,– DM und 42.000,– DM liegen wird. Wie bereits erwähnt, hat sich die Situation für den Kurzfilm mit dem neuen FFG verschärft. Sowohl der Referenzfilm als auch der dann herzustellende Film dürfen nicht länger als 15 min sein. Entgegen einer häufig zu hörenden Ansicht gibt es jedoch für die Prädikatisierung keine Untergrenze dessen, was ein Kurzfilm ist. Wer allerdings auf die Steuererleichterungen erpicht ist (die soll es tatsächlich noch irgendwo im Film-Dschungel geben!), sollte seinen Film nicht kürzer als 251 m im 35 mm-Format (=mindestens 100 m in 16 mm) machen.

Nur der Vollständigkeit halber sei noch darauf hingewiesen, daß Super-8-Filme selbstverständlich nicht gefördert werden können – sie sind filmwirtschaftlich gesehen vollständig uninteressant.

Spielstellen

Experimentalfilme ins Kino zu bringen ist so gut wie hoffnungslos – eine Binsenweisheit. Strukturelle, ästhetische, inhaltliche und ökonomische Gegebenheiten stehen dem im Weg.
Wer seine E-Filme als pure „Kunst" ansieht, hat zwar die legitime Möglichkeit, sie für sich allein zu machen und im stillen Kämmerlein damit zufrieden zu sein, den Widerstand des Materials überwunden und sich persönlich ausgedrückt zu haben – die Regel dürfte das jedoch nicht sein. Trotz aller Einschränkungen gerade für den E-Film ist Film ein Massenmedium. Und Spielstellen bieten zumindest potentiell die Möglichkeit, nicht nur ein wenn auch kleines Publikum zu erreichen, sondern auch gewisse finanzielle Rückflüsse für die Investitionen in die Herstellung eines Films zu erzielen.
„Normale" Kinos sind nur an hohen Besucherzahlen interessiert. Diese werden nur bei Unterhaltung erreicht, was in aller Regel bei E-Filmen nicht der Fall sein dürfte. Da die meisten Kinos technisch dafür nicht ausgerüstet sind, fallen 16 oder gar 8 mm von vornherein aus. Und da die meisten E-Filme nicht programmfüllend sind, Kinos aber bekanntlich kaum noch Vorfilme zeigen, entfällt selbst diese Möglichkeit.
Nicht viel besser sieht es bei Programmkinos aus, die sich auf das Repertoire und die bekannten oder auch gepushten Kultfilme beschränken. Bis auf wenige Ausnahmen ist auch dieser Markt für den E-Film dicht. Als Fehlspekulationen muß man auch die hin und wieder unternommenen Versuche werten, programmfüllend im 35 mm-Format in diesen Bereich vorzudringen.
All diese Probleme sind schon lange bekannt, zumal sie nicht nur den E-Film, sondern auch etwa Dokumentarfilme oder die Filmgeschichte, vor allem abseits von Hollywood, betreffen. Unter der griffigen Devise „Andere Filme anders zeigen" traten deshalb einst mit hohem Anspruch die Kommunalen Kinos an. „Andere Filme" sind zweifellos auch E-Filme, selbst Kurzformen und im 8 mm-Format, und „anders zeigen" heißt sicherlich auch, Einfüh-

rungen geben, mit dem Filmemacher diskutieren und ähnliches mehr. Ein Eldorado schien sich aufzutun.

Doch grau ist bekanntlich alle Theorie. Gemessen am selbstgesetzten Anspruch, haben sich die Kommunalen Kinos als größte Enttäuschung für den E-Film erwiesen, auch wenn in diesem Bereich wegen einiger namhafter Ausnahmen noch immer eine große Abspielbasis besteht. Zwei Hauptgründe sind für dieses durchgängige Versagen maßgeblich: zum einen die Unkenntnis oder auch nur Hilflosigkeit der Programmacher gegenüber dem Experimentalfilm, der zu allem Übel auch noch ein bedeutendes Mehr an Arbeit für eine gelungene Präsentation erfordert. Zum anderen die restriktiven Kulturhaushalte der Kommunen, die nur zu häufig dazu zwingen, zum Aufpolieren der Zuschauerbilanzen immer mehr den stromlinienförmigen Weg der Programmkinos zu gehen. Selbst Kommunale Kinos, die noch Ende der 70er Jahre für ihre quantitativ und qualitativ überragende Arbeit mit E-Filmen bekannt und angesehen waren, haben inzwischen weitgehend „das Handtuch geworfen".

Dies erstaunt umso mehr, als das Publikum in jüngster Zeit wieder wesentlich stärker anzusprechen ist. Zuschauerzahlen von über 100 sind häufiger die Regel als die Ausnahme. Allerdings gibt es Einschränkungen: beliebt sind die Avantgardefilme der 20er Jahre bei Programmachern und Publikum gleichermaßen, wohl weil diese Filme längst kunsthistorisch und literarisch abgesichert sind. Und gerade die Undergroundfilme der späten 60er Jahre werden von einem jungen Publikum mit Begeisterungsfähigkeit für Witz und Frechheit neu entdeckt. Zeitgenössische Arbeiten dagegen haben es, wie immer, sehr schwer.

Studentische Filmclubs waren in den 60er Jahren eine Hochburg für den E-Film, bevor sie in den 70ern mehr zu politischen und/oder dokumentarischen Formen überschwenkten. In jüngster Zeit ist hier eine erneute Öffnung auch zu experimentellen Formen zu beobachten. Aufgrund der studienbedingten hohen Personalfluktuation blüht diese Filmarbeit jedoch oft nur kurz.

Sehr viel kontinuierlicher arbeiten dagegen die Hochschulen, an denen Film unterrichtet wird (siehe auch Kapitel „Studienmöglichkeiten"). Als Abspieltyp dürften sie gegenwärtig sowohl quantitativ als auch qualitativ am konsequentesten mit E-Film arbeiten. Doch gibt es auch hier Einschränkungen. Die für Filmmieten zur Verfügung stehenden Etats sind durchgängig viel zu gering. Daraus folgt naturgemäß eine stärkere Beschränkung auf Meisterwerke der E-Film-Geschichte.

Bleibt schließlich noch eine kaum übersehbare Flora kleiner (was nicht qualitativ gemeint ist!) Spielstellen der unterschiedlichsten Art. Hier den Überblick zu behalten, ist äußerst schwierig, da ihre Arbeit völlig von der Initiative und dem Enthusiasmus ihrer Macher abhängig ist und mit diesen steigt oder untergeht. Es gibt sie in Jugend- und Kommunikationszentren, in alternativen Institutionen oder Szene-Kneipen. Häufig beschränken sie sich auf

Super-8-Filme, manche arbeiten nur mit Video. Es empfiehlt sich für Filmemacher auf der Suche nach potentiellen Spielstellen in diesem Bereich das genaue Studium der Stadt- oder Alternativzeitungen in Deutschlands Großstädten.

Wer Spielstellen für seine Filme sucht, sollte generell verschiedene Dinge berücksichtigen. Grundsätzlich sind gute schriftliche Informationen wichtig. Neben die vollständigen technischen Angaben (und evtl. einem aussagefähigen Foto) gehören verständliche Aussagen zu Inhalt und/oder Form. Wenn der Film noch nicht unbedingt bekannt ist, hat die Spielstelle ein Anrecht darauf, bevor sie sich entscheidet. Viele Spielstellen programmieren in Reihen oder Serien, nicht in Einzelprogrammen. Obwohl viele Filmemacher völlig dagegen sind, können selbst technisch nicht gerade brillante Video-Demos von den Filmen eine große Hilfe für die Spielstelle sein. Wird ein ganzes Programm oder Paket angeboten, sollte aus dem Angebot auch hervorgehen, welches Interesse die Spielstelle daran haben könnte, genau dieses Programm zu präsentieren. Leichter fällt es in der Regel, ein Programm mit Filmemacher oder Referent unterzubringen. Noch besser ist es allerdings, wenn die Begleitperson in Einführung und Diskussion nicht nur zu sich selbst Stellung nehmen kann, sondern etwa auch zu den Intentionen und Arbeitsbedingungen ihrer Gruppe o.ä. Doch unabhängig, ob ein Programm mit oder ohne Begleitung zur Verfügung steht: wichtig ist die Angabe des Zeitraums, in dem es zur Verfügung steht. Viele Spielstellen müssen mindestens zwei Monate im voraus planen, manche arbeiten sogar nur mit Semesterprogrammen. Diese Vorlaufzeiten müssen unbedingt beachtet werden! Auch wenn es beim ersten Mal nicht gleich klappt: nicht aufgeben. Die regelmäßige Versorgung der Spielstelle mit Infos kostet zwar Geld, deutet jedoch auch auf kontinuierliche, will sagen: ernsthafte Arbeit hin. Bekanntlich höhlt auch steter Tropfen den Stein. Und eine nachfolgende direkte telefonische Konfrontation hat schon bei vielen Spielstellen Wunder gewirkt.

Ein Wort zu den Finanzen. Die Präsentation von E-Filmen ist im Verhältnis zu den Zuschauerzahlen sehr teuer, vielleicht vordergründig für die Spielstellen sogar das schlechteste Geschäft, das sie überhaupt machen können. Mit Begleitung ist es sogar noch teurer, doch wird das Mehr hier durch eine nicht alltägliche Präsentation aufgewogen. Mitte der 60er Jahre setzte sich eine Leihmiete von 3,- DM pro Minute Filmlaufzeit durch (gilt für 16 mm). Trotz laufenden Geldwertschwundes ist dieser Preis heute, 20 Jahre später, kaum noch zu erzielen. Und das, obwohl die großen Verleiher im gleichen Zeitraum um rund 500 Prozent angezogen haben. Doch damals waren E-Filme Publikumsrenner, was heute wohl kaum noch der Fall sein wird. Unter 2,- DM pro Minute (16 mm) sollte man jedoch nicht gehen. Für Programme mit Begleitung sind je nach Größe und Finanzkraft der Spielstellen maximal 300,- bis 500,- DM zu erzielen. Konkret heißt das:

bei einem 60-minütigen Programm mit rund 30 min Einführung und Diskussion gibt es 120,– DM für Leihmieten und 180,– DM für Reisekosten, Unterkunft, Verpflegung und Honorar. Rein betriebswirtschaftlich gesehen ein Zuschußgeschäft für den Filmemacher. Muß dieser gar noch als Freiberufler Mehrwertsteuer ans Finanzamt abführen, vermindert sich die Summe um 19,63 DM, denn die meisten Spielstellen können keine MWSt. zahlen, weil sie diese nicht erheben bzw. abführen. Lohnend kann ein solches Programm also für den Filmemacher eigentlich nur nach der kapitalistischen Devise werden, daß die Menge es bringt. Dazu gehört, eine möglichst komprimierte Tournee zu organisieren: die Termine sollten so dicht wie möglich zusammenliegen, die Entfernungen zwischen den Spielstellen möglichst kurz sein, und die Route der Tournee möglichst wenig kreuz und quer durch die Lande gehen. Ist man nicht zu anspruchsvoll, können die Spielstellen in aller Regel auch einfache und billige Unterkünfte besorgen. Wahrscheinlich empfiehlt es sich, in die Preisangaben des Programmangebots mit Begleitung, Verhandlungsspielraum einzubauen, ohne allerdings den Bogen so weit zu überspannen, daß gleich abgewinkt wird.

Im Folgenden sind Spielstellen aufgeführt, die in den Jahren 1985 und 86 mehr als einmal E-Filme gezeigt haben. Diese Auflistung ist weder vollständig, noch kann dafür garantiert werden, daß alle bei Erscheinen dieser Zeilen noch arbeiten. Geordnet ist nach Postleitzahlen.

Filmbühne am Steinplatz
Christoph Fritze
Hardenbergstraße 12
1000 Berlin 12
030/3 12 90 12-13

HdK/FB 4
Wolfgang Ramsbott
Hardenbergstraße 33
1000 Berlin 12

Freunde der Deutschen Kinemathek
Alf Bold
Welserstraße 25
1000 Berlin 30
030/2 13 60 39

Drugstore
Potsdamer Straße 180
1000 Berlin 30

Kino Eiszeit
Zeughofstraße 20
1000 Berlin 36

Känguruh Filmclub
c/o Caroline Steffen
Wasgenstraße 75 Hs. 25/14
1000 Berlin 38

Ufer-Palast
Kino in der Ufa-Fabrik
Viktoriastraße 13
1000 Berlin 42

Xenon Kino
Kolonnenstraße 5–6
1000 Berlin 62
030/7 82 88 50

Sputnik Kino
Andreas Döhler
Reinickendorferstraße 113
1000 Berlin 65
030/4 65 87 69

Alabama Lichtspiele
Kieler Straße 622
2000 Hamburg

Metropolis
Heiner Ross
Dammtorstraße 30
2000 Hamburg 36
040/34 23 53 oder 34 65 32

Die Thede e.V.
Thedestraße 85
2000 Hamburg 50

Werkstatt 3
Nernstweg 32–34
2000 Hamburg 50

HfBK
Rüdiger Neumann
Lerchenfeld 2
2000 Hamburg 76

Autonomes Bildungs-Centrum e.V.
Bauernreihe 1
2168 Drochtersen (Hüll)

Pumpe
Kommunales Kino
Gesa Rautenberg
Haßstraße 22
2300 Kiel
0431/96303

Verein Hansastraße 48 e.V.
Hansastraße 48
2300 Kiel

Aktion Jugendzentrum
Friedrichstraße 24
2350 Neumünster

Die Brücke
Ambulanter Dienst
Großflecken 26
2350 Neumünster

ADS-Jugendtreff/Speicher
Segelmacherstraße 15
2390 Flensburg

Zentrum
Freizeit, Bildung, Kultur
Mengstraße 35/II
2400 Lübeck 1

Fotoforum Bremen e.V.
Fedelhören 31
2800 Bremen 1

Hochschule für Kunst und Musik
Gerd Dahlmann
Am Wandrahm 23
2800 Bremen
0421/170051

Kommunalkino Bremen e.V.
Ostertorsteinweg 105
2800 Bremen 1

Schauburg Bremen
Kulturzentrum e.V.
Vor dem Steintor 114
2800 Bremen 1

X-Screen
Gabriele Gehrmann
Theodor-Körner-Straße 17
2800 Bremen

Kommunales Kino Achim
Wolfgang Griep
Roedenbeckstraße 135 b
Badenermoor
2807 Achim

Kommunales Kino
T. Brinkmann
Friederikenstraße 19
2940 Wilhelmshaven

Kommunales Kino
Sigurd Hermes
Sophienstraße 2
3000 Hannover 1
0511/1684732

Das andere Kino
Verein f. offene Jugendarbeit
Sedanplatz 26
3160 Lehrte

Filmkoop Braunschweig
c/o FBZ Bürgerpark
Nimesstraße 2
3300 Braunschweig

HBK
Gerhard Büttenbender
Broitzemer Straße 230
3300 Braunschweig

Film- und Kino-Initiative FKI
Untere Maschstraße 26
3400 Göttingen

Haus Spilles
Jonas Plöger
Benrather Schloßallee 93
4000 Düsseldorf 13
02 11/8 99 71 65 oder 64

Die Fähre
Gerd Weidenfeld
Parkstraße 70
4000 Düsseldorf 30
02 11/46 07 50

MEK-Film
Kino an der Uni
Korveyer Straße 51
4000 Düsseldorf 30

Zentrum Esch-Haus
Z.H. Peter Dietz
Niederstraße 32–34
4100 Duisburg 1

Krefelder Kunstverein Buschhüt
Westwall 124
4150 Krefeld

Stadtkino Oberhausen
Grillostraße 34
4200 Oberhausen

Filmwerkstatt Essen
Schloß Borbeck
Schloßstraße 101
4300 Essen

Jugendzentrum Essen
Gisela Kühn
Papestraße 1
4300 Essen 1

VHS Essen
Werner Biedermann
Hollestraße 75
4300 Essen 1
02 01/1 81 46 95 oder 1 81 52 60

Zeche Carl
Jugend- und Kulturzentrum
Hömannstraße 10
4300 Essen 12

Studentenschaft
Jens Possit
Schloßplatz 1
4400 Münster
0251/55995 oder 43383

Westfälischer Kunstverein
Domplatz 10
4400 Münster

Scheune Jugendzentrum Nordhorn
Denekamper Straße 26
4460 Nordhorn

Initiative Unifilm
im Asta der Universität
Neuer Graben/Schloß
4500 Osnabrück

Lagerhalle
Peter Claßen
Rolandsmauer
4500 Osnabrück
0541/22722

VHS Ibbenbüren
Breite Straße 18
4530 Ibbenbüren

VHS Dortmund
Ernst Schreckenberg
Heiliger Weg 7–9
4600 Dortmund 1
0231/5422 5616

Studienkreis Film
Filmclub an der Ruhr-Universität
Postfach 102148
4630 Bochum

Thealozzi
Kulturhaus Bochum e.V.
Pestalozzistraße 21
4630 Bochum 1

Narrenschiff Theater & Cafe
Thomas Ulbricht
Massener Hellweg 25
4750 Unna-Massen

Spectrum Kulturkreis Lage e.V.
Rolandsweg 81
4790 Paderborn 1

AJZ-Filmgruppe
Thomas Wieners
August-Bebel-Straße 146
4800 Bielefeld 1

Bürgerzentrum Alte Weberei
Bogenstraße 1—8
4830 Gütersloh 1

„Lichtwerk"
Susanna Düllmann
Ostersiek 20
4902 Bad Salzuflen

Kulturszene Fabrik e.V.
Königstraße 40 a
4950 Minden

Kölner Filmhaus e.V.
Luxemburger Straße 72
5000 Köln 1

Sesselkino im Filmhaus
Luxemburger Straße 72
5000 Köln 1

Argel Filmclub Bonn
Gudrun Ortmanns
Goebelstraße 30
5300 Bonn 1

Frauenbildungswerkstatt
Bärbel Lotter
Im Krausfeld 10
5300 Bonn 1

Film-AG Uni Bonn
Stefan Drößler
Bonner Straße 54
5300 Bonn 2
0228/355249

Film-Video-Verein
Tuchfabrik
Susanne Wahl
5500 Trier

Studentenschaft Uni Trier
Asta Kulturreferat
Postfach 3825
5500 Trier

Filmriß Hagen
c/o Volker Diefenbach
Eugen-Richter-Straße 98
5800 Hagen 1

Filminitiative Herdecke
Meinhard Zumfelde
Eckenerweg 7
5804 Herdecke

Kurbelkiste
Güterweg 25
5900 Siegen

Panoptikum
Studentischer Filmclub
Schomelstraße 15
5902 Netphen 1

Brotfabrik
Kulturinitiative Frankfurt e.V.
Bachmannstraße 2–4
6000 Frankfurt

Kinoteam Gmbh (Berger Kino)
Thomas Gröger
Günthersburgallee 38
6000 Frankfurt 1
069/448085

Verein „Mal Seh'n"
c/o Axel Sumey
Julius-Brecht-Straße 8
6000 Frankfurt 50

Kommunales Kino
Schaumainkai 41
6000 Frankfurt 70
069/2128840

HfG
Schloßstraße 31
6050 Offenbach
069/812041

Kulturamt der Stadt Offenbach
Herr Kaiser
Berliner Straße 74
6050 Offenbach

Freies Kulturcafe
Ch. Weber
An der Wied 1
6090 Rüsselsheim

Studentenkeller im Schloß
c/o Asta der TH
Hochschulstraße 1
6100 Darmstadt

Stud. Filmkreis der TH
Christoph Baehr
Karolinenplatz 5
6100 Darmstadt
06151/163339

AG Kommunales Kino
c/o J. Pollitt
Bahnhofsstraße 70
6108 Weiterstadt

Hinterhaus Gruppe Tripol e.V.
Karlstraße 15
6200 Wiesbaden

Unifilm Saarbrücken
Universität Bau 14, 2
Im Stadtwald
6600 Saarbrücken 11

VHS Kaiserslautern
Rolf Wedeking
Kanalstraße 3
6750 Kaiserslautern
0631/64083-85

Cinema Quadrat
Susanne Kaeppele
Rathaus E 5
6800 Mannheim 1
0621/21242

Kommunales Kino
Neckarstraße 48 b
7000 Stuttgart
0711/221320

Mitte Stuttgarter Jugendhaus
Werkstatt und Kultur
Hohe Straße 9
7000 Stuttgart 1

Kommunales Kino Sindelfingen
Kulturamt
Vaihinger Straße 8
7032 Sindelfingen

Jugendzentrum Waiblingen
Chris Hieber
Alter Postplatz 16
7050 Waiblingen
07151/5001273

Kommunales Kino Schorndorf
Volkshochschule
Augustenplatz 4
7060 Schorndorf

Hochschule für Gestaltung
Rektor-Klaus-Straße 100
7070 Schwäbisch-Gmünd
07171/602500

Film-Forum im Jugendhaus
Z.H. Herrn Kapusta
Schillerstraße 7
7100 Heilbronn

Kommunales Kino Ludwigsburg
c/o Sorg
Maulbronner Straße 8
7140 Ludwigsburg

Kommunales Kino Esslingen
Kanalstraße 29
7300 Esslingen

AFK Filmstudio
Universität Karlsruhe
Kaiserstraße 12
7500 Karlsruhe

Das Kino
Alf Meyer
Postfach 2041
7500 Karlsruhe 1
0721/661191

Jugendzentrum „Schlauch"
Calwerstraße 6
7530 Pforzheim

Kommunales Kino „cinema"
Dieter Weber
Bahnhofstraße 12
7530 Pforzheim

Penn-Club 2000 e.V.
c/o Goldener Adler
Felsenstraße 2
7530 Pforzheim-DW

Kommunales Kino Oberkirch
Rainer Braxmaier
Schlatten 2
7602 Oberkirch

Guckloch-Kino
Dieter Krauß
Kopsbühl 80
7730 Villingen-Schwenningen
07721/24074 oder 23348

AG Zebra-Kino e.V.
Bücklestraße 23
7750 Konstanz

Kommunales Kino Konstanz
c/o Franz Schwarzbauer
Wessenbergstraße 8
7750 Konstanz

AKA-Filmclub e.V.
Universität
Belfortstraße 11
7800 Freiburg i. Br.

Kommunales Kino
Willi Karow
Urachstraße 40
7800 Freiburg
0761/709033

Jugendhaus Ravensburg
Möttelinstraße 34
7980 Ravensburg

Freie Volkshochschule Argental
Engertsweiler Straße 24
7988 Wangen 4

Werkstattkino e.V.
Anatol Nitschke
Fraunhoferstraße 9
8000 München 5
089/2607250

Visuelle Filme und Video
F. Fra c/o Eva Weniger
Metzgerstraße 4
8000 München 80

Kinoptikum
Filmzentrum e.V.
Nahensteig 189
8300 Landshut

Scharfrichterhaus
Ulrich Müller
Milchgasse 2
8390 Passau

Arbeitskreis Film
Josef Kopelent
Untere Bachgasse 12–14
8400 Regensburg
0941/563237

Kino im Komm, Filmfabrik
Stefan Grosse-Grollmann
Königstraße 93
8500 Nürnberg
0911/223647

Kommunikationszentrum E-Werk e.V.
Fuchsenwiese
8520 Erlangen

Fachbereich Gestaltung
Ingo Petzke
Hans-Löffler-Straße 49
8700 Würzburg
0931/73310

Walter Stock
Filmvermittlung – pädag. Beratung
Balthasar-Neumann-Straße 26
8723 Gerolzhofen

Stadtkino Augsburg
Zeughaus
Zeugplatz 4
8900 Augsburg 11

Festivals

Es ist wohl nicht zu weit gegriffen, wenn man feststellt, daß Festivals ursprünglich einmal eine rein kommerzielle Angelegenheit waren: eine Messe für Produzenten und Aufkäufer, verbrämt mit dem Glamour von Stars. Eine Show, bei der der einfache Zuschauer einmal in die Welt der Kinoträume hineinschnuppern durfte.
Heute sieht es meist ganz anders aus. Vor allem, was den Bereich des Kurzfilms betrifft. Die Produzenten sind in aller Regel die Filmemacher selbst. Aufkäufer, soweit überhaupt noch vorhanden, sind höchstens die nichtkommerziellen Verleiher. Vom Glamour ist nichts geblieben. Filmemacher, Cineasten und eine Handvoll unentwegter Journalisten sind unter sich.
Der Vorteil liegt auf der Hand. Festivals dienen primär der Information über den „Stand der Dinge" und haben manchmal sogar den Charakter eines großen Familientreffens von Machern und Cineasten. Gerade aus diesem Grunde ist es wichtig geworden, daran teilzunehmen – aktiv mit eigenen Arbeiten und passiv als Zuschauer. Auf Festivals gehen Sterne auf (und häufig natürlich auch unter). Trends, Tendenzen, Namen – sie kommen hier zum Ausdruck, werden manifest. Und dringen ins Bewußtsein der Multiplikatoren aller Art, wie Filmemacher, Spielstellenleiter, Journalisten.
Wer mit seinen experimentellen Arbeiten an Festivals teilnehmen möchte, sieht sich allerdings vor einer Fülle praktischer Probleme. Daß es inzwischen mehr Festivals als Tage im Jahr gibt, ist längst eine Binsenweisheit – und täglich werden es mehr. Vor allem, seit eine Entwicklung weg vom großen „Kaufhaus" hin zu kleinen, spezialisierten Veranstaltungen zu verzeichnen ist. Hier den Überblick zu behalten, ist äußerst schwierig geworden. Eine große Hilfe ist dabei allerdings die in Hamburg erscheinende Zeitschrift „Black Box", die sehr ausführlich Festivals, Termine und Adressen auflistet.
Von sich aus an ausländischen Festivals teilzunehmen, ist fast

aussichtslos. Probleme mit dem Zoll, monatelange Abwesenheit der Kopien und die Unkontrollierbarkeit dessen, was dort mit dem Film geschieht, sind nur eine Seite. In vielen Ländern, in denen die Kulturförderung noch miserabler als in der Bundesrepublik funktioniert, etwa in den USA, werden „Startgelder" erhoben, mit denen die Festivals sich oder ihre Preise finanzieren, wobei ausländische Beiträge oft nur schmückendes Beiwerk zur Internationalität sind, ohne jedoch eine echte Chance zu einer Auszeichnung zu haben – da steht oft nationaler Chauvinismus und ein gänzlich anderes Filmverständnis vor. Als Musterbeispiel sei hierfür das Videofestival von Montbeliard in Frankreich im Mai 1986 aufgeführt, wo bei über 30 teilnehmenden Nationen und rund 15 Preisen nur 2 an Nicht-Franzosen gingen.

Einfacher wird es, wenn man eine Einladung erhält. Diese Einladungen von Filmen laufen besonders häufig über die großen Festivals von Oberhausen, Mannheim oder Berlin, an denen zahlreiche ausländische Festivalleiter teilnehmen und ihre deutschen Beiträge auswählen. Eine solche Einladung bedeutet auch, daß man in den Genuß der Übernahme von Untertitelungskosten durch das Kuratorium junger deutscher Film kommen kann. Während für das Ausland meist gilt, daß die Filme maximal zwei Jahre alt sein dürfen, ist diese Regel in der BRD sogar zu einem Jahr verkürzt. Dazu kommt, daß gerade die großen Festivals ein Exklusivitätsrecht für sich beanspruchen: was beispielsweise in Berlin gelaufen ist, wird für Oberhausen nicht mehr berücksichtigt.

Wer deshalb plant, mit einer neuen Arbeit auf den deutschen Festivals vertreten zu sein, sollte sich einen möglichst genauen „Einsatzplan" machen. Zunächst wird man gezwungen sein, alle Festivals anzuschreiben und um die genauen Reglements zu bitten, aus denen hervorgeht, wie alt die Filme sein dürfen, ob Exklusivität besteht, welche Formate zugelassen sind, und vor allem, wie lange die Kopien wahrscheinlich unterwegs sein werden. Von zwei Kopien einzig für den Festivaleinsatz muß ausgegangen werden. In den Reglements steht in aller Regel auch, daß E-Filme gewünscht werden. Doch Papier ist geduldig. Von Ausnahmen einmal abgesehen, ist der Experimentalfilm meist nicht mehr als ein filmpluralistisches Feigenblättchen.

Nicht alles ist aus den Reglements ableitbar. In Berlin etwa dominiert de facto der Spielfilm – wer hat je etwas über die dort gezeigten Kurzfilme gehört oder gelesen? Und jeder muß auch für sich selbst entscheiden, ob er nur auf einem Fach-Festival vertreten sein will, oder doch an anderer Stelle Flagge zeigen möchte, selbst in der Minoritäten-Ecke für cineastische Spinner.

Viele Festivals sind noch immer in ihren Strukturen in der alten, kommerziellen Zeit verhaftet. Frachtkosten für die Kopien sind, zumindest einen Weg, vom Teilnehmer zu bezahlen. Die Abnutzung der Kopien ist ebenfalls zu berücksichtigen, wobei erstaunlich ist, wie viele Festivals technische Probleme mit den

Projektoren haben, um es dezent auszudrücken. Durch diverse Auswahlsichtungen, Wettbewerbsvorführungen, Sondervorführungen für die Juries und wichtige Interessenten sowie häufig noch Vorführungen in Neben- und Sonderprogrammen, kommt es leicht zu 10 Projektionen, von denen die Kopien nicht besser werden, ohne daß man dafür einen Pfennig zurückerhält. Krass ausgedrückt: viele Festivals schmücken sich auf dem finanziellen Rücken der Filmemacher, die nun wahrlich nicht mehr die geldschweren Produzenten vergangener Tage sind.

Allerdings gibt es gerade in diesem Bereich in den letzten Jahren durchgreifende Verbesserungen, mit denen der Osnabrücker E-Film-Workshop Maßstäbe gesetzt hat. Dort wird für jeden gezeigten Film zumindest eine nominelle Filmleihmiete von 3,– DM pro Minute gezahlt (gilt für 16- und 35 mm), und anreisende Filmemacher erhalten auf Wunsch kostenlose Unterbringung in einfachen Quartieren und ein Frühstück. Wegen der Überfülle eingereichter Filme mußte zwar ein Teil der Transportkosten inzwischen ebenfalls auf die Filmemacher abgewälzt werden, doch statt Spedition und Luftfracht tut es ja auch ein einfaches Päckchen per Post. Dafür sind Preise und damit Konkurrenzdruck bewußt vermieden worden, und Filme von anderen Festivals ausdrücklich erwünscht. Schließlich ist es nicht einzusehen, daß ein künstlerisches Produkt nur einmal auf einem Festival laufen darf und dann gefälligst in der Versenkung zu verschwinden hat. Eine Reihe gerade der „kleinen" Festivals hat sich inzwischen mehr oder weniger stark den Osnabrücker Überlegungen angeschlossen.

Für dieses Buch ist der Versuch unternommen worden, sämtliche deutschen Festivals anzuschreiben und den Experimentalfilm betreffende Besonderheiten zu eruieren. Das Ergebnis war fast zu erwarten: er ist überall willkommen, doch Konkretes wurde nicht gemeldet. Da hilft nur, siehe oben, selbst um die Reglements zu bitten, da deren Abdruck den Rahmen dieses Buches weit sprengen würde, und sich ansonsten bei Kollegen und Freunden gut umzuhören.

Zwei Bemerkungen vorab: alle aufgeführten Festivals haben inzwischen eine Vorauswahl. Und selbst da, wo es theoretisch Preise zu gewinnen gibt, ist die Chance für Experimentalfilme in aller Regel ziemlich klein. Die Juroren halten sich lieber an Inhalte oder bewährte Formen, als sich auf das Glatteis unkonventioneller Konzeptionen und Ästhetiken zu begeben.
Die folgende knappe Auflistung ist nach den Terminen im Jahresablauf geordnet.

INTERNATIONALES FORUM DES JUNGEN FILMS
Budapester Straße 50
Welserstraße 25
1000 Berlin 30
030/2548 92 46 oder 2 13 60 39
Ulrich Gregor/Alf Bold

Festival seit 1971, jeweils Februar/Anfang März. Sämtliche Filmformate und Video. Mögliche Preise: Ökumenische Juries, FIPRESCI-Jury, Leser-Jury der Stadtzeitung ZITTY.

GRENZLANDFILMTAGE
Postfach 307
Hornschuchstraße 1
8592 Wunsiedel
092 32/47 70
Ulrich Kaffarnik/Reinhold Schöffel

Festival seit 1976, jeweils am Wochenende nach Ostern. 16 und 35 mm. Generell keine Preise, reine Informationsveranstaltung.

WESTDEUTSCHE KURZFILMTAGE OBERHAUSEN
Grillostraße 34
4200 Oberhausen 1
02 08/8 25 26 52

Festival seit 1954, jeweils im Frühjahr, S-8, 16 und 35 mm. Jede von derzeit 12 Juries kann theoretisch Preise an Experimentalfilme verleihen.

Mögliche Preise für deutsche Filme: Kurzfilmpreis der AG der Filmjournalisten, Preis der Unterzeichner des Oberhausener Manifestes.

DARMSTÄDTER STUDENTENFILMTAGE
Studentischer Filmkreis der TH
Karolinenplatz 5
6100 Darmstadt
Christoph Baehr

Festival seit 1970/1980, alle zwei Jahre im Mai, S-8, 16 und 35 mm, VHS, U-Matic.

GÖTTINGER FILMFEST
Kinothek Göttingen e.V.
Gartenstraße 28
3400 Göttingen
05 51/4 11 91

Michael Köchel/Lutz Moldenhauer/Anne Ahrens. Jährlich im Mai, 16 und 35 mm.

WERKSTATT FÜR JUNGE FILMER
BAG für Jugendfilmarbeit und Medienerziehung e.V.
Schweizer Straße 6
6000 Frankfurt 70
069/61 04 39
Bernt Lindner

Festival seit 1984, jährlich im Juni. Nachfolger des FEST DER JUNGEN FILMER WERL. 8 und 16 mm, sämtliche Videosysteme. Förderprämien.

INTERNATIONALE DUISBURGER AMATEUR FILMTAGE
Welkerstraße 4
4100 Duisburg 1
02 03/2 94 77
Hansjoachim Stampehl

Festival seit 1985, jährlich im Juni. S-8 und 16 mm, VHS und U-Matic. Sonderpreis für einen herausragenden Experimentalfilm, weitere Sonderpreise sind geplant.

EXPERIMENTAL-FILM-WORKSHOP
(Europäisches Medienkunst Festival)
Postfach 18 61
Hasestraße 71
4500 Osnabrück
05 41/2 16 58

Festival seit 1981, jeweils im September. Sämtliche Film- und Videoformate, Installationen, Performances. Experimentalfilmpreis der AG der Filmjournalisten, Preis der Zeitschrift FRAUEN UND FILM.

INTERNATIONALE FILMWOCHE MANNHEIM
Rathaus E 5
6800 Mannheim 1
06 21/2 93 27 45
Fee Vaillant/Hanns Maier

Festival seit 1951, jeweils im Oktober. 16 und 35 mm

Experimentalfilme tauchen als eigenes Genre im Reglement nicht auf, werden jedoch de facto berücksichtigt. Denkbare Preise: Großer Preis der Stadt Mannheim für einen Erstlingsspielfilm, Josef-von-Sternberg-Preis für den eigenwilligsten Film, Mannheimer Filmdukaten.

experi & NIXPERI
Kino in der Brotfabrik/Traumpalast
Kreuzstraße 16
5300 Bonn 3 (Beuel)
0228/475424
Frank Zander/Stefan Drössler
(216127 und 355249)

Festival seit 1979, jeweils im Dezember. Sämtliche Filmformate. Preis der Publikumsjury und Preis der Fachjury.

Festivals mit wichtigen Beschränkungen, teilweise unregelmäßig:

Diese Auflistung erhebt keinen Anspruch auf Korrektheit und Vollständigkeit, denn gerade im Bereich der „kleinen" Festivals scheint vieles in Bewegung zu sein. Auch war hier die Rücklaufquote der versandten Fragebögen ausgesprochen gering. Vorsicht ist also geboten.

MEDIENBÖRSE FILM
Gemeinschaftswerk der Evangelischen Publizistik
Fachbereich Film
Friedrichstraße 2–6
6000 Frankfurt 17
069/7157155
Martin Rabius/Dorothea Nowruzkhani

Jährliche Veranstaltung seit 1972. 16 und 35 mm, VHS und U-Matic. „Der Anteil von Experimentalfilmen ist gering. Beste Chancen haben E-Filme mit sozialer oder politischer Aussage".

FEMINALE
Neuenhöfer Allee 45
5000 Köln 41
0221/466072
Biddy Pastor

Jährlich seit 1983. Sämtliche Film- und Videoformate. Teilnahme nur für Frauen möglich. „Bisher" keine Preise für Experimentalfilme.

KÖLNER FILMFEST
Kölner Filmhaus e.V.
Luxemburger Straße 72
5000 Köln 1
0221/417344
Bärbel Nolden/Günter Hüppeler

Seit 1981 alle zwei Jahre. Sämtliche Formate. „Das Filmfest ist eine Schau der regionalen Filmkultur und zeigt Filme aller Längen, Genres und Formate, die innerhalb der letzten 2 Jahre in Köln und Umgebung entstanden sind".

FILMZWERGE MÜNSTER
Filmwerkstatt Münster
Gartenstraße 123
4400 Münster

FILMTAGE SALZGITTER
Kulturamt
Filmbüro
Postfach 10 06 80
3320 Salzgitter

Jährlich seit 1985. Sämtliche Film- und Videoformate. Nur für Filmemacher aus Niedersachsen.

VFILM-TREFF
c/o The Fi Fe
Meister-Ekkehart-Straße 11
5000 Köln
02 21/4 70 37 34
Maria Vedder

Festival seit 1984, jeweils im Sommer. Sämtliche Film- und Videoformate. Der VFilm-Treff versteht sich als Werkschau der deutschen Film- und Videostudenten und ist als rotierende Veranstaltung geplant (1987 Offenbach, 1988 Köln).

FREIBURGER VIDEO-FORUM
Medienwerkstatt Freiburg
Konradstraße 20
7800 Freiburg
0761/70 97 57

Nur Video.

ERLANGER VIDEOTAGE
Postfach 35 68
8520 Erlangen
09131/2 52 06

Nur Video.

VIDEONALE BONN
c/o Petra Unnützer
Nassestraße 5
5300 Bonn 1
02 28/21 59 61

Nur Video.

OPEN-AIR-FILMFEST WEITERSTADT
AG Kommunales Kino
Bahnhofstraße 70
6108 Weiterstadt
06150/12185
Jochen Pollitt

Nur Super-8.

ZWISCHEN DIE AUGEN
c/o Thorsten Schmidt
Klotzstraße 11
2300 Kiel

Nur Super-8.

ZWISCHENFilmtage Memmingen
c/o Michael Houben
Ringstraße 19
8191 Gelting

Nur Super-8.

INTERFILM BERLIN
A.B.Art e.V.
Kino Eiszeit
Zeughofstraße 20
1000 Berlin 36

Nur Super-8.

HAMBURGER 8 mm-FILMTAGE BLICKWINKEL
c/o Inga Sawade
Am Sood 4
2000 Hamburg 50

Nur Super-8.

SCHMALFILMFORUM MÜNCHEN
Filmwerkschau Bayern
Aventinstraße 5
8000 München 5

Nur Super-8.

NO BUDGET
Friedensallee 12
2000 Hamburg 50
040/393202

Kurze Filme und Videos.

Für ausländische Festivals können an dieser Stelle leider keine Empfehlungen gegeben werden. Zu sehr scheinen sie in ihrer inhaltlichen und formalen Konzeption mit den jeweiligen Leitern zu schwanken. Selbst der Versuch, zumindest die Festivals der letzten zwei Jahre beispielhaft zu belegen, mußte aufgegeben werden, weil das Ergebnis zu dünn war. Ganz wichtig jedoch: in vielen Ländern können nur Kopien mit Lichtton vorgeführt werden. Und vielleicht hilft hin und wieder ein Blick auf die Liste der folgenden Festivals, für die das Kuratorium junger deutscher Film bei Vorliegen einer schriftlichen Einladung eines Films die Untertitelungskosten zu übernehmen bereit ist, wenn auch nicht verpflichtet.

Los Angeles/San Francisco, Internat. Filmexposition.
Auckland (Neuseeland)
Bergamo, Internat. Autorenfilmwettbewerb.
Bilbao, Internat. Dokumentar- und Kurzfilmfestival.
Biarritz, Festival du Film Iberique et Latinoamericain de Biarritz
Brüssel, Rencontres Internat. du Jeune Cinema.
Cannes, Quinzaine des Realisateurs
Cannes, Woche der Kritik
Cannes, Un certain Regard, Aktuelle Filmschau.
Chicago, Internat. Filmfestival.
La Coruna, Festival Internazional des Cine de Comedia.
Edinburgh, Internat. Filmfestival.
Figuroa da Foz, Filmfestival.
Florenz, Festival dei Popoli.
Florenz, Rassegna Internazionale del Cinema Independente.
Giffoni Valle Piana, Internat. Kinderfilmfestival.
Gijon, Internat. Wettbewerb für Kinder- und Jugendfilme.
Hyères, Internat. Begegnung des jungen Kinos.
Krakau, Internat. Kurzfilmfestival.
Lille, Internat. Kurz- und Dokumentarfilmfestival.
Locarno, Internat. Filmfestival (Tribune Libre).
London, Filmfestival.
Mamaia, Internat. Trickfilmfestival.
Manila, Internat. Filmfestival.
Melbourne, Internat. Filmfestspiele.
Montreal, Weltfilmfestival.
Moskau, Sektion Kinderfilm der Internat. Filmfestspiele.
Neu Delhi, Internat. Filmfestival von Indien.
New York, Internat. Filmfestival.
Nyon, Internat. Filmfestival.
Rotterdam, Film International.
Saloniki, Internat. Kurzfilmfestival.
San Remo, Internat. Autorenfilmschau.
San Sebastian, Internat. Filmfestspiele (Wettbewerb).
Sceaux, Internat. Frauenfilmfestival.
Sydney, Filmfestival.

Tampere, Internat. Filmfestival.
Tokio, Internat. Kurzfilmfestival.
Toronto, Intern. Festival der Festivals.
Tomar, Internat. Kinderfilmfestival.
Valladolid, Filmfestival.
Vancouver, Internat. Kinder- und Jugendfilmfestival.
Venedig, Internat. Filmschau.
Zagreb, Internat. Trickfilmfestival.

■ Verleih

Das schlichte, aber dennoch harte Faktum, daß E-Filme ökonomisch gesehen keinerlei Bedeutung haben, macht den Umgang mit den Strukturen des etablierten Kino-Systems so überaus schwierig. Die traditionellen Grundsäulen Produktion, Distribution und Kino sind untauglich.

Da kein eigentliches Kapitalinteresse existiert, gibt es auch keine Produktionen. Abgesehen von den spärlichen Förderungen, auf die bereits eingegangen wurde, fließen kaum Gelder. Der Filmemacher ist durchgängig sein eigener Produzent. Zwar gibt es solche, die aus grundsätzlichen Erwägungen jede Förderung ablehnen, weil sie Mitsprache und damit Eingriffe von Gremien vermeiden wollen, doch stellt sich die Frage, ob diese Haltung Ursache oder Wirkung ist – denn gerade der 8 mm- und Videobereich ist hierbei besonders vertreten, für den es so gut wie keine Förderungen gibt. Unbestreitbar ist jedoch, daß ohne Einflüsse und Abhängigkeiten theoretisch die persönlich integersten Werke geschaffen werden können. Da es in der Bundesrepublik das im Ausland häufiger anzutreffende Mäzenatentum nicht gibt, steht nur das eigene Geld zur Verfügung. Oder das von Freunden und Bekannten, das häufig über Rückstellungen für Leistungen erbracht wird. Der E-Filmemacher ist also ein typischer Kleingewerbetreibender. Nicht unähnlich somit dem Hobby-Künstler – so hart das vielleicht klingen mag. Und ähnlich wie dort wird man sich das Künstlertum nur durch einen Brotberuf erlauben können.

Nicht besser sieht es im Kinobereich aus. Die grundsätzlich nicht falsche Überlegung, dem etablierten System neue, alternative Strukturen entgegenzustellen, fand bereits relativ früh ihren Niederschlag in der Institutionalisierung der Kommunalen Kinos sowie diverser Klein-Spielstellen. Auf die damit verbundenen Probleme ist bereits an anderer Stelle eingegangen worden.

Als der E-Film Ende der 60er Jahre ins Bewußtsein der Öffentlichkeit trat und auf unerwartet breites Publikumsinteresse stieß, standen die existierenden Verleihe ihm ablehnend gegenüber – teils aus inhaltlichen (Sex, Politik), teils aus formalen (handwerkliche „Patzer", schnelle Schnitte), teils aus organisatorischen Gründen (es gab keine Projektionsmöglichkeiten für das „Schmalfilmformat" 16 mm). Heute haben sich diese Gründe längst überlebt, doch ist keine Besserung eingetreten, denn nun scheint es am mangelnden Publikumsinteresse zu scheitern. Kurzfilme führen ohnehin seit Jahren ein Schattendasein im Kino, und die Beispiele, in denen ein langer Experimentalfilm in den letzten Jahren eine Woche lang im Programm lief, sind wahrscheinlich an einer Hand abzuzählen. Da das Interesse am Medium Film ohnehin zurückgeht, ist auch in Zukunft keine Besserung zu erwarten. Fairerweise muß man an dieser Stelle zugeben, daß nicht alle Schuld bei den Kinos liegt. Auch Kinos müssen von ihren Einnahmen leben. Selbst auf die Gefahr hin, unzulässig zu verallgemeinern, kann festgehalten werden, daß höchstens 50–60 Prozent der Einnahmen dem Kino bleiben. Der große Rest geht an den Verleih, ein Teil fließt an Finanzamt und Filmförderungsanstalt (Kinoabgabe). Um Kassen-Flops auszugleichen, arbeiten die Verleihe mit Mindestgarantien, die von den Kinos zu zahlen sind – manchmal nur 100,– DM für eine Woche Einsatz! Hier kann für den Verleih die Rechnung nur aufgehen, wenn die gleiche Kopie gleichzeitig in vielen Kinos läuft – die Menge macht es. Denn die Kopienkosten sind im Verhältnis zu den Produktionskosten eines Films nur minimal. Ganz anders sieht es beim E-Film aus. Denn hier schlagen die Kopienkosten in ganz erheblichem Maße zu Buche, in Relation zu den Produktionskosten. Und welcher Filmemacher kann sich schon mehrere Kopien leisten? Man muß sich das einmal vorstellen: ein programmfüllender E-Film liefe eine Woche lang im Kino, mit täglich 3–4 Vorführungen. Wie sähe die 16 mm-Kopie nach 25 Projektionsläufen aus, für die dann eine Garantie von 150,– DM Leihmiete beim Verleih eintrifft? Als typisch hat sich so der einmalige Spieltermin zum Festpreis für den E-Film herauskristallisiert. Seit den 60er Jahren gilt, zumindest theoretisch, ein Preis von 3,– DM pro Minute Laufzeit. Das bedeutet 270,– DM pro Vorführung, dazu kommen Steuern und Frachtkosten. Man muß diese Zahlen mit den 150,– DM Garantie wöchentlich für „normale" Filme vergleichen, um den betriebswirtschaftlichen Wahnsinn für einen Kinobesitzer zu verstehen. Ökonomisch ist da „nichts drin".

Natürlich könnte es anders sein, wenn... Ja, wenn das Publikumsinteresse zahlenmäßig größer wäre. Historisch gesehen ist und war dies zeitweilig möglich. In der augenblicklichen Kino- und Fernsehsituation ist jedoch größter Pessimismus geboten. Es sei denn, die Medien allgemein würden ihre kostenlose Reklame nicht nur auf spektakuläre Großproduktionen beschränken. Denn mit den millionenschweren Werbefeldzügen der amerikanischen „Major companies" kann ohnehin kein deutscher Verleih mithal-

ten, geschweige denn einer für E-Filme. Denn abgesehen vom Geld fehlen dafür sowohl die Sujets als auch die Stars.
Noch an einem weiteren Symptom krankt der Verleihbereich: E-Filmer sind Einzelkämpfer. Welche Spielstelle, ganz gleich wie gutwillig, kann die Zeit und das Personal opfern, um ein Programm von Kurzfilmen bei acht verschiedenen Filmemachern zu bestellen, mit achtfachen Telefon-, Porto- und Frachtkosten?
Die Ende der 60er Jahre in den meisten Industrienationen entstandenen Filmemacher-Kooperativen waren ein Versuch, einige der immanenten Verleihprobleme zu lösen. Dabei stellten die Filmemacher den Coops kostenlos ihre Kopien zur Verfügung. Diese Filme wurden mit technischen und inhaltlichen/formalen Angaben in einem Katalog erfaßt, der, meist kostenlos, abgegeben wurde. Für die Spielstellen hatte diese Konstruktion den Vorteil, neben Informationen auch Bestellungen zentral abwickeln zu können. Teilweise erfolgte der Verleih nach für die gesamte Coop gültigen Minuten-Leihmieten, teilweise nach von den Filmemachern willkürlich festgelegten Festpreisen. Die Coops arbeiteten auf Selbstkostenbasis. Am Ende eines Jahres wurden die erwirtschafteten Einnahmen nach Abzug der Bürokosten an die Filmemacher ausgeschüttet.
Die Coops arbeiteten solange zufriedenstellend, wie ein breites Interesse am E-Film bestand. In der BRD gab es gleich zwei davon, die Süd-Coop (nur kurzzeitig) und die Hamburger Filmemacher-Coop, die 1975 aufgab (ein Teil des Filmstocks wanderte dabei zu den Freunden der Deutschen Kinemathek nach Berlin). Da die Bürokosten relativ konstant waren, fraßen sie mit abnehmenden Ausleihen immer mehr von den Einnahmen, bis sie schließlich in keinem Verhältnis mehr zueinander standen. Und längst nicht für alle Filmemacher lohnte sich die Coop: vor allem die Kopien nicht so bekannter oder profilierter Filmer setzten in den Regalen Staub an. Heute gibt es Coops hauptsächlich noch in Nordamerika, wenn auch unter teilweise gewandelten Arbeitsbedingungen. Und nicht immer arbeiten sie für den Filmemacher. Erst unlängst wurde wieder ein Fall aus Kanada bekannt, wo die ehemalige Coop in Montreal, jetzt „Cinema Parallele", einen deutschen Film acht Jahre lang nachweislich verlieh, aber statt eines einzigen Pfennigs Geld nur eine total abgenutzte 16 mm-Kopie zurückschickte...
Vor diesem Hintergrund ist es nicht weiter verwunderlich, daß in der Bundesrepublik sich nur Klein-Verleihe mit dem E-Film befassen. Es ist beim besten Willen kein Geld damit zu machen. So unterschiedlich sie im Einzelnen auch sind, so haben sie doch gemeinsam eine Funktion, die eher der eines Archivs entspricht. Wichtiger als ein hoher Umsatz ist den meisten, daß die Kopie überhaupt verfügbar ist. Das führt im Einzelfall sogar dazu, daß Kopien nicht mehr verliehen werden, damit sie nicht restlos verschlissen werden. Denn auch das ist die Regel: es gibt pro Filmtitel nur eine einzige Kopie.

C I N E P R O Ingo Petzke
Allerseeweg 14/59
8706 Höchberg
0931/409745

CINE PRO entstand 1977 aus der Erkenntnis heraus, daß primär experimentelle Kurzfilme, auf die in der Literatur immer wieder hingewiesen wird, nur in unzureichendem Maße in der Bundesrepublik zur Verfügung stehen. Schwergewicht, soweit bei einem solch kleinen Verleih überhaupt davon gesprochen werden kann, sind deshalb historische Arbeiten aus den 20er Jahren und aus dem New American Cinema der späten 60er und frühen 70er Jahre. Dazu kamen im Laufe der Zeit vor allem bundesdeutsche Filme, deren Macher sonst keine oder kaum Verleihchancen gehabt hätten, sowie experimentelle Arbeiten, die etwa auf den Westdeutschen Kurzfilmtagen Oberhausen aufgefallen waren. Es existiert nur jeweils eine Kopie.

CINE PRO hat mehrere Jahre lang versucht, auch Tourneen mit Filmemachern zu organisieren, bevor dies dank der zunehmenden finanziellen Krise der Spielstellen aussichtslos wurde. Hier sind etwa Paul Winkler, Bastian Clevé oder Gábor Bódy zu nennen. An der Organisation des Frauen-Film-Pakets und des ersten Auswahlprogramms vom Osnabrücker E-Film-Workshop war der Verleih beteiligt.

CINE PRO nimmt keine Filme in den Verleih, die bereits woanders zu entleihen sind. Dies hat schlicht ökonomische Gründe im Interesse der Filmemacher: wo schon eine Kopie kaum ihre Kosten jemals einspielt, wird die Situation durch zwei nur noch schlechter. Der Verleih funktioniert im Prinzip so wie ehemals die Cooperativen: der Filmemacher stellt die Kopie zur Verfügung und erhält dafür am Ende des Jahres eine genaue Abrechnung der Einnahmen, aus der ihm siebzig Prozent zukommt. Nur ein kleiner Teil der Kopien ist für einen festen Lizenzbetrag erworben worden.

Die Struktur des Verleihs bewirkt, daß nur die Filmemacher Einnahmen haben, der Verleih selbst jedoch nicht kostendeckend arbeiten kann, was wiederholt zu Schwierigkeiten mit dem Finanzamt geführt hat.

Die Verleihpreise richten sich nach der Laufzeit der bestellten Filme. Ein Programm von weniger als 60 min Länge wird mit 3,– DM pro Minute abgerechnet, wobei eine Mindestgebühr von 30,– DM anfällt. Ab 60 min Laufzeit ermäßigt sich der Satz auf 2,– DM pro Minute. Werden mehrere Programme gleichzeitig gebucht, gibt es einen Rabatt von 10 Prozent. Zu diesen Kosten kommt die gesetzliche Mehrwertsteuer in Höhe von 7 Prozent sowie die Frachtkosten hin und zurück. In der Regel wird per Bahnexpress versandt, auf Wunsch auch per Post.

Es existieren zwei ausführliche Kataloge mit Foto zu jedem Film. Der erste ist vergriffen, der Supplementkatalog ist gegen eine

Schutzgebühr von 15,- DM zzgl. Porto+Verpackung (4,- DM) erhältlich (153 Seiten, davon 53 Fotoseiten).

Verleihstock CINE PRO

Alaska	Dore O.	BRD 1968	18
Albedo 0.97	Ingo Petzke	BRD 1977	13
Allegretto+	Oskar Fischinger	USA 1936	3
Astragal	Ingo Petzke	BRD 1978	12
Asymptote	Ingo Petzke	BRD 1976	11
Atemwende	Anne Silberkuhl	BRD 1977	6
Aussarik	Ingo Petzke	BRD 1975	18
Ayers Rock	Paul Winkler	BRD 1982	20
Backyard	Paul Winkler	AUS 1976	15
The Bed	James Broughton	USA 1967	20
Beuys	Werner Nekes	BRD 1981	11
Binary Bit Patterns	Michael Whitney	USA 1969	4
Birds	Franz Zwartjes	NL 1968	6
Black TV	Aldo Tambellini	USA 1969	10
Blue Moses	Stan Brakhage	USA 1962	11
Bridge at Electrical Storm	Al Razutis	CDN 1973	13
Camera	Bernd Dehne	BRD 1979	18
Change	Christoph Janetzko	BRD 1981	26
Chants	Paul Winkler	AUS 1975	15
Cibernetik 5.3	John Stehura	USA 1965	8
Correspondence 2	Nobuhiro Kawanaka & Sakumi Hagiwara	JAP 1980	38
Corridor	Standish Lawder	USA 1970	22
Cosmos	Jordan Belson	USA 1969	6
Dark	Paul Winkler	AUS 1974	19
Descanso	Bastian Clevé	BRD 1985	10
Deus Ex	Stan Brakhage	USA 1971	33
Der Deutschlandfahrer	Bastian Clevé	BRD 1978	77
Dom	Bernd Upnmoor	BRD 1980	10
Doors	Stan Brakhage	USA 1971	2
Dutchman's Photographs	Isao Koda	JAP 1974	6
Echo	Bastian Clevé	BRD 1982	10
Empor	Bastian Clevé	BRD 1977	11
En Stad under Huden	Johann Donner	S 1981	28
Entrees de Secours	Jerôme de Missolz	F 1982	14
Exit Sunset Boulevard	Bastian Clevé	BRD 1981	94
Fatehpur Sikri	Bastian Clevé	BRD 1980	10
Fenster	Christoph Janetzko	BRD 1979	15
Film Display	Shunzo Seno	JAP 1979	6
Fischinger-Rolle	Oskar Fischinger		65

Title	Author	Country Year	Min
Foregrounds	Pat O'Neill	USA 1978	14
Geflecht	Werner Nekes	BRD 1976	16
Glimtar	Ingo Petzke	BRD 1975	17
Götterdämmerung	Bastian Clevé	BRD 1974	11
Gurtrug Nr. 1	Werner Nekes	BRD 1967	12
Hand Held Day	Gary Beydler	USA 1974	6
Heliography	Hiroshi Yamazaki	JAP 1979	6
Hides	Job Crogier	BRD 1977	13
Hong Kong Topography	Ingo Petzke & Jim Shum	HK 1984	23
Hurrycan	Werner Nekes	BRD 1979	85
Hynningen	Werner Nekes	BRD 1973	22
Improvisationen	Norbert Zauner	BRD 1984	12
Jesper	Ingo Petzke	BRD 1980	13
Jüm-Jüm	Werner Nekes	BRD 1967	10
Kaskaden	Bastian Clevé	BRD 1982	10
KI-Breathing	Toshio Matsumoto	JAP 1980	29
Komposition I/22+II/22	Werner Graeff	D 1922	6
Kreise+	Oskar Fischinger	D 1933	2
Komposition in Blau+	Oskar Fischinger	D 1935	3
Labyrinth	Bastian Clevé	BRD 1980	10
Lagado	Werner Nekes	BRD 1977	80
Le Cinema	Junichi Okuyama	JAP 1975	5
Lichtblick	Bastian Clevé	BRD 1976	13
Like a Train Passing 1	Kohei Ando	JAP 1978	3
Like a Train Passing 2	Kohei Ando	JAP 1979	7
Little Night	Werner Nekes	BRD 1982	13
Lumière's Train	Al Razutis	CDN 1980	8
Madarak	András Szirtes	H 1976	8
Metanomen	Scott Bartlett	USA 1966	8
Mirador	Werner Nekes	BRD 1978	88
Mothlight	Stan Brakhage	USA 1963	4
Motion Painting Nr. 1+	Oskar Fischinger	USA 1947	10
Motion Picture	Bastian Clevé	BRD 1985	10
München-Berlin-Wanderung+	Oskar Fischinger	D 1927	3
Muratti greift ein+	Oskar Fischinger	D 1934	3
My Movie Melodies	Junichi Okuyama	JAP 1980	16
Nach Bluff	Bastian Clevé	BRD 1977	13
Nachtwache	Bastian Clevé	BRD 1975	11
Oh dem Watermelons	Robert Nelson	USA 1965	13
Ornament-Ton+	Oskar Fischinger	D 1932	4
Pasadena Freeway Stills	Gary Beydler	USA 1974	6
Pool	Bastian Clevé	BRD 1985	10
Puzzles	Bastian Clevé	BRD 1981	11
Radio Dynamics+	Oskar Fischinger	USA 1942	4
Raga	Bastian Clevé	BRD 1980	14
Rastplatz	Ingo Petzke	BRD 1975	5

Red Church	Paul Winkler	AUS 1976	17
Reflektorische Farblichtspiele	Kurt Schwerdtfeger	D/BRD 1921/1966	15
R 1 – Ein Formspiel+	Oskar Fischinger	D 1926	5
Die Reise	Bastian Clevé	BRD 1977	11
Relativity	Ed Emshwiller	USA 1966	38
Rue des Teinturiers	Rose Lowder	F 1979	31
San Francisco Zephyr	Bastian Clevé	BRD 1978	81
Saugus Series	Pat O'Neill	USA 1974	18
Schattenriß	Elke Vagt	BRD 1976	17
Schau ins Land	Bastian Clevé	BRD 1975	11
Seelische Konstruktionen+	Oskar Fischinger	D 1926	8
Sehen ist Glauben	Bastian Clevé	BRD 1980	10
Sexual Meditation: Open Field	Stan Brakhage	USA 1972	8
Sidewinder's Delta	Pat O'Neill	USA 1976	20
SN	Christoph Janetzko	BRD 1984	15
Spacecut	Werner Nekes	BRD 1971	42
Spacy	Takashi Itoh	JAP 1981	10
Sphären	Bernd Dehne	BRD 1978	4
Spiralen+	Oskar Fischinger	D 1926	5
Studie Nr. 5+	Oskar Fischinger	D 1930	4
Studie Nr. 7+	Oskar Fischinger	D 1931	2
Studie Nr. 8+	Oskar Fischinger	D 1931	4
Sydney Harbour Bridge	Paul Winkler	AUS 1977	13
Tango	Zbigniew Rybczynski	POL 1981	8
Thanatopsis	Ed Emshwiller	USA 1962	6
Tollhaus	Bastian Clevé	BRD 1979	14
Transformation by Holding Time	Paul de Nooijer	NL 1979	4
Über den Flammenbaum	Bastian Clevé	BRD 1977	12
Unendlichkeit Nr. 1	Andreas Strach	BRD 1977	11
Wachs-Experimente+	Oskar Fischinger	D 1923	5
Winterlandschaft	Bastian Clevé	BRD 1983	12
World	Jordan Belson	USA 1970	6
Yantra	James Whitney	USA 1958	8
Zenith	Bastian Clevé	BRD 1981	10

+ = Diese Kopien können nur gemeinsam in der Fischinger-Rolle ausgeliehen werden.

Alle Kopien im Format 16 mm.
Hurrycan, Lagado und Mirador sind auch in 35 mm erhältlich.

HBK FILMARCHIV
Hochschule für Bildende Künste Braunschweig
Johannes-Selenka-Platz 1
Postfach 2828

3300 Braunschweig

Tel. (0531) 3919225   3919218   3919232

Seit 1986 existiert an der Hochschule für Bildende Künste in Braunschweig (HBK) ein neues Archiv mit Verleih für Experimentalfilme. Diese Neueinrichtung zielt auf ein spezifisches Problem von Experimentalfilmen, den Vertrieb und die Organisation. Unter dem Etikett „Experimentalfilm" finden sich gescheiterte Filmprojekte aller Art. Andererseits konnten viele wichtige nationale + internationale Experimentalfilme bislang von Verleihen nicht berücksichtigt werden, insbesondere schwer rezipierbare Filme oder solche, die nicht dem Trend des aktuellen Avantgarde-Verständnisses entsprechen. Die Filme des HBK-Archivs zeichnen sich auf verschiedene Weise durch formale und strukturelle Innovation aus. Wenn es zulässig wäre, ein übergeordnetes Merkmal zu umschreiben, so wäre es der Entzug von Gefälligkeit zugunsten einer konsequenten Ästhetik.

Zum Selbstverständnis der Filmabteilung der HBK gehört neben dem Schwerpunkt Lehre auch ein Wissen um Verantwortlichkeit für die Produkte der Freien Kunst. Besonders in einer Zeit, da filmpolitische Institutionen kein sonderlich großes Interesse an dieser Art Kulturarbeit kundtun, scheint diese Eigeninitiative unumgänglich. Die Bindung des Archivs an die Kunsthochschule bietet geeignete Voraussetzungen, den Vertrieb und die sorgfältige Lagerung der Filme zu gewährleisten.

Zum Praktischen:
Die internationale Sammlung von Experimentalfilmen wird ständig erweitert. Um den Katalog dem jeweils neuesten Stand angleichen zu können, entschied man sich für eine Lose-Blatt-Sammlung. Zu jedem Film werden auf zwei Seiten technische Daten, eine (deutsche) Filmbeschreibung sowie ein Foto gedruckt. Der Katalog ist als Kladde mit allen bereits archivierten Filmen für DM 12,– über die HBK zu beziehen. Alle registrierten Katalogbesitzer bekommen automatisch alle weiteren Informationen zugesandt.

Verleihbedingungen sind dem Katalog zu entnehmen.

Als Leihmiete werden 4,– DM/Minute Spielzeit berechnet. Bei mehr als 60 Minuten Spieldauer eines Programms vermindert sich dieser Preis auf 3,– DM/Minute. Werden mehrere Programme gleichzeitig bestellt, so vermindert sich die geltende Leihmiete um 10%. In den Leihgebühren sind die Nebenkosten für Verpackung und Filmpflege bereits enthalten. In jedem Fall wird eine Mindestleihmiete von 30,– DM berechnet.

Die Frachtkosten für den Hin- und Rücktransport sowie evtl. anfallende Nachnahmegebühren gehen zu Lasten des Bestellers. Die Leihgebühr gilt für die bestätigte Leihzeit. Der Hin- und Rücktransport gilt nicht als Leihzeit. Wird die vereinbarte Leihzeit überschritten, erfolgt in jedem Falle Nachbelastung.

Verleihstock HBK Filmarchiv

Angular Moment	Bill Brand	USA 1972	20
Bertha's Children	Roberta Friedman & Grahame Weinbren	USA 1977	7
Chuck's Will's Widow	Bill Brand	USA 1982	13
Covert Action	Abigail Child	USA 1983	12
Der Fater	Noll Brinckmann	BRD 1986	25
Framed	Serra	USA 1986	1
From the Ladies	Holly Fisher	USA 1978	25
Future Perfect	Robert Friedman & Grahame Weinbren	USA 1980	12
Ghost Dance	Holly Fisher	USA 1980	25
Grünspan	Noll Brinckmann	BRD 1982	11
Ein halbes Leben	Noll Brinckmann	BRD 1983	5
Interieur – Interiors	Vincent Grenier	USA 1978	18
Jonny und das rohe Fleisch	Eva Heldmann	BRD 1984	4
L.A. Film No. 3[+]	Andy Karp	USA 1985	9
Making Money	Henry Hills	USA 1985	15
Moment	Bill Brand	USA 1972	25
Murray and Max talk about money	Robert Friedman & Grahame Weinbren	USA 1979	16
Negative Man	Cathy Joritz	BRD 1985	4
New York Portrait – Part II	Peter Hutton	USA 1982	13
Nightfall	Serra	USA 1986	1
Polstermöbel im Grünen	Noll Brinckmann	BRD 1984	7
Puerto Penasco	Serra	USA 1986	1
Rose for Red	Diana Wilson	USA 1980	3
S 1	Christoph Janetzko	BRD 1985	15
Terms of Analysis	Roberta Friedman & Grahame Weinbren	USA 1982	18
Tremors	Vincent Grenier	USA 1984	14
Die Urszene	Noll Brinckmann	BRD 1981	6
Zitrusfrüchte II	Ulli Versum	BRD 1986	6

Sämtliche Filme 16 mm mit Ausnahme von + (=8 mm)

Freunde der Deutschen Kinemathek
Welserstraße 25
1000 Berlin 30
030/2 11 17 25

Filmverleih der „Freunde": Der Verleih wurde ins Leben gerufen, um die Filme des Arsenals und des „Forums" auch anderen Spielstellen, kommunalen Kinos, Filmkunsttheatern und Bildungseinrichtungen zur Verfügung zu stellen. Der Verleih der „Freunde" hat sich nach 1970 stark entwickelt und der alternativen Filmbewegung in der Bundesrepublik neue Impulse gegeben. Jedes Jahr wird ein erheblicher Teil der Filme aus dem Programm des „Internationalen Forums des Jungen Films" in den Verleih der „Freunde" übernommen. Damit ist die Gewähr geschaffen, daß die Filme des Forums nach Abschluß der Filmfestspiele nicht von der Bildfläche verschwinden, sondern für die filmkulturelle Arbeit weiterhin zur Verfügung stehen: das Festival schafft somit die Basis für eine Arbeit, die sich über das ganze Jahr erstreckt. Viele Forums-Filme werden durch die „Freunde" auch an ausländische Festivals, Kinematheken und Goethe-Institute im Ausland vermittelt. Der Verleihkatalog der Freunde der Deutschen Kinemathek enthält ein Angebot von über 600 Filmen in 35 mm- und 16 mm-Format. Schwerpunkte des Programms sind Filme aus Ländern der Dritten Welt, ‚American Independents', Filme von Frauen, ethnographische Filme sowie Experimental- und Avantgardefilme.

Der Mietpreis gilt für eine einmalige Aufführung (bei mehrmaligen Aufführungen gelten gesonderte Konditionen).

a) Kurze Filme
Pro Filmtitel:

1–10 Minuten = 20 DM   31–40 Minuten = 80 DM
11–20 Minuten = 40 DM   41–50 Minuten = 100 DM
21–30 Minuten = 60 DM   51–60 Minuten = 120 DM

b) Filme ab 60 Minuten
Mietpreis pro Minute DM 2,–.

c) Nebenkosten
Pro Filmtitel unter 60 Minuten = 10 DM
Pro Filmtitel über 60 Minuten = 20 DM

d) Transport
Die Transportkosten für den Hin- und Rücktransport sowie evtl. anfallende Nachnahmekosten gehen zu Lasten des Bestellers. Grundsätzlich ist die auf der Terminbestätigung/Rechnung angegebene Transportart (Luftpost/Bahnexpreß/Überlandtransport/Luft-

fracht) einzuhalten, falls von uns keine andere Anweisung erteilt wird.
Durch Nichtbeachtung der Versandanweisung entstehende Kosten bzw. Regreßansprüche gehen zu Lasten des Bestellers.

e) Mehrwertsteuer
Auf jeden Rechnungsbetrag werden 7% Mehrwertsteuer berechnet.

f) Gema
Weist der Besteller keinen Vertrag mit der örtlichen Gema-Vertretung nach, so berechnen wir einen Gebührensatz im Inkasso-Verfahren für die Gema-Direktion Berlin zuzüglich 7% Mehrwertsteuer. Etwa durch die Vorführung fällige Gema-Gebühren gehen stets zu Lasten des Bestellers.

Verleihstock Freunde

A & B in Ontario	Hollis Frampton, Joyce Wieland	USA 66/84	30
Abbandono	Werner Nekes	BRD 1971	35
Adolf Winkelmann, Kassel, 9.12.67, 11.54 Uhr	Adolf Winkelmann	BRD 1967	8
Alabama – 2000 Light Years	Wim Wenders	BRD 1969	25+
Alaska	Dore O.	BRD 1969	18
Alchemy	Tsuneo Nakai	JAP 1971	38
Alone	Stephen Dwoskin	GB 1964	11
Angel City	Jon Jost	USA 1977	74
Arrowplane	Heinz Emigholz	BRD 1974	17
At Eltham – A Metaphor on Death	Arthur+Corinne Cantrill	AUS 1974	24
Auf keiner Stätte zu ruhen	Jutta Sartory, Ingo Kratisch	BRD 1981	50
Aurelia Steiner – Melbourne	Marguerite Duras	F 1979	30
Aurelia Steiner – Vancouver	Marguerite Duras	F 1979	40
B	Nobuhiro Kawanaka	JAP	7
Back and Forth	Michael Snow	CDN 1969	54
Barn Rushes	Larry Gottheim	USA 1971	30

Title	Author	Country/Year	Min
Die Beleidigung Amerikas im Winter 1977/78	Jutta Sartory, Ingo Kratisch	BRD 1981	45
Besonders wertvoll	Hellmuth Costard	BRD 1968	11
Blackbird Descending	Malcolm LeGrice	GB 1977	110
Blonde Barbarei	Dore O.	BRD 1972	25
Böse zu sein ist auch ein Beweis von Gefühl	Cynthia Beatt	BRD 1983	25
Boston Fire	Peter Hutton	USA 1979	6
Bouddi	Arthur+Corinne Cantrill	AUS 1970	8
Der Bräutigam, die Komödiantin und der Zuhälter	Jean-Marie Straub	BRD 1968	23
Der Brief	Vlado Kristl	BRD 1966	90+
Cadenzas I & XIV	Hollis Frampton	USA 77/80	11
Catfilm for Cathy and Cynnie	Standish Lawder	USA 1973	4
Central Bazaar	Stephen Dwoskin	GB 1976	153
Cesaree	Marguerite Duras	F 1979	11
Chinese Checkers	Stephen Dwoskin	USA 1966	14
Chofuku-Ki	Shuji Terayama	JAP 1974	15
Chronik der Anna Magdalena Bach	Jean-Marie Straub	BRD 1968	94+
The Communists are Comfortable	Ken Kobland	USA 1984	75
Connection	Toshio Matsumoto	JAP 1981	10
Couple/Regards/Positions	Boris Lehmann, Nadine Wandel	B 1933	54
Critical Mass	Hollis Frampton	USA 1972	26
Cue Rolls	Morgan Fisher	USA 1974	6
Demon	Heinz Emigholz	BRD 1977	30
De Tijd	Johan van der Keuken	NL 1983	46
Diaries, Notes and Sketches	Jonas Mekas	USA 1976	176
The Director and his Actor Look at Footage Showing Preparations for an Unmade Film	Morgan Fisher	USA 1968	15
Diwan	Werner Nekes	BRD 1973	85
Dream Documentary	Fred Marx	USA 1982	5
Dress Rehearsal	Noll Brinckmann	BRD 1979	8
Earth Message	Arthur+Corinne Cantrill	AUS 1970	23

Title	Director	Country Year	Min
Ein Bild	Harun Farocki	BRD 1983	25
31 Sprünge	Adolf Winkelmann	BRD 1967	4
Eisenbahn	Lutz Mommartz	BRD 1967	13
Eleven by Fourteen (11 x 14)	James Benning	USA 1976	81
Empty Suitcases	Bette Gordon	USA 1980	55
Exchanges	Bette Gordon	USA 1979	20
Experiments in 3-Colour Separation	Arthur + Corinne Cantrill	AUS 1980	21
Film About a Woman Who...	Yvonne Rainer	USA 1974	105
Fog Line	Larry Gottheim	USA 1970	10
Four Shadows	Larry Gottheim	USA 1978	65
4000 Frames – An Eye-Opener Film	Arthur + Corinne Cantrill	AUS 1970	3
Frame	Richard Serra	USA 1969	22
From A to B and From B to A	Ryszard Wasko	POL 1975	8
Geschichte der Nacht	Clemens Klopfenstein	CH/BRD/ I/F 1978	63
Geschichtsunterricht	Jean-Marie Straub	BRD 1972	88
Der Geschmack des Lebens	Harun Farocki	BRD 1979	29
Gloria!	Hollis Frampton	USA 1979	10
The Golddiggers	Sally Potter	GB 1983	87+
Grand Opera	James Benning	USA 1979	90
Hand Catching Lead	Richard Serra	USA 1968	4
Hands Scraping	Richard Serra	USA 1968	5
Hands Tied	Richard Serra	USA 1968	4
Heat Shimmer	Arthur + Corinne Cantrill	AUS 1978	16
He Stands in the Desert Counting the Seconds of His Life	Jonas Mekas	USA 1985	150
Home Movie	Jan Oxenberg	USA 1972	12
Hoso-Tan	Shuji Terayama	JAP 1976	20
House of Unamerican Activities	Fred Marx	USA 1983	20
Hurrycan	Werner Nekes	BRD 1979	90+
Images of Asian Music	Peter Hutton	USA 1974	36
Institutional Quality	George Landow	USA 1969	7
In the Bag	Amy Taubin	USA 1980	22
In the Shadow of the Sun	Derek Jarman	GB 72/81	60
Intolerance Abridged	Standish Lawder	USA 1975	10

Title	Director	Country/Year	Min
Issunboshi o Kijutsu Suru Kokoromi	Shuji Terayama	JAP 1977	20
Italienisches Capriccio	Vlado Kristl	BRD 1969	29
Jan-Ken-Pon-Seno	Shuji Terayama	JAP 1971	15
Jeanne Dielmann	Chantal Akermann	B 1975	225+
Journeys from Berlin/1971	Yvonne Rainer	USA 1980	125
Jüm-Jüm	Werner Nekes, Dore O.	BRD 1967	10
July 1971	Peter Hutton	USA 1971	35
Kage no Eiga – Nito Onna	Shuji Terayama	JAP 1977	17
Kaldalon	Dore O.	BRD 1971	45
Karagoez-Catalogo 9.5	Yervant Gianikian, Angela Ricci Lucchi	I 1981	54
Karola 2	Noll Brinckmann	BRD 1980	6
Kaskara	Dore O.	BRD 1974	20
Keshigomu	Shuji Terayama	JAP 1977	20
Kusameikyu	Shuji Terayama	JAP/F 1979	40+
Lawale	Dore O.	BRD 1969	30
Machorka Muff	Jean-Marie Straub	BRD 1962	18+
Les Mains Negatives	Marguerite Duras	F 1979	16
Makimono	Werner Nekes	BRD 1974	38
Maldoror No Uta	Shuji Terayama	JAP 1977	28
Mann & Frau & Animal	Valie Export	A 1972	10
Mare's Tail	David Larcher	GB 1969	165
Meikyu Tan	Shuji Terayama	JAP 1975	20
Moment	Stephen Dwoskin	GB 1970	13
Movie Stills	J.J. Murphy	USA 1977	44
Movie Watching	Junichi Okuyama	JAP 1982	12
Murder Psalm	Stan Brakhage	USA 1981	20
Near the Big Chakra	Anne Severson	USA 1972	17
New York Chapter I	Peter Hutton	USA 1978	15
New York Near Sleep	Peter Hutton	USA 1972	8
Nicht Löschbares Feuer	Harun Farocki	BRD 1969	25
Nicht Versöhnt	Jean-Marie Straub	BRD 1965	55+
1933	Joyce Wieland	CDN 1967	4
Nostalgia	Hollis Frampton	USA 1971	36
Notes on the Passage of Time	Arthur+Corinne Cantrill	AUS 1979	14
Organum Multiplum	Alfredo Leonardi	I 1967	17
Ori	Shuji Terayama	JAP 1962	8

Othon	Jean-Marie Straub	BRD/I 1970	85+
Palindrome	Hollis Frampton	USA 1969	22
Picture and Sound Rushes	Morgan Fisher	USA 1973	11
Peace Mandala/End War	Paul Sharits	USA 1966	5
Polly	Rolf Wiest	BRD 1969	10
Polsi Sottili	Giancarlo Soldi	I 1985	50
Print Generation	J.J. Murphy	USA 1974	50
Printer Light Play	Arthur+Corinne Cantrill	AUS 1978	6
Production Stills	Morgan Fisher	USA 1970	11
Projection Instructions	Morgan Fisher	USA 1976	4
Railroad Turnbridge	Richard Serra	USA 1976	19
La Raison Avant la Passion	Joyce Wieland	CDN 1971	80
Ray Gun Virus	Paul Sharits	USA 1966	14
Registration	Ryszard Wasko	POL 1972	3
Eine regnerische Nacht in Potsdam	Helmut Herbst	BRD 1970	22
Remedial Reading Comprehension	George Landow	USA 1970	6
Reminiscences from a Journey to Lithuania	Jonas Mekas	GB/BRD 1971	83
...Remote...Remote	Valie Export	A 1973	12
Reverse Angel: NYC March 82	Wim Wenders	USA 1982	17
Riddles of the Sphinx	Laura Mulvey, Peter Wollen	GB 1977	92
Runaway	Standish Lawder	USA 1970	6
Sailboat	Joyce Wieland	CDN 1968	3
Sajat Nova	Sergej Paradshanow	UdSSR 1969	73+
Same Player Shoots Again	Wim Wenders	BRD 1968	12
Scenes From Under Childhood	Stan Brakhage	USA 1970	
Part 2			40
Part 3			28
Part 4			46
Schlesisches Tor	Clemens Klopfenstein	BRD 1982	22
The Second Journey to Uluru	Arthur+Corinne Cantrill	AUS 1981	74
Selbstschüsse	Lutz Mommartz	BRD 1967	7

Seven Sisters	Arthur+Corinne Cantrill	AUS 1979	10
Shimpan (Shinpan)	Shuji Terayama	JAP 1975	21
Shitsumon	Shuji Terayama	JAP 1979	20
Shoken-Ti	Shuji Terayama	JAP 1977	15
Shozoshu	Hideki Kanbajashi	JAP 1982	50
Sincerity, Part 1	Stan Brakhage	USA 1973	27
Part 2		USA 1977	37
Part 3		USA 1978	35
Skin of Your Eye	Arthur+Corinne Cantrill	AUS 1973	117
So is This	Michael Snow	CDN 1982	43
Speaking Directly	Jon Jost	USA 1973	90
Standard Gauge	Morgan Fisher	USA 1985	35
Steelmill/Stahlwerk	Richard Serra, Clara Weyergraf	USA 1979	28
Straight and Narrow	Tony+Beverly Conrad	USA 1970	10
Straits of Magellan: Drafts & Fragments	Hollis Frampton	USA 1974	52
S:Tream:S:S:Ection:S: Ection:S:S:Ectioned	Paul Sharits	USA 1970	42
30 Sound Situations	Ryszard Wasko	POL 1975	10
Thunder	Takashi Itoh	JAP 1982	5
Toilette	Frederike Pezold	BRD/A 1979	97
Tom, Tom, the Piper's Son	Ken Jacobs	USA 1970	116
T,O,U,C,H,I,N,G	Paul Sharits	USA 1968	12
Trixie	Stephen Dwoskin	GB 1971	28
Tschelowjek s Kinoapparatom	Dziga Wertow	UdSSR 1929	68
Two Women	Arthur+Corinne Cantrill	AUS 1979	32
Video Self Portrait	Arthur+Corinne Cantrill	AUS 1971	6
Der warme Punkt	Thomas Struck	BRD 1968	19
Warrah	Arthur+Corinne Cantrill	AUS 1980	15
Warum hast Du mich wachgeküßt?	Hellmuth Costard	BRD 1967	3
Wavelength	Michael Snow	CDN 1967	46
The West Village Meat Market	Noll Brinckmann	BRD 1979	11
White-Orange-Green	Arthur+Corinne Cantrill	AUS 1969	4

Wienfilm 1896–1976	Ernst Schmidt jr.	A ·1976	117
Xenogenese	Akihido Morishita	JAP 1982	7
La Zona Intertidal	Los Vagos	SAL/MEX 1980	33
Zorn's Lemma	Hollis Frampton	USA 1970	60

Alle aufgeführten Titel im 16 mm-Format mit Ausnahme von + (=35 mm)

Super-8-Filme:

Cut Up	Markgraf	BRD 1984	18
Deutschlandreise	Uli Sappok	BRD 1983	2
Die drei Raben	Wolf Busch	BRD 1980	6
Drell Desmingt	Bärbel Becker	BRD 1983	12
Einkriegezeck	Gabo	BRD 1984	16
Emotionelles Beiwerk	Jürgen Eidt, Wolfram Hänel	BRD 1983	3
Fracas	Tim Hittle	USA 1981	2
Füße nackt Augen zu	Antje Fels	BRD 1983	35
Der genähte Film	Andrea Hiller	BRD 1983	6
Katzenjammer	Sissa Fuchs	BRD 1984	25
Little Lost Lizard	Tim Hittle	USA 1980	7
Mein Matterhorn	Hanna Blößer, Angi Welz-Rommel, Wolf von Landau	BRD 1984	13
Pilgerstrom	Uli Sappok	BRD 1982	5
Que la Lumière Soit	Ines Sommer	BRD 1983	3
Schluß Aus	Georg Ladanyi	BRD 1983	12
Suspense	Ottmar Schnee	BRD 1982	3
Der Vladofilm	Michael Krause	BRD 1983	4

Sammlung M E T R O P O L I S

Die „Initiative Kommunales Kino Hamburg e.V." betreibt seit Oktober 1979 das Kino METROPOLIS (Dammtorstraße 30, 2000 Hamburg 36, Telefon 34 23 53) – die vorläufig letzte Gründung eines „Kommunalen Kinos" mit täglichem Spielbetrieb. Aus der täglichen Arbeit erwuchs der Wunsch, eine Sammlung von Filmkopien anzulegen, die für den Spielbetrieb somit ohne erneute Schwierigkeiten der Recherche zugänglich sein würden, und die durch die Archivpflege in unverändert gutem Zustand griffbereit wären. Wesentliche Filmprogramme, die zum ständigen Repertoire der filmkulturellen Arbeit gehören sollten, leiden daran, daß einmal zugängliche Kopien verschwinden oder so abgespielt sind, daß sie nur noch einen Schatten des Filmes darstellen, den sie „vorgeblich" repräsentieren.
Erstmals 1984 bewilligte die Bürgerschaft der Freien und Hansestadt Hamburg einen Betrag zum Erwerb von Filmkopien, 1985 stand ein namhafter Betrag einmalig zur Verfügung, 1986 wurde nur noch die Bestandserhaltung garantiert, ab 1987 sollen weitere Geldmittel zur Verfügung stehen...
Die „Initiative" hat bei der Diskussion um die Schaffung einer kulturellen Filmförderung in Hamburg darauf gedrungen, daß von Anfang an von allen geförderten Filmen eine Belegkopie archiviert wird, die Kopien werden von der „Initiative" verwaltet, sie sind gemeinsames Eigentum des „Hamburger Filmbüros" und der „Initiative".
Die Sammlung METROPOLIS wird nicht so angelegt, daß sie mit den bestehenden Sammlungen der Filmarchive konkurrieren kann, sondern sie versteht sich als sinnvolle Ergänzung in speziellen Bereichen. Darüber hinaus verabredet die „Initiative" Erwerbungen mit den übrigen Archiven, wenn der Ankauf eines Filmes durch den hauptsächlichen Sammler (z.B. Filmmuseum München) nicht möglich ist. In dieser Absprache sieht die „Initiative" eine Möglichkeit, den Kopienaustausch zwischen den Sammlungen zu stimulieren und die Kooperation zwischen den Archiven zu versachlichen.
Werden Nitrokopien von Filmen entdeckt, so gehen diese Kopien als Depositum der „Initiative" an das Archiv, das die Filme des jeweiligen Regisseurs sammelt, oder vorzugsweise an das Bundesarchiv/Filmarchiv Koblenz.
Hauptsächliches Sammelgebiet 1987 wird die amerikanische Filmavantgarde seit 1940 sein, nach Absprache mit dem Filmmuseum München und den „Freunden der Deutschen Kinemathek e.V." Berlin.
Die Filme der Sammlung METROPOLIS werden *nicht* verliehen, trotzdem wird es kein „Geheimarchiv" sein. Auf Wunsch der Filmemacher wird entschieden, ob eine Archivkopie an Dritte weitergegeben wird. Es soll sichergestellt sein, daß der Ausleiher mit der Kopie außergewöhnlich sorgfältig umgeht. Nur so kann

die Sammlung ihren Auftrag als Zukunftssicherung des Kino METROPOLIS erfüllen.
Hierin sind sich Rechteinhaber (Filmemacher) und „Initiative" einig. Auch minimale Beschädigungen von Kopien sollen durch Regulierungen behoben werden. Hierfür haftet der Ausleiher, auch persönlich.
Bei Ausleihen an andere Sammlungen soll sichergestellt sein, daß die „Initiative" als Gegenleistung Filme aus den jeweiligen Sammlungen zur Verfügung gestellt bekommt.
Bei verabredeten Ausleihen erhält die „Initiative" eine Nutzungsgebühr, der Rechteinhaber (Filmemacher) erstellt eine eigene Lizenzrechnung.

Heiner Roß

Verleihstock Sammlung M E T R O P O L I S

Meridian	Rüdiger Neumann	BRD 1981	95
Arrowplane	Heinz Emigholz	BRD 1974	23
Die Basis des Make-Up	Heinz Emigholz	BRD 1985	84
Hotel	Heinz Emigholz	BRD 1976	28
Schenec-Tady I	Heinz Emigholz	BRD 1973	26
Schenec-Tady II	Heinz Emigholz	BRD 1973	18
Schenec-Tady III	Heinz Emigholz	BRD 1975	22
Tide	Heinz Emigholz	BRD 1974	33
Der Fährmann denkt an den Schmied	Ursula Winzentsen	BRD 1982	15
Die Rinde berühren	Ursula Winzentsen	BRD 1984	20
Hin- und Rückfahrt	Ursula + Franz Winzentsen	BRD 1985	10
Staub	Ursula + Franz Winzentsen	BRD 1967	5+
Starmaus I	Ursula + Franz Winzentsen	BRD 1976	22
Starmaus II	Ursula + Franz Winzentsen	BRD 1976	15
Als die Igel größer wurden	Ursula + Franz Winzentsen	BRD 1980	21
Kanalligator	Ursula + Franz Winzentsen	BRD	22
Der Kleistermann	Ursula + Franz Winzentsen	BRD 1983	22
Geschichten von Franz	Ursula + Franz Winzentsen	BRD 1971–75	30
Geschichten vom Flüsterpferd	Ursula + Franz Winzentsen	BRD 1976–78	32
Verfolgung	Franz Winzentsen	BRD 1964	8
Das Ginzeck	Franz Winzentsen	BRD 1966	1+

Der Hafenfilm	Franz Winzentsen	BRD 1965	4+
Erlebnisse einer Puppe	Franz Winzentsen	BRD 1966	12+
Rapunzel (Der Turm)	Franz Winzentsen	BRD 1974	10+
Windstill	Franz Winzentsen	BRD 1969	12+
Schneckenfilm	Franz Winzentsen	BRD 1973	9+
Falu Gruva (Am Rand der großen Pinge)	Franz Winzentsen	BRD 1985	15
Die Anprobe	Franz Winzentsen	BRD 1985	15
Flamingo	Franz Winzentsen	BRD 1982	19
Dappi-Film Nr. 1	Helmut Herbst	BRD 1983	9+
Drei Versuche über Anton Webern Opus 5, Fünfter Satz	Helmut Herbst	BRD 1979	12+
Der Hut (Der Hut oder Mondo Uovo)	Helmut Herbst	BRD 1966	14+
Kleine Unterweisung zum glücklichen Leben	Helmut Herbst	BRD 1962	12+
Das Knarren im Gehäuse	Helmut Herbst	BRD 1984	10+
Eine regnerische Nacht in Potsdam	Helmut Herbst	BRD 1970	20+
Schwarz-Weiß-Rot	Helmut Herbst	BRD 1964	6+
Sieben einfache Phänomene	Helmut Herbst	BRD 1984	9+

Sonderprogranmm Filme des Béla Balász Studios Budapest, deutsche Untertitel:

Block 1:

Diorissimo	Janos Xantus	1980	32
Hamburg	Agnes Háy	1985	26
Elegia	Zoltán Huszárik	1965	20+
Strafexpedition (Büntetöexpedició)	Dezsö Magyar	1970	37+

Block 2:

Amerikanische Ansichtskarte (Amerikai Anzix)	Gábor Bódy	1975	106+
Vier Bagatellen (Négy bagatelle)	Gàbor Bódy	1975	28+

Block 3:

Version (Verzió)	Miklos Erdély	1981	50
Hinrichtung im Frühling (Tavaszi kivégzés)	Miklos Erdély	1985	58

Block 4:

Silvester (Szilveszter)	Elemér Ragályi	1974	14+
Erinnerungen an eine Stadt (Emlékek egy városról)	Peter Hutton/		

Titel	Regisseur	Jahr	Nr.
	András Mész	1985	25
Schwarzer Zug (Fekete Vonat)	Pál Schiffer	1970	45+
Block 5:			
Arena	János Tóth	1970	22+
Experanima: Spirale	János Vetö	1984	4+
Experanima: Selbstbildnis mit Jane Morris (Experanima: Önarckép Jane Morris-szal)	András Baranyai	1984	5+
Shine	János Tóth	1982	40+
Dienstag (Kedd)	Márk Novák	1963	21+
Block 6:			
Maulwurf (Vakond)	Ildiko Enyedi	1986	70
Morgendämmerung (Hajnal)	András Szirtes	1980	21
Tagebuch: Etüden (Napló: Etüdök)	András Szirtes	1984	16
Tagebuch: Mozarts Begräbnis (Napló: Mozart-temetése)	András Szirtes	1984	28
Block 7:			
Die Auswahl (A válogatás)	Gyula Gazdag	1970	41+
Die Geschichte der Pronuma-Motten (A pronuma bolyok tötténete)	András Szirtes	1983	90

+ = 35 mm-Kopien, ansonsten 16 mm

Von den beiden teilweise im experimentellen Bereich tätigen Verleihen

Filmkundliches Archiv Schönecker
Berrenrather Straße 423
5000 Köln-Sülz
0221/463847

und

P.A.P.-Filmgalerie
Kirchenstraße 15
8000 München 80
089/475816

erfolgten trotz diverser Bitten keinerlei Reaktionen.

Institutionen/Organisationen

Goethe-Institut
Lenbachplatz 3
Postfach 20 10 09
8000 München 2

Ansprechpartner: Horst Deinwallner
Tel. 089/5999 278

**Der deutsche Experimentalfilm
im Rahmen der kulturellen Auslandsarbeit des Goethe-
Instituts**

Die Rolle des Goethe-Instituts im Ausland ist in erster Linie die eines Vermittlers, Verstärkers und Anregers.
Durch Einbeziehung wichtiger Partner aus Deutschland und aus dem Gastland in den Planungsprozeß werden sowohl für Deutschland wie für das Gastland relevante Themen, Projekte und Maßnahmen ausgewählt.
Auf dieser Basis werden auch im Experimentalfilmbereich Informationen, Kontakte und Programme zwischen Partnern in der BRD und im Ausland (in begrenztem Umfang auch in umgekehrter Richtung) vermittelt.
Dies geschieht in der Form von Arbeits- und Diskussionsgruppen bei Filmclubs, Kinematheken, Film(hoch)schulen, Kunstakademien für Cineasten, Filmwissenschaftler, Filmstudenten, Kunsthistoriker und natürlich für Experimentalfilmer selber. Zunehmend haben die Partner im Experimentalfilmbereich zusätzlich auch Interesse an Workshops im technischen Bereich der künstlerischen Arbeit bzw. an der gemeinsamen Realisierung einer Coproduktion gezeigt, wobei vor allem die Möglichkeit eines unabhängigen, eigenständigen Filmemachens im Sinne einer nationalen Filmkultur geschätzt wird, was in anderen Filmbereichen auf Grund

der übermächtigen Konkurrenz vor allem aus Hollywood längst illusorisch geworden ist.

Die Fachleute und Filmemacher, die das Goethe-Institut für diese Präsentationen oder Workshops ins Ausland entsendet, sollten neben der fachlichen Kompetenz über viel Engagement verfügen, sie sollten zuhören können und sensibel gegenüber fremden Kulturen und Denkweisen sein und sie sollten idealerweise als Vermittler zurück in die BRD in Frage kommen, also ein Umsetzen und Verarbeiten der empfangenen Informationen, Anregungen und gemachten Kontakte als wahrscheinlich erscheinen lassen.

Uwe R. Nitschke

Filmpakete des Goethe-Instituts mit experimentellen Arbeiten

1) Paket 1: **Der deutsche Experimentalfilm von den Anfängen bis 1970**

Zusammenstellung: Ingo Petzke

a) Die 20er Jahre: Bildende Künstler als Filmemacher

Viking Eggeling:	Diagonalsymphonie
Oskar Fischinger:	Wachs-Experimente
	Studie Nr. 5
	Studie Nr. 6
	Studie Nr. 7
Werner Graeff:	Komposition I/1922
	Komposition II/1922
Laszlo Moholy-Nagy:	Lichtspiel schwarz-weiß-grau
Hans Richter:	Rhythmus 21
	Rhythmus 23
	Filmstudie
Walter Ruttmann:	Opus II
	Opus III
	Opus IV
Kurt Schwerdtfeger:	Reflektorische Farblichtspiele
Guido Seeber:	Kipho-Film

b) Die 50er und frühen 60er Jahre: die dunkle, folgenlose Zeit

Vlado Kristl:	Madeleine-Madeleine
George Moorse:	Inside Out
Wolfgang Ramsbott:	Die Schleuse
Edgar Reitz:	Kino I – Geschwindigkeit
Franz-Josef Spieker:	Süden im Schatten
Jean-Marie Straub:	Machorka-Muff
Peter Weiss:	Atelje-Interiör (Das Studio des Dr. Faust)

c) **Die späten 60er Jahre: Boom zwischen Pop und Underground**

Hellmuth Costard:	Warum hast Du mich wachgeküßt?
Birgit + Wilhelm Hein:	Rohfilm
Helmut Herbst:	Eine regnerische Nacht in Potsdam
Lutz Mommartz:	Selbstschüsse
Werner Nekes/Dore O.:	Jüm-jüm
Wim Wenders:	Same player shoots again
Rolf Wiest:	Polly
Adolf Winkelmann:	Adolf Winkelmann, Kassel, 9. Dezember 1967, 11.45 Uhr

2) Paket 2: **Der deutsche Experimentalfilm der 70er Jahre**
Zusammenstellung: Birgit Hein

Bastian Clevé:	Empor
	Nach Bluff
	Nachtwache
Heinz Emigholz:	Demon
	Hotel
	Schenec-Tady III
Birgit + Wilhelm Hein:	Materialfilm
	Portraits
Werner Nekes:	Lagado
Dore O.:	Kaskara
	Lawale
Klaus Wyborny:	Die Geburt der Nation

3) Paket 3: **Der deutsche Experimentalfilm 1980–1984**
Zusammenstellung: Uwe Schmelter

a) **Super-8-Filme**

Brigitte Bühler/ Dieter Hormel:	Noisia Vision
Cornelia Claussen/ Reinhold Vorschneider:	Visavis
Heiko Daxl:	Zmija – Heiviroon Nr. 4
J.R. Dörfert:	Dallas
Christof Doering:	Hi Noon
Helmut Girardet:	Die Freiheit der Schilder
Knut Hofmeister:	Berlin – Alamo
Hannelore Kober/ Jonnie Döbele:	Polka Fox
Michael Parmentier:	Aus dem Stand
Jürgen Stengele:	Useless
Rolf Wolkenstein:	Hüpfen

b) **16 mm Kurzfilme**

Bastian Clevé:	Echo
Heinz Emigholz:	The basis of make up
Ulrich Fitzke:	Endloslauf
Monika Funke-Stern:	Im Ernstfall nicht verfügbar
Helmut Herbst:	Dappi Film Nr. 1
Walter Hettich:	Robert in seinem Zimmer
Christoph Janetzko:	Change
Hiltrud Köhne:	Na gut! Schlachtet alle Gummibärchen
Vlado Kristl:	Verräter des jungen deutschen Films schlafen nicht
Dore O.:	Stern des Méliès
Pola Reuth:	Kool Killer
Reinhard Schulz:	Götterdämmerung
Thomas Struck:	Herzen
Klaus Telscher:	American Hotel
Paul Winkler:	Brick and tile
Franz Wintzensen:	Flamingo
Ursula Wintzensen:	Der Fährmann denkt an den Schmied

c) **16 mm Langfilme**

Cynthia Beatt:	Böse zu sein ist auch ein Beweis von Gefühl
Birger Bustorff:	Hysterie – Allergie und Fieber mit einem Nachsatz, Luis Trenker gewidmet
Bastian Clevé:	Exit Sunset Boulevard
Heinz Emigholz:	Normalsatz
Birgit + Wilhelm Hein:	Love Stinks
Werner Nekes:	Uliisses
Rotraut Pape:	Flieger dürfen keine Angst haben
Christoph Schlingensief:	What happened to Magdalena Jung
Bettina Woernle:	Sydney an der Wupper – Dreamtime

d) **Videos**

G. Dill/K. Fischer/ J. Pertack:	Zehn Jahre zu spät
J. Bode/M. Maurer/ J. Savin/P. Zimmermann:	Swing
Jean François Guiton:	Holzstücke
Thomas Kramer:	Aaargh
A. Maschmann/A. Brand:	Missile Experimental
Beate Strecker:	Maxima Grau + Coke = Now

Einsätze der Experimentalfilmpakete

I (bis 1970)	II (der 70er Jahre)	III (1980–1984)
1980 Palermo Neapel	—	—
1981 Atlanta Ann Arbor Ottawa Montreal Vancouver San Francisco Chicago Mailand Nicosia Tel Aviv Athen Saloniki	—	—
1982 Zagreb Belgrad	Montevideo Guadalajara Mexico Caracas Montreal Ottawa Toronto Vancouver San Francisco Boston/New York/ Atlanta	—
1983 Hongkong Manila		—
1984 Tokyo Osaka Kyoto Hongkong Manila	Tampere Oslo Kopenhagen Stockholm Tokyo/Osaka/ Kyoto	
1985 Delhi Calcutta Dhaka Hyderabad Bangalore Madras Poona Lahore Karachi	Manila	Manila Hongkong Tokyo Osaka Kyoto

I	II	III
1986 Bangkok	Delhi	Zagreb
	Bangalore	Belgrad
	Hyderabad	Bukarest
	Madras	Saloniki
	Poona	Budapest
	Colombo	Tel Aviv
	Istanbul	Bordeaux
	Ankara	Lille
	Izmir	Lyon
	Manila	Marseille
	Bangkok	Nancy/Paris/Toulouse
		Amsterdam
		Rotterdam
1987	Perth	Poona
	Adelaide	Dehli
	Christchurch	Hyderabad
	Wellington	Madras
	Melbourne	Colombo
	Canberra	Oslo
	Sydney	Kopenhagen
		Bergen
		Göteborg
		Stockholm
1988		Karatchi
		Bombay
		Calcutta
		Dhaka
		Manila
		Singapur
		Kuala Lumpur
		Bangkok
1989		Wellington
		Christchurch
		Auckland
		Melbourne
		Adelaide

Paket: Video im Experimental- und Spielfilmbereich

Zusammenstellung: Ingo Petzke, Uwe Nitschke

a) **Das Medium**

Tenue	Ursula Wevers
Sweet Dressing	Franziska Megert-Vogt
Vorurteile	Marcel Odenbach
Ohne Frühstück mach ich nix	Jürgen Riegler
My favourite holidays	Michael Saup
Das Wesentliche	Jörg Hengster
10 3/4 Zoll	Georg Maas

b) **Aussagen**

Schneewittchen	Barz/Grunt/Neddermeyer
Parzellen des Glücks	Essling u.a.
Deutschlandbilder: Coburger Convent	Reinhard Weber
Eisenkuß	Matthias Glatzel

c) **Wechselwirkungen**

Phantombildkonferenz	Stiletto
Duett für Schlagzeug und Video	Uwe Wiesemann
Hommage à Serner	Ernst Jürgens
Garten im Raum	Annebarbe Kau
Zitieren	Norbert Nowotsch
K.	Gerd Ries

d) **Hi-Tec**

Dancing Eurynome	Gábor Bódy
Bing	Heiko Idensen
Eclipse	Claus Blume
Catch-up over Image-Walker	Kajetan Forstner
It's always movement	Ingo Voelker
Knowledge, Morality & Destiny	Bergmann/Forstner/Forstner
Logotape	Vràna/Baader

e) **Spiel- und Dokumentarfilme in Video**

Der Riese	Michael Klier
Herrschel und die Musik der Sterne	Percy Adlon
Dormire	Niklaus Schilling

f) **Spielfilme mit Videoelementen**

Echtzeit	Costard/Ebert
Decoder	Maek/Schaefer/Trimpop
Der Unbesiegbare	Gusztáv Hámos

Paket: Der deutsche Avantgarde-Film der 20er Jahre

Zusammenstellung: Walter Schobert

Viking Eggeling	Diagonal Sinfonie
Oskar Fischinger	Seelische Konstruktionen
	München-Berlin-Wanderung
	R-1. Ein Formspiel
	Studie 5–13
	Kreise
	Muratti greift ein
	Komposition in blau
	Allegretto
	Motion Painting No. 1
Werner Graeff	Komposition I/22
	Komposition II/22
László Moholy-Nagy	Lichtspiel, schwarz-weiß-grau
Rudolf Pfenninger	Barcarole
Lotte Reiniger	Das Geheimnis der Marquise
Hans Richter	Rhythmus 21
	Rhythmus 23
	Filmstudie
	Vormittagsspuk
	Inflation
	Zweigroschenzauber
	Alles dreht sich, alles bewegt sich
	Everyday
Walther Ruttmann	Opus I–IV
	Falkentraum
	Das Wunder
	Berlin. Die Sinfonie der Großstadt
	Melodie der Welt
	Weekend
	In der Nacht
Guido Seeber	Kipho-Film

Paket Archivprogramm Deutscher Experimentalfilm 1960–80

Zusammenfassung von Teilen der alten Pakete I und II

Die Schleuse	Wolfgang Ramsbott
Machorka Muff	J.-M. Straub
Madeleine – Madeleine	Vlado Kristl
Schwarz-Weiß-Rot	Helmut Herbst
Selbstschüsse	Lutz Mommartz

Jüm-Jüm	Werner Nekes/ Dore O.
Adolf Winkelmann...	Adolf Winkelmann
Same Player Shoots Again	Wim Wenders
Rohfilm	W. u. B. Hein
Polly	Rolf Wiest
Schenec-Tady III	Heinz Emigholz
Die Geburt der Nation	Klaus Wyborny
Diwan	Werner Nekes
Kaskara	Dore O.
Nachtwache	Bastian Clevé
Hotel	Heinz Emigholz
Empor	Bastian Clevé
Materialfilm	W. u. B. Hein

Paket: Filmausbildung an deutschen Hochschulen

Zusammenstellung: Ingo Petzke

1) **HFF**

Der Super	Tobias Meinecke
Reise für den blassen Mann	Kaufmann u.a.
John	Rainer Kaufmann
Der fremde Donner	Pascal Hoffmann

2) **DFFB**

Unter fremden Himmeln	Antoniou/Blasberg/Hari
High Score	Ralph Bohn
Tattoo Suite	Rolf Schneider-Wolkenstein
Der Staatsbesuch	Bertram von Boxberg
Rotor	Reinhold Vorschneider
Infrarot	Peter Schmidt

3) **Kunst-, Fach- und Gesamthochschulen**

Improvisationen	Norbert Zauner
Flaschenpost	Christina Schindler
Struggle	Lauenstein/Ommert
Flippertraum	Bernd Pfoh
Globus	Michael Zamjatnins
Dreams of a virgin	Claudia Schillinger
Hochhaus	Thomas Mank
Negative Man	Cathy Joritz
Spin	Martin Hansen
Was wirklich geschah dort am Wildbach	Jochen Ehmann
Somewhere	Matthias Titau

er kommt! sie wartet...   Heike Stuckmann
Zweidimensionale Räume   Jovica Savin
Zwischenlandung   Bartels/Jelínek

Einsätze:

	Filmausbildung	**Avantgarde 20er Jahre**
1987	Kairo	
1988	Rio de Janeiro	Puerto Alegre
	Sao Paolo	Curitiba
		Sao Paulo
		Rio de Janeiro
		Salvador Bahia
		Belo Horizonte
		Brasilia
		Tokio
		Kyoto
		Osaka
		Seoul
		Hongkong
		Quito
		Bogotá
		San José
		Mexico-City
		Guadalajara
1989	Toulouse	London
	Barcelona	Edinburgh
		Liverpool
		Brüssel

Das kleine Fernsehspiel

Es ist unmöglich, die Aufgaben und Intentionen der Redaktion „Das kleine Fernsehspiel" auf einen einzigen Begriff zu bringen. Gerade weil dem Programm große Freiheiten – thematisch, technisch, formal – zugestanden werden, paßt es in kein Schema. Offenheit heißt aber nicht Beliebigkeit.

Neben der negativen Abgrenzung („Wir interessieren uns für alles, was sonst nirgends Platz findet") brauchen wir natürlich auch positive Kriterien. Für den Bereich des Experimentalfilms sind dies insbesondere „Debut" und „Innovation". Während aber einigermaßen klar ist, was unter Debut-Film verstanden werden kann („Eine Chance auch für die Nicht-Insider"), sind Begriffe wie „Innovation" und „Experiment" vielfältig interpretierbar, um nicht zu sagen: schwammig. Deshalb dazu einige Erläuterungen. Wir glauben, daß vieles, was sich innovativ nennt, in Wirklichkeit kalter Kaffee ist. Was sich als Experiment ausgibt, erscheint oft als pure Konzeptlosigkeit, als schaler Aufguß der fröhlichen Konventionsverstöße von vor 20 Jahren. Damals mag – inmitten des harmoniesüchtigen, gelackten Nachkriegskinos – eine verwackelte Kamera per se eine Erleuchtung gewesen sein. Heute ist sie es nicht mehr.

Hier nun (ohne Exklusivitätsanspruch) einiges von dem, was uns besonders interessiert: Erneuerung erstarrter Formen des Mediums Fernsehen – vom Feature bis zum Magazin, filmisch-essayistische Reflexion der Wirklichkeit, künstlerisches Ausloten neuer Techniken, Innovation der dokumentarischen Methode und aller Mischformen, Fortführen der abgebrochenen Tradition filmischer Erzählweisen.

Gerade beim Experimentalfilm stellt sich häufig die Frage: Wie sag ich's meinem Gremium? Die Redaktion „Das kleine Fernsehspiel" verlangt nicht in jedem Fall ein ausgearbeitetes Drehbuch oder eine Synopsis, in der die Essenz des Films auf wenige Zeilen reduziert ist. Offenheit muß bei Film und Video immer auch die Offenheit gegenüber Produktionsweisen miteinschließen. So ist es beim Kleinen Fernsehspiel möglich, über die Realisierung eines Projekts nicht nur auf der Basis von Geschriebenem zu entscheiden, sondern auch aufgrund von früheren Arbeiten eines Regisseurs/einer Regisseurin. Es gibt außerdem die Möglichkeit, ein Video-Exposé herzustellen, eine Videoskizze des Projekts auf einem preiswerten Format, analog zum Drehbuch- oder Treatment-Auftrag. Dies kann unter Umständen ja besser Aufschluß über visuelle Vorstellungen, über Rhythmus, Inszenierung oder Ton/Bild-Verschränkung geben als eine Projektbeschreibung. Es bleibt ein Restrisiko, für die Redaktion wie für den Filmemacher/die Filmemacherin. Ein gewisses Maß an Objektivität und (eigentlich dazu im Widerspruch) an Pluralität wird immerhin dadurch gewährleistet, daß die Redaktion aus zehn Personen (fünf Frauen, fünf Männer) besteht, Entscheidungen aber nicht von einzelnen allein getroffen werden. Geschmack, Berufserfahrung, Neigungen, Prioritäten dieser zehn Leute sind zum Teil extrem verschieden. Wichtig außerdem: zwei freie Redakteure und eine freie Redakteurin arbeiten die meiste Zeit außerhalb der ZDF-Zentrale Mainz-Lerchenberg. Sie sind gewissermaßen auf Außenposten in Berlin, Köln und München.

Beim Kleinen Fernsehspiel gibt es grundsätzlich zwei verschiedene Finanzierungsmöglichkeiten. Für experimentelle Projekte wird in aller Regel der niedriger budgetierte, aber dafür verwaltungsmäßig sehr unkomplizierte „Kamerafilm" in Frage kommen. Weder Kalkulation noch Drehplan werden beim „Kamerafilm"-Modus vom ZDF verlangt (sind aber zur Absicherung des Produzenten/der Produzentin dennoch anzuraten). Ebensowenig wird in diesem Fall eine Bankbürgschaft gefordert. Bei dieser Form der Auftragsproduktion sind also sehr unterschiedliche Gewichtungen von Posten wie Drehzeit, Drehverhältnis, Umfang des Produktionsstabes etc. möglich – je nach den spezifischen Notwendigkeiten eines Projekts. Der durchschnittliche Etat eines „Kamerafilms" beläuft sich auf 130.000–160.000 DM.

Neben Video-Exposé und Drehbuchauftrag gibt es seit neuestem noch eine Art „Redaktions-Stipendium", das Filmemachern/Filmemacherinnen ermöglicht, in aller Ruhe und ohne Sendezwang Vorarbeiten zu einem Projekt durchzuführen. Diese Form von „Entwicklungsprojekten" wird mit 5.000,– DM unterstützt.

Einige Fakten noch zur Redaktionsarbeit: Da im Prinzip jede Woche ein kleines Fernsehspiel gesendet wird, können zur Zeit pro Jahr 40–45 Filme als Auftragsproduktionen hergestellt werden. Daß jährlich 800–1000 Exposés, Drehbücher, Treatments ans Kleine Fernsehspiel geschickt werden, muß aber nicht unbedingt schrecken. Sehr vieles, was zu uns gelangt, gehört einfach nicht in eine „Fernseh-Werkstatt", ist ohne Kenntnis des Programms und der Programmatik als Massendrucksache versandt worden. Wir suchen ständig und oft verzweifelt nach Projekten, die zu uns passen, die uns selbst neugierig machen und auf deren Ergebnisse wir gespannt warten. Aus dem „Werkstatt"-Charakter des Kleinen Fernsehspiels ergibt sich auch, daß Filmankäufe nach Produktion die Ausnahme bleiben müssen. Jedoch wird der Zeitpunkt der Redaktionsbeteiligung flexibel gehandhabt: von der Grundidee bis zum Rohschnitt.

Alle vier bis sechs Wochen finden Redaktionssitzungen statt, in denen über die Projekte entschieden wird. Vorschläge können jederzeit an die Redaktion oder an einzelne Redakteure/Redakteurinnen geschickt werden.

Adresse: ZDF Redaktion Das Kleine Fernsehspiel, Postfach 4040 6500 Mainz, Tel. (06131) 702475 oder 702476

Detaillierte Informationen, insbesondere zu den inhaltlichen und ästhetischen Positionen der Redaktion sind nachzulesen in dem Buch „Freispiele. Das kleine Fernsehspiel – Freiraum im

Programm" erschienen im September 1986 in der TR-Verlagsunion, München. Preis 14,80 DM. Dort finden sich auch Statements der einzelnen Redakteure und Redakteurinnen sowie ein Verzeichnis der Veröffentlichungen zum Kleinen Fernsehspiel.

Andreas Schreitmüller

KOB 8 Filmbüro

Koordinationsbüro der 8 mm-Filmemacher
KOB 8
Walpodenstraße 7
D-6500 Mainz 1

Christiane Schauder
Reinhard W. Wolf
Tel. 06131-227815

Informationen: KOB 8 über KOB 8

Seit den 70er Jahren wird der Super-8-Film, das verbreitetste und kostengünstigste alle Filmmedien, von Filmemachern mit künstlerischen und journalistischen Ansprüchen genutzt. Mit dem Interesse am 8 mm-Film als eigenständigem kulturellen Medium entstand ein Bedarf an überregionalen und internationalen Kontakten und Kooperationsmöglichkeiten. Seit 1981 bemüht sich das KOB 8 als bundesweites Filmbüro um die Wahrnehmung dieser Interessen.

KOB 8 fördert den Informationsaustausch zwischen 8 mm-Filmemachern, Programmveranstaltern, Festivalorganisatoren, Kulturverbänden, Produzenten und öffentlichen Institution.

KOB 8 erstellt Planungen und Konzeptionen für Filmveranstaltungen, Festivals und Workshops.

KOB 8 bringt die Interessen der 8 mm-Filmemacher in der Kultur- und Medienpolitik zur Geltung.

KOB 8 programmiert Festivals und Tourneen im In- und Ausland.

KOB 8 baut ein Archiv über den 8 mm-Film auf und verfügt über die umfangreichste Adressenkartei der 8 mm-Film-Szene.

KOB 8-Filmpool ist ein wechselndes Programm von 8 mm-Filmen, die zum Verleih im In- und Ausland zur Verfügung stehen und ein Distributionsangebot an die Filmemacher.

KOB-Info ist das einzige Mitteilungsorgan von und für 8 mm-Filmemacher. KOB-Info berichtet und kündigt an: Festivals, Filmveranstaltungen, neue Filme, Handel & Wandel, Gerüchte aus der Szene, u.v.m., KOB-Info erscheint monatlich als 6-seitiger, kopierter news-letter (Abo: DM 30/Jahr für Individuen, DM 60/Jahr für Institutionen + Produktionsgruppen).

KOB 8-Filmbüro ist eine selbständige Einrichtung ohne finanzielle Förderung, die mit über 100 Filmemachern im ständigen Kontakt steht.

Film-Programm:
super 8 special „BERÜHMT/BERÜCHTIGT"

Die unabhängige Filmszene der 80er Jahre.
Ein abendfüllendes Programm.

Nach einem 3/4 Jahr Arbeit haben wir es endlich geschafft. Für das „joint venture" zwischen BSK und KOB 8-Filmbüro wurden fünfzehn kurze und ultrakurze 8 mm-Filme ausgewählt und frisch kopiert. Es ist ein spannendes, interessantes Programm entstanden, das wir jetzt zum Verleih anbieten. Ein solches Programm konnte bisher noch von keinem Kino oder Festival angeboten werden.

Das Programm besteht aus einer konsequenten Auswahl aktueller Filme aus allen Teilen der Bundesrepublik und West-Berlin. Es dokumentiert die lebendige Qualität und gestalterische Vielfalt der unabhängigen 8 mm-Filmszene. Dort, abseits vom Big Business des ‚industriellen' Film und unbeschwert vom Gremiengerangel des ‚offiziellen' Films, entstehen in dieser Nische der Filmkultur noch Filme, die ästhetisch und inhaltlich auf der Höhe der Zeit sind. Sie verweigern sich den Dogmen des puristischen Dokumentarfilms, der vorgibt, Realität wahrheitsgetreu abbilden zu können, indem sie ästhetische Authentizität entgegensetzen; und sie verweigern sich den überholten Erzählstrategien des narrativen Films, der seine Story in Dialogen hersagt, statt sie von seinen Bildern erzählen zu lassen.

Das Programm zeigt Filme, die sich formal in die Grenzbereiche zu Musik und Malerei wagen, indem sie eine neue Symbiose zwischen Ton und Bild schaffen, und die sich inhaltlich auf unsere Zeit und Themen beziehen, indem sie diese zu ihrem Ausdruck verhelfen. Die Gegenwart bewältigen diese Filme konsequent aggressiv oder erbarmungslos spielerisch – dabei lassen sie keinen Gag aus.

15 unterhaltsame 8 mm-Filme, die im In- und Ausland dem Festival- und Szenenpublikum gefielen, zu einem geballten Verleih-Programm zusammengestellt. 8 mm-Filme von unbekannten, unberechenbaren und berühmt-berüchtigten Filmkünstlern. Zahlreiche Preisträger internationaler Festivals.

Das Spektrum: underground / readymades / schmutzige Streifen / Punk + New Wave / Gags / Avant Art / Clips / Moderne + PostModerne / Fun!

Disposition: KOB-8-Filmbüro, Reinhard W. Wolf, 06136/227815, Walpodenstraße 7, 6500 Mainz 1
Versand: BSK e.V., Kaiserstraße 32, 5300 Bonn 1
Preis: Staffelung nach Spielstelle + Leihdauer – 1 Tag: für No-Budget-Shows: DM 180 (VHB / Off-off-Kinos u. unabhängige Spielstellen: DM 200 / Kokis u. öffentl. geförderte Institutionen, o.ä.: DM 220

Experimentalfilm Workshop Osnabrück

Postfach 1861
Hasestraße 71
4500 Osnabrück
0541/2 16 58

Mit dem 1981 erstmals veranstalteten und inzwischen Internationalen Experimentalfilm Workshop, Osnabrück, ist hier das eigentliche Forum für den internationalen Avantgarde- und Experimentalfilm zu finden. Das Programmangebot umfaßt nahezu alle Bereiche der bewegten bildenden Kunst – Film, Video, Performance, Multi-Media, Installationen etc. Ein Hauptschwerpunkt liegt auf der Vermittlungsarbeit zwischen Filmemachern, Journalisten und Publikum. Es werden Seminare, Podiumsdiskussionen und Ausstellungen veranstaltet, die das gesamte praktische und theoretische Spektrum experimenteller Filmarbeit umfassen. Hinzu kommen Musik- und Performanceveranstaltungen, die dem inzwischen viertägigen Programm eine auflockernde Wirkung beisteuern. Gesamtumfang des Filmprogramms ca. 280 Stunden, ca. 400 Filme. Ein weiterer Schwerpunkt liegt in der Nachbereitung der Veranstaltung. Alle Informationen über die Filme, die Seminare, Rahmenveranstaltungen, Pressestimmen etc. werden in einer Dokumentation herausgegeben, die etwa 300 Seiten stark ist, und ein wichtiges Informationsmittel für Kinos, Filmemacher, Theoretiker und Bibliotheken darstellt. Durch Tourneeprogramme, die im Anschluß an das Festival im In- und Ausland gezeigt werden, erhalten neue Experimentalfilme eine weit über den Rahmen der Veranstaltung hinausreichende Öffentlichkeit. Obwohl die Osnabrücker Veranstaltung inzwischen zum internationalen Mekka des experimentellen und somit formal und ästhetisch innovativen Films geworden ist, bewegen sich die Veranstalter auf einer sehr instabilen finanziellen Basis.
Im Gegensatz zu anderen Festivals gleicher Größenordnung, ist die staatliche Subvention äußerst gering. Alle Arbeiten wurden bis 1985 ehrenamtlich ohne Personalkosten geleistet.
Der gemeinnützige Verein „Osnabrücker Experimentalfilm Workshop e.V." wurde 1980 zu dem Zweck gegründet, ein jährlich stattfindendes Festival für den in der Bundesrepublik stark unterrepräsentierten Experimentalfilmbereich auszurichten. Der Begriff „Experimentalfilm" umspannt dabei alle formal oder ästhetisch innovativen Arbeiten aller Filmgenres und ist nicht mit der Einschränkung auf technische Experimente zu verstehen.
Dieses Filmfest sollte den Charakter eines Arbeitstreffens für Filmemacher, Journalisten, ausländische Gäste und Referenten haben.
Die Seminare, Podiumsdiskussionen und zahlreichen Rahmenveranstaltungen wie z.B. seit 1984 auch Ausstellungen zur Geschichte und Zukunft des Mediums Film, haben diesem Filmfest

einen speziellen Platz in der internationalen „Festivallandschaft" gesichert.

Das große Publikumsinteresse mit jährlich fast 600 angereisten Dauerbesuchern, die positive Resonanz in den Medien sowie die Anerkennung durch die Filmemacher als Plattform ihrer Interessen, führten dazu, daß der Umfang des Programmangebots jährlich erheblich erweitert werden mußte.

Um die positive Resonanz im In- und Ausland zu erhalten, ist der Verein bestrebt, die sogenannten Rahmenprogramme, in denen z.B. einzelne Filmländer (1986 Australien, USA, Japan, Frankreich, Großbritannien, Niederlande, Österreich, Italien, Philippinen) in Begleitung ausländischer Referenten vorgestellt werden, neben Seminaren, in denen Themenbereiche der Filmtheorie und -praxis aufgearbeitet werden, in den Vordergrund zu stellen.

Diese Arbeit erfordert, wenn sie seriös und effektiv sein soll, einen Personal- und Arbeitseinsatz, der in der bis 1985 rein ehrenamtlichen Form nicht mehr geleistet werden konnte. Darüber hinaus ist eine solide finanzielle Ausstattung der Veranstaltung bereits im Jahr 1987 die Voraussetzung für die weitere Existenz dieses niedersächsischen Filmfestivals.

Eine weitere Aufgabe für den ‚Experimentalfilm Workshop' besteht darin, neben der Durchführung der Veranstaltung auch im restlichen Jahr die Belange des Experimentalfilms zu vertreten und ihn einem breiteren, nicht spezialisierten Kinopublikum näher zu bringen. Dazu organisiert der ‚Workshop' seit 1982 Tourneen mit einer Filmauswahl des jeweiligen Produktionsjahres. Seit 1986 bietet der Verein auch Videoprogramme an, um der Entwicklung in diesem Bereich experimenteller Produktion Rechnung zu tragen.

Die Grundkonzeption, mit einer solchen ‚Tournee' die Vermittlung zwischen Experimentalfilm und Publikum zu verbessern, hat sich voll bewährt. In der Regel ist es kommunalen Kinos und kleineren nichtgewerblichen Spielstellen kaum möglich, solch ein Programm auf die Beine zu stellen, da Gelder und sachkundige Referenten fehlen.

Die Beiträge in den Programmen geben einen Überblick über verschiedene Arbeitsweisen und Stilrichtungen im aktuellen Experimentalfilmschaffen. Die Auswahl reicht von formalen, materialästhetischen Ansätzen bis hin zu narrativen, vertrauteren Formen; darunter Erstlingswerke, Fingerübungen und Preisträger. Die Arbeiten richten sich somit zum einen an ein künstlerisch interessiertes Publikum, zum anderen sollen bekannte Seh- und Wahrnehmungsgewohnheiten des Film- und Fernsehpublikums hinterfragt werden, so daß ein bewußteres und lustvolles Sehen möglich wird.

Begleitet werden diese Programme von einem Filmemacher und/oder einem Referenten, die eine kurze Einführung geben und zur Diskussion mit dem Publikum bereit stehen.

Jochen Coldewey

Tourneeprogramm 1982

Eastman's Reisen / Klaus Telscher	16 mm	28 min
„..." / Walter Baumann	16 mm	8 min
Kool Killer / Pola Reuth	16 mm	5 min
Ninah / Michael Simbruck	16 mm	14 min
Die Urszene / Christine Noll Brinckmann	16 mm	6 min
Dead Pictures On Screen / Klaus Werner	16 mm	3 min
Vorgang / Ludwig Ebeling	16 mm	3 min
Die Gegenwart ist nicht die Wirklichkeit / Werner Gorissen	16 mm	15 min
Fatehpur Sikri / Bastian Clevé	16 mm	10 min
Change / Christoph Janetzko	16 mm	27 min

Spielstellen der Tournee 1982
Berlin, Kuckuck / Kreuzberger Kultur Zentrum
Berlin, Ufer-Palast / Fabrik
Breisach, Galerie Kröner
Dortmund, Kommunales Kino
Erlangen, Kino-Werkstatt
Hannover, Kommunales Kino
Karlsruhe, Das Kino
Mannheim, Cinema Quadrat
München, Stadtteilkino Forum 2
Nürnberg, Kino im Komm
Oberhausen, Stadtkino
Osnabrück, Junge Filmgemeinde

Tourneeprogramm 1983

Programm I

Start / Thomas Feldmann	16 mm	1 min
Echo / Bastian Clevé	16 mm	10 min
Die Sensiblen / Rainer Hoefl	16 mm	9 min
American Hotel (Part 1&2) / Klaus Telscher	16 mm	15 min
Karl Kels/1982 / Karl Kels	16 mm	3 min
Austausch–Exchange / Llurex	16 mm	9 min
Sandtanz / M.-S. Ebert, D. Vervuurt	16 mm	9 min
Robert in seinem Zimmer / Walter Hettich	16 mm	3 min
Bruchstücke / Pia Landmann	16 mm	8 min
Dreharbeit / Lutz Mommartz	16 mm	11 min
Umweg / Ute Aurand, Ulrike Pfeiffer	16 mm	13 min
Farbrhythmik / Ulrich Fitzke	16 mm	12 min

Programm II

Start / Thomas Feldmann	16 mm	1 min
American Hotel (Part 1 & 2) / Klaus Telscher	16 mm	15 min
Karl Kels/1982 / Karl Kels	16 mm	3 min
Austausch–Exchange / Llurex	16 mm	9 min
Echo / Bastian Clevé	16 mm	10 min
Umweg / Ute Aurand, Ulrike Pfeiffer	16 mm	13 min
Der Sonntagsspaziergang / Bertram Jesdinsky	8 mm	3 min
Rotfront I u. II / Ines Sommer	8 mm	3 min
Kopfwahl / H-J. & J. Pollit, B. Kaiser	8 mm	3 min
Wege der Weisheit / Max Planck Gesellschaft ...	8 mm	6 min
Dreiexfilm / G.C. Bertsch, A. Dobriban	8 mm	4 min
Emotionelles Beiwerk / J. Eidt, W. Hänel	8 mm	3 min
All this could be / Ilka Lauchstädt	8 mm	12 min
Spiel für den Zuschauer / Uli Sappok	8 mm	5 min
Tanz Mechanikk / R.S. Wolkenstein	8 mm	7 min
Standard de Luxe / Roger Koymann & A. Löf	8 mm	10 min

Spielstellen der Tournee 1983

Bramsche, Jugendzentrum
Düsseldorf, Filminstitut
Duisburg, Kommunales Kino
Essen, Forum – Vhs – Essen
Frankfurt, Berger 177
Freiburg, Kommunales Kino
Karlsruhe, Das Kino
Mannheim, Cinema Quadrat
Münchberg, Filmforum
Oberhausen, Stadtkino
Osnabrück, Unifilm
Reutlingen, Jugendhaus Bastille
Schorndorf, Kommunales Kino
Schrammberg, Podium Kunst
Stuttgart, Kommunales Kino
Welzheim, VHS

Tourneeprogramm 1984

Programm I

Endloslauf / Ulrich Fitzke	16 mm	14 min
Ein halbes Leben / Christine Noll Brinckmann	16 mm	5 min
Böse zu sein, ist auch ein Beweis von Gefühl / Cynthia Beatt	16 mm	25 min

Programm II

Vis à vis / C. Claussen, R. Vorschneider	8 mm	9 min
Deutschlandreise / Uli Sappok	8 mm	2 min
Die Kunst, die aus der Kehle kommt / G. Ladanyi	8 mm	20 min
Am See / Maye-Rendschmidt Produktion	8 mm	7 min
Wie der Korkenzieher das Fliegen lernte / Heiviroon	8 mm	4 min
L'homme machine / Christoph Bartolosch	8 mm	5 min

Programm II

Zitrusfrüchte / Hiltrud Köhne	16 mm	10 min
Aus der Alten Welt Teil 2 / Klaus Telscher	16 mm	15 min
K.S. trägt die Us. vor / U. Herrmann, H. Weghorn	16 mm	3 min
Die Insel / Stephan Sachs	16 mm	14 min

Programm IV

Und ewig lockt der Wald / Holger Schildmann	8 mm	3 min
Aus dem Stand / Michael Parmentier	8 mm	6 min
Der genähte Film / Andrea Hillen	8 mm	6 min
Craex Apart / R.S. Wolkenstein	8 mm	12 min
Bivalenz / Vittorio Emmanuella O.	8 mm	7 min
Bahlsenschwenk / H. Kober, J. Döbele	8 mm	5 min
Silvia Citi / Uli Versum	8 mm	2 min

Spielstellen der Tournee 1984

Bochum, Asta Ruhr Uni	Prog. I + III
Bremen, Hochschule am Waldrahm	Prog. I + III
Düsseldorf, Filminstitut	Prog. II + IV + „Useless" / W. Stengele, 8 mm, 5 min
Eschborn, Volksbildungswerk	Prog. I + II
Freiburg, Koki	Prog. I + II ohne „Die Kunst, die aus der Kehle kommt", mit „Zitrusfrüchte"
Göttingen, Filmfest	Prog. II + IV + „The Great Stagecoach Robbery" / Hands up, 8 mm, 12 min
Hildesheim, Asta der FH	Prog. I + III
Karlsruhe, Koki	Prog. I + IV
Mannheim, Cinema Quadrat	Prog. III + IV
Münchberg, Filmforum	Prog. I + II ohne „Endloslauf"
Stuttgart, Koki	Prog. I + II + IV mit „Useless" / J. Stengele

Sonderprogramm mit japanischen Experimentalfilmen 1984

Vorgestellt von: Nobuhiro Kawanaka (Referent)
　　　　　　　　Shigel Oikawa (Dolmetscher)

Infantile Landscape 2 / Keiichi Tanaami	16 mm	18 min
Heliographie / Hiroshi Yamazaki	16 mm	6 min
Speed / Taku Furukawa	16 mm	6 min
Film Display / Shunzo Seno	16 mm	6 min
My Movie Melodies / Junichi Okuyama	16 mm	16 min
Relation / Toshio Matsumoto	16 mm	10 min
Shadow Film – The Woman With Two Heads / Shuji Terayama	16 mm	15 min
Spacy / Takashi Itoh	16 mm	10 min
Box / Takashi Itoh	16 mm	8 min
Correspondance 2 / Nobuhiro Kawanaka & Sakumi Hagiwara	16 mm	38 min

Spielstellen des japanischen Sonderprogramm 1984

Berlin, Kino Arsenal
Düsseldorf, Filmforum / Filminstitut
Essen, VHS-Kino
Frankfurt, Kommunales Kino
Freiburg, Kommunales Kino
Hannover, Kommunales Kino
Karlsruhe, Das Kino
Mannheim, Cinema Quadrat
Stuttgart, Kommunales Kino
Würzburg, FH Gestaltung

Tourneeprogramm 1985

Programm I

A–B City / Brigitte Bühler / Dieter Hormel	8 mm	8,5 min
Continental Breakfast / Mathias Müller	8 mm	19 min
Stummfilm für Gehörlose / Michael Brinntrup	8 mm	7 min
Negative Man / Cathy Joritz	16 mm	4 min
S 1 / Christoph Janetzko	16 mm	15 min
Percussion Movie / Heinz Pramann	16 mm	12 min

Programm II

Orpheus / Michael Brinntrup	8 mm	22 min
Jumping Frog / Steffi Krack	8 mm	4 min
Morgen / Doris Kuhn	8 mm	7 min
Cadrage / Jutta Henglein	8 mm	25 min
Stadt in Flammen / Schmelzdahin c/o J. Reble	8 mm	7 min

Programm III

Gerda / Ingrid Pape	16 mm	14 min
German Runs / Thomas Feldmann	16 mm	4 min
Aus der alten Welt / Klaus Telscher	16 mm	40 min
Uli und Jost / Walter Hettich	16 mm	11 min

Programm IV

First Cut / Achim Hofmann	16 mm	25 min
Soria Maria Slott / Stephan Sachs	16 mm	7 min
1/84 / Ingo Schütze	16 mm	7,5 min
Fatale Femme / Claudia Schillinger	16 mm	11 min
Tunguska – Die Kisten sind da / Trailer / Christoph Schlingensief	16 mm	15 min
Zum Glück gibt's kein Patent / Monika Funke-Stern	16 mm	14 min

= spez.

Spielstellen der Tournee 1985

Bremen, Filmklasse der HKM	Programm I, III
Eschborn, Volksbildungswerk	Programm III, IV
Essen, VHS-Kino	Programm I, IV
Freiburg, Koki	Programm I, III spez.
Hannover, Koki	Programm I, II, IV
Hildesheim, Asta	Programm I, IV
Ibbenbüren, VHS	Programm II spez.
Karlsruhe, Das Kino	Programm I, III
Köln, Filmhaus	Programm I, II spez.
Konstanz, Zebra-Kino	Programm I, III
Mannheim, Cinema Quadrat	Programm I, IV spez.
Münster, Asta	Programm I, III
Oldenburg, Uni	Programm IV spez.
Würzburg, FH Gestaltung	Programm I, III

Filmtage Luzern – Programm

A–B City / Brigitte Bühler, Dieter Hormel	8 mm	8,5 min
Stummfilm für Gehörlose / Michael Brinntrup	8 mm	7 min
Negative Man / Cathy Joritz	16 mm	4 min
Gerda / Ingrid Pape	16 mm	14 min
Aus der alten Welt / Klaus Telscher	16 mm	40 min

Tokyo: Image Forum
Filmfestival

Manila: Mowel Fund Film Institute
University of the Philippines

Programm

Continental Breakfast / Mathias Müller	8 mm	19 min
Negative Man / Cathy Joritz	16 mm	4 min
S 1 / Christoph Janetzko	16 mm	15 min
Gerda / Ingrid Pape	16 mm	14 min
Aus der alten Welt / Klaus Telscher	16 mm	40 min
Zum Glück gibt's kein Patent / Monika Funke-Stern	16 mm	14 min
Flieger dürfen keine Angst haben / Rotraut Pape	16 mm	44 min
Dreams of a Virgin / Claudia Schillinger	16 mm	14 min
M/S / Harry Rag	16 mm	7 min
Tattoo Suite / Rolf S. Wolkenstein	16 mm	22 min

Tourneeprogramm 1986

Programm I

Lulu / Csaszari/Spirandelli	16 mm	4 min
Dreams Of A Virgin / Claudia Schillinger	16 mm	14 min
Nacht ohne Mars und Venus / Anja Telscher	16 mm	5 min
Le Miracle Allemand / Michael Heinrich	16 mm	12 min
Schöne Stunden / Gerda Grossmann	16 mm	7 min
Da Capo Al Fine / Carmen Tartarotti	16 mm	16 min
At Last At Least / Undine Thurm	16 mm	6 min
		64 min

Programm II

Le Dauphin / Stephan Sachs	16 mm	20 min
Zwischenlandung / Bartels/Jellinek	16 mm	5 min
Die Anprobe / Franz Winzentsen	16 mm	15 min
Bericht aus die Sand / Kain Karawahn	16 mm	7 min
Kinderstück / Wolfgang Krinninger	16 mm	5 min
On The Rove / Michael Hock	16 mm	6 min
Kissenschlacht / Ingrid Pape	16 mm	16 min
		74 min

Programm III

Über Godard / Michael Krause	8 mm	2 min
Zentrifuge / Katharina Peters	8 mm	5 min
The Moral Majority Presents / Veit Vollmer	8 mm	4 min
More Joy Of Sex / Reinhard Westendorf	8 mm	4 min
Ein kleiner Schweizer Film / Markus	8/16 mm	1 min
Von den lustigen Dingen / Bertolt Hering	16 mm	11 min
Hochhaus / Thomas Mank	16 mm	6 min
Zitrusfrüchte / Uli Versum	16 mm	10 min
This Must Be The Place / Andreas Fischer	16 mm	9 min
Manifest der Finster Spinsters / The Finster Spinsters	16 mm	3 min
		55 min

Videoquerschnitt-Programm des 6. Int. Experimentalfilm Workshops (U-Matic / VHS)

Eisenkuß / Mathias Glatzel	12 min
Staccato / Jutta Beyrich/Ulrike Willberg	2 min
Drehmoment / Hanno Baethe	5 min
Das Wesentliche / Jörg Hengster	9 min
Catch-Up Over Image Walker / Kajetan Forstner	8 min
Home Made Video Playbacks / Ulrich Sappok	18 min
Hommage A Schwitters / Ernst Jürgens	1,5 min
Klipperty Klöpp / Andrew Kotting	12 min
	67,5 min

Zeittransgraphie
computergesteuerte Bild- und Tonkompositionen
Videoseminar   Gábor Bódy / Martin Potthoff

Narziss / Claude Gaçon	8:13
R.e.n.u.S. / Ika Schier	2:23
10 3/4-Zoll / Georg Maas	3:30
Fluglandschaften / Stefan Schwietert	4:40
Rondo Gravitat / Anka Schmid	5:20
Ödipale Geometrie / Thomas Schunke	6:40
Ironland / Llurex	5:04
Mutabor / Rike Anders	2:00
Tschak Tschak / M. Hulverscheidt	3:16
U-Matic Lowband	45 min

Ausländische Filmprogramme

U.S.S.A. / Vivian Ostrovsky	F	16 mm	14 min
Mothfight / Vanda Carter	GB	16 mm	8 min
S–8 Girl Games / Pürrer/Scheirl	A	8 mm	2,36 min
The Great Smoke / Roque Lee	Phil.	8 mm	6 min
Pelikula / Raymond Lucas Red	Phil.	8 mm	5 min
Malay Tao / Raymond Rune Layumas	Phil.	8 mm	8 min
Tronong Puti / Roque Lee	Phil.	8 mm	7,5 min
The Criminal / Emmanuel Dadivas	Phil.	8 mm	7 min

Mga Anak Ng Langasan / Nick Deocampo Phil.   57,5 mm
(Dokumentarfilm)

Spielstellen der Tournee 1986

Amsterdam, Filmklasse	Programm I, II
Basel, Filmclub Neues Kino	Programm Philippinen
Berlin, Interfilm	Programm Philippinen
Bielefeld, Lichtwerk	Videoprogramm + Zeittransgraphie
Bielefeld, Universität	Spezialprogramm
Düsseldorf, Filminstitut	Programm I, II ohne ‚Le Dauphin'

Eschborn, Volksbildungswerk	Programm III
Freiburg, Koki	Programm I, II, Philippinen, ohne ‚Le Dauphin'
Hannover, Koki	Programm I, II, III, ohne ‚Le Dauphin'
Karlsruhe, Das Kino	Programm I, II, III + Video
Köln, Film und Video im Stadtgarten	Programm I, II
Konstanz, Zebra-Kino	Programm I, II
Mannheim, Cinema Quadrat	Programm I, Ausländischer Film
München, Werkstattkino	Programm Philippinen

Filmliste des Sonderprogramms Schweiz

Aal – der Film / Kramer/Schenkewitz	8 mm	5 min
Anni – im Winter verhungern die Frösche / Köster/Schliewe	16 mm	22 min
Das große Bums / Köster/Schliewe	16 mm	3 min
As Time Goes By / Klaus Telscher	16 mm	8 min
Mond über Pittsburgh / Jochen Hick	16 mm	18 min
Da Capo Al Fine / Carmen Tartarotti	16 mm	16 min
Dreams of a Virgin / Claudia Schillinger	16 mm	14 min
Le Dauphin / Stephan Sachs	16 mm	20 min
Lulu / Csaszari/Spirandelli	16 mm	4 min
Ein kleiner Schweizer Film / Markus	8/16 mm	1 min
		111 min

Luzern, Filmtage
Basel, Filmclub Neues Kino / ohne ‚Aal – der Film'

■ Über die Autoren

Werner Biedermann, geboren 1953. Studium der Visuellen Kommunikation. Regie bei über 30 Kurzfilmen. Kulturpreisträger des Landes NRW 1983. Lehraufträge an den Universitäten in Münster und Essen. Seit 1985 Leiter des Volkshochschul-Kinos in Essen. Publikationen: *Silhouettenfilme und Schattentheater*, München 1979; *3. Duisburger Filmwoche*, Duisburg 1980; *Bilder aus der Wirklichkeit – Aufsätze zum dokumentarischen Film*, Duisburg 1981; *Mit freundlichen Grüßen, Ihr Biedermann*, Essen 1981; *Kino- und Filmarbeit an der Volkshochschule*, Frankfurt 1984; *Hochachtungsvoll Biedermann*, Essen 1985; *Das Kino ruft – 100 Filme in Anzeigen und Texten*, Dortmund 1986.

Alf Bold, geboren 23.7.1946 in Dahn/Pfalz. Keine abgeschlossene Schulausbildung. Lehre im Hotelgewerbe. Schallplatten- und Musikalienverkäufer. Seit Gründung des Kinos ARSENAL Mitarbeiter der Freunde der Deutschen Kinematik. Durch *Scenes from under Childhood* von Stan Brakhage (1970 in Berlin) Veränderung vom Verständnis des Mediums und verstärktes Interesse für den experimentellen, avantgardistischen Film. Neben Erika und Ulrich Gregor verantwortlich für das Programm des ARSENAL. Mitglied im Organisations- und Auswahlkommittee des Internationalen Forums des Jungen Films. Lehraufträge und Gastvorlesungen an der HdK Braunschweig und Goethe-Universität Frankfurt. 1984–85 ‚Program Director' des Collective for Living Cinema, New York. Journalistische Tätigkeit (Musik, Film).

Dr. Christine Noll Brinckmann, Filmemacherin und Filmwissenschaftlerin, lehrt als Akademische Oberrätin am Institut für England- und Amerikastudien der Universität Frankfurt.

Heiko Daxl, geboren 1957, aufgewachsen in Friesland. Studium der Medienwissenschaften und Kunstgeschichte in Osnabrück und Zürich. Seit 1980 Experimentalfilm Workshop e.V. Diverse Projekte in 8 mm, 16 mm und Video.

Ulrich Gregor, geboren 1932. Studierte Philosophie, Romanistik und Publizistik in Hamburg, Paris und Berlin. Seit 1955 Arbeit als Filmkritiker. 1963 Vorsitzender und Mitgründer der Freunde der Deutschen Kinematik. 3.1.1970 Eröffnung des Kinos ARSENAL, Vorbild für viele Kommunale Kinos. Seit 1971 Leiter des Internationalen Forums des Jungen Films. Zahlreiche Veröffentlichungen, darunter 1962 *Geschichte des Films* (mit Enno Palatas), 1978 *Geschichte des Films ab 1960*.

Marille Hahne, geboren 1954. Dipl.-Ing. 1978. Von 1978–82 Auslandsaufenthalt in den USA: Fulbrightstipendium an der University of Colorado, Boulder und Assistentenstelle in der Filmabteilung der School of the Art Institute of Chicago. 1981 MFA (Master of Fine Art). Mehrere Kurzfilme seit 1980. Seit 1984 auch gemeinsame Produktionen mit der Filmemacherin Cathy Joritz u.a. *Augenlust* (Internationales Forum, Berlinale 1987). Lehrt Film an der Fachhochschule Dortmund. Vorstandsmitglied im Verband der Filmarbeiterinnen.

Birgit Hein, geboren 1942 in Berlin. Abitur 1962. Studium Kunstgeschichte und Theaterwissenschaft in Köln. Filme seit 1966 mit Wilhelm Hein. Veröffentlichungen zum Experimentalfilm seit 1971. Lehraufträge seit 1975. New-York-Stipendium der Stadt Köln 1981–1982. Gastdozentin an der HBK Braunschweig.

Helmut Herbst, geboren am 2. Dezember 1934 im Schulhause zu Escherhof auf dem Dorfe. Gründete 1962 das Cinegrafik-Studio in Hamburg. Schuf und produzierte vor allem Zeichentrickfilme und Dokumentationen. Lehrte 10 Jahre an der Berliner Film- und Fernsehakademie und ist seit 1985 Professor an der Hochschule für Gestaltung in Offenbach/Main. Lebt wieder auf dem Dorfe im Odenwald.

Michael Kötz, geb. 1951, studierte Germanistik und Gesellschaftswissenschaften in Marburg und Frankfurt/Main, realisiert Essayfilme, seit 1979 Filmkritiker (Frankfurter Rundschau, NDR u.a.), 1985 Promotion zum Dr. phil., Lehraufträge.

Dietrich Kuhlbrodt, geboren 1932 in Hamburg. 1954/55 Besucher der Cinematheque in Paris. 1957–1967 in der Kritikerkollektive der „Filmkritik". Schreibt seitdem für diverse Publikationen über Film und Video. Einige Rollen in Filmen der jüngsten Filmemacher. Super 8-Filme für Performances der Gruppe „Tödliche Doris" und für den „Jesus-Film" von Michael Brinntrup. Fernsehfilm über den jüngsten deutschen Film (September 1987).

Günter Minas, geboren 1953 in Flensburg, lebt als freier Autor und Filmwissenschaftler in Mainz. Studium der Psychologie und Kunstgeschichte, danach wissenschaftlicher Assistent. 1982 Organisation der Ausstellungstournee „Pier Paolo Pasolini: Zeichnungen und Gemälde". 1982–83 Mitarbeiter im Kommunalen Kino Stuttgart. 1984–85 Spielstellenleiter des ARSENAL, Berlin, und Mitarbeit beim 15. Internationalen Forum. Kurator des Domnick-Film-Stipendiums für Experimentalfilm. Seit 1985 Leiter der Arbeitsgruppe Künstlerfilm. Forschungsprojekte, Programmkonzepte und Veröffentlichungen zu den Themen: Filmpsychologie, Experimentalfilm, Film und Kunst u.a.

Ingo Petzke, geboren 1947. Studium von Publizistik, Skandinavistik und Neuer Geschichte in Münster und Bochum. 1976–81 Direktor der Volkshochschule Bad Oeynhausen. Seit 1983 Professor für Film und Video an der Fachhochschule Würzburg. Filmemacher, Filmjournalist, Filmorganisator. *1986 „Film und Video an Kunst-, Fach- und Gesamthochschulen – eine komparative Studie zur Ausbildungssituation in der Bundesrepublik Deutschland".*